PARTENAIRE AVEC LE DIVIN

INFORMATIONS PRATIQUES

POUR LE NOUVEAU MILLÉNAIRE

KRYEON

TOME IV

ARIANE ÉDITIONS

Titre original anglais :
Partnering with God, practical information for the new millennium

1155 Camino del Mar – #422, Del Mar, California 92014 USA

Ariane Éditions Inc.
1209, Bernard O., bureau 110, Outremont, Qc., Canada H2V 1V7
Téléphone : (514) 276-2949, télécopieur : (514) 276-4121
Courrier électronique : ariane@mlink.net

Traduction : Alain Channel
Traduction de la conférence de Montréal : Marie-Blanche Daigneault
Traduction de la conférence de San Francisco : Danielle Harrison
Révision linguistique : Monique Riendeau
Conception de la page couverture : Ariane Éditions
Graphisme : Carl Lemyre

Première impression : août 1998

ISBN : 2-920987-28-3
Dépôt légal : 3e trimestre 1998
Bibliothèque nationale du Québec
Bibliothèque nationale du Canada
Bibliothèque nationale de Paris

Diffusion
Québec : ADA Diffusion – (514) 929-0296
www.enter-net.com/apprivoiser
France : D.G. Diffusion – 05.61.62.63.41
Belgique : Rabelais – 22.18.73.65
Suisse : Transat – 23.42.77.40

Imprimé au Canada

REMERCIEMENTS

Avec chacun de mes livres, il me semble voir s'allonger la liste des gens que je souhaite remercier ! Cette liste a augmenté à un point tel qu'il devient difficile de me souvenir de tous ceux qui devraient y figurer. Par conséquent, je n'inclus ci-dessous que les noms des personnes dont l'impact fut réellement significatif sur ce quatrième tome.

Garret Annofsky
Cristine Arismendy
Linda Benyo
Zehra Boccia
Norma Delaney
Rebecca De Sol
Barbra Dillenger
Janie Emerson
Steve Goldstein
Louise Hay
Barbara Harris
Rob Harris
Geoffrey Hoppe
Jill Kramer
Ka Sandra Love
Michael Makay
Trish McCabe
Todd Ovokaitys
Cookie Perrin
Mohammad Ramadan
Steve Rother
Paula Randol Smith
Nancy Ann Tappe
Jan Tober
Doreen Virtue

Table des matières

PRÉFACE DE L'AUTEUR

Quiconque lit ces lignes est, maintenant, sans doute familiarisé avec la série des livres de Kryeon. Bien qu'il s'agisse ici du sixième livre (paru en anglais), ce dernier n'est, en fait, que le tome IV de la série des Enseignements. Le quatrième livre (sous forme de paraboles) et le cinquième (un roman initiatique intitulé *Le Retour* actuellement disponible en français aux Éditions Ariane) furent publiés par Hay House.

Le dernier livre de Kryeon rattaché au cycle des Enseignements, le tome III (*Alchimie de l'esprit humain*), fut écrit presque deux ans avant celui-ci, ce qui signifie qu'une masse considérable de nouvelles informations est maintenant disponible et justifie pleinement la publication de cet ouvrage. Il semblerait que, chaque année, la vibration de la planète et celle de ses habitants s'élèvent à un degré tel que les informations anciennes se voient profondément clarifiées et que de nouveaux présents nous sont offerts à un rythme incroyablement rapide.

Kryeon a, à ce jour, parlé devant plus de 10 000 participants lors de nos séminaires. Le magazine *The Kryon Quarterly* a 3 000 abonnés à ce jour, répartis dans plus de douze pays. Presque tous nos livres sont enregistrés sur cassettes (certains en version abrégée), et ils sont traduits en de nombreuses langues. Bientôt, Kryeon organisera des séminaires sur d'autres continents, et, bien entendu, ce livre ne sera pas le dernier. [Le 2 mai 1998 pour la première fois en Europe, Lee Carroll a donné une conférence en France devant près de 1100 personnes. Voir le chapitre 5. (N.D.É.)]

Dans le premier livre (1993), Kryeon indiqua où se trouvaient les huit autres *channels* de Kryeon dans le monde. De nombreuses personnes de ces pays nous ont écrit pour nous demander : « Où se trouve votre channel ? » Voyant cela, j'interrogeai Kryeon (sous ma douche) : « Où se trouvent les autres channels de Kryeon ? »

La réponse que je reçus, non seulement me surprit, mais me fit bien rire.

Kryeon me dit (pendant que je m'efforçai de retenir mon savon dans mes mains) : « Voilà une supposition erronée et tellement humaine ! Qui te dit que ces channels sont tous des adultes ? Chaque culture a un rythme de développement qui lui est propre. » Cela signifie que certains channels sont des enfants programmés pour révéler un message à la Terre aux environs de 2012.

J'interrogeai Kryeon pour savoir si nous aurions le temps de diffuser ces messages lorsque ces enfants grandiraient. Il me répondit que toutes les cultures du monde ne sont pas aussi denses que la nôtre ! (Merci, Kryeon.) Je crois qu'avec amour et douceur, il m'a gentiment insulté.

Il résulte de tout ceci que je demeure un channel involontaire et sceptique, celui qui ne cesse de réclamer davantage de confirmations et de preuves relatives à sa tâche. Cette attitude m'a réellement permis de conserver mon équilibre psychologique et de garder les pieds sur terre. Cela m'a aussi fourni trois nouvelles hypothèses de travail. Les voici :

1. N'importe qui peut faire du *channeling* ! Ne croyez pas que seuls quelques-uns écrivent des livres et animent des séminaires. Certains d'entre vous canalisent régulièrement leur Moi divin . Et ce n'est ni effrayant ni surnaturel (même si vos amis pensent le contraire). Si on vous trouve bizarre, prenez la décision, désormais, de ne plus faire de channeling au supermarché, ou, au moins, éloignez-vous des brocolis.
2. L'Esprit (Dieu) n'est pas une marque déposée. Voici pourquoi tout le monde peut faire du channeling. La vérité est offerte à chacun de vous. Certains peuvent avoir été choisis pour transmettre cette vérité avec justesse, et elle sera peut-être communiquée avec un soin particulier à ceux qui seront appelés à assumer la charge d'un ministère, mais la vérité ne peut être confisquée au profit de quelques-uns, jamais !

De ce fait, grâce à Kryeon, l'être humain élève son seuil de conscience, développe ses capacités personnelles et la perception de sa propre valeur. Kryeon nous apprend aussi à ne pas « gober » les prédictions catastrophiques des voyants du Nouveau Millénaire. Nous avons complètement modifié notre futur !

3. Restez concentré sur le but de votre apprentissage spirituel, en vous débarrassant de toute cette exploitation du sensationnel relative aux soucoupes volantes, aux extraterrestres, aux comètes et aux visiteurs d'autres mondes. « Comment ? » pourriez-vous rétorquer. « Êtes-vous en train de nous dire que tout cela n'existe pas ? » Pas du tout ! Je déclare simplement que toutes ces choses n'ont pas leur place dans votre cœur ! Kryeon lui-même a délivré des messages concernant les ET aux Nations Unies non pas une fois, mais deux ! (Sa conférence de 1995 a été retranscrite dans le tome II, *Aller au-delà de l'humain,* et sa conférence de 1996 est ici reproduite au chapitre 6.) Par conséquent, je suis convaincu qu'ils existent. Mais le conseil se réduit à ne pas leur vouer un culte. Or, certains adeptes du Nouvel Âge n'en sont pas loin, compte tenu du temps qu'ils consacrent à ce sujet ! Étudiez cette question autant que vous le souhaitez, puis tournez la page et retournez à votre recherche véritable : comment susciter l'amour divin dans votre vie jusqu'à pouvoir cocréer votre réalité, être en paix avec vous-même et avec votre environnement et, ainsi, commencer à transformer la planète.

Tout en lisant ce livre, soyez conscient d'un des autres commentaires que Kryeon nous communique depuis le début. À moins que vous ne lisiez ce livre en groupe (ce qui est peu probable), je suis en communication directe avec votre propre esprit. Kryeon vous transmettra ses informations par channeling, par l'intermédiaire direct de vos deux yeux, au fur et à mesure que vous lirez ces pages. C'est ainsi que cela se passe. Kryeon nous rappelle que les messages délivrés ici ne seront destinés qu'au cœur et à l'esprit de chacun, individuellement. Ni conscience de groupe ni action collective ne sont souhaitées. Le but est d'atteindre l'individu. La clé, c'est le discernement, le résultat, l'accroissement des vibrations et l'illumination. Si cela ne vous convient pas, alors posez ce livre. Si vous croyez que cela vaut la peine de continuer, alors poursuivez. Ici, le choix individuel est le critère souverain. Nous sommes libres d'accepter ou non tout ce qui est dit ici.

QUE TROUVEREZ-VOUS DANS CES PAGES...

L'essentiel de ce livre est la transcription de séances de channeling données en direct d'un bout à l'autre des États-Unis et du Canada. Dans chaque ville, Kryeon a transmis amour et sagesse sous la forme d'une énergie caractéristique de cette région, mais destinée à être ressentie par tous, par la suite, sous forme de lecture. Chaque séance de channeling fut présentée devant un auditoire variant de 200 à 1100 personnes, selon l'importance de la ville. Il est intéressant d'analyser l'évolution de ces channelings. Au fil du temps, les séances devinrent plus claires et l'amour dégagé, plus fort. Bientôt, à chaque séance ou presque, des guérisons survinrent. Kryeon explique que ces guérisons touchaient les êtres humains qui avaient compris le message à l'effet qu'il est correct de se donner cette permission. En d'autres termes, les humains eux-mêmes avaient accompli la guérison. Des sujets non abordés jusqu'alors étaient maintenant étalés sur la table, pour ainsi dire, et il devenait maintenant beaucoup plus clair de savoir ce qu'était le rôle de l'humain – et ce qu'il n'était pas – au cœur de ce Nouvel Âge.

Certains d'entre vous sont abonnés au magazine *The Kryon Quarterly*. Nous vous avions promis que vous recevriez les transcriptions des channelings plusieurs mois avant tout le monde. Nous avons tenu notre promesse et vous vous rendrez peut-être compte qu'une partie des informations a déjà été publiée dans le magazine. Mais relisez-les, car certaines d'entre elles ont quelque peu changé. Kryeon adore procéder ainsi et mettre à jour ou clarifier une information en fonction d'un monde en perpétuel changement.

Il est tout à fait dans le style de Kryeon de délivrer un message de félicitations durant les dix premières minutes de chaque séance de channeling. Certains de ces messages sont destinés, chaque fois, à des auditeurs nouveaux, mais il serait fastidieux de les répéter d'une page à l'autre. J'ai éliminé un certain nombre de commentaires répétitifs au fil des channelings présentés dans cet ouvrage et, par conséquent, économisé votre temps.

Ce livre traite du partenariat avec le Divin. Existe-t-il un but plus élevé ? Le chapitre 1 nous y prépare grâce à un message en deux parties délivré par Kryeon dans deux villes différentes du Canada. Avant toute chose, la notion de « s'installer dans son fauteuil » doit être bien comprise. C'est la pierre angulaire de l'ensemble du concept du partenariat, et, de ce fait, on la trouve dès le début de ce livre. Par la suite, dans des channelings ultérieurs, lorsque Kryeon utilisera l'expression « s'installer dans son fauteuil », vous saurez ce que cela signifie.

Le chapitre 2 approfondit le concept du partenariat et entame la partie pratique : « Comment faire pour... »

Le chapitre 3 porte sur l'application concrète dans la réalité, avec l'explication de situations réelles et les réponses pratiques. La dernière séance de channeling en Australie est l'une de mes préférées.

Le chapitre 4, court, traite de la biologie humaine. Le chapitre 5 est la suite d'un sujet très populaire, l 'ASCENSION. Je l'ai intitulé ASCENSION II, car des informations préliminaires ont déjà été données sur ce sujet dans les précédents livres et cassettes publiés. Vous trouverez ce chapitre très accessible et très clair malgré le sujet d'une grande élévation d'esprit.

Le chapitre 6 est la transcription intégrale de la deuxième séance de channeling donnée aux Nations Unies, sur leur invitation, en 1996.

Le chapitre 7 concerne mon expérience personnelle et ce que Kryeon a à dire sur les nouveaux enfants INDIGO. Ici aussi, il s'agit d'informations pratiques ainsi que d'un rapport sur la façon de se comporter avec ces enfants et sur ce que nous devons rechercher.

Le chapitre 8 est le plus long. Il présente les réponses directes de Kyeon aux questions les plus fréquemment posées par courrier et durant les séminaires, y compris certaines, très controversées.

Le chapitre 9 présente la confirmation scientifique de certaines séances de channeling réalisées par Kryeon dans le passé et quelques bonnes informations scientifiques complémentaires sur ce qui est en train de se passer actuellement. Vous y trouverez aussi une brève discussion autour du livre de Carl Sagan « *The Demon-Haunted World* ».

Le reste du livre est consacré aux informations relatives à notre site Internet, à la façon de vous procurer notre magazine et de figurer sur notre liste d'envoi.

Tout au long de cet ouvrage, je me réfère à Kryeon en l'appelant « IL ». J'aurais aimé qu'il existât un autre mot que je puisse utiliser. Je vous présente mes excuses pour avoir humanisé l'Esprit, mais cela rend la communication écrite plus lisible.

Appréciez ce quatrième livre de Kryeon ! Il a été écrit pour VOUS. Vous ne lisez pas ces mots par hasard. Détendez-vous et appréciez une voix aimante qui vous parvient de votre vrai foyer.

LEE CARROLL

Pour ces amis que j'ai perdus récemment ...

Pour Bob
Pour Muktabi
Pour Joe

Nous avons tous conscience que votre transition
fut votre récompense et notre épreuve.

Le jour viendra où nous pourrons à nouveau
nous étreindre et où nous saurons alors
que nous sommes tous éternels !

Certains mots, certaines réflexions ont été ajoutés à ces séances de channeling en direct, afin de clarifier certains points et d'améliorer la compréhension du message écrit.

CHAPITRE UN

S'INSTALLER DANS SON FAUTEUIL

« VOICI COMMENT LES CHOSES SE PASSENT »

Banff, au Canada

Salutations, très chers. Je suis Kryeon du Service magnétique. Je vous aime tous tendrement. Mon partenaire vous a dit en quelle estime nous vous tenions. Et, mes très chers, je suis honoré d'être avec vous. Même maintenant que la voix de mon partenaire, qui se charge de vous transmettre mes communications, vous est devenue familière, je vous déclare que je suis ici, assis à vos pieds. La nourriture spirituelle que je vous apporte provient de votre vrai foyer, et si chacun d'entre vous pouvait, pour un instant, s'y transporter, il pourrait ressentir un amour incroyable. En ce moment même, vous êtes situés dans la dualité liée à vos leçons, vous êtes assis à la place d'honneur. Vous êtes tous des prêtres, chacun de vous, en ce Nouvel Âge ! Nous sommes ici pour vous annoncer que vous êtes tous tendrement aimés pour cette tâche que vous accomplissez. Même ceux d'entre vous qui n'ont aucune idée de ce qui est en train de survenir en ce moment, ou qui ne croient pas qu'il puisse s'agir ici de la voix de l'Esprit et qui attendent avec impatience la fin de cette rencontre, tous, vous êtes également tendrement aimés.

L'Esprit ne juge pas les hommes, il leur offre simplement un amour incroyable. Vous êtes ici dans un but bien précis ! Il fallait que vous soyez ici pour entendre ces paroles ou pour lire ces pages.

Car, au sein de cette lumineuse énergie, nous avons des messages pour vous, ce soir, des messages qui seront répétés sans cesse par mon partenaire, car ils sont très importants. Ces messages ne parlent pas de calamités mondiales ni de terrifiantes transformations terrestres. Il s'agit de la voix de votre véritable foyer, que vous écoutez et lisez, qui vous aime, qui vous enlace de ses bras dorés, qui s'adresse à votre cœur, en ce moment même.

En cc moment précis, un message vous est destiné. Et avant de commencer cette communication, nous invitons les entités qui nous escortent à se placer dans les allées et à vous rendre visite, vous qui lisez ces lignes. Nous prions pour que vous soyez submergé par l'amour et, si vous ne l'avez encore jamais ressenti, voici le moment où nous vous demandons de vous mettre en contact avec vos guides. Ils viennent avec vous, ils demeurent avec vous, ils vous stimulent affectueusement par le biais de votre intuition et ils vous aiment tendrement. Ce sont vos meilleurs amis, et vous les connaissez depuis l'autre monde. Lorsque tout sera terminé ici-bas et que vous vous retrouverez dans le Grand Hall d'Honneur, vous vivrez un moment magnifique avec ceux qui ont passé leur vie à vos côtés sur cette planète. Aucun d'entre vous n'est jamais seul.

Les guides sont silencieux. Nous allons parler de cela dans un moment. Mais leur étreinte correspond à l'amour de Dieu que vous ressentez en ce moment même. Les potentialités dans cette salle sont étonnantes et nous souhaitons vous en parler ce soir. Ce message est intitulé « VOICI COMMENT LES CHOSES SE PASSENT ». Nous souhaitons qu'il soit essentiellement pratique et que, lorsque vous quitterez ce lieu ou que vous reposerez votre livre, vous aurez une meilleure compréhension de vous-même et de certaines potentialités de votre existence.

Avant de commencer, nous devons revoir une parabole déjà publiée. Nous souhaitons interpréter la parabole de Wo et les chambres d'apprentissage. Nous savons que certains d'entre vous, ici, ce soir, ou qui lisent ces lignes, ne sont pas familiers avec cette parabole. Nous la reverrons donc brièvement. Ceci est nécessaire pour bien comprendre la vérité de ce qui arrivera.

Wo était un homme qui, au moment de sa mort, découvrit momentanément, sous forme symbolique, diverses pièces de sa maison (sa vie). Les pièces que les guides montrèrent à Wo avant qu'il se dirigeât vers le Hall d'Honneur lui semblèrent très étranges. Et, au fil du déroulement de la parabole, ces pièces apparurent ainsi : Wo ouvrit la porte d'une chambre qui contenait un trésor magnifique. Et ses guides lui dirent : « Wo, voici ta pièce d'abondance, si tu avais choisi de l'utiliser durant ton séjour sur terre. » C'était une image destinée à montrer à Wo les richesses matérielles dont il aurait pu disposer à tout moment. Une autre pièce était remplie d'un halo blanc et de lumière et il s'agissait de la pièce de la paix intérieure. Cette métaphore montrait à Wo que, chaque fois qu'il l'aurait souhaité, il aurait eu la possibilité d'entrer dans cette pièce afin d'y ressentir la paix de Dieu et d'y oublier ses soucis. Tout ce qu'il avait à faire était d'avoir l'INTENTION de pénétrer dans cette pièce. Elle avait été à sa disposition tout le temps. Elle était partie intégrante de sa maison, de sa vie, et son nom spirituel était apposé sur la porte.

Une autre pièce, où les guides n'entrèrent pas, fut la pièce dorée. Cette pièce était l'essence de soi de Wo, son fragment divin. C'était la chambre d'amour de Wo, une pièce si sacrée et si sanctifiée que lui seul pouvait y pénétrer et s'y asseoir.

Par la suite, on lui montra d'autres portes qu'il n'ouvrit pas. En sortant de la maison, on lui montra diverses portes dont il ne comprit pas les noms. Sur l'une d'elles il lut le nom Leader mondial. Mais il n'ouvrit aucune d'entre elles.

Au fil de la parabole, Wo prit pleinement conscience que cette maison et ses diverses pièces seraient de nouveau à sa disposition lors de sa prochaine incarnation sur Terre. C'était la parabole de Wo telle qu'elle fut, alors, transmise par channeling, mais nous souhaitons en parler encore maintenant. Plutôt que d'impliquer Wo, très chers, nous allons VOUS impliquer. Car, voyez-vous, c'est ainsi que cela marche. Nous allons vous communiquer, ce soir, diverses informations qui vous aideront à progresser dans la vie.

Vous êtes importants dans cet univers ! Cette planète est loin d'être insignifiante. Si vous saviez combien de choses dépendent d'elle ! Très chers, nous souhaitons maintenant que vous vous visualisiez dans l'une de ces pièces, celle qui est la plus importante, celle sur laquelle nous nous pencherons, celle qui détient la clé de toute votre vie ici-bas. Il s'agit de la pièce dorée que Wo aperçut. C'est la pièce où les guides n'entrèrent pas. Il y a, en effet, une chose dissimulée dans cette pièce dorée. Si Wo avait pu pénétrer et rester dans cette pièce, il aurait découvert quelque chose de si stupéfiant que cela aurait dépassé ses rêves les plus fous. Car si Wo (et vous) aviez pu explorer l'intérieur de cette pièce plus attentivement, vous auriez découvert une créature d'une puissance et d'une beauté inouïes.

Là, assis sur un trône en or, se serait trouvé un magnifique ange doré, un de ces anges dont les ailes déployées auraient touché les murs !

Qui était cet ange étonnant ? Si Wo s'était approché de lui, il se serait rendu compte que l'amour était si intense qu'il aurait éprouvé des difficultés à respirer et les vibrations autour de l'ange si sacrées, qu'il serait immédiatement tombé à genoux, contemplant fixement un fragment de Dieu ! En dévisageant ce grand être, il aurait constaté que le visage de l'ange prenait lentement forme. Et, là où Wo s'attendait à voir le visage glorieux d'un être céleste, il aurait contemplé les traits de son PROPRE visage !

Que signifie tout cela, pourriez-vous vous demander ? Wo contemplait l'ange qui était son être supérieur ou son Moi divin ! L'entité était sacrée au-delà de toute description mais était une partie de Wo ! Wo avait découvert le secret de sa propre divinité... son « fragment de Dieu ».

Très chers, il y a un ange avec votre visage, assis symboliquement dans le fauteuil d'or de la chambre dorée, qui existe dans chacune de vos vies en ce moment même ! Son existence vous prouve que vous êtes importants, qualifiés et que vous méritez d'être sur cette planète.

En esprit, nous vous souhaitons de pénétrer dans cette pièce et de vous asseoir maintenant dans ce fauteuil. Il n'y a personne autour de vous. Vous êtes seul, mais vous êtes habilité à agir de la sorte !

Nous vous souhaitons de ressentir cette essence par tous les pores de votre peau, et il y a une raison pour laquelle nous vous invitons à agir ainsi. Car cette essence d'or est le fragment sacré de Dieu que vous transportez avec vous ; c'est votre Moi divin et il est enraciné dans chacune de vos cellules. Il vous parle de votre Foyer, de votre contrat et il vous sourit et vous aime. Nous vous demandons d'absorber, telle une éponge, cette lumière dorée pendant que nous vous offrons un aperçu de ce que vous êtes en train de ressentir.

À ce jour, certains d'entre vous se sont mis à aimer Dieu. Peut-être l'avez-vous considéré comme une entité quelconque, une sorte de maître qui s'est tenu devant vous en émettant des vibrations d'amour très fortes. Peut-être avez-vous retourné cet amour à l'un d'eux. Peut-être qu'il s'agissait de Yogananda, de Mahomet, de Bouddha ou de Sananda. Ressentez l'amour que vous avez eu pour cette entité ! Ressentez-la fortement. Peut-être certains d'entre vous ont-ils aimé Kryeon, la Vierge Marie, ou l'archange Michaël. Ils sont si nombreux ceux sur qui vous pouvez répandre votre amour, et, comme nous, ils vous rendent cet amour d'une façon si constante et si merveilleuse ! À présent, très chers, nous sommes ici pour vous communiquer un secret, quelque chose dont vous ne vous êtes probablement jamais vraiment rendu compte. Tout l'amour que vous avez éprouvé pour Dieu, pour l'Esprit, pour ces entités, durant toute votre vie, n'est simplement que le reflet parfait de l'amour que vous éprouvez pour vous-mêmes. Car dans la chambre dorée symbolique se trouve votre propre nature essentielle. Le fragment d'Esprit que vous avez aimé provenait de votre vrai Foyer, et il était à vous pour toujours.

Ainsi, très chers, nous vous disons que cette chambre dorée dans laquelle vous êtes assis, en ce moment même, alors que vous assimilez tout ceci, représente l'amour de votre Moi divin. Il développe votre estime personnelle dans votre vie, de sorte que vous réalisez que vous n'êtes pas seulement importants et chéris, mais que vous êtes tout à fait prêts à changer. Aussi, pour la suite de ce message, nous vous demandons de rester en cet endroit précis et de ne plus en bouger. L'amour de soi crée l'estime de soi et dans un instant nous expliquerons la différence entre cet amour et l'amour de l'ego. Car ils sont très différents et faciles à distinguer. C'est l'amour de Dieu en vous qui crée la possibilité d'évacuer les problèmes qui se posent. Chaque fois que vous vous jugez indignes, pénétrez par la pensée dans la pièce dorée et asseyez-vous dans votre fauteuil. Invitez l'amour de votre Moi divin et le fragment divin que vous êtes réellement sur cette Terre à se fondre dans votre corps physique, et vous comprendrez l'importance que vous revêtez pour cette planète. C'est à vous que je parle ! Oui, à vous !

LA VIE AU JOUR LE JOUR

Que dire de votre vie quotidienne ? L'Esprit sait que, lorsque vous quitterez cet endroit, vous prendrez place dans des automobiles et vous dirigerez vers différents endroits. Vous avez vos propres occupations. Vous allez peut-être vous demander quel est le rapport avec le fauteuil doré. Nous avons déjà raconté la parabole de la fosse enduite de goudron. Et cette parabole explique que, lorsque vous recevrez les dons de l'Esprit, au cours du Nouvel Âge, le goudron s'éloignera de vous naturellement alors que les autres humains resteront, selon leur choix, englués dans le bitume. Devinez où vous vous trouverez lorsque ceci arrivera ? Vous serez assis dans la pièce dorée, remplis d'estime pour vous-mêmes, sachant parfaitement qui vous êtes, occupant la place exacte qui vous est destinée sur cette planète, comme le fragment de Dieu que vous êtes. Voilà pourquoi le goudron ne collera pas. Il vous évitera ! Ceux qui vous entourent dans votre vie quotidienne réagiront à cette situation. Je vous garantis formellement, très chers, que si vous franchissez le pas afin de découvrir votre propre estime au sein de votre Moi intérieur et que vous commencez à aimer cette sensation, votre entourage le remarquera. Car, voyez-vous, l'amour engendre l'amour. L'amour attire l'amour et ceci est quelque chose de très particulier. Où que vous alliez, quels que soient les endroits qui pourraient vous sembler diamétralement opposés à un lieu divin, vous pouvez toujours vous asseoir dans la pièce dorée et ressentir votre propre valeur. Et votre entourage, qui ignore qui vous êtes réellement et ce que vous étiez en train de faire, vous regardera différemment. Parce que, sur le plan de leur conscience cellulaire, ils sauront où vous êtes assis, voyez-vous. Nous sommes en train de vous donner une clé pour votre vie, en ce moment. Car chaque personne qui est avec vous et qui vous considère avec sa conscience cellulaire peut voir ce que vous êtes en train de faire. Et même si leur bouche et leurs yeux peuvent exprimer quelque chose, au niveau cellulaire leur corps vous glorifie et il ne s'écoulera guère de temps avant que leur attitude envers vous change. Et, une fois encore, nous voyons l'action d'un seul être transformer les autres en les faisant changer par eux-mêmes. Sans prononcer un seul mot, sans sermon, votre propre transformation les affectera.

L'ABONDANCE

Que penser de toute cette abondance ? pourriez-vous vous demander. Était-ce seulement une image? En partie, oui. Permettez-moi de vous enlever un moment de cette chambre dorée afin de faire une visualisation intérieure. Quel est l'endroit où vous vous sentez le plus en paix ? Je vous invite, maintenant, à vous y rendre. Pour mon partenaire, cela pourrait être une falaise dominant l'océan sur laquelle il se tiendrait, debout en plein soleil, respirant l'air salé, écoutant le bruit des vagues, ressentant les vibrations de la planète comme il aime tant le faire. Pour d'autres cela pourrait être ici même (Banff), au sommet d'une falaise, respirant la brise des montagnes. Vous pourriez ressentir la merveilleuse fraîcheur du froid ou de la neige sur votre visage. Bien souvent ce genre de choses apporte la paix aux êtres humains. Rendez-vous en ce lieu qui vous procure la paix la plus profonde et restez-y un moment. Je vais vous poser une question, la voici : Quel est votre plus grand trésor ?

Certains d'entre vous répondront : « Vous avez raison. Ce ne sont ni les rubis ni l'or. Je souhaite me libérer de cette haine que j'éprouve envers ceci ou cela. Je veux cesser de me faire du souci.

Je souhaite que ma vie familiale soit claire et nette. Mon plus grand trésor serait de posséder n'importe quelle chose au monde. » D'autres se diront : « Si seulement je pouvais recouvrer la santé. Je suis si préoccupé par ce qui bouge dans mon corps que je n'ai plus aucun contrôle sur ce dernier. J'ai peur ! » Ainsi, votre plus grand trésor serait d'éliminer toutes ces choses, de les régler, de trouver les solutions. Eh bien, laissez-moi vous dire que votre pièce de la paix intérieure s'unit à votre pièce de l'abondance.

Votre vie quotidienne est centrée autour de ces deux pièces. Cela commence par la pièce dorée, car la pièce de l'estime de soi engendre la pièce de la paix. Et la sérénité crée l'équilibre et c'est là que se trouve le trésor.

Pour ceux d'entre vous qui se demandent pourquoi il est si difficile d'évoluer financièrement, nous devons construire ces deux pièces. Nous disons ceci : créez la pièce dorée en premier lieu ! Une fois celle-ci créée, la pièce de la sérénité suivra, puis celle de l'abondance. Prenez soin de vous, de votre cœur. Tout le reste suivra. C'est concret. C'est terre-à-terre. C'est ainsi que cela marche.

LE POUVOIR DE L'ÊTRE HUMAIN

Parlons du pouvoir de l'être humain. Car, vous le savez, ce pouvoir est caché derrière des portes fermées. Wo vit des noms sur ces portes dont nous vous parlerons plus tard, car nous avons une histoire à vous raconter, une autre parabole. Le pouvoir dont vous disposez est étonnant, car la façon dont vous vous comporterez dans votre pièce dorée déterminera ce qui vous arrivera avec ces portes fermées. Nous vous montrerons cela dans un moment.

Nous avons trois suggestions à vous faire concernant votre vie quotidienne. Ce sont des choses pratiques que vous devriez savoir. Lorsque vous revendiquez l'amour de votre Moi divin, il est important de ne jamais le séquestrer au profit exclusif de quelques personnes animées des mêmes sentiments que vous. Nous avons déjà parlé de ceci auparavant, mais il s'agit d'une tendance de l'être humain à agir ainsi. Très chers, lorsque vous recevez cet « amour de soi » sacré, il existe une tendance à l'accaparer à son profit et à celui des gens qui pensent comme vous, afin de le garder secret. Ne formez pas de communautés, car alors vous séquestrez Dieu et en privez le reste de la Terre. C'est un mécanisme de crainte qui vous incite à agir ainsi.

L'Esprit de Dieu dit que vous devez brandir votre lumière et la laisser briller pour ceux qui vous entourent. Voilà ce que vous devez faire. Et, sans rien dire à personne de ce qui arrive, la lumière brille et émane de vous. Vraiment. À quoi sert la lumière, très chers, si vous ne la portez pas dans les ténèbres ? Si, au contraire, vous enfermez ces lumières ensemble dans une pièce, vous n'avez rien accompli pour cette planète. Bien entendu, nous ne parlons pas d'une réunion comme celle de ce soir, où vous êtes présents. Non. Nous parlons d'une situation où, en fait, vous et les autres vous replieriez sur vous-mêmes pour vivre votre existence quotidienne. Nous disons, prenez-y bien garde, ne tombez pas dans ce piège. Laissez briller cette lumière.

LES « ET »

Nous allons aborder maintenant un sujet intéressant. Qu'allez-vous faire avec toute cette activité autour de la Terre ? Qu'allez-vous faire avec ceux que vous appelez les ET ? Comment tout ceci s'harmonise-t-il ? Vous savez, beaucoup d'entre eux sont déjà ici. Je voudrais vous donner un exemple de ce qui est en train de se passer sur cette planète, quelque chose que nous avons dit aux représentants de vos organisations internationales. Cette planète se dirige vers une autre région de l'espace, une région dont l'énergie dispose en quelque sorte à être rejoints par les autres, et la plupart d'entre vous le savent. L'univers grouille de vie! Vraiment ! Et l'idée que vous puissiez être seuls est comique, mais cela fait partie de votre dualité de penser cela. Certains d'entre vous sont contrariés par ceux qu'ils voient. Vous avez entendu parler des énergies obscures et on a beaucoup écrit à ce sujet. Certains d'entre vous passent tout leur temps à s'occuper de ceux qui sont venus d'ailleurs et même à les impliquer dans leurs desseins politiques !

Plus le sujet est sensationnel plus c'est excitant !

Voici un exemple de ce qui est en train de se passer. Lorsque vous entrez dans une grande ville pour rencontrer les membres du grand conseil sacré, vous devez d'abord traverser les quartiers périphériques de la ville. Quand vous franchissez ces quartiers en vous dirigeant vers le centre-ville, vous entrez en contact avec ce que nous appelons les « indésirables ». Ils ne représentent pas le conseil et leur conscience n'est pas celle de la ville. Ne les confondez pas avec nos représentants de la force principale, car ce ne sont pas eux (information donnée aussi par channeling aux Nations Unies). Que ceux qui ont déjà rencontré des problèmes avec ce que nous appelons les indésirables écoutent bien ceci : Ils ne peuvent lever la main sur vous lorsque vous êtes assis dans votre fauteuil doré ! Et nous disons ceci à ceux qui croient fermement avoir été enlevés contre leur gré et que quelque chose leur a été fait. Ceci est très vrai ! Nous vous disons que ces visiteurs ne sont pas autorisés à vous toucher si vous vous trouvez dans votre pièce dorée. Et savez-vous pourquoi ? Parce que même eux voient le côté sacré en vous ! Ils reconnaissent l'étincelle divine en vous !

Voulez-vous savoir pourquoi certains de ces visiteurs sont si intéressés par vous, très chers ? Parce qu'ils souhaitent en savoir plus sur votre étincelle divine. Ils veulent en savoir davantage sur vos émotions ; ils veulent en savoir plus sur votre spiritualité. Voyez-vous, vous êtes des êtres dont la nature est double. Vous êtes honorés. Vous êtes des prêtres, chacun d'entre vous l'est dans une forme biologique vivante, et cela les fascine, cela les fascine vraiment ! À ceux qui passent leur temps à les surveiller, à en apprendre davantage sur eux, qui lisent tant de livres les concernant, qui les placent au centre de leur existence, nous recommandons de ne pas permettre à cette activité de consumer leur vie, sinon c'est ce qui se passera inévitablement.

À vos yeux, il est merveilleux de penser qu'une autre vie existe. À quoi peut-elle ressembler ? Mais, de nouveau, nous vous donnons un conseil : ne vous laissez pas dévorer par cette question. Car le seul point important sur cette planète se trouve dans votre pièce dorée et non pas dans une vie d'étude concernant ceux que vous rencontrerez un jour. Rien de ce que vous pouvez lire ou étudier sur ces visiteurs de l'espace ne pourra aider votre famille ou guérir votre corps, ou encore vous aider dans votre travail ou créer l'abondance dans votre vie. Quelle que soit la quantité d'informations sensationnelles que vous pourrez trouver, valables ou non, elles ne pourront pas créer la paix dans votre vie. Jamais. Cette paix se trouve dans le fauteuil de votre pièce dorée! Établissez correctement l'ordre de vos priorités. En premier lieu, prenez soin de VOUS ! Ensuite pourra venir l'étude de n'importe quel autre sujet.

LE CHANNELING

Maintenant, nous allons vous communiquer certaines informations sur le channeling. Nous aimerions vous donner quelques règles de bon sens. Étant donné qu'il serait illogique que l'Esprit vous donne des conseils de discernement à son sujet, nous allons donc nous inspirer d'une source humaine pleine de sagesse. Ce texte a déjà été publié. Il est disponible et connu de mon partenaire. Notre étroite union nous permet de vous divulguer cette information. Voici ce que des humains pleins de sagesse ont à dire au sujet des *channelers* ; nous croyons que ces avis sont judicieux.

1. Il y aura toujours des informations utiles disponibles pour tous. *Méfiez-vous du channel qui vous communique des informations utiles destinées uniquement à quelques-uns, à un groupe spécifique de personnes ou à quelques privilégiés.* Les informations doivent être utiles à *toute* l'humanité, à chaque être humain. Veillez bien à cela. Il s'agit d'un élément de bon sens qui vous permettra de savoir si vous êtes en train d'écouter la vérité.

2. *Le message devrait être édifiant.* Surveillez les messages valorisant et non pas les messages de crainte, ni un de ces messages qui vous rabaissent ou qui vous poussent à entreprendre quelque chose avec peur ou à vous cacher, mais un message qui encourage ! Veillez à cela.

3. *L'Esprit ne vous délivrera jamais de message vous demandant d'abandonner votre libre arbitre.* Jamais ! Car votre libre

arbitre, c'est votre expérience sur la Terre lorsque vous vous asseyez dans votre fauteuil doré. Le libre arbitre ! Le choix est ce qui détermine l'avenir de votre planète.

4. *L'Esprit ne vous délivrera jamais de message -jamais -qui vous demande de violer l'intégrité de ce à quoi vous croyez.* Vous êtes honorés pour votre façon de penser. L'Esprit ne vous trompera pas ou ne vous « embarquera » pas dans quoi que ce soit. Le message ne doit jamais violer votre intégrité. Vous devez vous sentir à l'aise en l'écoutant et il doit sonner vrai dans votre cœur.

5. Très chers, *l'Esprit ne présentera jamais un channeler comme l'unique source d'informations.* Faites bien attention à ceci, car il y a beaucoup de channels de l'Esprit et toutes leurs informations se recoupent afin de créer une vision plus globale, spécialement en ces temps de Nouvel Âge. Aucun de ces channels ne se prétendra jamais la source unique des informations.

6. *Soyez attentifs au fait que les informations sont normalement des informations nouvelles.* Méfiez-vous des channels qui ne font que ressasser les mêmes sujets, car ils se préoccupent non pas de channeling mais simplement de l'ego humain. Des informations nouvelles sont nécessaires. C'est l'unique raison d'être du channel. Pensez à cela.

7. *Soyez attentifs au fait que les informations présentées par channeling devraient proposer des solutions spirituelles.* Des informations offrant des solutions pour relever les défis de la vie sur Terre, voilà le but du channeling.

Voici donc sept des douze règles de bon sens du channeling de l'Esprit qui vous sont offertes par des êtres humains (présentées à l'origine dans *New Realities Magazine* de juillet 1987). Et maintenant, nous allons vous donner une de nos propres règles. Ce que vous devez faire avec une information par channeling, comme nous vous l'avons dit auparavant, c'est de la voir simplement comme une référence et non comme un mode de vie. N'en abusez pas. Ne considérez pas la personne qui sert de channel comme un gourou. Traitez l'information qui vous est transmise comme une référence, puis mettez-la de côté. Si vous deviez la reprendre pour vous y référer à nouveau, faites-le comme vous le feriez pour n'importe quelle référence, puis classez-la. Ensuite, par vos propres moyens et avec vos capacités personnelles, pénétrez dans votre pièce dorée et commencez à créer des vibrations plus élevées pour cette planète. Vous êtes qualifiés pour cela ! Le channeling n'est qu'une somme de données pour soutenir votre action.

Nous vous avons dit de vous asseoir dans cette pièce et de ressentir l'amour de Dieu. Certains d'entre vous demanderont : « Kryeon, comment puis-je faire la différence entre l'amour et l'ego ? Ils se ressemblent tellement. Vous nous avez dit que nous devions nous aimer, n'est-ce pas cela l'ego ? » Très chers, la différence entre l'amour de l'Esprit, votre Moi divin et l'amour de l'ego humain est grande. Nous allons vous donner maintenant quatre éléments de réponse à ce sujet. Voici les quatre attributs de l'amour parfait et spirituel. Nous y ferons souvent allusion, sous des formes diverses, en poursuivant notre quête afin de rapprocher nos vibrations des vôtres. Il n'y aura peut-être pas de message plus important, durant toute cette réunion (et dans ce livre), que ce qui va suivre.

LES QUATRE ATTRIBUTS DE L'AMOUR PARFAIT

Très chers, l'amour parfait de l'Esprit est un amour serein. Il ne s'écrie pas, du sommet de la colline : « Je suis ici, regardez-moi ! » L'amour de Dieu, l'amour de votre Moi divin est calme, compatissant, fort, consistant. Pouvez-vous ressentir ceci ? Nous déversons tout ceci en vous. C'est l'essence même de votre foyer. C'est ce que certains d'entre vous ressentent lorsqu'ils croient qu'ils « aiment » Dieu. C'est le souvenir de votre vrai foyer et il vous appartient. Et, très chers, sa matérialisation s'effectue dans le fauteuil de votre chambre dorée. Comprenez-vous ?

L'amour ne calcule pas. Il n'existe que pour lui-même et ne nourrit que l'amour de l'Esprit. Il n'y a pas de sermon dans tout ceci. Il s'agit d'amour sincère. Il ne crie pas : « Si vous faites ceci pour moi, je ferai quelque chose pour vous ! » Non. Il n'existe que pour « être ». Il se contente d'exister. Veillez bien à ceci, l'amour de Dieu est désintéressé.

Le troisième attribut, c'est que l'amour est modeste. Il ne se met jamais en avant. Il n'est jamais fier. Il n'est pas nécessaire qu'il le soit, voyez-vous, car il émane de la source de toute création. Chacun le reconnaîtra sans avoir besoin de prononcer une parole. Vous n'aurez même pas besoin de lever la main et de dire : « Regardez-moi. » Comme une lumière dans les ténèbres, vous attirerez les autres, qui vous demanderont : « Qu'y a-t-il de spécial en vous ? » Lorsque Wo vit le grand ange doré dans le fauteuil d'or, il ne lui demanda pas son identité. Il ressentit aussitôt le caractère sacré de l'entité ! Votre ordination en tant qu'humaniste est un signe distinctif que chacun peut voir. Au fur et à mesure que l'ancienne énergie de la Terre s'éclaircira, nombreux sont ceux qui l'observeront !

Enfin, l'amour est empreint de sagesse qui inclut les trois précédents attributs. La sagesse est sereine, sobre et désintéressée. Elle sait ce qu'il faut dire ou pas. Elle agit raisonnablement.

L'amour parfait n'écrira jamais un scénario effrayant pour votre vie, mais l'ego, lui, le fera. C'est cela la véritable différence entre eux, très chers. La crainte ne figure pas dans les messages de Dieu. La crainte est un mécanisme qui apparaît dans le karma et les enseignements humains. Je vous demande de bien vous rappeler ceci : Dans toute l'histoire de l'humanité rapportée à ce jour, lorsque les anges du Seigneur apparurent, quel que soit le système de croyances, ils arrivèrent avec trois mots. Savez-vous quels furent ces trois mots, qu'ils prononcèrent avant toute chose ? « Ne crains point ! » – preuve que Dieu ne vous enverra jamais un message de crainte. « Ne crains point ! » Cela est écrit à votre intention.

Installez-vous dans vos fauteuils dorés quelques instants, car nous avons une histoire à vous raconter. C'est l'histoire de Thomas. Oh, très chers, ces paraboles vous sont offertes, car les histoires se retiennent plus facilement que de simples mots. Cette histoire ruisselle littéralement de vérité, elle est éloquente. Exista-t-il réellement un Thomas ? Non. Et cependant, il y a un Thomas dans chacun de ceux qui sont assis ici, dans cette salle, en ce moment, ou qui lisent ce message.

LA PARABOLE DE THOMAS, LE GUÉRISSEUR

Très tôt, Thomas sut qu'il possédait un don. Déjà, enfant, il pouvait regarder les gens et voir si quelque chose n'allait pas. « Oh, vous avez mal à la tête », disait-il à l'âge de dix ans. « Je suis désolé. Laissez-moi toucher votre tête pour vous soulager. » Il voyait la maladie et le malaise, il voyait les couleurs sur le visage des gens. Mais ce n'est que plus tard qu'il comprit qu'il était différent du commun des mortels.

Comme vous le voyez, Thomas avait un don que beaucoup, parmi vous qui m'écoutez ou qui lisez ces lignes, possèdent aussi. Peut-être ce don se manifeste-t-il de façon différente, mais il s'agit d'un don. Le point essentiel, c'est qu'il s'agissait d'un don connu depuis sa naissance, quelque chose de ressenti intuitivement, d'enfoui peut-être profondément, mais d'un don véritable.

Néanmoins, en grandissant, Thomas eut un choix à faire. Il avait conscience de son don, il avait soigné les gens bénévolement et il comprit alors que c'était devenu une passion. Mais il sut qu'il devait gagner sa vie. Thomas voulait apporter le maximum de changements positifs possibles à la planète ; aussi étudia-t-il la chimie et la biologie. Il se dit : « Je vais faire de la recherche scientifique. Peut-être découvrirai-je quelque chose d'important. Dieu viendra à mon aide et, de cette façon, je pourrai influer sur de nombreuses vies. »

Lorsque le moment arriva, Thomas fut placé devant un cruel dilemme : s'intégrer à un centre de recherches et faire une belle carrière, ou tout arrêter et devenir un guérisseur remarquable, avec toutes les incertitudes que cela comportait, soignant une personne à la fois, dans un environnement non médicalisé. Sur le plan cellulaire, il savait où sa passion et son engagement le menaient. Il voulait soigner les gens, faire le maximum de bien possible, grâce à son don. Que devait-il faire ? Ce fut dans cet état d'esprit que Thomas alla se coucher cette nuit-là. Peu de temps après s'être endormi, deux de ses guides lui apparurent en songe et l'emmenèrent dans un endroit important.

Ils lui sourirent et lui dirent : « Thomas, cette nuit nous allons te montrer un endroit que les prophètes ont contemplé. Nous l'appelons “les futurs possibles de la planète”. Mais, maintenant, nous allons te le faire voir dans le cadre de ta propre vie. Il ne s'agira pas de l'avenir de la planète, mais de ton avenir. Nous allons te démontrer deux résultats possibles. »

Thomas était très excité et les guides le menèrent vers quelque chose qu'il n'avait encore jamais vu. C'était un édifice constitué de cercles concentriques, comme ceux qui se forment à la surface de l'eau lorsque l'on jette un caillou dans un étang. Chacun de ces nombreux cercles représentait une étroite et longue pièce circulaire. Et chacune de ces pièces évoquait un futur différent pour Thomas, selon ses actions passées durant sa vie.

Thomas fut très intéressé par cet édifice, mais dit à ses guides : « Avant de me montrer quelque chose d'autre, dites-moi ce qu'il y a dans la pièce du milieu. »

Et ses guides répondirent : « C'est l'endroit où nous ne pouvons aller. Seuls les prêtres peuvent s'y rendre. Nous allons te montrer quelques-uns de ces cercles concentriques, c'est-à-dire certaines pièces de ta vie. »

Et, ainsi, ils le menèrent dans une des pièces et lui dirent : « Voici un futur possible de ta vie, Thomas. Contemple-le. » Thomas pénétra dans la pièce, où il vit une intense activité et de nombreuses personnes, mais il ne put entendre un seul son. L'Esprit ne pouvait lui dévoiler tous les éléments, mais suffisamment, cependant, pour qu'il puisse comprendre ce qui était en train de se passer. Personne, dans la pièce, ne pouvait le voir, mais lui se rendait compte de tout ce qui se déroulait.

Il semblait que des tas de choses étaient en train de se passer. Cette pièce était immense et circulaire. Elle était très éclairée et remplie d'êtres humains. Parmi eux se trouvaient de nombreux enfants qui semblaient très excités. Thomas marcha un certain temps avant de se contempler réellement lui-même dans la pièce et vit qu'il s'agissait là de la célébration d'un événement de sa propre vie ! Dans la pièce se trouvaient des députés, des leaders mondiaux, des pères et des mères de famille. Ils participaient à une grande fête, à un banquet, et tous étaient en excellente santé.

Thomas pensa : « On me montre le résultat de ma vie de chercheur scientifique. C'est exactement ce que j'espérais, le plus d'aide possible pour le plus grand nombre de personnes. Mon travail a rapporté !

« Thomas se réjouit de voir qu'il recevait des accolades. La célébration se déroulait en l'honneur de son œuvre, et la présence de toutes ces familles et de tous ces enfants ajoutait à cette fête quelque chose de spécial. Puis les guides lui dirent : « Thomas, il est temps de partir et d'aller voir une autre pièce. Un autre futur possible. »

Il resta quelques instants debout devant la porte et dit : « Oh ! je ne veux pas que cette nouvelle pièce soit négative. » Car Thomas était encore sous le coup de la joie qu'il avait éprouvée dans la pièce qu'il venait de quitter et il la savourait encore pleinement. Ses guides lui répondirent : « Oh ! Thomas, tu dois comprendre que seul le voyage importe vraiment. Car tu fais partie de ceux qui sont venus sur la Terre. Tu es l'un de ceux qui vont changer les vibrations, quoi que tu fasses. C'est le fait que tu sois ici qui est exceptionnel et qui représente une bénédiction. C'est ton libre arbitre qui représente la cerise sur le gâteau. Peu importe ce qui se trouve à l'intérieur de ces pièces, seule compte l'aide que cela t'apporte pour faire tes choix. »

Les guides menèrent Thomas dans la pièce suivante où il faisait sombre. Thomas réagit. « Il doit y avoir une erreur. Il n'y a personne ici. »

Les guides ne répondirent pas. Aussi commença-t-il à traverser la pièce obscure et il marcha un certain temps avant d'apercevoir une lumière au loin. Là, une table était dressée et une célébration se déroulait. Treize personnes y assistaient. L'une de ces personnes était Thomas ! Il s'agissait, une fois encore, d'un banquet donné en l'honneur de son œuvre.

Thomas se dit : « Cette scène doit représenter ce qui serait advenu si j'avais choisi d'être un guérisseur indépendant. » Il dévisagea les quelques personnes attablées qui portaient un toast en son honneur. « On dirait que le résultat n'a pas été brillant. N'avoir guéri que douze personnes dans toute ma vie... »

Puis Thomas vit quelque chose, et une vague de compréhension le submergea. Car, à la table du banquet, Thomas portait à son poignet une montre en or offerte par le centre de recherche dont il allait faire partie dans sa vie réelle. La scène qui se déroulait devant ses yeux était la cérémonie de son départ à la retraite comme chercheur scientifique !

Thomas quitta la pièce rapidement et dit à ses guides : « Je n'en ai pas fini avec cette vision. Faites qu'elle ne s'interrompe pas. Je veux aller dans la pièce centrale. »

Et les guides répondirent : « Nous ne pouvons pas t'accompagner là-bas, mais il ne s'agit que d'une vision, Thomas, tu peux donc t'y rendre si tu le souhaites. »

Ainsi fit-il, et il fut transporté en plein cœur de la pièce concentrique. Là, très chers, il y avait quelque chose de surnaturel. Dans cette pièce, on voyait la représentation spectaculaire de Thomas assis dans un fauteuil d'or ! Thomas s'éveilla aussitôt et pensa : « Je suis tellement reconnaissant de ces directives spirituelles ! » Vous voyez, très chers, Thomas comprit instantanément ce qui venait de se passer. Ce qui est important, c'est le potentiel de celui qui s'assied dans la pièce dorée, et lorsque Thomas prit place dans la vision de cette pièce dorée, il comprit quel était le plan d'ensemble. Il comprit qu'il y aurait des êtres humains destinés à le rencontrer et qu'il les guérirait, des êtres humains qui assumeraient des vies productives et qui auraient des enfants, « non encore venus au monde » dont les noms figuraient sur les portes de la maison de la parabole de Wo.

Bien que certains d'entre vous aient pu croire que les noms des « enfants à naître » de l'autre parabole appartenaient potentiellement à Wo, ce n'est pas le cas. Voyez-vous, ces enfants devaient être issus des personnes avec lesquelles Thomas allait être en contact ! Ces enfants représentaient un incroyable potentiel de transformation, des enfants nés de ceux que Thomas avait aidés à guérir, ou avec lesquels il avait parlé, et tout ceci grâce à une seule vie : la sienne !

Thomas comprit alors que la guérison des êtres humains, pris individuellement, représentait la voie qu'il devait suivre. Il n'avait pas réalisé auparavant que celui qui était guéri et qui recouvrait son équilibre allait, à son tour, engendrer deux autres êtres, que ces deux personnes allaient ensuite en créer quatre, qui, à leur tour, deviendraient huit. Nous vous racontons cette parabole afin de vous montrer que vous n'avez aucune idée des gens que vous allez rencontrer ni de l'influence que vous pourrez exercer sur eux lorsque vous êtes assis dans votre pièce dorée. Nous percevons le plan d'ensemble, mais nous vous prions instamment d'avoir foi qu'il existe pour vous ! Nous sommes conscients de votre potentiel !

Lorsque vous êtes assis dans votre fauteuil d'or, les possibilités de transformation de cette planète sont considérables ! Vous n'en avez aucune idée, car les voies de Dieu sont très complexes, mais je peux vous assurer que les potentialités vous concernant sont d'ores et déjà accomplies « ici et maintenant ». Les solutions sont en place. Si vous alliez dans votre pièce dorée, si vous aviez confiance en vous, si vous vous dirigiez droit vers cette nouvelle énergie, si vous preniez conscience de vos pouvoirs et accomplissiez des choses « impossibles », nous serions tout le temps à vos côtés, vous offrant des solutions créées spécialement à votre intention.

Il y aura ceux qui vous rencontreront à dessein et vous reconnaîtrez alors la synchronicité de leur venue. Grâce à votre travail, ils pourront s'asseoir à leur tour dans leur propre pièce dorée et influencer d'autres personnes qui, elles aussi, s'assoiront dans leur pièce dorée ! Quelle magnifique façon de guérir la planète !

Vous, les guérisseurs ici présents et ceux qui lisent ces lignes, êtes-vous attentifs ?

Chacun de vous est réellement une mine de changements pour cette planète ! Pourquoi l'Esprit vous communique-t-il ce message ? Parce que l'avenir de la planète est incertain, mais qu'il est maintenu en équilibre par votre travail. Vous vous trouvez près de quelque chose de stupéfiant, mais vous allez devoir prendre place dans vos fauteuils au milieu de vos pièces dorées pour en prendre conscience, et vous ne pouvez absolument pas l'ignorer.

Ainsi, certains d'entre vous maintenant peuvent comprendre lorsque nous disons que « vous êtes honorés ». Lorsque vous êtes assis près de Kryeon, comme ce soir, l'Esprit s'est, au préalable, assis à vos pieds ! Car nous sommes assis ici avec notre récipient d'eau sacrée – nos larmes de joie pour vous – honorant et aimant chacun de vous, vous appelant par votre nom en vous disant : « Nous savons qui vous êtes ! Vous êtes vraiment tendrement aimés ! »

Même ceux qui ne croient pas que tout ceci soit vrai sont aimés ! Que la semence soit plantée cette nuit, même en ceux qui pourraient partir d'ici sans avoir compris, afin qu'un jour, lorsque le moment sera venu et qu'ils seront prêts, tout ceci resurgisse et qu'ils ressentent tout l'amour qui est infusé ce soir dans leur vie.

Voici comment les choses se passent, très chers. Vous souhaitez en savoir davantage sur la cocréation ? Vous trouverez la réponse dans votre fauteuil d'or ! Parce que, dans ce fauteuil d'or, vos mérites personnels engendrent la paix qui crée la joie. Quand vous réalisez que vous méritez d'être ici, tout change ! Vous reconnaîtrez le fait que tout est agencé divinement. Et cette satisfaction personnelle vous permet de générer la puissance qui créera une situation où vous pourrez, à votre tour, créer votre propre réalité – c'est la cocréation dans toute sa splendeur.

Que voulez-vous faire maintenant ? Souhaitez-vous quitter cette salle avec la conviction que vous devez rechercher votre pièce dorée ? Je vais vous dire ce qu'elle peut faire pour vous : Elle peut vous aider à résoudre tous les problèmes qui pèsent sur vos épaules en ce moment même ! Il n'existe aucune maladie, dans quelque corps que ce soit, qui ne puisse être instantanément guérie par l'énergie qui circule actuellement dans cette pièce.

Il n'y a rien, dans tout ceci, qui soit hors de votre portée et vous savez que je vous dis la vérité. Au niveau cellulaire, rien n'est impossible ici. Vous pensez vous heurter à des impossibilités relationnelles, familiales ou professionnelles ? Il ne s'agit que d'un fantasme de votre imagination, d'un piège karmique. Car nous vous promettons qu'il existe une solution « gagnante » pour chacune de ces situations - mais chaque solution commence par l'amour, dans votre pièce, dans votre fauteuil.

Et maintenant, très chers, voici venu, pour nous, le moment de partir à nouveau, de vous quitter et d'emporter notre cortège avec nous. Nous vous disons ceci : nous ne partons jamais définitivement. Un jour, lorsque nous serons, vous et moi, de nouveau en présence, lorsque vous serez revêtus de vos nouvelles couleurs, dans votre *Mer-Ka-Ba*, vous reconnaîtrez aussi mes couleurs.

Et ce jour-là l'amour sera intense entre nous, lorsque je vous dirai : « Vous souvenez-vous du jour où je vous ai délivré ce message, dans le joli cadre de Banff, sur la Terre ? »

Oh ! très chers, il n'existe aucun mot que mon partenaire puisse utiliser afin d'illustrer l'amour que nous éprouvons pour vous.

Aucun mot...

Il en est ainsi.

Kryeon

« LA PUISSANCE DE L'ESPRIT HUMAIN »

Toronto, au Canada

Salutations, très chers. Je suis Kryeon, du Service magnétique. Oh, il s'est écoulé beaucoup de temps depuis que cette réunion a été programmée, n'est-ce pas ? Et je vous dis ceci, très chers, parce que je reconnais chacun de vous. Bien que vous soyez maintenant habitués à la voix du partenaire qui me représente, certains douteront encore de ce qui va se passer, douteront que l'Esprit puisse s'exprimer par l'intermédiaire d'un être humain. Et nous disons : « Oh, si seulement vous saviez que l'Esprit se tient en chacun de vous, qu'il vous parle chaque jour et qu'il peut s'exprimer par votre intermédiaire tout aussi facilement que ce que vous entendez ici, en ce moment. »

Ce message d'amour est destiné à chacun de vous. En cet instant, voyez-vous, il importe peu que vous croyiez ou non ce que vous entendez (ou lisez). De toute façon, cela vous est destiné. Voilà pourquoi nous disons aux sceptiques dans cette salle : « Oh, très chers, vous êtes aimés au-delà de toute expression. » Et nous ajoutons: « Rien de ce qui se déroule en ce moment ne peut vous être hostile. » Quoi qu'il en soit, le germe de la vérité sera planté et vous pourrez retrouver cette vérité plus tard, si vous le souhaitez. Nous vous mettons au défi, vous les incrédules, de vous demander : « Est-ce tout ? » La réponse ne se fera pas attendre, qui vous dira : « Non, il y a beaucoup plus ! » Car, voyez-vous, chacun de vous transporte l'étincelle de Dieu lui-même avec lui.

J'ai parlé, tout à l'heure, de cette réunion. Je déclare maintenant que le groupe présent dans cette salle en ce moment (Toronto) fut planifié il y a longtemps. C'est pourquoi nous faisons appel, en cet instant même, au cortège qui accompagne l'entité que vous appelez Kryeon. Je suis l'ange nourricier du Nouvel Âge. Si vous pensiez que j'étais le maître du Service magnétique, sachez qu'il s'agissait là de mon appellation terrestre. Je viens avec la même expression que l'archange Michaël et mon amour est aussi fort que celui de cet ange éminent. C'est cet amour que je vous transmets ce soir, par l'intermédiaire de mon partenaire, grâce à ces mots que vous entendez (ou que vous lisez). Beaucoup d'entre vous ont ressenti cette similitude et, maintenant, je la valide. Le moment est venu. Oh, très chers, cette réunion fut planifiée pour chacun d'entre vous. Je vous connais et vous me connaissez, car nous nous considérons comme des égaux, avec, toutefois, une différence : Vous êtes ceux qui ont choisi d'accomplir la tâche de devenir des êtres humains en apprentissage sur cette planète. De ce fait, nous ne dirons jamais assez que l'entité que vous appelez Kryeon et le cortège qui l'accompagne se présentent à vous sous l'apparence et avec la conscience de l'Esprit qui vous déclare : « Vous êtes les Élus. Vous êtes ceux qui accomplissent la tâche ! »

Comme nous l'avons déjà mentionné, Kryeon vient pour s'asseoir à vos pieds et les baigner. L'amour est intense ici, et notre cortège se tient dans l'allée centrale pendant que nous parlons. Ce cortège est représenté par ceux qui sont venus aider Kryeon et par chacun de vos guides. Croyez-le ou non, les incrédules ont leurs guides et, même pour eux, des révélations surgiront des événements de ce soir.

Oh, très chers, nous souhaitons poursuivre ce soir la série des enseignements et je demande à mon partenaire de connecter cette séance de channeling avec la précédente, car elle constitue la suite du message que nous avons reçu pour vous, dans les montagnes, à Banff. Il y a tellement à dire dès maintenant ! Si seulement vous saisissiez l'intégralité du concept qui concerne votre vie physique ! Nous vous en dirons plus au fur et à mesure que nous progresserons. Très chers, je sais d'où vous venez et vous honore grandement ! Ressentez tout ce qu'il y a à ressentir. Car tout l'amour que vous donnez est bien venu et nous vous le rendons bien – oh oui, nous vous le rendons bien !

La dernière fois que nous nous sommes réunis, nous avons parlé de la parabole de Wo et des pièces d'apprentissage et nous vous avons donné un enseignement au sujet de l'une de ces pièces. Ainsi, dans cette parabole, Wo vit l'une des plus grandes pièces du bâtiment dans lesquelles aucun guide ne pouvait pénétrer. Et nous nous souviendrons qu'il s'agissait de la pièce de l'essence du soi.

Êtes-vous jamais tombés amoureux de Dieu ? Peut-être s'agissait-il d'une entité, peut-être d'un grand maître, et peut-être avez-vous ressenti le bien-être que vous apportait ce sentiment ? C'est le reflet de l'amour que vous devriez avoir pour vous-même ! Nous vous avons dit que le fauteuil qui se trouve dans la pièce de l'essence de soi est en or. Car l'or représente la couronne de Dieu et chacun de vous est une étincelle de divinité dc cette couronne. Nous vous avons invités à vous asseoir dans ce fauteuil et à ressentir tout ce que cette position a de valorisant - assis dans ce fauteuil, coiffés de votre couronne - sentant pousser les ailes que vous offrent les anges, pleinement conscients que vous n'êtes pas ici par hasard. Vous n'êtes pas simplement une goutte de matière vivante évoluant sur cette planète pour un temps très court. Oh, il y a tellement plus ! Voyez-vous, c'est par la découverte de soi-même, qui survient dans cette pièce, que sont créés les dons offerts dans les autres pièces. Et ainsi, après avoir pris place dans cette pièce dorée et après avoir ressenti toute la valeur de cette découverte, vous pouvez vous rendre dans les pièces de la sérénité et de l'abondance.

Vous devez aussi vous rappeler que Wo vit deux autres pièces dans lesquelles il ne pénétra pas. L'une portait le nom des « enfants à naître » et l'autre, le nom d'un leader mondial. Et comme nous le fîmes dans la ville près des montagnes, nous allons vous en dire plus, ce soir, au sujet de ces pièces. Mais cette séance d'enseignement sera très spéciale, et nous espérons que vous ferez vraiment attention à quelque chose que nous allons voir ensemble, car c'est le point crucial de votre existence sur cette planète.

L'enseignement de ce soir porte sur le pouvoir de l'être humain éclairé. Vous m'entendrez, à diverses reprises, vous dire ceci : «Vous n'avez aucune idée de la puissance qui vous habite ! » Beaucoup d'entre vous, dans cette salle, doivent passer le test de l'appréciation personnelle et vous savez pourquoi il en est ainsi. C'est parce que nous avons des précurseurs dans la salle, ceux qui se sont éveillés les premiers - ceux qui comprirent les premiers

« qui ils étaient ». Et vous, très chers, et même certains incrédules, vous êtes ceux qui ont passé vie après vie, agenouillés devant Dieu dans les monastères d'antan ! Ce sont ces expériences de vos vies antérieures qui vous procurent ce sentiment d'indignité, car, nous le répétons, vous avez passé des heures, des jours, des semaines agenouillés, autrefois. Et soudain, nous vous déclarons aujourd'hui que c'est vous qui êtes éminents et nous souhaitons que vous compreniez que nous sommes ici pour honorer votre divinité. Car la tâche que vous avez à accomplir sur cette planète est claire, de plus en plus claire. Il s'agit d'un travail personnel - un travail intérieur. C'est un travail qui vous dit : « Oh, très chers, asseyez-vous dans le fauteuil du mérite. » Le fauteuil du mérite générera la guérison, laquelle créera la paix, qui apportera l'abondance. Tout ceci dépend de la conscience que vous avez d'être assis dans ce fauteuil.

LES SIX CARACTÉRISTIQUES DU POUVOIR DE L'ESPRIT HUMAIN

Nous souhaitons vous parler des six caractéristiques du pouvoir de l'esprit humain. Trois d'entre elles sont évidentes d'après nos enseignements et trois ne le sont pas. La première, c'est la puissance de la méditation de groupe. Vous n'avez commencé que récemment à comprendre tout ce que ceci signifie et, au fur et à mesure de l'énoncé de ces caractéristiques, nous allons vous en dire plus au sujet de certains des attributs de l'humanisme du Nouvel Âge, ce qui rendra ce commentaire sur la méditation de groupe plus émouvant.

LA MÉDITATION DE GROUPE

La méditation de groupe recèle une incroyable puissance ! Ne vous méprenez pas ! Par le passé, nous vous avons demandé de méditer principalement pour vous-même, tout seul. Nous vous avons expliqué l'intérêt de solliciter la cocréation pour vous-même, lorsque vous êtes seul. Cependant, il est aussi opportun de se réunir pour transformer la planète. Une douzaine d'entre vous seulement possède une puissance égale à celle qui se dégage d'un stade rempli de personnes de vibrations plus faibles. Les anciennes vibrations sont très différentes de celles qui sont les vôtres aujourd'hui, et nous vous affirmons que le travail réalisé par un tel groupe peut provoquer une transformation profonde de votre planète.

Lorsque nous vous disons de vous réunir, cela signific que vous devez vous réunir par l'esprit. Peu importe que vous soyez éloignés les uns des autres (l'une des règles de la loi spirituelle universelle). Vous pouvez comprendre la différence, car lorsque vous vous concentrez tous ensemble sur un même sujet, vous n'imaginez pas la puissance de l'intention que vous avez transmise. Mais, pour accomplir ceci, chacun de vous doit dégager des vibrations élevées. Il est donc important que vous constituiez votre groupe avec le plus grand soin. Sachez bien quelles sont les intentions de chacun de ses membres, car il s'agit là de la caractéristique essentielle. Ne jugez ni leur vie ni aucun autre élément, mais uniquement leur intention au moment où vous les accueillez. Il s'agit de l'une des six caractéristiques et elle sera plus compréhensible lorsque nous avancerons. Considérez attentivement ce point, car cela peut créer une différence pour votre planète. L'une des choses les plus étonnantes provenant de cette assemblée et de ceux qui nous lisent, c'est la puissance émanant de vous. C'est la raison pour laquelle Kryeon est accompagné d'un cortège et c'est pourquoi vous ressentez autour de vous l'énergie des guides qui vous équilibre, vous tous qui êtes dans cette salle. Mais tout ceci est dissimulé à vos yeux et vous ne vous voyez que comme un être humain faisant son apprentissage sur la Terre. Nous vous considérons d'une façon très différente, sachez-le. C'est pourquoi nous vous aimons tellement. C'est pourquoi vous me connaissez et je vous connais. Car, voyez-vous, vous n'avez pas toujours été ici-bas. Votre divinité est aussi la mienne.

LES VIBRATIONS SUPÉRIEURES

La caractéristique suivante est le pouvoir que possède l'être humain d'atteindre un seuil vibratoire plus élevé. Maintenant, laissez-moi vous annoncer que vous vous dirigez vers une époque où cette planète vibrera d'une façon que vous ne pouvez imaginer. Vous avez beaucoup changé grâce à vos bonnes résolutions et à l'amour que vous avez répandu sur les autres et vers l'Esprit. Vous avez accompli une tâche énorme. Nous vous informons qu'il ne s'écoulera guère de temps (aux environs de 2012), avant que se présente une opportunité, une potentialité, concernant ce que vous avez appelé la nouvelle Jérusalem : une modification vibratoire, un changement structurel, un nouvel humanisme. Vous avez utilisé diverses terminologies pour qualifier votre univers dimensionnel, certaines étant presque exactes. Mais la vérité est qu'une modification dimensionnelle relève essentiellement de la conscience du Moi divin et que ce nouveau statut sera tellement imprégné de ce Moi divin que vous vous intégrerez à lui et pourrez ainsi conserver votre condition biologique mais disposerez d'un niveau vibratoire que vous n'avez encore jamais vu sur cette planète ! Ceux qui le souhaitent pourront progressivement s'intégrer dans ces nouvelles dimensions et vibrations. C'est votre but et, dans ce Nouvel Âge, vous êtes autorisés à le faire.

Tous ceux dont le seuil vibratoire est plus élevé, en ce moment même, savent ce dont je parle. Certains d'entre vous se demanderont : « Comment puis-je savoir si mes vibrations se situent à un niveau supérieur ? » Je répondrai qu'il s'agit là d'une question simple, tellement vous êtes nombreux à vous situer à ce niveau supérieur. Lorsque vous commencez à comprendre qui vous êtes, il s'agit d'un niveau supérieur. C'est le niveau qui vous permet d'entendre cette voix (celle de Kryeon) et de ressentir l'amour de l'Esprit. Enfin, ce niveau supérieur est un seuil vibratoire qui donne un sens à votre vie. Asseyez-vous dans votre fauteuil doré ! Presque tous, ici, se dirigent vers une nouvelle énergie vibratoire. Oh, très chers, ces vibrations nous rendent tellement heureux et vous honorent tant, car nous voyons le potentiel des possibilités.

Il y a tellement d'espérance pour cette planète ! Vous pourriez rétorquer : « Avec tout ce qui se passe actuellement, je ne comprends pas comment vous pouvez dire cela, Kryeon. » Et nous répondons que si vous aviez la moindre idée de ce qui aurait pu se passer, vous seriez remplis de gratitude de pouvoir être présents ici ce soir ! C'est vous qui avez accompli ceci et c'est la conscience collective de cette assemblée alliée à d'autres comme elle qui ont réalisé les changements. Vous êtes très puissants, en vérité, car, sur cette planète, aucun autre être humain, depuis l'aube des temps, ne fut jamais autorisé à émettre des vibrations aussi élevées que les vôtres. Il s'agit, en fait, du début de ce que vous appelez l'Ascension (voir chapitre 5).

LA COCRÉATION

La troisième caractéristique est la cocréation. Nous avons abordé ce sujet auparavant. C'est un acte très puissant, en effet, que vous accomplissez lorsque vous créez votre propre réalité, car vous faites appel à votre Dieu intérieur. Et savez-vous où vous vous trouvez lorsque vous accomplissez vos plus belles cocréations ? Dans votre fauteuil d'or, le front ceint d'une couronne, ressentant pleinement votre valeur personnelle, ayant conscience d'être partie intégrante du grand tout, pleinement conscient que vous pouvez créer la réalité de votre environnement et, ce faisant, n'influencer personne de façon négative. Voilà le secret, et voilà le miracle du don qui vous est fait. Votre aptitude à cocréer vous est destinée, mais elle vous permet aussi d'accomplir certaines améliorations positives autour de vous. C'est ainsi que vous transformez personnellement le monde de façon positive, et nous allons vous en dire plus à ce sujet dans un instant.

Nombreux sont ceux qui ont déclaré : « Oh, j'ai essayé de cocréer ma réalité, mais apparemment, j'ai échoué. Les choses n'ont pas bien marché ; jetez un coup d'œil autour de moi. » Voilà pourquoi nous vous aimons tant. Très chers, vous ne pourrez pas fuir les épreuves. C'est ce qui caractérise l'être humain. La cocréation est à votre disposition, vous n'avez qu'à la saisir. Mais nous ne vous avons jamais promis que vous pourriez aussi choisir le moment. Aussi, lorsque vous vous trouverez dans une situation difficile, que des larmes couleront de vos yeux et que vous vous demanderez ce qui vous arrive, que chaque larme soit une larme de reconnaissance ! En effet, vous créez la réalité de votre existence, mais les délais impartis pour cette création pourront vous sembler excessifs ou même inexistants. Nous avons une vue d'ensemble de ce qui se passe, mais pas vous. Soyez patients, car nous savons où vous vous trouvez et ce que vous faites. Voici venu le temps du changement, n'est-ce pas ? Que ce changement commence grâce à l'énergie de cette salle, lorsque vous réaliserez, peut-être, qu'il est temps, maintenant, de prendre place « dans votre fauteuil ». Considérez ce qui vous a manqué dans votre vie et aimez Dieu en vous ! Armez-vous de patience pendant le déroulement des événements et sachez que l'amour vous accompagne durant ce processus.

PLACER L'INTENTION
LE PLUS PUISSANT INSTRUMENT DU NOUVEL ÂGE

Maintenant, voyons les trois caractéristiques nouvelles. Elles ne sont pas exactement nouvelles, mais leur description peut vous surprendre. Nous souhaitons vous parler de la puissance absolue dont les humains disposent dans la nouvelle énergie, grâce à l'intention d'un niveau vibratoire élevé. Vous n'avez jamais rien vu de semblable par le passé. Laissez-moi vous dire où se trouve cette puissance sur cette planète. Tous ceux qui sont de cette nouvelle fréquence vibratoire et qui émettent de l'énergie par la pensée, par l'intention, seront beaucoup plus puissants que l'être humain empli de l'ancienne énergie et qui ne vibre pas à cette fréquence.

Pour la première fois, sur cette planète, voici ce que cela signifie : cela signifie que le bien (une intention positive) peut supplanter le mal (une intention négative). Cela veut aussi dire que vous disposez d'une puissance bien supérieure à celle de ceux qui utilisent leur désir pour créer des pensées sans amour. Cela signifie encore que vous n'avez strictement rien à craindre d'aucune entité vibratoire inférieure que ce soit, sur cette planète ou hors de cette planète, car c'est vous qui avez la puissance ! Nous vous avons souvent répété cela, auparavant, mais il s'agit de quelque chose de spécial. Oh, si spécial !

Certains d'entre vous ont été effrayés par des groupes sur cette planète animés d'énergie inférieure et qui sembleraient disposer d'une puissance importante. Vous les avez appelés « Le gouvernement secret ». Nous sommes ici ce soir pour vous annoncer de bonnes nouvelles à ce sujet : Ces gens-là ont des problèmes ! Ils n'ont jamais rien vu de semblable à ce que vous avez. Ils ne peuvent se dresser contre un être éclairé qui œuvre dans une énergie lumineuse à fréquence vibratoire élevée. Ils ne le peuvent ! Et vous verrez leurs efforts s'affaiblir peu à peu dans la lumière de l'illumination émise par ceux qui, comme vous, possèdent la puissance. Vous pourrez peut-être dire : « Mais ils disposent de tellement de ressources ! » Nous disons que cela n'est pas important. Ce qui l'est, c'est la masse critique, la prise de conscience de la planète. Unis ensemble, vous disposez de la puissance ! Vous êtes baignés de cette nouvelle énergie ! Voici votre pouvoir. Il réside dans les bienfaits nouveaux dont vous prenez conscience et que vous revendiquez. Il réside dans votre fauteuil doré.

Je vous demande ceci, très chers : Comment pourrions-nous qualifier l'événement qui verrait un prisonnier politique devenir plus tard le président de son pays ? Il y a là une puissance vibratoire élevée à l'œuvre. C'est une modification du niveau de conscience de très nombreux humains. Ceux dont la fréquence vibratoire est faible, même s'ils disposent de ressources abondantes et d'une puissance apparemment sans limites, s'affaibliront, disparaîtront et la vérité surgira. La masse critique de conscience fera preuve de discernement et prendra les bonnes décisions et ceux qui se tapissent dans l'ombre des secrets et des conspirations échoueront. Voici de bonnes nouvelles, en effet, et elles sont en marche.

Qu'est-ce qui a fait la différence ? pourriez-vous vous demander. L'intention. Et également la faculté de communiquer rapidement avec les autres. Lorsque quiconque peut communiquer instantanément avec toute autre personne, il ne peut y avoir de secrets !

Nous vous le disons, très chers, vous tenez les commandes collectivement, car vous avez le pouvoir, un pouvoir que vous n'imaginez même pas. Le potentiel positif l'emporte sur le négatif. C'est la première fois dans l'histoire de l'humanité qu'un tel résultat se produit. Voyez-vous ce que vous avez réalisé ? C'est de ceci qu'il s'agissait. C'est pour cela que vous avez subi l'épreuve. Voici pourquoi vous êtes arrivés sur cette planète : pour constater le résultat. C'est exaltant. Voici pourquoi la planète vous répond par des vibrations plus élevées et se transforme tellement – avez-vous remarqué ces changements ? Ce sont les réponses qui vous sont adressées ! Alors, n'êtes-vous pas heureux d'être assis dans votre fauteuil doré ? C'est le fauteuil de la puissance spirituelle et il a le pouvoir de modifier l'ensemble de votre futur.

LA SYNCHRONICITÉ

La caractéristique suivante, nous l'appellerons synchronicité, mais il s'agit, en fait, de beaucoup plus. Vous souvenez-vous quand Wo vit une porte sur laquelle étaient inscrits les noms des enfants à naître ? Notre channeling précédent en a donné la véritable signification. Rappelez-vous ! Wo vit aussi l'inscription « Leader mondial » sur une porte. Certains ont pensé que cela signifiait que Wo aurait pu devenir un leader mondial s'il en avait manifesté le désir. Notre précédent channeling a montré que cette explication n'était pas la bonne. Non. Durant sa vie, Wo a eu la possibilité d'influer sur le futur grâce à la synchronicité. Celui qui, ici ce soir, connaît ce qu'est la synchronicité, a prié et médité avec son ami et leur action a influencé quelqu'un d'autre. Cette autre personne influencera à son tour quelqu'un d'autre et, tous, ils influenceront encore quelqu'un d'autre. Quelque part, un enfant ou deux sont peut-être nés, qui attendaient une manifestation de synchronicité – qui attendaient d'aimer et d'être aimés – qui attendaient une manifestation de l'Intention, vous voyez.

Et ces enfants jouissent d'un potentiel d'avenir défiant

l'imagination. Comprenez-vous que tout ceci dépasse largement le cadre de la simple synchronicité, très chers ? Il s'agit du futur de la planète et, souvent, tout dépend de ce que vous faites en ce moment en tant qu'êtres humains éclairés.

Cette synchronicité délivre aussi un message destiné aux guérisseurs. En lisant ou en entendant ces mots en cet instant même, il s'en trouve parmi vous qui se demandent : « Que puis-je faire ? Je sais que je suis guérisseur. Je ne traite qu'une seule personne à la fois. Parfois je la soulage, parfois non. Je suis fatigué. Je soulage une personne un jour, puis une autre le lendemain, avec ou sans succès. Je ne puis rien dire de plus. » Vous pouvez vous demander : « Est-ce que cela transforme la planète ? » Et nous répondons que c'est exactement ce qui se passe! C'est cette synchronicité de la guérison individuelle que vous appliquez, vous dans cette salle ou vous qui lisez ceci, qui est importante. C'est vous qui ouvrez la voie ! La variété de ceux qui viennent vous voir n'est pas le fruit du hasard. Regardez bien qui ils sont et sachez que grâce à leur guérison certains « enfants à naître » pourront accomplir leur tâche et que certains d'entre eux accompliront des choses très spéciales pour la planète. Ils sont prêts. Que ressentez-vous en apprenant tout cela ? Comprenez-vous l'importance de votre rôle dans ce grand scénario ? Réfléchissez-y !

Synchronicité. Potentiel futur. Guérison individuelle. Il y a tant de puissance dans tout cela ! Surveillez attentivement tout individu qui vous rend visite pour recevoir une aide énergétique. Vous ne savez jamais ce qui peut arriver, ni ne connaissez le contrat et le potentiel de chacun. Vous pouvez être le catalyseur. Il y a des années de cela, mon partenaire ne me connaissait pas et je me suis demandé s'il y parviendrait jamais. Ce fut la synchronicité de l'amour qui le dirigea au bon endroit, au bon moment et il ne put s'opposer à la logique de cette démarche, car il comprit que c'était sa vraie place. Comprenez-vous que s'il n'avait pas obéi à la synchronicité de ces messages, il n'y aurait pas de réunion ce soir ni aucun livre entre vos mains ? Et ceci ne concerne qu'un seul être humain. Pouvez-vous imaginer la puissance dont vous disposez en tant que guérisseurs et les options qui seront choisies par ceux qui retrouveront leur équilibre énergétique grâce à vous et à qui vous allez permettre d'avancer jusqu'au plan suivant ?

L'AMOUR

Maintenant nous abordons la sixième caractéristique, et je vais prononcer un mot dont vous pensez connaître le sens. Je parle de l'amour. L'amour est très important, n'est-ce pas ? C'est ce que vous avez appris au cours de ces channelings. Nous vous avons déclaré que les messages de l'Esprit débordent toujours d'amour, mais nous avons été incapables de définir précisément cette notion pour vous, car il ne s'agit pas seulement de l'étreinte des émotions. Il ne s'agit pas seulement des actes d'une personne envers une autre personne en période de stress. Non. Vous voyez, nous allons vous expliquer ce qu'est l'amour d'un point de vue spirituel.

L'amour et les sciences physiques sont étroitement liés et je veux que vous m'accompagniez dans un voyage jusqu'au noyau d'un atome. Autour de ce noyau se trouve un vaste espace vide que nous appellerons une « soupe d'énergie ». Cette soupe d'énergie présente une caractéristique déterminée par là où *est* l'énergie à un *moment donné*. Vous pourriez me demander : « Kryeon, que voulez-vous dire avec ce langage scientifique ? Nous sommes en train de parler de l'amour ici ! » Je suis ici pour vous dire que la caractéristique de cette soupe d'énergie, c'est l'amour. Je vais, maintenant, vous dire certaines autres choses. À trois ou quatre reprises seulement, vos savants ont remarqué quelque chose de très surprenant à leurs yeux. Et s'ils connaissaient la vérité sur ces faits, ils hésiteraient à la partager avec d'autres, car elle ne paraît pas très « scientifique ». Le fait est que la caractéristique qui affecte la soupe d'énergie varie selon l'énergie de la pièce où elle se trouve ! Ce n'est pas étonnant qu'elle soit rarement la même ? La conscience et l'amour peuvent-ils affecter la matière ? Oui, et il s'agit là de leur aspect mécanique. Voilà le secret. Ils sont étroitement liés. L'amour est le liant de toutes choses.

Ceci vous semble étrange, mais c'est ce lien étroit qui

représente le chaînon manquant entre la science et la pensée spirituelle. Cette caractéristique, qui n'a pas encore été reconnue, est l'inexplicable raison pour laquelle l'intention et l'amour peuvent transformer tout ce qui est matériel. Avez-vous entendu parler des miracles qui ont lieu sur le plan terrestre qui est le vôtre actuellement ? Avez-vous entendu parler de ceux qui ont bénéficié de guérisons spectaculaires ? Peut-être a-t-on placé des os là où il n'y en avait pas auparavant ? C'est un miracle. Vous êtes-vous jamais demandé comment tout ceci pouvait arriver ? Il s'agit de science physique et l'amour est au centre de la physique, voyez-vous. Des avatars sur cette planète font apparaître des objets dans leurs mains, à volonté. Saviez-vous cela ? Vous êtes-vous jamais demandé de quel genre de physique il s'agissait? Voyez-vous, il s'agit de science, d'embellissement de la matière. Il s'agit de l'amour. Il se passera peut-être un certain temps avant que les hommes de science n'établissent la relation entre ce qu'ils observent et ce qu'ils ressentent, mais cela se produira un jour !

Nous vous disons ceci, très chers, avec le plus grand sérieux : l'amour se situe au cœur des lois physiques ! Est-il étonnant que la conscience de cette planète puisse faire trembler la croûte terrestre, puisse bouleverser le climat, puisse modifier l'orbite d'un corps céleste ? Ce n'est pas Kryeon qui fait tout cela. Kryeon est ici pour rendre compte de ce que vous faites. Est-il étonnant que des éléments qui semblaient stables et inamovibles soient invalidés à jamais ? Oh, il y aurait encore beaucoup à dire au sujet de cette soupe d'énergie, mais le point important c'est l'amour. C'est la conscience de l'Esprit lui-même, et vous, en qualité d'êtres humains, commencez à être imprégnés de cette vibration, à en ressentir toute la puissance, et c'est pour cela que les miracles se produisent. C'est la raison pour laquelle les sciences physiques et la spiritualité sont étroitement liées. C'est l'amour.

Et maintenant, ce sont, tout à la fois, les lois physiques et l'intensité de l'amour que nous versons en vous que vous ressentez. Savez-vous pourquoi ? Parce que nous intervenons au niveau cellulaire et atomique et que c'est là que tout commence. C'est là que naissent les émotions. C'est parce que nous affectons chaque parcelle (atome) de votre corps. C'est l'esprit ! le pur Esprit !

À votre avis, quelle est la personne la plus puissante de la planète ? Vous pourriez, bien sûr, répondre qu'il s'agit du dirigeant du pays le plus grand et le plus riche. Nous disons non. Nous parlons, en ce moment, de pouvoir spirituel. Au cours de cette conversation, ce soir, l'Esprit a défini la puissance comme étant ce qui peut affecter la fréquence vibratoire de la planète. C'est cela, la puissance ! Ce n'est ni politique, ni économique. Celui qui dispose de la puissance vibratoire de la planète sera également maître de la politique et de l'économie. Et, de nouveau, nous vous posons la question : Selon vous, qui est le plus puissant ? Maintenant, vous pourriez répondre : « Kryeon, j'ai déjà entendu ce genre de questions auparavant. Vous allez me dire que c'est moi. » Pas cette fois-ci. Je vais vous dire qu'il s'agit de certains d'entre vous. Sur cette planète, en cet instant précis, au moment où nous faisons cette séance de channeling toute emplie d'amour, nous vous déclarons ceci : La personne qui dispose de la plus grande puissance pour modifier le niveau vibratoire de la planète, c'est la mère de famille. Plus tard, nous vous parlerons des enfants indigo qui arrivent sur cette planète. Mais vous, en tant que mères, vous avez le pouvoir de créer une nouvelle génération d'êtres humains totalement équilibrés ! La conscience est le pouvoir du futur.

LA PARABOLE DE MARTHA ET DU TRÉSOR UNIQUE

Nous souhaitons vous raconter la parabole de Martha et du trésor unique. Martha était une femme éclairée. Elle connaissait tout ce qui concernait les changements vibratoires et la cocréation. Martha pratiquait la cocréation et était pleinement heureuse. Bien sûr, elle faisait face aux mêmes épreuves que les autres humains, mais Martha vivait sereinement. Car il y avait bien longtemps qu'elle avait pris conscience des caractéristiques dont l'Esprit l'avait dotée afin de pouvoir modifier son karma. Elle avait accepté ces nouveaux dons de l'Esprit et, avec son intention, s'était élancée dans la vie.

Puis Martha fut honorée par une vision au cours de laquelle un ange lui montrait la chambre d'apprentissage. Tout comme Wo (dans sa parabole), elle vit la pièce dorée et réalisa en un instant que c'était là où elle devait s'asseoir. Elle vit aussi sa pièce de la sérénité et prit instantanément conscience que c'était la clé de la vie, la clé qui donnait accès à une vie paisible. Puis on lui montra sa pièce de l'abondance. Il y en avait bien assez pour elle, trop même ! Aussi inhabituel que cela put paraître, un coin de la pièce était plein de livres ! Dans un autre coin se trouvait un paquet spécial et l'ange dit à Martha : « Voici ton trésor unique, Martha. Ce trésor unique est plus précieux que tout ce qui se trouve dans cette pièce. Un jour viendra où tu voudras t'en défaire. N'en fais rien, à moins que ce ne soit réellement approprié et, en ce cas, tu le sauras. Sache aussi, Martha, que, lorsque tu l'auras distribué, ce trésor unique ne sera pas remplacé. »

Martha savait comment cocréer sa propre réalité. Elle réunit ses amis et ils décidèrent de monter une affaire, un magasin, où ils vendraient des livres sur le Nouvel Âge et différents articles de la même veine. Ce fut une bonne idée. Non seulement ce fut une bonne idée, mais cela leur apporta la prospérité et ils se sentirent valorisés, car ils diffusaient des produits porteurs de messages auxquels ils croyaient. Ils surveillaient ceux qui entraient dans leur magasin et qui montraient ou non leur intention d'acheter. Ils virent comment l'Esprit travaillait avec ces derniers et ils rencontrèrent beaucoup de « types » spirituels différents dans leur magasin. Martha était convaincue que la réalité qu'elle avait créée était celle de la vision avec les nombreux livres. Et puis il se passa quelque chose.

Une des femmes associées avec Martha, dans cette affaire, s'appelait Sylvie. Sylvie fit quelque chose d'inattendu. Elle partit un jour avec les recettes du magasin, et le groupe ne fut plus en mesure de faire face à ses échéances. Aussi liquidèrent-ils leur stock et fermèrent-ils le magasin. Pour compliquer encore les choses, ils ne disposaient ni des biens ni des ressources nécessaires qui leur auraient permis de prendre les mesures afin de récupérer leur argent. Apparemment, Sylvie avait commis à leur encontre quelque chose d'irrémédiablement mauvais, quelque chose de malhonnête et de mal venu par rapport à leur entreprise.

Les deux autres femmes avec lesquelles Martha était associée étaient très en colère et dirent : « Nous devons faire quelque chose ! » Cette situation était réellement dramatique. Elles savaient que les lois du pays étaient en leur faveur, mais elles ne pouvaient pas se permettre de procéder ainsi, car Sylvie leur avait dérobé tout ce qu'elles possédaient. Sylvie le savait et, ostensiblement, ouvrit son propre magasin en ville ! Ce fut un succès.

Quant à Martha, elle savait depuis longtemps que des choses paraissant aussi négatives n'étaient que des conséquences karmiques se dressant devant elle une fois de plus. Seulement, cette fois-ci, elle était prête. Elle s'était dégagée des influences karmiques depuis longtemps et n'était pas affectée par cet incident comme ses deux amies. Aussi, elle considéra Sylvie d'une façon différente. Elle la considéra comme un joueur sur un terrain de jeu, comme un membre de la famille. Bien sûr, Martha était peut-être un peu déçue par cet événement, mais elle n'éprouvait ni colère ni rancune. Quant aux deux autres femmes, elles remâchaient chaque jour cette situation. Elles se considéraient comme des victimes et appelaient régulièrement Martha pour lui dire : « Ce qui nous est arrivé est horrible » et Martha faisait son possible pour leur expliquer les raisons pour lesquelles Sylvie était intervenue dans leur vie, mais elles ne les acceptaient pas. Ainsi, ce que Sylvie leur avait fait créait, chaque jour, une atmosphère de drame et entraînait une grande dépense d'énergie.

Cette situation continua pendant plusieurs années jusqu'au jour où Martha apprit que Sylvie était tombée malade. Il semblait y avoir eu un accident. Sylvie s'y trouvait impliquée et, gravement blessée, était hospitalisée. Martha décida de lui rendre visite et, sur le trajet de l'hôpital, se souvint des paroles prononcées par l'ange de sa vision et elle comprit pourquoi elle devait agir ainsi. Martha pénétra dans la chambre où Sylvie était alitée et celle-ci ouvrit les yeux. Sylvie vit Martha et eut peur ! Sachant ce qu'elle avait fait à Martha et aux autres, elle comprit qu'elle allait avoir des ennuis.

Sylvie savait aussi que Martha était celle qui avait eu le plus d'affection pour elle. Martha approcha sa main et l'étendit au-dessus de Sylvie, essayant d'éviter les tubes et appareils qui l'entravaient. Elle dit seulement quelques mots à Sylvie.

« Sylvie, acceptes-tu que je te guérisse ? »

Sylvie n'en crut pas ses oreilles. Après tout ce qu'elle avait fait, Martha voulait la guérir ? Et elle marmonna une réponse.

« *Oui.* » Et ainsi, symboliquement, Martha fit appel à son intention et offrit son trésor unique à Sylvie. Sylvie l'accepta et reçut la guérison qui lui était ainsi accordée.

Maintenant, nous allons mettre de côté cette parabole pendant quelques instants et nous remémorer les quatre attributs de l'amour parfait que nous vous avons communiqués la dernière fois. Alors que, durant le dernier channeling, nous les avons détaillés, ce soir vous pouvez les voir à l'œuvre. Très chers, ce que Martha a fait se retrouve dans la définition des quatre attributs de l 'amour que nous vous avons donnée précédemment.

L'amour est serein. Dans cette chambre d'hôpital, cette nuit-là, entre ces deux femmes, l'amour était serein.

Le deuxième attribut, c'est que l'amour ne calcule pas. Il est désintéressé. Il n'est de connivence avec personne et n'intrigue pas. Dans cette chambre d'hôpital, cette nuit-là, rien n'avait été programmé. Dans le cas contraire, Martha ne se serait pas trouvée là.

Le troisième attribut, c'est que l'amour est modeste. Il n'est pas orgueilleux. Cette nuit-là à l'hôpital, seule la phrase « Es-tu prête pour la guérison ? » fut prononcée.

Le quatrième attribut de l'amour c'est la sagesse qui comprend les trois autres attributs. Martha arriva calmement, tranquillement, car l'amour est serein. Elle ne demanda rien à Sylvie en échange de son aide, car l'amour est désintéressé. Elle ne se réjouit pas d'être en bonne santé alors que Sylvie était blessée. Non, l'amour est modeste. Martha avait fait appel à sa sagesse pour comprendre clairement que son trésor unique était destiné à Sylvie cette nuit-là et qu'il ne serait jamais remplacé. Martha avait partagé quelque chose de tellement spécial que cela ne devrait jamais être oublié.

Revenons, maintenant, à la parabole. Cette nuit-là, Sylvie fut complètement guérie. Le don de guérison que Martha lui fit lui permit de voir sa vie continuer. Sylvie se souvint très clairement de la visite de Martha. Elle comprit parfaitement qu'afin de pouvoir l'aider à guérir, Martha lui avait, au préalable, tout pardonné et qu'elle n'avait plus éprouvé de colère ou de ressentiment à son égard. Cela transforma à tout jamais la vie de Sylvie.

Sylvie commença à changer. Le trésor unique qui lui avait été offert avait germé dans l'amour et résonnait en elle... et maintenant, c'était à elle de l'offrir à son tour, lorsque le moment viendrait. Et c'est ce qu'elle fit. Lorsqu'elle eut recouvré la santé, elle rendit visite à Martha et elles redevinrent amies. Avec le temps, elles commencèrent à écrire ensemble des livres pour enfants et ces livres devinrent très populaires et contribuèrent à transformer de nombreuses vies !

Et Martha, dans tout cela ? Vous croyez peut-être que sa vie était vide depuis qu'elle avait fait don de son trésor unique ? Une nuit, elle eut une autre vision, et l'ange qui l'avait menée dans sa pièce d'abondance, la fois précédente, fit encore de même. Il lui demanda : « Souhaites-tu voir, à nouveau, ta pièce d'abondance ? » Martha acquiesça, et l'ange lui montra le chemin. Elle vit, à nouveau, de nombreux livres dans le coin de la pièce, mais, cette fois, elle s'aperçut qu'il s'agissait des livres pour enfants qu'elle avait publiés avec Sylvie et qui lui avaient permis de satisfaire ses besoins matériels. Elle songea qu'il ne s'agissait pas des ouvrages qu'elle vendait lorsqu'elle tenait son magasin, comme elle l'avait tout d'abord imaginé. Non, c'étaient les livres qui étaient nés de l'amour et de la guérison de son ancienne « ennemie » Sylvie. L'ange la mena dans l'encoignure où s'était trouvé son trésor unique, et, comme prévu, il n'était plus là. Martha en avait fait don à quelqu'un. À sa place, il y avait, maintenant, sept trésors uniques sur le plancher ! L'ange s'aperçut de son étonnement et lui dit : « L'unique s'est évanoui, comme je te l'avais annoncé, pour faire place, maintenant, au multiple. » L'humour de la situation n'échappa aucunement à Martha, qui comprit ce que cela signifiait. En parlant de trésor « unique » et de son unique utilisation, l'ange avait utilisé une expression littérale. Toutefois, l'ange ne dit pas tout à Martha, car c'était une mise à l'épreuve qui lui était imposée.

En faisant don de son précieux cadeau, elle avait élevé fortement son niveau vibratoire et, par conséquent, créé plus d'abondance et de puissance dans sa vie. Martha comprit que c'était la voie de Dieu. L'amour ne connaît pas de limites et plus vous aimez, plus il croît. Plus vous aimez, plus il se répand et, ainsi, il transforme la structure même de la réalité. Martha était vraiment un être humain comblé.

Très chers, votre stock d'amour est réellement illimité. Dès que vous le répandrez, il vous sera retourné au centuple. En le déversant autour de vous, vous n'en verrez jamais la fin. Certains d'entre vous savent déjà comment cela fonctionne et d'autres viennent à peine de le découvrir.

Oh, très chers, le temps a passé vite depuis le début de ce message. Mais beaucoup de choses se sont passées dans cette salle, ce soir. Et si l'Esprit et Kryeon avaient une raison d'être tristes, ce serait en ce moment précis, car nous allons nous dire au revoir et clore cette communication. Lorsque nous nous séparons, il y a toujours une perte d'énergie entre vous et nous, et je la ressens tout autant que vous. Jamais plus la même quantité d'énergie ne se retrouvera entre les mêmes entités présentes ici ce soir.

Quand vous partirez, regardez autour de vous, et spécialement ceux que vous pensiez n'avoir jamais vus avant ce soir, car, en réalité, ils sont tous membres de notre « famille ». Vous connaissez chacun d'entre eux. À un certain moment, peut-être les accueillerez-vous comme membres de la famille, peut-être même ce soir, prenant conscience que chacun d'eux vous connaît spirituellement, comme vous-même les connaissez. Vous ne pouvez pas savoir que plusieurs d'entre eux représentent votre famille karmique et qu'ils étaient présents ici, ce soir, parce qu'ils le devaient, tout comme vous. Ce soir, nous vous avons communiqué de bonnes nouvelles. C'est avec amour et fierté que nous vous les avons transmises à l'heure convenue. Comme nous nous retirons, nous prononçons, par l'intermédiaire de mon partenaire, les mots que vous attendiez de la part du groupe de Kryeon.

Vous êtes tendrement aimés ! À la prochaine fois...

Il en est ainsi...

Kryeon

CHAPITRE DEUX

PARTENAIRE AVEC LE DIVIN

PARTENAIRE AVEC LE DIVIN

Indianapolis, en Indiana

Salutations, très chers. Je suis Kryeon du Service magnétique. Le moment où l'Esprit sera fatigué d'écouter les voix humaines (en réponse à une séance d'harmonisation par le son) ne viendra jamais. Voici le moment d'être aimés, très chers. Saisissez-le ! Car, cette nuit, l'énergie se déversera en vous si vous le souhaitez. Oh, il y a, dans cette assemblée, ceux qui ne croiront pas qu'une telle chose soit possible, qu'une telle communication avec l'autre monde puisse se produire. Aucun argument ne peut s'infiltrer dans votre esprit pour vous convaincre. Nous vous demandons plutôt de ressentir l'amour que l'Esprit vous insufflera ce soir. Car, voyez-vous, en chacun de vous se trouve un fragment de Dieu, une parcelle de l'Esprit qui connaît la vérité, qui sait tout sur Dieu. Ceci est la vérité : Chacun de vous sait qui je suis. Nous nous sommes déjà rencontrés ailleurs, en d'autres temps, et nombreux sont ceux d'entre vous qui ont pénétré dans le Hall d'Honneur et qui ont reçu les couleurs liées à leurs incarnations sur cette planète.

Chacun de vous, volontairement, a choisi de venir ici, en cet instant. Quel que soit votre âge, il est immatériel, car vous êtes tous jeunes par l'esprit, chacun de vous parfaitement à sa place. Aussi, nous vous annonçons que des choses importantes vous serons communiquées ce soir, si vous le désirez, si vous le permettez. C'est l'Esprit qui en ressent l'urgence. Vous voyez, il y en a parmi vous qui ne se retrouveront jamais plus assis dans une salle comme celle-ci, et s'il y a une chose que nous pouvons vous affirmer, c'est qu'une énorme quantité d'amour se trouve dans cette pièce, même si vous doutez de ce qui est en train de se passer en ce moment. La guérison est à l'œuvre dans cette salle. Nous appelons, en cet instant même, le cortège de Kryeon afin qu'il prenne place ici. Nous étendons la bulle d'amour, comme nous l'avons fait auparavant, afin qu'elle vous vivifie. Nous invitons les guides qui circulent parmi vous à accomplir leur tâche et à vous entourer de leurs bras en vous disant : « Vous êtes éternels ! »

Et ainsi, chaque fois que nous nous retrouvons assis face à une assemblée d'humains, nous vous délivrons le message que vous attendez de la part de Kryeon. Directement de la part de l'archange Michaël et de Kryeon, nous vous disons que chacun de vous est tendrement aimé. Nous vous répétons que nous connaissons votre nom. Nous connaissons votre engagement et il y a ceux qui sont ici et ceux qui lisent ces lignes, attendant patiemment mais fort désireux de progresser. À ceux d'entre vous qui se disent « cela ne se peut pas », nous posons la question : Êtes-vous tellement satisfaits de votre vie ? » Tellement satisfaits que vous refuseriez de courir le risque de vous assurer que tout ceci est réel ? Il y a du travail à faire ici, mais dans le travail se trouve la joie. Et la joie apporte la sérénité. Et dans la sérénité se trouvent la guérison et une vie plus épanouie. C'est le sujet de prédilection de Kryeon qui affirme que nombreux, parmi vous, sont ceux qui effectuent le travail pour lequel ils sont venus ce soir, et ceci est prouvé par votre intention de prendre place dans cette salle (ou de vous intéresser à la lecture de ces lignes). Chacun de vous est aimé ! Ceci est la vérité !

Oh, mes amis, ce soir nous allons vous exposer un concept que nous avons conservé en attendant de revenir ici, à Indianapolis, et de nous replonger dans cette même énergie. Car nous nous trouvons au centre de votre continent et l'énergie qui circule ici est propice à la diffusion de ce message. Ce concept doit maintenant être abordé directement et tout ce dont nous vous avons parlé à date converge vers lui. C'est un truisme, un postulat, une réalité divine, que nous allons enfin vous enseigner ce soir. Il s'agit de quelque chose dont certains d'entre vous sont conscients, mais qu'ils n'ont peut-être pas identifié correctement. Nous voulons parler de l'intégration de l'être humain avec la conscience divine.

Il est temps pour nous de vous présenter cette notion comme nous devions le faire et si nous le pouvons aujourd'hui, c'est grâce à cette nouvelle énergie qui, d'une année à l'autre, devient plus pure, plus propre et plus intense du fait de l'élévation du niveau vibratoire des êtres humains assis ici. Comprenez-vous maintenant pourquoi certains channelings sont réellement créés par l'énergie de la masse des humains ? Réfléchissez-y.

Pour la première fois, une fusion est en train de s'effectuer entre les êtres humains et l'Esprit. C'est une fusion que nous avons réalisée avec les guérisseurs dont certains sont dans cette salle. Une intégration qui dit : « Lointains sont les jours où Dieu faisait toute chose à votre place ». Aujourd'hui, au contraire, voici venus les jours où vous participez au processus de création comme jamais vous ne fûtes autorisés à le faire !

Mon partenaire pose une question amusante : Combien faut-il de guerriers de la lumière pour changer une ampoule dans le temple de la guérison du Nouvel Âge ? Et la réponse est : un seul, mais l'ampoule doit vouloir être changée ! Et ainsi, nous avons pris place en face de vous, les guérisseurs, et nous vous avons dit que seul celui qui sera soigné déterminera le résultat de vos soins ! Nous avons parlé du fait que, indépendamment de vos soins, le catalyseur de la guérison n'est pas le guérisseur mais le patient. Quelle que soit votre méthode de guérison, par médicaments ou imposition des mains, même si cette méthode est la meilleure qui soit, le patient doit recevoir tous les égards, être d'accord, donner son consentement et manifester son désir d'être soigné. Ceci est totalement nouveau, voyez-vous. Il doit désirer changer ! Nombreux sont ceux qui ne comprennent pas ce concept et qui s'en remettent totalement au guérisseur. Ce principe de guérison est aussi la clé pour une vie de haut niveau vibratoire, en ces temps de Nouvel Âge !

De même, puisque, chaque jour, vous vous retrouvez avec l'Esprit, que vous appelez Dieu, nous aimerions développer avec vous maintenant la notion d'être « partenaire avec le divin ».

EN SUIVANT DIEU

Depuis fort longtemps, vous utilisez une métaphore afin de décrire les relations entre l'Esprit et les humains : Celle du berger et de son troupeau de moutons. Dans cette image, les humains sont assimilés aux moutons et Dieu est le berger. Permettez-moi de vous dire, mes amis, que la dernière chose que nous vous souhaitons, c'est d'être des moutons !

Vous avez été investis des pleins pouvoirs ! Le partenariat avec Dieu n'a rien à voir avec des relations berger/troupeau. Certains d'entre vous ont assimilé Dieu à un parent, à un père ou une mère divins dont ils seraient les enfants. Une belle image, peut-être, mais rejetez-la, car nous ne voulons pas parler de ce genre de relation. Les partenaires sincères n'entretiennent pas de telles relations et aucun ne cherche à dominer l'autre de cette manière, même par l'amour.

Certains ont dit : « Je vais lâcher prise et laisser Dieu diriger ma vie ! » Ce n'est pas ce que nous vous demandons de faire, chers amis. Nous souhaitons que vous ne lâchiez pas prise. Nous souhaitons, au contraire, vous voir affronter chaque situation avec toute la puissance que vous avez héritée de ce Nouvel Âge et maîtriser les événements avec un partenaire qui ait une vue d'ensemble de la situation. Voilà ce qu'est le partenariat avec le divin. Certains se sont dit : « Je vais renoncer à lutter et laisser Dieu diriger ma vie ! » Et nous disons NON ! Ne renoncez pas! Au contraire, engagez-vous ! Ne baissez pas les bras. S'engager, c'est diriger sa vie avec Dieu comme partenaire. Utilisons une métaphore qui vous permettra de mieux comprendre cette notion de partenariat avec les êtres humains. Ce genre de partenariat vous est déjà familier.

PARTENARIAT HUMAIN PARTENARIAT DIVIN

Plusieurs, parmi vous, sont si familiarisés avec le partenariat dans les relations humaines, qu'ils se sont associés plusieurs fois déjà (rire). Vous en connaissez les pièges, n'est-ce pas ? Et vous savez d'où surgissent les problèmes, n'est-ce pas ? Principalement lorsque l'on s'associe à deux et que l'on s'aime. Nous utilisons donc cette image de deux êtres qui s'associent, car ils souhaitent partager leur amour. N'est-il pas exact, chez vous les humains, que lorsque deux personnes décident de s'engager ensemble de cette façon, elles célèbrent cet événement par une cérémonie ? Elles annoncent leur intention à leur entourage, généralement leurs amis. Puis aura lieu la cérémonie au cours de laquelle ces deux personnes exprimeront les projets qu'elles entendent réaliser ensemble grâce à leur amour réciproque.

Célébrons, vous et moi, notre propre cérémonie ! Voici venu le moment de nous associer et si vous le souhaitez, allez-y, ayez votre propre cérémonie. Qu'elle dure deux minutes ou moins, mais qu'elle soit intense. Déclarez : « Je souhaite m'unir à mon Moi divin, à ce point précis de ma vie ! » Je peux vous garantir que l'Esprit vous répondra, car je représente l'amour de l'Esprit. Je représente la réponse du grand partenaire, du Moi divin, lorsque je vous déclare que les paroles que vous entendrez en retour seront les suivantes : « Oh, très chers, nous promettons de nous associer avec vous. Car nous vous aimons au-delà de toute mesure et nous vous avons attendus pour vous faire cette déclaration. Notre serment envers vous, par cette association, est de vous aimer pour toujours et de ne jamais vous abandonner. »

Cérémonie ! C'est une union avec votre Moi divin, car c'est lui votre partenaire, c'est lui qui vit en vous et qui peut faire la différence. Chacun de vous transporte cette étincelle de vie, ce fragment du grand tout qui se cache si bien derrière votre dualité.

Maintenant, quelle est l'une des toutes premières choses que des partenaires font ? Ils s'installent et décident des tâches à accomplir. De peur que l'un ne prenne trop d'importance par rapport à l'autre, ils définissent souvent les rôles de chacun. Ainsi détaillons-nous certaines des tâches de ce partenariat spirituel et nous commençons par les tâches humaines.

SE DÉBARRASSER DE L'ANCIEN

Le but du partenariat c'est de progresser et, si vous voulez progresser, la tâche qui vous incombe dans cette association c'est de tout faire pour parvenir à une fusion avec Dieu. La première chose que nous souhaitons vous voir faire, c'est nettoyer votre vieux karma et l'écarter de votre chemin. Vous êtes nombreux à connaître les dons nouveaux qui vous sont offerts dans ce but, car nous en avons parlé souvent. Beaucoup parmi vous sont venus ici parce qu'ils ont lu quelque chose à ce sujet et nous disons qu'en effet, cela est nécessaire. C'est une priorité. Et votre rôle dans ce nettoyage, sera d'en exprimer l'intention, et notre rôle sera de le réaliser pour vous. Ainsi, ceux qui accepteront ce don et qui s'en serviront seront récompensés par des résultats spectaculaires ! Comme dans les associations humaines, les habitudes désuètes doivent être abandonnées et doivent céder la place aux nouvelles. Alors, les choses commenceront à bouger autour de vous et vous permettront de mener à bien l'une de vos prochaines tâches au sein de votre partenariat, la cocréation. Petit à petit, vous commencerez à cocréer avec votre nouveau partenaire de la même façon que dans une relation humaine, lorsque vous cocréez de nouvelles habitudes, acquérez des biens nouveaux en commun et développez une conscience commune entre vous.

COCRÉATION ET ESTIME DE SOI

Certains ont dit : « Kryeon, vous avez déjà parlé de la co-création, auparavant, mais qu'est-ce que cela signifie vraiment ? » La co-création, très chers, c'est le processus par lequel vous créez la réalité de votre existence, c'est-à-dire où vous trouvez le contrat qui vous a été confié. Ces contrats ne sont pas toujours grandioses, vous savez. Certains exigent simplement que vous soyez un merveilleux être humain, marchant dans la lumière, élevant ses enfants qui marcheront à leur tour dans la lumière. Qu'en pensez-vous ? Certains contrats demandent que vous soyez un guérisseur discret afin d'affecter les autres humains, et vous savez de qui je parle, car certains d'entre vous sont directement concernés par ce type de contrat. Certains, parmi vous, sont engagés par ce contrat, et vous n'arrivez même pas à y croire !... car telle est votre dualité. D'autres ont de multiples contrats et, comme l'une des paraboles que nous vous avons racontées le montre, vous ne cherchez qu'à en remplir un seul au lieu de les assumer tous, car ils sont tous importants !

La cocréation consiste à vous convaincre que toutes ces choses sont possibles. Souvent, on trouve de l'estime de soi dans ces tâches de partenariat, et nous avons parlé de cela auparavant. Oh, dans cette assistance et parmi ceux qui lisent ces lignes, vous êtes nombreux à avoir eu des incarnations passées, vêtus de toile de jute et portant des sandales !

C'est cela qui vous amène en des lieux comme celui-ci, en ce moment, ou qui suscite votre intérêt pour cette communication. C'est votre intérêt pour Dieu, un appel qui vous pousse à rechercher l'Esprit, cette partie de vous-même qui vous dit : « La vie, c'est autre chose que simplement évoluer sur cette planète comme un organisme vivant. J'ai appris cela dans une autre vie ! » Mais, vous vous souvenez que vous avez vécu une vie de prêtre, de nonne ou de moine. À cette époque, on vous a enseigné qu'il était blasphématoire de vous considérer comme des dieux ou des déesses !

Nous sommes ici pour vous dire que vous valez beaucoup plus ! Symboliquement, il existe une pièce, dans votre maison d'apprentissage, où se trouve le fauteuil d'or dont nous vous avons parlé auparavant (chapitre 1). Sur ce trône est assis un ange glorieux et spectaculaire ! Et le visage de cet ange vous ressemble ! Car vous méritez d'être là, comme partie intégrante de cet ensemble. Vous vous êtes mis sur les rangs pour obtenir cela. Vous l'avez voulu et maintenant vous êtes ici ! Aucune autre entité dans l'univers n'est plus puissante que ceux qui sont, en ce moment même, assis devant moi dans leurs fauteuils ou dont les yeux lisent attentivement ces lignes. Voici ce qui autorise le partenariat avec le divin et c'est l'estime de soi qui vous permet d'accepter ce fait. Vous avez gagné le droit d'accéder à ce partenariat.

Voici une chose que nous vous avons dite lors de notre précédent channeling : Ne laissez plus votre existence dériver telle une embarcation sur l'océan terrifiant des incertitudes. Au contraire, saisissez avec fermeté et sagesse la barre du gouvernail. Veillez à ce que les immenses mains de l'Esprit – l'ange doré de votre propre Moi divin – enserrent et affermissent vos doigts et, ensemble, tracez une course bénie vers votre destination. C'est cela le vrai partenariat !

LA PAIX

Une autre tâche du partenariat consiste à créer la paix dans votre vie, car vous ne pouvez envisager cette union avec Dieu sans une attitude sereine. « Comment faire ? » pourriez-vous demander à Kryeon. « Comment puis-je être serein par le seul fait de comprendre que je mérite d'être ici ? »

Lorsque vous comprenez que votre karma peut être allégé, que vous réalisez que la réalité qui vous entoure est votre propre création, alors vous pouvez estimer que la paix peut être construite elle aussi. Lentement, grâce à l'intention et à la communication, vous pouvez commencer à répandre la paix autour de vous, même sur les choses les plus horribles de votre existence, celles qui vous ont perturbés depuis toujours et que vous considériez comme immuables ! Une attitude sereine est l'une des caractéristiques d'un être humain éclairé. « Où Dieu intervient-il dans cette histoire ? » pourriez-vous demander.

« Quel rapport y a-t-il entre le concept du partenariat et le fait d'être serein ? » C'est là que nous intervenons, très chers ! C'est là que nous intervenons ! Car, au moment où vous êtes le plus en colère et où vous êtes sur le point de pleurer de frustration, c'est là que nous, vos partenaires affectueux, intervenons et vous enlaçons avec les bras aimants de Dieu. Et nous vous disons : « Soyez en paix, maintenant. Ne craignez rien de tout ceci, car il s'agit de votre apprentissage. Car, dans le grand tableau de la vie, il n'y a place que pour l'amour, la plus puissante force de l'univers ! » C'est la force qui guérit votre corps. C'est l'émotion qui peut vous gagner en cet instant précis, comme je vous parle au nom de l'Esprit. C'est notre tâche, voyez-vous. C'est ce qui concerne la sérénité de l'être humain, et vous n'avez qu'à demander. Et si tout ceci n'était pas la vérité, je ne vous le dirais pas. Et si tout ceci n'était pas ressenti par certains d'entre vous, en ce moment précis, je ne vous en parlerais pas. Nous vous promettons de vous entourer d'amour et de créer, pour vous, la paix que vous désirez lorsque vous manifesterez votre intention de conclure ce partenariat. Il n'y a pas de paix plus profonde que la paix de Dieu !

LA SANTÉ

Une autre des tâches humaines incombant au partenariat, c'est la santé. La santé de votre corps est cruciale et, voyez-vous, il y a quelque chose que votre partenaire (Dieu) veut que vous sachiez. Nous souhaitons que vous restiez sur Terre ! Nous souhaitons que vous y restiez aussi longtemps que possible. Car, durant ce voyage vous avez réalisé un investissement et nous vous demandons : « Maintenant que vous détenez la vérité et que vous comprenez le partenariat, pourquoi devriez-vous partir ? » Oh! Nous voulons que vous restiez ! C'est la raison pour laquelle un don vous a été offert, celui de pouvoir nettoyer votre karma. Voilà pourquoi les contrats vous sont révélés. C'est la raison d'être de la sérénité. Nombreux sont ceux qui n'ont pas compris le concept de l'ascension. L'ascension, c'est ainsi que l'on nomme la caractéristique d'un être humain qui forme une union à cent pour cent avec son Moi divin et une association à 50/50 avec Dieu ! Cela permet à cet être humain de rester sur Terre ! Cela vous permet de devenir tellement plus puissant que vous ne l'êtes actuellement que vous finissez par vous transformer en un être spirituel, avec un pied dans votre dimension et l'autre dans la nôtre. Pour en arriver là, cela exige du travail, de l'estime de soi et une modification vibratoire. Mais les tâches initiales qui vous incombent pendant cette lune de miel tournent toutes autour de l'amour et chacune d'elles se voit, en retour, récompensée par une caractéristique spirituelle qui correspond à l'aide que nous pouvons vous apporter afin de parfaire cette union. Mais nous ne ferons jamais rien sans votre permission, sans percevoir votre intention. L'intention est la clé.

LA FIDÉLITÉ

Voici, maintenant, une autre tâche intéressante du partenariat « Comment la fidélité peut-elle être reliée au partenariat avec le divin ? » pourriez-vous demander. Parlons de la fidélité.

Certains pourraient nous dire : « Allons, vous n'avez pas à vous soucier de fidélité dans ce partenariat spirituel avec Dieu, Kryeon. Après tout, il n'y a qu'un seul Dieu ! Je ne vais pas me sauver avec un autre, vous savez ! » Il ne s'agit pas de cela. Ce n'est pas ce que vous croyez.

LA COLÈRE. Oh, chers amis, la colère fait partie de la nature humaine, n'est-ce pas, comme se laisser aller à la colère sans réfléchir ? Même lorsque vous savez que la colère et la peur sont des concepts surannés qui n'avantagent pas votre esprit et qui ne sont pas guidés par l'amour, vous y recourez quand même. La colère est intéressée, l'amour ne l'est pas. Vous mettre en colère, cela choque la nature profonde de votre partenaire (Dieu) et, cependant, cela vous arrive souvent ! C'est, en réalité, une infidélité que vous commettez envers la nature profonde de votre union avec Dieu.

L'INQUIÉTUDE. Que dire de l'inquiétude ? C'est un pur produit de l'intellect. C'est cet élément qui vous réveille à trois heures du matin et qui vous dit : « Il y a quelque chose qui ne va pas ! J'ignore ce que c'est, en ce moment, mais je sais qu'il y a quelque chose... alors, faisons-nous du souci ! » C'est dans la nature humaine. Le plus étrange, c'est que beaucoup de gens sont conscients de cela mais, malgré tout, continuent de s'inquiéter ! Si vous ne l'avez pas encore fait, nous vous demandons d'évacuer l'aspect intellectuel de l'inquiétude, qui représente l'ancienne énergie, et d'être fidèle à l'amour de l'Esprit. Notre tâche consiste à remplacer votre inquiétude par la paix. Cela vous est garanti, grâce à l'intention. S'inquiéter, c'est aller contre la nature profonde de votre partenaire (Dieu). Cependant, cela arrive souvent à beaucoup d'entre vous. C'est aussi une infidélité envers l'essence même de votre union.

La colère ne vous sera d'aucun secours. L'inquiétude ne vous sera d'aucun secours. Douter de votre valeur personnelle ne vous sera d'aucun secours durant ce Nouvel Âge. Ces sentiments vont à l'encontre des principes fondamentaux de votre nouveau partenariat et ne respectent pas l'attitude de Dieu envers vous.

LE CHANNELING. Voici un nouvel élément qui s'inscrit dans le cadre de la fidélité envers Dieu. Écoutez attentivement, très chers: Toute entité contactée par channeling qui apparaîtra dans votre vie honorera autant votre Moi divin qu'elle honore le sien propre ! Le Moi divin qui vous accompagne partout est un « fragment de Dieu ». C'est aussi un fragment de Dieu qui est le partenaire de cette séance de channeling (que vous êtes en train de lire). J'honore autant le Moi divin de celui qui effectue ce channeling (Lee) que n'importe quelle autre entité de cet univers ! Ceux qui, parmi vous, pensent contacter des entités par channeling, vérifiez ceci : voyez si elles honorent votre Moi divin. Essayez de voir si elles affirment être plus importantes que votre ange intérieur et, si c'est le cas, éloignez-vous en courant ! Car rien n'est plus élevé sur cette planète que ce que vous portez en vous-mêmes ! Le channeing, ce sont des informations, des données. Ce n'est rien de plus que cela. Ce sont des informations que votre Moi divin et votre nature humaine transforment en nourriture spirituelle. Lorsque l'information vous est communiquée, prenez-la, faites-en ce que vous voulez, puis rangez-la. Ne considérez jamais le channeler comme un gourou ! N'abandonnez jamais votre libre arbitre. Au contraire, communiquez l'information reçue du channel à votre Moi divin, et celui-ci vous guidera dans votre vie, car vous êtes un fragment sacré de Dieu ! C'est cette partie sacrée en vous qui dirige, pas le channeler. Considérer le channeler comme un gourou est une infidélité envers Dieu, envers votre Moi divin.

LES DRAMES

L'une des caractéristiques de la nature humaine qui appararaît comme la plus étonnante pour l'Esprit, c'est lorsque certains d'entre vous, de façon délibérée, décident de rebrousser chemin sur la voie de l'illumination et de provoquer un drame personnel. Tout le monde connaît des êtres humains qui agissent ainsi. Au moment même où tout va bien, ils se disent : « Il me semble que tout est trop tranquille. Je pense que je vais revenir en arrière et créer quelques problèmes. Je me sentirai mieux.» Et vous êtes nombreux à agir ainsi ! Vous avez grandi d'une certaine façon. Vous vous êtes habitués à certains sentiments, accoutumez à certaines choses autour de vous, et vous essayez de recréer ce milieu a priori plus confortable lorsqu'il semble vouloir disparaître. Accepter la disparition des drames personnels exige des efforts. C'est une leçon du partenariat, c'est une leçon de maturité. Vous n'avez nul besoin de drames personnels pour vous sentir à l'aise. Vous n'en avez nul besoin ! Mais si vraiment vous en voulez, nous vous en fournirons quelques-uns ! Que pensez-vous du drame concernant la nouvelle énergie, celle qui transforme les vies à jamais et guérit les humains. C'est du sensationnalisme spirituel du plus haut niveau ! Et que dire des miracles accomplis dans votre propre corps ? Que pensez-vous de cela ? C'est ce genre de drames que votre partenaire divin a à partager et il souhaite que vous les connaissiez. Habituez-vous !

LA COMMUNICATION

Être sur la même longueur d'onde. Certains parmi vous savent que les êtres humains peuvent se parler pendant très longtemps et ne jamais vraiment parvenir à se comprendre. Les raisons à cela sont multiples, mais une explication réside dans le fait que vous ne parvenez jamais au même niveau de communication pour vous comprendre. L'un parle d'un sujet mais l'autre entend autre chose ! Vous n'êtes pas à la même page du livre et vous ne parlez pas sur la même ligne. Aussi, ce dialogue n'est-il souvent que verbiage et non pas conversation. Il n'y a aucune communication et ce fait dure souvent depuis fort longtemps.

Comment pouvez-vous communiquer avec ce nouveau partenaire dont nous parlons ? Nous sommes en train de parler de partenariat avec le divin ! Que pouvez-vous faire pour vous assurer que la communication sera bonne ? Oh, mes amis, ce n'est pas difficile. Il existe une ligne toute prête, à votre disposition, pour vous permettre de parler avec l'Esprit aussi facilement que je vous parle en cet instant. Cette ligne de communication est prête à fonctionner aussi facilement que l'amour qui s'écoule de moi et de cet être humain dont vous entendez la voix, jusqu'aux cœurs des humains assis en face de moi. Vous n'avez pas besoin de l'installer. Tout ce que vous avez à faire, c'est de savoir où la trouver.

En voici la clé : Lorsque vous vous asseyez pour méditer, la première chose que vous devriez visualiser, c'est l'ange doré assis sur le trône au plus profond de vous-même, comme un fragment de Dieu, et digne d'être assis dans ce fauteuil ! Cela dégage la ligne, croyez-moi. Il s'agit, de nouveau, du problème de l'estime de soi. Prenez bien conscience du « fragment divin » que vous représentez réellement. Ouvrez la porte et commencez la conversation. Ne soyez pas servile. N'ayez pas l'attitude d'un enfant envers ses parents, ni celle d'un mouton vis-à-vis de son berger. Il est temps de parler à votre partenaire, que vous aimez tendrement, et de vous asseoir dans votre fauteuil, tel un ange. Ressentez ses ailes déployées et commencez la conversation d'égal à égal. C'est capital ! Vous le méritez. Si vous n'êtes pas convaincu de le mériter, il n'y aura aucune conversation possible. Vous pourrez parler autant que vous le voudrez, comme un être humain servile, en espérant que Dieu vous entendra. Les mots que vous prononcerez tomberont directement sur le plancher !

Voyez-vous, l'Esprit veut parler avec vous comme avec un partenaire. C'est la première étape. La deuxième consiste à poser ces questions magiques : « Que voulez-vous que je fasse ? Que puis-je faire pour devenir un meilleur partenaire ? Donnez-moi des instructions pour la semaine à venir », par exemple. Certains ont à affronter des problèmes quotidiens. Nous savons que la plupart d'entre vous sont confrontés à de tels problèmes. Abordez-les de la façon suivante : « Cher Esprit, je souhaite être ton partenaire. Je mérite d'être ici, dans toute ma splendeur, afin d'obtenir des réponses de mon partenaire, tout empli de magnificence lui aussi. Comment tout ceci peut-il se mettre en place ? Que dois-je faire ensuite ? Faites que la synchronicité dans mon existence me donne les réponses et j'agirai par la suite en étant conscient que rien n'arrive par hasard dans ma vie. »

Mes amis, utilisez la synchronicité des événements qui surviennent quotidiennement dans votre vie comme une réponse directe à ces questions. Vous voyez, c'est ainsi que nous répondons à vos questions. Les choses ne sont pas toujours ce qu'elles semblent être. Ne présumez pas de ce qui va ou ne va pas arriver et ne limitez pas votre partenaire ! Ne nous communiquez pas ce que vous croyez être les solutions ! Laissez notre vision d'ensemble vous fournir ces solutions.

La vue d'ensemble : La dernière chose que votre partenaire divin souhaite entendre, c'est que vous connaissez le schéma général des événements. Aussi étrange que cela puisse paraître, vous êtes nombreux à nous dicter constamment notre conduite, comme si vous compreniez toutes les forces invisibles à l'œuvre autour de vous. Rappelez-vous ! vous ne savez pas ce que nous savons. Laissez-nous gérer cet inconnu pour vous. Vous n'êtes pas conscients qu'autour de vous sont les contrats des autres qui sont supposés se combiner aux vôtres à un degré supérieur, et vous n'avez même pas encore rencontré ces gens-là ! Si les potentialités sont réalisées pour cette réunion, alors vous les rencontrerez. Ainsi, votre vie se trouve-t-elle caractérisée par la notion de « ici et maintenant » et par son ouverture sur l'inattendu.

Par le passé, nous avons plaisanté au sujet de la carte que l'Esprit vous avait offerte. Quand vous déroulez la carte, un petit signe indique que «vous êtes ici », mais très peu d'autres éléments d'information semblent être présents, simplement là où vous vous trouvez. Toute une carte ! Vous voyez, elle est « ici et maintenant ». Elle ne vous indique que l'endroit où vous *êtes* et ce qui se trouve immédiatement devant vous. Elle ne vous indique jamais ce qui se trouve après le virage de la route. Elle ne vous fournit même pas de renseignements sur vos trajets passés. Parce que l'Esprit, votre partenaire, se situe dans une autre dimension temporelle, voyez-vous. Nous sommes « ici et maintenant » et nous connaissons tellement bien la trame de votre existence que vous en seriez surpris. Nous connaissons vos contrats et votre nom angélique. Nous pouvons voir votre *Mer-Ka-Ba* et nous connaissons vos couleurs. Nous savons qui vous êtes ! Et en vous associant avec nous, tout ceci vous appartient. Ainsi vous avez un partenaire qui possède la connaissance qui vous fait défaut, mais vous devez demander et exprimer vos intentions.

Voici, maintenant, la seconde question qui nous est fréquemment posée au sujet de la communication : « Quand devons-nous communiquer ? » Deux règles sont à retenir. La première : Ne jamais communiquer lorsque vous êtes fatigués, car vous risquez de vous endormir avant de terminer votre communication. La seconde : N'attendez pas d'avoir des problèmes ! Entraînez-vous à communiquer chaque jour. N'attendez pas d'être confrontés à un problème insurmontable. Il est tellement plus difficile pour votre partenaire de travailler avec vous lorsque vous êtes effrayés. La peur est un mot que vous n'avez pas encore entendu au cours de ce channeling, car le partenariat avec le divin bannit la crainte. C'est un concept de la vieille énergie, vous savez. Elle n'a plus sa place lorsque vous avancez en vibrant sur une fréquence plus élevée.

LA RÉCIPROCITÉ

Enfin, permettez-moi de vous parler de la réciprocité que vous apporte votre partenaire, la force divine. Les tâches qui nous incombent dans le cadre de notre partenariat : Oh, très chers, voulez-vous savoir ce qu'il y a de « sensationnel » là-dedans ? Il n'y a pas de représentation plus grandiose qui soit jouée en ce moment sur cette planète par les guerriers de la lumière du Nouvel Âge ! Vous êtes en train de réaliser qui vous êtes réellement. Vous êtes en train de prendre conscience des changements que vous avez effectués. Vous êtes en train de comprendre la raison pour laquelle vous êtes sur Terre. Lors des préparations de votre retour, chacun de vous se disait : « Je veux revenir, car, sur la Terre, voici venu le moment que nous attendions tous, celui des étonnantes transformations de la planète ! » Ça c'est de l'aventure extraordinaire ! Nous sommes en train de parler d'être *partenaire avec le divin* et c'est la nouvelle la plus sensationnelle que l'humanité pouvait recevoir.

Répondez à ceci : Aimeriez-vous avoir un partenaire qui serait toujours présent quoi qu'il arrive ? Vous pourriez être en colère. Vous pourriez retomber dans les erreurs de la vieille énergie et devenir inquiet. Vous pourriez partir et faire du channeling avec des entités néfastes qui répandent la peur sur les gens. Vous pourriez douter totalement de vous. Mais lorsque vous décidez de rentrer, vous vous apercevez que votre partenaire divin vous aime toujours ! Votre partenaire vous dit : « Je suis ici. Essayons encore ! Prends ma main. » Ce sont des nouvelles sensationnelles ! Car il n'existe rien de semblable sur cette planète. En fait, il s'agit de la parabole du fils prodigue, vous savez !

Répondez à ceci : Que diriez-vous d'un partenaire qui vous aimerait tellement qu'il serait toujours à vos côtés ? Toujours présent, quoi que vous fassiez, toujours présent, les bras ouverts et empli d'un amour illimité ! Qu'en dites-vous ? C'est extraordinaire ! C'est ce que nous vous offrons ce soir, un partenariat avec l'Esprit, quelque chose dont on avait peu parlé auparavant. Oh, nous avons déjà parlé de choses très proches, mais pour pouvoir vous parler de ce sujet, il nous a fallu le temps de trouver et de réunir des gens aussi divers que vous tous ici ce soir, animés par cette intention d'une grande pureté.

Nous vous aimons au-delà de toute expression. Au moment même où nous parlons, ils s'en trouvent, parmi vous, qui commencent à réaliser les potentialités complètes de leur vie. Vous savez, les choses vont changer. Voici venu le début du Nouvel Âge. Nous pouvons déclarer que vous allez enregistrer une nouvelle activité volcanique comme vous n'en avez jamais connue sur cette planète, et cela va bientôt commencer. Cela se comprend aisément, très chers. Les transformations s'effectuent de l'extérieur vers l'intérieur. Vous ne serez pas pris au dépourvu. Nous vous avons déjà avertis de cela.

Que devez-vous faire à ce sujet ? Avec un partenaire comme l'Esprit, vous serez au bon endroit, au bon moment ! Et vous ne devrez jamais ni vous inquiéter, ni craindre ces changements terrestres. Il est vrai que certaines épreuves vous seront peut-être réservées et que certains d'entre vous perdront des biens durant cette période, mais les leçons seront claires et vous seront communiquées avec amour. Claires et édifiantes pour votre développement.

Il n'y a pas d'amour plus profond que celui d'une entité qui accepte de descendre s'incarner en humain sur cette planète, revêtu du voile de votre dualité. Vous ne pouvez vous voir comme je vous vois. Spectaculaires, magnifiques, avec vos couleurs éblouissantes. C'est ainsi que vous êtes réellement. Ce soir, certains quitteront cette salle en doutant de tout cela, doutant même d'appartenir à cette planète. Mais les graines auront été plantées ce soir, voyez-vous, car viendra le moment où ils pourront utiliser ces informations. Vous autres, qui assimilez tout ceci en cet instant, vous êtes pleinement conscients des conséquences que cela entraîne dans votre existence.

Nous sommes venus à vous ce soir pour vous parler de ces choses avec amour. En vous envoyant cet amour ainsi qu'à mon partenaire, je vous déclare, très chers, qu'il n'existe aucun amour plus profond que celui-ci. L'invitation à devenir partenaire du divin sera toujours valable. Vous entendrez encore parler du partenariat avec le divin. Car il s'agit de l'un des nouveaux dons du Nouvel Âge offert aux êtres humains. Ainsi allons-nous vous quitter sur cette information et nous vous invitons à ressentir l'étreinte de l'amour de l'Esprit ici, ce soir, et le caractère spectaculaire et étonnant de l'humanité du Nouvel Âge !

Il en est ainsi !

Kryeon

LES SEPT ATTRIBUTS DE L'AMOUR

Vancouver, au Canada

Salutations, très chers. Je suis Kryeon du Service magnétique. Oh, cher partenaire, tu me places, ce soir, face à une assemblée spéciale d'humains. Comme je m'adresse à vous, qui êtes assis en face de moi (et à ceux qui lisent ces lignes), je déclare que vous m'attendiez et que je vous attendais. Ce soir, je souhaite vous parler de la famille, de cette famille qui a pris place en face de moi. (Un enfant, dans la salle, se réveille et se met à pleurer.) Vous voyez, même les petits répondent à l'amour de l'Esprit ! Très chers, dans les instants qui vont suivre, nous allons remplir cette salle d'amour, qui, tel un dais, s'étendra sur vous et vous fera ressentir l'amour de l'Esprit comme jamais, si vous le souhaitez.

Ainsi, nous nous adressons à vous, les guérisseurs, et à vous, qui pouvez percevoir l'au-delà et que l'on appelle les visionnaires, et nous vous disons que nous vous honorons hautement, car vous êtes l'avant-garde des guerriers de la lumière, les premiers à avoir compris que des changements se préparent, les premiers à avoir aperçu la lumière dans le ciel du Nouvel Âge et les premiers à avoir pleinement réalisé que vous avez vraiment quelque chose de spécial.

Chacun de vous possède en lui une étincelle qui représente Dieu lui-même et vous parcourez cette planète en sachant parfaitement qu'il est présent en vous. Voilà pourquoi nous vous annonçons que chacun de vous est glorifié. Même ceux, parmi vous, qui doutent de ce dont je parle sont glorifiés. Très chers, nous avons tellement attendu cette réunion ! En fait, l'énergie présente dans cette salle ne sera jamais plus la même. La conscience des entités qui sont représentées ici, ce soir, ne se reformera jamais plus de la même façon. Par conséquent, nous vous invitons maintenant à ressentir l'énergie de la véritable famille. Nous voulons que vous ressentiez l'énergie de votre vrai foyer. Et nous voulons que vous

vous représentiez à nouveau ce à quoi il ressemble.

Il s'agit d'une parcelle de votre vrai foyer, et nous levons un coin du voile que vous appelez « dualité ». Durant ces quelques instants, nous vous parlerons de l'amour. Nous vous parlerons des sept attributs de l'amour. Les trois premiers découlent de la force karmique, et certains vous surprendront, dans le cadre d'une discussion sur l'amour.

1. Nous avons déjà parlé du premier auparavant. Nous voulons parler de la peur. Vous allez peut-être vous dire : « Ne s'agit-il pas d'une conversation sur l'amour ? Voici un enseignement sur les rapports entre l'amour et les humains, et pourtant, la première chose dont vous nous parlez, c'est la peur. » Oui. Parce que, comme nous l'avons dit auparavant, la peur est l'instrument de l'amour de Dieu sur Terre. La peur est l'aiguillon qui vous est offert et qui vous dit : « Voici pourquoi vous êtes ici. » Faites face à la peur. Regardez-la en face et progressez grâce à elle. Par conséquent, la peur devient un attribut majeur de l'amour, ou un attribut de l'Esprit pour les humains sur la Terre. Et ceux qui sont parvenus à transformer la peur en joie comprennent de quoi je parle.

Mais nous voulons parler aussi de ces différentes sortes de peurs que vous supportez dans votre incarnation présente, qui proviennent de vos vies antérieures et qui représentent (et facilitent) votre karma : la peur des lieux clos, de l'altitude, et même de l'éveil spirituel. Ces peurs sont toujours devant vous ; ainsi pouvez-vous leur faire face. Et chaque fois que vous les ressentez, c'est comme si vous receviez un message en provenance de votre dualité vous disant : « Nous vous aimons. » Voilà pourquoi, avec notre consentement, vous êtes souvent placés dans des situations de peur. Et, très chers, écoutez ceci : Vous n'êtes pas placés dans ces situations de peur par quelque sombre entité maléfique. C'est l'amour de Dieu lui-même, avec l'accord de votre entité réelle, afin de vous aider à élever la fréquence vibratoire de la planète! C'est votre intention qui vous permet de demeurer dans la peur ou non, selon votre choix, car ce sont votre intention et votre choix qui vous permettent d'élever la fréquence vibratoire de la planète.

Ainsi, la prochaine fois que vous serez confrontés à une peur quelconque, faites-lui face et comprenez qu'il s'agit d'une épreuve qui vous est imposée avec l'accord de votre Moi divin. Bien que la peur soit une bénédiction, elle n'en est pas moins une illusion ! C'est une leçon d'amour déguisée qui, d'un côté, vous demande une solution et, de l'autre, vous offre paix et joie !

Et lorsque vous lui ferez face et que vous lui direz : « Je te vois et je sais pourquoi tu es ici », la peur vous sourira et disparaîtra, telle une plaisanterie lancée dans la nuit juste avant l'aurore. Puis vous comprendrez que cette peur était ceinte d'amour. Puis vous commencerez à réaliser que la peur n'est pas ténébreuse mais un attribut convenu pour votre tâche terrestre ! En réalité, elle stimule vos connaissances et votre développement. Il s'agit donc d'un présent de valeur que la plupart d'entre vous, cependant, n'accueillent pas comme ils devraient. Le résultat du travail avec la peur est l'acquisition d'une force et une modification de la conscience. Ceci est commun à vous tous, sous une forme ou sous une autre.

TOUT CELA EST-IL VRAIMENT VOULU PAR DIEU ?

Note de Lee Carroll

Certains vous diront que l'Esprit ne vous mènera jamais en des lieux sombres et effrayants durant votre vie. Ceux qui proclament cela n'ont pas étudié l'histoire spirituelle de cette planète et ignorent, de ce fait, comment Dieu s'est conduit avec nous depuis des éons. Selon presque toutes les religions terrestres écrites, la crainte fut intégrée dans les leçons des hommes et des femmes célèbres, et ce, depuis l'aube de l'humanité.

Bouddha en parle clairement dans ses divers enseignements. Mahomet eut à éprouver la peur à diverses reprises, dans sa vie, ce qui mit sa foi à l'épreuve et le fit progresser spirituellement. Sur la croix, Jésus l'énonça et, plusieurs purent l'entendre en même temps qu'il se préparait aux vibrations de l'Ascension. Un maître contemporain, Paramahansa Yogananda, a lui aussi clairement enseigné cette notion. Au temps de l'ancienne énergie, les épreuves de Job sont légendaires ; pouvez-vous imaginer la terreur d'Abraham au moment de mettre à mort son fils unique ? Toutes ces épreuves étaient envoyées par un Dieu d'amour. La crainte représente un instrument d'amour et d'honneur. Transmuer la crainte est récompensé par une élévation de la fréquence vibratoire. Ne laissez personne vous dire ce que Dieu fera ou ne fera pas. C'est encore le meilleur moyen de définir une nouvelle forme de croyance religieuse. Utilisez votre propre capacité de discernement et, si vous le souhaitez, jetez un coup d'œil sur votre histoire. Dans cette période de Nouvel Âge, l'Esprit n'utilise pas la crainte de la même façon que durant l'ancienne énergie, mais elle demeure l'un des meilleurs outils de développement qui soient.

2. Le deuxième attribut est peut-être le plus remarquable, car il touche au karma. C'est celui avec lequel l'Esprit fonctionne en priorité. C'est celui que vous avez tous réclamé sans cesse avant votre présente incarnation. Il s'agit des épreuves au sein de la famille humaine.

Oh, très chers, nous nous sommes déjà assis en face de vous, auparavant, et nous vous avons déjà parlé de ceci, mais peut-être n'avons-nous pas insisté sur les liens qui relient cette notion à l'amour. Vous êtes nombreux à vivre des moments difficiles au sein de votre famille – problèmes provoqués, difficultés à résoudre – et nous faisons allusion à des choses qui vous sont pénibles à supporter. Parfois il s'agit d'une simple contrariété et de rudesse dans les propos au sein de la famille. Parfois, il s'agit d'un manque total de soutien. Parfois, il s'agit d'un désaccord. Mais à d'autres moments, il s'agit de véritables insultes, d'insultes impardonnables. Et même si vous regardez en arrière et pensez « tout ceci est arrivé dans ma propre famille », vous pouvez aussi vous dire : « Cela m'a transformé », car c'est de cela qu'il s'agit et c'est pour cette raison que tout ceci est arrivé, même si vous avez ressenti de la peine et de la colère.

Nous vous répétons qu'il n'y a pas d'amour plus grand dans tout l'Univers que lorsque deux amis intimes, de l'autre côté de la dualité, en arrivent à s'insulter, sur la planète Terre, dans le seul but d'apprendre lorsque l'un deux s'affuble du masque de la colère et de la haine, et l'autre de celui d'une victime apparente, et qu'ils traversent la vie, guidés l'un vers l'autre par l'énergie de la colère. Il n'y a pas d'amour plus grand que cela. Car il s'agit du karma à son plus haut niveau, purifiant et éclaircissant le destin. Et nous vous répétons que c'est grâce à l'autorité de votre esprit et à sa vision d'ensemble des problèmes qu'il vous est possible de transformer en amour tout ce qui arrive dans votre famille !

Croyez-vous qu'il existe une personne qui ne puisse jamais vous aimer ou à qui vous ne puissiez pardonner ? C'est une situation voulue, très chers. Elle se tient en permanence devant vos yeux et vous demande chaque jour de la corriger. Elle vous dit : « Tu ne peux pas progresser sur ce plan terrestre tant que tu n'auras pas réglé ce problème ! » Grâce à l'amour, elle vous supplie de cocréer la joie dans cette situation difficile. Beaucoup diront : « Il ne pourra jamais y avoir de joie dans une telle situation. » Mais nous disons ceci : Vous n'avez même pas à impliquer l'autre personne directement. Tout ce que vous avez à faire, c'est d'apporter des corrections en vous-mêmes. Et, très chers, lorsque vous procéderez ainsi et que vous ressentirez une sincère clémence, une compréhension et de la tolérance pour l'autre personne, surveillez bien ce qui lui arrivera ! Car elle comprendra que le karma l'a libérée et elle prendra du recul vis-à-vis de cette situation.

Lorsque vous déciderez consciemment de mettre fin à ces situations, les autres personnes concernées comprendront que le défi est terminé. De nouveau, nous comparons ces situations à un match de tennis. Aussi longtemps que vous vous efforcerez de renvoyer la balle, la partie continuera sans cesse. Le jour où la partie est terminée et que vous n'apparaissez plus sur le court, la partie est arrêtée pour chacun de vous. L'autre joueur peut bien continuer à se présenter sur le court, il ne se passera guère de temps avant qu'il, ou elle, se rende compte que son service n'est plus retourné et que votre énergie est absente du court. Cette personne saura que vous avez changé. Alors, surveillez bien le changement qui surviendra chez cette personne !

Il n'existe pas de plus grand outil pour générer l'amour que la famille. Et nous vous disons qu'il s'agit là d'une connexion très importante de l'amour. Aussi, la prochaine fois que ce genre de situation se présentera, qu'il vous arrivera d'être en colère, que vous croirez être victime de quelque action ou que vous souhaiterez voir disparaître un membre de votre famille, prenez conscience de la petite étincelle d'amour au fond de vous qui a souffert pour que tout ceci arrive. Reconnaissez l'invitation qui vous est faites de solutionner ce problème. Prenez conscience que vous avez contribué à sa réalisation.

3. Le troisième attribut est la caractéristique la plus puissante et la plus émouvante. C'est ce que l'on appelle l'expérience de la mort. Vous le savez tous, la mort n'est qu'un échange d'énergie. Mais en votre qualité d'êtres humains, la mort de quelqu'un vous procure une vive douleur, et cette douleur, c'est encore le karma, de même que le chagrin. La façon dont vous réagissez face à la douleur karmique représente un autre grand *challenge*. La mort est familière à toute l'humanité et, de ce fait, elle représente un outil fort utile que vous avez créé pour faciliter votre développement, aussi difficile cela puisse-t-il être pour vous.

Vous serez confrontés à différentes sortes de mort durant votre existence et nous n'allons pas parler de la vôtre. Vous considérez tous comme normale la mort de ceux qui sont âgés, qui ont épuisé leur temps et rempli leur rôle sur cette planète. Non pas que cela soit, en aucune façon, plus facile pour vous, mais vous vous y attendez. Même dans cette mort apparemment normale, il y a une leçon. Car lorsque cette personne est partie, vous prenez conscience de quelque chose qui n'existe nulle part ailleurs dans l'expérience humaine. Ceux qui restent, pères, fils, mères et filles, réalisent soudain la filiation dont ils sont issus. Se retrouvant brusquement seuls, ils considèrent les autres membres de leur famille et comprennent que cela leur arrivera aussi un jour. C'est durant ces moments pénibles que de nombreuses décisions karmiques sont prises, un temps pendant lequel on semble accepter les leçons de l'Esprit. En effet, l'Esprit vous honore pendant que vous traversez ces moments difficiles.

Mais ce dont nous voulons vous parler maintenant, c'est ce que vous autres, êtres humains, appelez une mort injuste, bien qu'en réalité cela n'existe pas. Croyez bien, très chers, que nous ne traitons pas ce sujet à la légère. Il s'agit d'instants qui, pour certains parmi vous, ici ce soir (où qui lisent ces lignes), sont encore très présents, au cours desquels un jeune être cher est décédé. Peut-être même cet enfant est-il votre fils ou votre fille ? Peut-être cet enfant a-t-il été impliqué dans un accident ou une tragédie où beaucoup d'autres personnes ont disparu avec lui ? Permettez-moi de vous dire quelque chose à ce sujet : L'amour entoure cet événement qui ne s'est pas produit par hasard !

Oh, très chers, nous savons que bien souvent votre peine est grande. Il y a un certain temps, une mère, anéantie par la douleur d'avoir perdu son fils quelques heures plus tôt, est venue à une réunion de Kryeon. Je scrutai son cœur et lui demandai par la bouche de mon partenaire : « Avez-vous aperçu le présent qui vous est fait ? » Elle ne l'avait pas encore aperçu. Lorsqu'elle revint, plus tard, Kryeon lui demanda : « Avez-vous aperçu votre présent ? » Son cœur s'emplit d'émotion et elle répondit : « Oui, je l'ai aperçu .» Voyez-vous, elle avait proclamé la vérité concernant cet événement et avait compris ce qu'elle devait faire en l'honneur de son fils. Lorsqu'un être cher vous quitte et vous laisse effondrés de chagrin, vous pensez « ce fut une vie gâchée », et souvent votre peine vous fait même douter de Dieu.

Écoutez ! Ce ne fut pas un gâchis ! Car, durant la divine et suprême séance d'organisation, avec votre consentement, cette personne vous a dit : « Lorsque le moment sera venu, voici comment je vais vous quitter, et ce que vous ferez de ma mort représentera votre mise à l'épreuve. » Et, très chers, à la lumière de tout ceci, nous vous disons : transformer cette mort en victoire ! L'énergie de cette personne est toujours présente avec vous, et il ne s'est agi, en fait, que d'une modification de cette énergie. Cette personne se tient en face de vous et, en cet instant même, prononce ces mots :

« Comment allez-vous réagir face à cette situation que nous avons planifiée ? Car, en tout amour, j'ai vécu cette expérience, ainsi que nous l'avions convenu pourrait vous assister. Et maintenant vous avez le choix : Soit vous pouvez vous lamenter pendant le reste de votre vie et vous considérer comme une victime, vous épuisant à prononcer mon nom à longueur de journée, soit vous pouvez me remercier pour le présent de l'amour et décider de ce que vous allez faire avec vos émotions. »

Voici venu le moment où votre vie est prête pour le changement ! Vous vivez des moments difficiles, peut-être est-il temps de pratiquer l'intention et l'éveil spirituel. C'est vraiment le bon moment pour cela. Car voici les dons qui vous sont offerts afin de vous permettre de prendre des décisions pour la durée de votre existence. Vous voyez, l'Esprit comprend vos sentiments humains !

Il n'y a donc pas de mort inutile. L'amour est toujours présent, même s'il vous est difficile de le distinguer. Peu importe les êtres que vous avez perdus, vous devez comprendre qu'ils sont toujours parmi vous (et nous). Ils ne sont pas partis ! Leur énergie s'est transformée en amour dans le but d'élever le niveau vibratoire de cette planète. Et ils sont toujours là devant vous et vous demandent : « Alors, qu'allez-vous en faire ? »

Oh, très chers, permettez-moi de vous fournir un scénario parfait pour le jour où quelqu'un de votre entourage partira. Si vous voulez participer, considérez cette cérémonie : Réunissez-vous et célébrez la vie du défunt. Ne considérez pas ce qui reste de son corps physique. Réservez-lui une place parmi vous, une chaise vide, peut-être, et annoncez à chacun qu'il est toujours présent. Je vous incite fortement à vous amuser lors de cet événement, je vous y incite ! C'est l'un des plus puissants attributs de l'Esprit qui vous est transmis, sans altération, depuis l'au-delà. Utilisez-le ! Si vous agissiez ainsi, vous ressentiriez toute l'énergie de la personne défunte avec vous. Vous comprendriez que son énergie ne s'est point dissipée et vous constateriez la puissance remarquable qui se dégage de votre action. Car c'est la vérité que vous honorez en célébrant le changement d'énergie. C'est une erreur de vous réunir et de pleurer le défunt comme s'il était vraiment parti. Nous n'insisterons jamais assez là-dessus, car il y a une telle leçon d'amour à en tirer. Nous honorons grandement la voie que vous suivez sur cette planète ! Voilà pourquoi nous l'appelons votre « tâche ».

4. Nous allons maintenant discuter de science – et peut-être direz-vous : « Kryeon, qu'est-ce que la science a à voir avec l'amour ? » Nous allons vous faire part de quelque chose de vraiment amusant. La science est totalement imprégnée de cette connexion à l'amour d'une façon qui vous surprendra peut-être.

Nous souhaitons maintenant nous adresser aux hommes et aux femmes de science.

Il est en effet amusant pour nous d'entendre les scientifiques soutenir que leurs hypothèses et leurs expériences ne sont d'aucune façon biaisées. En fait, vous, les scientifiques, maintenez que la dernière chose qui puisse affecter votre travail en laboratoire serait un préjugé de nature spirituelle. Vous procédez à vos expériences et formulez des hypothèses quant à la nature de cet univers tout en tentant de maintenir fermement ce point de vue. Mais vous savez toutefois, au niveau cellulaire, en votre for intérieur, qu'il en est autrement. Nous souhaitons vous faire savoir en quoi se manifeste cette différence et à quel point la situation nous semble amusante. Voyez-vous, au niveau cellulaire, vous savez très bien que vous habitez sur la seule planète où règne à ce point le libre arbitre. Au niveau cellulaire également, vous avez souvenir de la séance de planification précédant votre venue et portant sur la grande expérience impliquant la Terre. Les êtres humains, laissés à eux-mêmes et ignorant la nature de l'épreuve, sauront-ils engendrer une vibration supérieure ? Sauront-ils élever le taux vibratoire de la planète ? Vous savez donc déjà que la Terre est exceptionnelle. Vous savez que ce test est très spécial, unique dans cet Univers. De ce fait, que vous le vouliez ou non, vous perpétuez un préjugé sur le caractère exceptionnel de votre planète.

Il y a trois cents ans, les scientifiques observant les cieux décidèrent que ceux-ci gravitaient autour de votre Terre « exceptionnelle » ! Ainsi la Terre était le centre, et tout le reste gravitait autour d'elle. Cette théorie fut émise par des hommes et des femmes de science. Mais le plus intéressant, c'est que toutes les équations mathématiques semblaient en apporter la preuve. Aujourd'hui, vous savez fort bien qu'il en est autrement, n'est-ce pas ?

Imaginons un scientifique de notre époque qui, confronté à un vaste océan de grains de sable, et en raison de la nature de ce casse-tête, ne pourrait examiner qu'un seul de ces milliards de grains. Les dunes de sable se succèdent et s'étendent à perte de vue. Il prend le grain de sable qu'on lui permet d'examiner et, au microscope, ce grain révèle de magnifiques motifs teintés de couleurs inconcevables. Le scientifique s'interroge et postule : « Je me demande, comme scientifique, combien d'autres de ces grains portent ces dessins superbes? » Quelles déductions découlent d'une telle hypothèse ? Suivant sa logique monovalente, l'humain conclut : « Comme il m'est impossible d'en examiner d'autres, c'est donc le seul qui soit joli. » (Rires) Tous les autres sont présumément uniformes. Cette logique n'est certainement pas valide, mais votre préconception l'emporte tout de même.

Nous faisons bien sûr référence au fait que l'univers déborde de vie. La presque totalité des systèmes solaires contenant une planète abrite potentiellement l'embryon de la vie. C'est là un phénomène tout à fait courant qui se produit naturellement et présente diverses manifestations. Lorsqu'un jour vous en serez témoins, ceci vous paraîtra très amusant. Mais puisque le phénomène demeure pour l'instant hors de votre champ d'observation, il n'existe donc pas !

En contemplant le cosmos qui vous entoure, vous avez formulé la théorie du big bang, un événement créateur qui aurait engendré l'univers. Nous l'avons déjà déclaré : plus on se penche sur cette théorie, plus elle s'effrite. Vous remarquerez en outre que l'univers n'est pas uniformément distribué ; des amas s'y sont formés !... Pas vraiment typique du produit d'une explosion en son centre. Certains d'entre vous commencent à découvrir, en toute humilité, qu'il existe des accumulations de matières éloignées qui sont d'un âge inférieur à celui d'accumulations de matières plus rapprochées. Ces faits démentent la thèse à l'effet d'un seul événement créateur. Encore là, votre vision monovalente, préconçue !

Et pour conclure, en ce qui concerne la science, nous avons déjà mentionné les divergences de structures temporelles dans le cosmos. Observez les régions du cosmos et vous serez témoins de phénomènes jugés impossibles selon les lois de la présente physique ; de vastes masses de matière tournent dans l'espace à une vitesse vertigineuse, ce qui est présumément impossible sous peine de désintégration des masses. Pour en expliquer la cause, vous proposez toutes sortes d'hypothèses même si vous ne possédez aucune loi physique apte à confirmer une seule de ces hypothèses. Nul d'entre vous n'a jamais même imaginé qu'il puisse exister une autre raison. Car voyez-vous, vous appliquez au reste de l'univers les lois physiques qui appartiennent à votre région. Vous avez décidé que les choses doivent en être de même ailleurs, tout comme l'homme natif de la forêt tropicale ne peut concevoir la glace jusqu'à ce qu'il apprenne qu'il existe des climats différents du sien dont l'existence est acceptée sans être perçue.

Nous aborderons encore une fois cette question du temps. Et dans le cadre de cette discussion, nous allons faire quelque chose que nous n'avons jamais fait auparavant ; nous allons faire appel aux énergies de celui que l'on nomme *Métatron*. (Pause)

[***Kryeon et Métatron***]

Nous souhaitons maintenant vous dire, très chers amis, que le noyau de l'atome est entouré de ce que nous appelons un nuage énergétique (le champ du parcours des électrons) ; en outre, la distance entre ce nuage et l'atome (qui est vaste) peut varier beaucoup plus que vous ne le croyez à l'intérieur de la matière. Et lorsque cette distance varie, la vitesse du nuage doit s'ajuster. Dans le cas d'une physique où la vitesse du nuage est puissante et rapide, vous avez alors une structure temporelle qui diffère de la vôtre.

Vous avez tous appris à l'école que le temps est relatif, vous vous souvenez ? Vos méthodes scientifiques en apportent même la preuve par l'accélération des particules infimes, montrant que tel est effectivement le cas. Vous avez en outre formulé l'hypothèse et croyez fermement que la structure temporelle d'un objet change s'il se déplace assez rapidement. Cependant, si vous observez les régions de l'univers où prévaut une « physique impossible », jamais vous n'émettrez l'hypothèse que la structure temporelle est peut-être différente. Jamais ! En voici la raison : vous n'admettez pas encore qu'un objet qui semble être stationnaire se déplace en réalité à grande vitesse. Non pas en temps linéaire d'un point A vers un point B, mais à travers le nuage énergétique de ses composantes vibratoires. C'est à ce niveau que la vitesse se mesure.

Ainsi, chers amis, si vous vous trouviez quelque part dans l'espace régi par ces lois de la « physique impossible » et qu'il vous soit donné de voir la planète Terre, vos constateriez que tout se produit extrêmement lentement. Voilà la relativité du temps telle que vous l'avez apprise et acceptée sans toutefois l'appliquer à aucun objet perçu dans l'espace ! Ce qui est illogique par rapport à ce que vous savez déjà.

Mais quel est le rapport avec l'amour ? Je vais maintenant vous l'expliquer. Amis, très chers, honoré et béni soit le scientifique qui pratique la méditation ! Car il sera le premier à découvrir la vérité. Parce que la vérité que révèle la physique est Dieu. Elle constitue la manifestation des schémas, formes et couleurs de l'Esprit.

Et en terminant, l'énergie de Métatron nous quitte sur ces paroles : « Quel est le facteur qui fait varier la distance entre les composantes ? Voilà une énigme pour les scientifiques, parce que l'espace entre le noyau et le nuage, bien que vaste, n'est toutefois pas vide. Il s'agit d'un cocktail d'énergie organisée, et c'est de cette organisation de la vacuité interstitielle que découlent les variations de distance et par le fait même de la vitesse du nuage. C'est tout ce que nous révélerons à ce propos. »

La science contient ainsi des aspects de l'énergie de l'amour en elle-même. Chacun de ces aspects est sacré et ensemble ils forment la « substance » de l'amour. L'Esprit et la science ne font qu'un ! L'idée d'un scientifique distinct de Dieu paraît effectivement tout à fait amusante. Devez-vous étudier la forme sans avoir recours aux mathématiques ? Pouvez-vous seulement entrevoir une compréhension de la géométrie sans sa connexion à l'amour qui exprime clairement : « Cela relève de la spiritualité » ? Non. L'alliance entre Dieu et la science physique forme une unicité qui est indissociable. L'ampleur de votre découverte sera à la mesure de la rapidité avec laquelle vous saisirez ce point. Il y a un amour très vaste dans la plus infime de vos particules de matière.

[***Kryeon à nouveau seul***]

5. Bien que l'amour soit étroitement lié à la science, il l'est

encore plus étroitement à l'attribut suivant. Nous allons maintenant parler de la Planète Terre, avec un grand « P ». Ce n'est pas quelque chose que nous devons développer avec vous, très chers, qui habitez cette belle région de Vancouver. Mais nous le faisons pour ceux qui parcourent cette planète sans distinguer le moindre rapport entre les êtres humains et la Terre. Nous vous disons que lorsque vous n'êtes pas un être humain, vous n'êtes que poussière ! Car lorsque vous appelez votre Moi divin et que vous passez dans l'au-delà, ce que vous appelez votre corps physique se décompose, sa force vitale s'envole, et il retourne à la poussière. Donc, la planète, c'est vous en mutation.

Chacun des éléments qui vous composent, chaque molécule, appartiennent à la Terre, et cela ne s'arrête pas là, très chers. Vous êtes entourés d'aides innombrables – plusieurs fois le nombre d'humains existant ou ayant existé sur la planète et qui sont là pour vous soutenir. Le réseau magnétique lui-même et sa puissance sont activés par amour pour vous (encore la science !) Nous considérons que le magnétisme de la planète est totalement empreint de force vitale ! Dans ce plan réside la conscience. Pas la conscience telle que vous la considérez, c'est-à-dire intellectuelle, car cette planète est une véritable entité vivante. Si vous enleviez l'humanité de votre globe terrestre, celui-ci mourrait. Car il réagit à vos actions. Par conséquent, avant d'insuffler de grandes quantités d'énergie dans cette planète ou autour d'elle, nous vous supplions à nouveau de l'aimer avant toute chose ! Comprenez que quoi que ce soit que vous lui infligiez, vous vous l'infligez à vous-même. Car elle réagit à vos actions et à vos intentions, et elle se transformera en conséquence.

Très chers, à l'origine, lorsque Kryeon est apparu, nous avons annoncé des changements planétaires et vous avez pu constater les modifications climatiques et les secousses de la Terre. Vous avez vu survenir de nombreuses choses que nous vous avions prédites. Il s'agit là du lien Amour/Terre. Car nous sommes ici en votre honneur ! La modification du réseau magnétique et les changements planétaires indiquent que la Terre est comme en réparation. Imaginez-la comme en phase de construction. L'amour qui vous unit à l'Esprit s'étend à la planète entière. Comprenez bien ce lien et, en votre qualité de société d'êtres humains, sachez qu'une fois cette connexion établie, rien ne vous est impossible. Car la « poussière » réagira totalement à vos actes. Donc, très chers, ne soyez ni effrayés ni intimidés lorsque vous méditez afin de saluer la planète comme vous le feriez pour n'importe quelle autre personne. Saluez chaque endroit de la Terre comme le faisaient les Anciens. Car, en effet, il y a une énergie de l'Ouest, du Nord, de l'Est et du Sud. En fait, il y a même une énergie du sol.

Et il y a aussi une énergie du feuillage. Les entités qui vivent au sein des fleurs et qui vous saluent elles aussi ne sont pas le fruit de votre imagination. (Elles continuent leur mission d'œuvrer avec la conscience dans la nature, n'étant pas du groupe ayant quitté la Terre au moment de l'événement de la « passation du flambeau » à l'humanité, le 12 : 12 – voir chap. 3, tome III.) Elles sont ici pour vous soutenir et ceux d'entre vous qui ont l'impression qu'il y a des entités dans leur jardin sont dans le vrai ! Ces entités ne représentent qu'une faible partie des entités terrestres. Il s'agit du lien d'amour qui vous unit à la planète. Demain, observez le ciel, les nuages, les cours d'eau. Écoutez ce qu'ils vous disent. L'une des choses qu'ils vous diront, c'est : « Nous vous honorons grandement pour ce que vous avez fait. Nous sommes si fiers de vous. » Et c'est la raison pour laquelle le sol vous honore lorsque vous ensemencez. Et c'est pourquoi nous modifions les vibrations du sol de sorte qu'elles puissent s'accorder aux vôtres. Oh, très chers, il y a une telle relation entre vous et le sol.

6. TOMBER AMOUREUX. Le sixième attribut est amusant, et nous en avons déjà parlé. C'est le suivant : Vous êtes nombreux à savoir ce qui arrive à un être humain qui tombe amoureux. Bien que cela soit très amusant, il y a aussi quelque chose de très sérieux. Car l'être humain qui tombe amoureux souffre souvent de ce qui semble être une folie passagère (rires). Il se déroule un échange important de soupirs et d'affinités, de mots bredouillés qui s'entrechoquent. Voyez-vous, l'amour est une force très puissante transmise d'un être humain à un autre. Nous ne parlons pas ici de procréation biologique ni de désir, nous parlons d'amour. Lorsque

vous vous trouvez dans cet état, et vous pouvez tous, en votre qualité d'êtres humains, vous sentir concernés par ce genre de situation, vous souvenez-vous du sentiment de complète et totale sécurité que vous ressentez chaque fois ? Tout vous est alors possible. Vous rappelez-vous cette sensation de paix ? On se soucie de vous. Vous êtes aimés, et l'objet de votre amour est splendide et adoré.

Très chers, il s'agit là d'amour pur et absolu. C'est l'amour de Dieu qui se déverse sur vous durant ces instants. Cela n'a rien d'inhabituel. Nous vous déclarons que ce type d'amour représente le sentiment naturel qui règne entre les entités qui demeurent de l'autre côté du voile ! Voilà pourquoi lorsque mon partenaire se tient devant vous et vous qualifie de « respectés, d'honorés » et vous déclare « dignes d'avoir vos pieds baignés » l'émotion grandit, car durant ces instants il vous aime réellement. Soyez-en convaincus ! C'est l'exacte vérité. Aussi, attendez-vous à ressentir ce sentiment lorsque vous saluez le buisson ardent. Nous vous avons déjà expliqué qu'il existait une bonne raison pour que l'on demande à l'être humain de se déchausser avant de parler à ce buisson. Beaucoup d'entre vous ont dit que c'était pour honorer l'énergie de l'Esprit, le caractère sacré du lieu, mais ce n'était pas cela. C'est parce que le buisson représente l'Esprit et qu'il veut symboliquement baigner et bénir les pieds humains ! Le caractère sacré du lieu est dû à la présence de l'être humain ! Vous le voyez, nous vous aimons ! Nous vous demandons de ressentir cet amour en cet instant même.

7. Le septième attribut est magnifique. Il s'agit du sujet traité par Kryeon lors de sa première communication. Nous allons maintenant parler de l'amour des guides et des anges. Et nous vous répétons que chacun de vous possède un groupe d'entités qui lui est personnel, et parfois, trois des plus belles entités que vous ayez jamais vues. Ces entités vous accompagnent tout au long de votre vie, et certains parmi vous ne les saluent jamais. Malgré tout, elles vous aiment et jamais elles ne vous jugent. Lorsque ces entités personnelles sont très proches de vous, beaucoup d'autres entités terrestres vous soutiennent. Et lorsque nous disons que la salle est

remplie d'amour, que nous prenons place dans les allées, que nous allons vous enlacer, nous parlons de ces entités et de ces anges.

Ces guides et ces anges vous sont assignés pour la durée de votre vie, mais ils sont autorisés à aller et venir lorsque d'autres viennent apporter une nouvelle énergie. Nous avons discuté pour savoir pourquoi ces entités agissent de la sorte avec vous, mais ce n'est pas notre sujet pour l'instant. Par le passé nous vous avons enseigné comment agir et communiquer avec elles, mais ce n'est pas notre propos de ce soir. Nous vous parlons de l'amour qui vous unit à ces êtres magnifiques et du fait qu'ils sont tous ici. Certains pourraient se demander : « Y a-t-il suffisamment de place pour eux ici ? » Croyez-moi, il y a de la place ! Car ils occupent l'espace de votre énergie ou de votre force vitale, et pendant que vous êtes ici présents, ils sont, en réalité, partie intégrante de votre *Mer-Ka-Ba*. Moi, Kryeon, je peux voir les couleurs au-dessus de vous et vous dire qui est avec vous. Car ils ont placé de l'amour dans vos auras. Oh, très chers, vous êtes magnifiquement aimés ! Et si vous ne deviez conserver qu'une seule information en quittant cette salle, que ce soit celle-ci. Chacun de vous mérite d'être présent sur cette planète et d'avoir à ses côtés des entités qui l'aiment profondément !

Dieu ne juge pas, il ne fait qu'honorer. Nous avons déjà dit cela. Vous êtes honorés par le voyage que vous entreprenez et non par la façon dont vous le réalisez. Beaucoup de choses sont cachées derrière ceci, mais soyez conscients que votre perception de « qui a fait ceci » et de « qui n'a pas fait cela » durant votre vie terrestre n'est qu'une perception strictement humaine. C'est peut-être pourquoi certains d'entre vous sont venus ici ce soir (ou se sont mis à lire ces lignes) afin d'apprendre qu'il existe un Univers rempli d'amour, qui sait qui vous êtes, qui ne vous juge pas et qui vous honore grandement. Que les graines de la vérité soient plantées ce soir. Mais qu'allez-vous en faire ?

Avant de vous quitter nous allons vous suggérer ce qu'il faut faire de ces graines de vérité. Ne les dissimulez pas ! Écoutez : C'est une tendance du Nouvel Âge de voir des personnes éclairées se saisir de cet amour et se dire : « Gardons-le pour nous. » Cela fait partie de la nature humaine. C'est un concept de l'ancienne énergie. Vous souhaitez garder ce que vous connaissez et vous en délecter. Vous voulez le protéger, créer une communauté réservée à certains privilégiés, former une hiérarchie et vivre à l'abri de ceux qui sont animés de fréquences vibratoires plus basses. Vous pensez que la vie sera plus paisible en agissant ainsi.

Nous vous en prions, très chers, n'agissez pas ainsi. Si vous agissez ainsi, vos vibrations seront sans effet sur la planète et sur tous ceux qui ont besoin de vous. Reprenez votre tâche, répandez-vous sur la planète et insérez-vous dans la société comme des êtres humains normaux imprégnés de l'amour de Dieu. Montrez qui vous êtes à ceux qui vous entourent ! Soyez sereins et laissez-les vous demander pourquoi vous êtes en paix et eux, non. Laissez-les vous interroger au sujet de votre vie. Croyez-moi, vous n'aurez pas à prôner votre foi. Vous serez trop occupés à répondre à ceux qui, grâce à leur intention, auront reconnu l'amour de Dieu en vous et souhaiteront en savoir plus.

Si vous vous regroupez et accaparez cet amour, les autres ne sauront jamais ce qui est en train de se passer. Je vous suggère donc de pousser calmement cet amour vers les autres. Cette information du Nouvel Âge atteindra sa masse critique et, avant longtemps, de nombreuses autres personnes sauront ce que signifie le fait de s'asseoir en face d'une entité comme Kryeon, de lever un coin du voile pendant quelques instants et de parler des choses de l'autre côté. C'est ce qui est en train de vous arriver en cet instant précis et la vérité est que... vous êtes sincèrement aimés.

C'est, animés du plus profond amour, que nous sommes venus à vous ce soir.

Il en est ainsi.

Kryeon

CHAPITRE TROIS

L'ÊTRE HUMAIN DU NOUVEL ÂGE

COMMENT VIVRE QUOTIDIENNEMENT LE NOUVEL ÂGE

Seattle, Washington

Salutations, très chers. Je suis Kryeon du Service magnétique. Il n'existe pas de son plus important pour l'Esprit que celui des humains élevant leurs voix à l'unisson, car cela apaise notre nature essentielle (après l'harmonisation par le son du groupe). Et pourquoi cela pourriez-vous vous demander ? Nous vous le répétons, comme nous l'avons dit à de nombreux groupes comme le vôtre, c'est comme si le paradis lui-même descendait pour honorer cet endroit de sa présence. Et la raison en est la suivante : ce lieu est sacré par la présence des humains. Oh, très chers, voici le message de Kryeon, qui est répété sans cesse partout, un message concret, où il est déclaré que ceux qui sont honorés dans cet univers sont ceux qui sont assis dans cette salle (et ceux qui lisent ces lignes) ! Il vous est peut-être difficile de comprendre ceci, mais cela n'en est pas moins vrai. Le voile qui vous sépare de votre Moi divin est dense. C'est ce même voile qui sépare la vérité de votre foyer véritable et la vie physique que vous vivez présentement. Et tout ceci est voulu pour votre apprentissage. Ainsi, tels des fragments de Dieu, chacun de vous parcourt cette planète selon son niveau personnel de conscience. Oh, si seulement vous saviez ! Mais la vérité est la suivante : En ôtant vos chaussures pour pénétrer dans ce lieu sacré, vous permettez à l'esprit de baigner vos pieds ! Et ceci, parce que l'amour que nous vous portons est profond et magnifique et parce qu'il n'y a pas une seule personne dans cette assemblée qui n'ait un contrat pour être ici (ou pour lire ces lignes). Vous avez choisi de venir ici ce soir. C'est votre intention d'y être. Laissez-nous donc baigner vos pieds de nos larmes de joie, de la joie que nous ressentons de vous voir ici afin d'entendre un tel message.

Nous invitons chacun de vous à saisir les mains des guides qui vous entourent. Nous connaissons vos souffrances ; nous savons par quelles épreuves vous êtes passés. Il y a différents niveaux d'enseignement ici. Certains de ceux qui sont ici ou qui nous lisent ont des contrats qui vous bouleverseraient ! Car ce sont des contrats pénibles, en effet, mais en même temps, les choses dans lesquelles ils ont été impliqués sont magnifiques. D'autres, parmi vous, qui ont vécu des moments moins pénibles peuvent se réjouir et faire honneur aux leçons plus difficiles. Chacun de vous est un être spécial ayant un nom que nous connaissons et reconnaissons. Voici venu le temps où vous vous trouvez à l'aube d'un nouveau paradigme d'existence sur cette planète. Et nous voudrions vous présenter certains de ces changements et vous communiquer, ce soir, quelques informations pratiques.

Oh, très chers, l'essence même de l'univers, c'est l'amour, et vous êtes en première ligne afin d'utiliser cette puissance au maximum. C'est la tâche que vous accomplissez dans cette région, en ce moment même, qui permettra d'opérer les changements qui affecteront les entités comme Kryeon. Je suis à votre service et je m'assieds à vos pieds ce soir. Je ne le répéterai jamais assez. Voici les leçons de ce soir.

LA VIE QUOTIDIENNE

Parlons tout d'abord de la vie quotidienne. Certains d'entre vous ont compris qu'émettre des vibrations à une fréquence différente est une expérience inhabituelle. Nous vous avons indiqué, par le passé, quelles étaient les qualités à rechercher, et, sur le plan pratique, certains d'entre vous éprouvent quelques difficultés à avoir un pied dans le « ici et maintenant » du schéma temporel de l'Esprit et l'autre pied, dans le schéma temporel de l'humanisme, plutôt inscrit dans la durée. C'est pourtant ce que nous vous demandons de faire.

Sur un plan concret, nous vous disons ceci : Nous comprenons votre impatience à certains moments. Cette impatience vient du fait que, en qualité d'être humain, votre schéma temporel est linéaire et que vous ne comprenez pas le schéma temporel circulaire du « ici et maintenant ». Laissez-moi vous l'expliquer à nouveau, à l'intention surtout de ceux qui n'en ont pas encore entendu parler : Avant que vous ayez demandé à vibrer à un niveau différent, avant même que vous ayez manifesté une telle intention, le processus était en marche afin de vous permettre d'y parvenir. Vous pourriez vous demander comment une telle chose fut possible, comment nous avons pu anticiper votre demande. C'est parce que l'énergie potentielle est présente, parce que notre dimension temporelle ne comprend ni passé, ni présent, ni futur. Elle ne saisit que « l'instant présent » de toutes les époques. Et voici pourquoi nous sommes prêts lorsque vous faites votre demande. Voici pourquoi des préparatifs ont été réalisés, des années avant même que vous ne demandiez quoi que ce soit. Ceci n'a rien à voir avec la prédestination ou la voyance. Il s'agit du potentiel d'énergie de votre contrat, à votre disposition, si vous en manifestez l'intention.

Certains, parmi vous, sont las de devoir ignorer ce qu'il faut faire jusqu'au tout dernier moment. Cependant, chaque fois que cela se produit, réjouissez-vous ! Car il s'agit du schéma temporel de l'Esprit. C'est « l'instant présent », où tout ce qui a existé, existe, et où tout ce qui a un potentiel de vie, est. Souvenez-vous-en la prochaine fois que vous vous assiérez pour vous tourmenter et vous faire du souci à propos de quelque chose qui se prépare. D'un point de vue pratique, nous disons : Prenez chaque jour comme il vient. Calmez-vous et ne considérez pas l'avenir comme les humains le font habituellement. Lorsque vous devez prendre une décision ou que vous voyez surgir un carrefour au loin et que vous ne savez pas quelle direction prendre, vous appréhendez souvent cet événement. Vous vous dites : « Cela arrive trop rapidement ! »

Nous vous affirmons que ce problème a pourtant existé et qu'il a été résolu. La solution est à portée de la main. Par conséquent, l'énergie de la solution et la paix qui l'entoure sont à votre disposition avant même que le problème ne surgisse. La réalité n'est pas toujours ce qu'elle paraît être à vos yeux.

Au lieu de vous asseoir et de vous inquiéter au sujet de votre avenir ou d'un futur problème, réjouissez-vous du fait que la solution a d'ores et déjà été trouvée ! Ceux qui ont des problèmes matériels, écoutez-vous ? La solution est disponible, maintenant ! Comme preuve de ceci, un jour viendra où vous regarderez en arrière et où vous direz : « Quelle bêtise de m'être fait tellement de soucis ! Car tout s'est déroulé normalement. » Combien de fois devrez-vous agir ainsi avant de comprendre entièrement la situation ? Imaginez le jour où vous n'aurez plus jamais à dire cela. Au contraire, vous regarderez en arrière et direz : « Je suis tellement reconnaissant d'avoir compris le “ici et maintenant” et de ne plus m'inquiéter. » Célébrez la paix du « ici et maintenant ». Il s'agit d'un don qui vous est destiné en ces temps nouveaux. L'énergie négative de l'inquiétude dérobe la paix de l'amour aux humains.

L'ACTION

Certains d'entre vous ont émis l'intention de progresser. Vous avez réclamé l'allégement de votre karma et avez entamé votre voyage vers une élévation de votre fréquence vibratoire. Imaginez-vous assis ici, très chers, après avoir émis cette intention devant Dieu. Imaginez-vous au centre de cette salle où l'ancienne énergie se transforme en énergie nouvelle. Maintenant, écoutez ceci : C'est la vieille énergie qui vous disait que Dieu fera tout pour vous. Dans la nouvelle énergie, nous vous considérons comme nos partenaires, car votre fréquence vibratoire n'a jamais été aussi proche de la nôtre qu'aujourd'hui. C'est grâce à votre intention et à l'amour de votre contrat que vous avez franchi cette étape. Oh, très chers, nous vous tenons la main pendant ce voyage ! Cependant, certains, parmi vous, ne comprennent pas cela. Vous êtes assis ici, dans cette salle entourée de portes que vous devez pousser afin de voir si elles s'ouvrent, car derrière certaines se trouvent la tâche qui vous est assignée et l'objectif qui vous est attribué.

Par le passé, vous vous seriez peut-être assis en vous disant : « D'accord, Dieu, fais cela pour moi. Je vais simplement m'asseoir et attendre que cela se réalise. » Peut-être pensiez-vous que vous honoriez Dieu avec cette façon de vous soumettre. Nous sommes ici pour vous dire que, avec la nouvelle énergie, si vous demeurez passifs, vous risquez de rester assis pendant très longtemps !

Sur un plan plus concret, nous vous disons ceci : Vous devez ouvrir toutes les portes ! Car le secret pour progresser dans votre nouveau champ vibratoire, c'est la synchronicité ! Recherchez-la. On définit la synchronicité comme une série d'événements étranges ou inhabituels qui surviennent inopinément, qui semblent bizarrement reliés entre eux, qui paraissent être des coïncidences mais qui n'en sont pas. Ces événements ne manqueront pas de vous surprendre fréquemment. Souvent, les circonstances les plus insignifiantes, les voies sans issue que vous avez suivies, pourront, brusquement, se révéler des plus gratifiantes ! Mais cela, vous ne le saurez que lorsque vous vous serez levés et aurez poussé les portes. Aussi, nous vous disons : « Levez-vous et commencez à pousser ces portes ! » Beaucoup de choses vous arriveront durant ce processus, car il s'agit de votre intention.

D'un point de vue pratique, certains d'entre vous ouvriront une porte et verront une opportunité. Vous ignorez si elle est bonne ou pas et vous pouvez penser : « Mon jugement n'est pas assez sûr et je ne sais quoi faire. » Voici une règle générale : si vous vivez une situation qui provoque un choc en retour, évitez-la. Si vous vivez une situation et que les portes s'ouvrent à la volée en vous offrant des solutions, alors la situation est correcte. C'est cela, la synchronicité ! Bien que cela soit sensé et logique, il faut d'abord que vous poussiez les portes ! Sinon vous ne permettez pas à la synchronicité de se produire. Et, très chers, voici pourquoi nous parlons de votre tâche. C'est seulement lorsque vous insufflez l'énergie de l'intention à une action que vous êtes comblés par sa réalisation, grâce à la synchronicité. Ne restez pas assis à attendre Dieu. Nous sommes, maintenant, partenaires !

LA PORTE CRITIQUE

Si vous ouvrez une porte par laquelle surgit une situation de crise, ce n'est probablement pas la porte que vous devriez franchir ! Les crises sont une création typiquement humaine et certains en provoquent régulièrement dans leur vie. Vous baignez dans les crises, vous vous en délectez et, d'une certaine façon, elles vous deviennent familières. La crise devient une véritable drogue pour l'être humain, et certains parmi vous savent de quoi je parle. Écoutez : Le seul endroit qui vous conviendra sera celui de la sérénité et non celui des crises. Voici un nouvel attribut que vous devriez avoir présent à l'esprit lorsque nous vous disons que les choses ne sont pas toujours ce qu'elles semblent être : Oh, très chers, revoyez vos leçons. Vous êtes habitués à une situation humaine dans laquelle seuls les forts agissent. Nous sommes ici pour vous dire de rejeter tous ces préceptes. C'est souvent l'ennemi de Dieu qui deviendra prophète. C'est souvent le désespéré qui sera guéri et qui donnera de l'espoir aux autres ! C'est souvent l'hésitant qui transformera la vie de dizaines de milliers de personnes.

Ne rejetez jamais une opportunité sous prétexte qu'elle semble être sans intérêt. Recherchez la synchronicité dans chaque événement. Lorsque surgit une situation que vous avez toujours estimée sans intérêt, faites très attention. C'est le genre de situation qui recèle un potentiel de puissance incroyable. Lorsque certaines situations qui se sont déjà présentées à diverses reprises, sans résultat apparent, se présentent à nouveau, c'est le moment d'essayer une nouvelle fois. Cette fois-ci, cela pourrait être différent. Oh, vous les guérisseurs, entendez-vous ? Ceux qui semblent les moins préparés à bénéficier des changements vibratoires provoqués par l'énergie que vous déversez en eux seront ceux qui se lèveront et deviendront guérisseurs eux-mêmes ! N'ayez pas d'a priori ! Les choses ne sont pas toujours ce qu'elles semblent être. La façon concrète de procéder est la suivante : Poussez les portes et ouvrez-les. Ne craignez pas le ridicule lorsque vous agissez. Levez-vous et n'attendez pas que Dieu fasse quelque chose pour vous. Soyez notre partenaire et ouvrez les portes avec nous.

QUELLE EST MA VÉRITABLE PLACE ?

« Kryeon, où devrais-je vivre ? Où devrais-je m'établir ? Qu'est-ce qui est juste pour moi ? » Voilà des questions fréquemment posées à l'Esprit. En outre, vous pourriez dire : « J'ai de nombreuses possibilités, je veux faire le bon choix, que devrais-je faire ? » Permettez-moi de vous donner une réponse concrète : Vous devez aller là où le vent vous pousse ! Ne vous tourmentez pas pour cette question. Soyez calme et surveillez la synchronicité (encore ce mot). Si vous êtes heureux dans une région et que vous vous y sentez bien – que vous ne vous sentez plus poussé en avant – et qu'aucune synchronicité ne vous incite à aller ailleurs, alors, restez là. C'est aussi simple que cela. Vous n'avez pas nécessairement un contrat ailleurs, si vous n'y êtes pas poussé. Ne laissez personne vous influencer. Laissez votre Moi divin prendre cette décision. Cependant, un aspect puissant réside dans le lieu où vous êtes amené lorsque cela est nécessaire, et je souhaite vous en parler maintenant.

Certains guerriers de la lumière pensent qu'ils ne devraient se retrouver qu'avec d'autres guerriers de la lumière et que le portail de l'énergie de l'Esprit se trouve à l'endroit où ils se rassemblent et vivent. Ils pensent qu'être avec leurs semblables leur est bénéfique et que l'énergie est positive.

Oh, très chers, écoutez : Certains d'entre vous seront appelés en des lieux obscurs ! Et si cela vous arrive, je veux que vous vous asseyiez et que vous fêtiez cet événement ! Cela signifie que vous avez été appelés pour maintenir l'énergie dans un endroit qui a besoin de vous. C'est cela votre tâche, voyez-vous.

Il ne s'agit pas de vous retrouver en compagnie d'autres personnes du même avis que vous et de vous amuser. Il s'agit, grâce à votre niveau vibratoire, de maintenir l'énergie en un lieu déterminé. Nous parlerons, dans un moment, de votre région (Seattle), car vous êtes très nombreux à être ici, à Seattle, pour une raison précise, et à être liés par votre mission, afin de maintenir l'énergie de cet endroit, à ce moment précis de l'histoire. Je suis ici pour vous dire qu'il est important que vous demeuriez dans cette région !

Certains d'entre vous, dans cette salle (ou en train de lire ces lignes), seront appelés en d'autres lieux. Comment le saurez-vous ? Lorsque vous entendrez un appel, qu'une opportunité professionnelle se présentera et que vous ressentirez un bien-être familial en cet endroit. Grâce à la synchronicité, cela paraît si simple de partir ! Tout se passe en douceur. Certains m'ont dit : « Kryeon, je suis parti et j'ai effectué ce déplacement uniquement pour me voir revenir au bout de cinq ans. » Nous disons : C'est bien ! Qui vous a dit que vous alliez partir quelque part et y passer le reste de votre existence ? Certains iront de place en place si nécessaire afin d'y maintenir l'énergie. Faites-vous à cette idée. Certains seront des voyageurs et n'auront aucun problème à ce sujet ; d'autres seront les amarres qui devront demeurer à jamais au même endroit. Vous êtes tous si différents. Soyez prêts à agir. Montrez votre intention d'aller là où vous êtes poussés. L'Esprit ne vous assignera jamais une tâche qui sera au-dessus de vos forces. Habituellement, c'est le contraire. Nous vous attirons vers les régions qui vous protègent et qui vous sont bénéfiques, les régions qui vous apportent la sérénité et où vous rencontrerez les membres de la famille. Les choses ne sont pas toujours ce qu'elles semblent être. N'ayez pas d'apriori. Coopérez avec nous.

La leçon pratique est la suivante : Un jour à la fois. Gardez les pieds sur terre. Cherchez vos réponses dans la synchronicité. Si vous n'êtes pas attirés vers un endroit d'une façon quasiment magique, peut-être n'êtes-vous pas destinés à vous y installer. Lorsque la situation oppose une résistance, n'insistez pas. Allez vers la région où la porte s'ouvre grâce à la synchronicité. N'offrons-nous pas une bien piètre résistance en agissant ainsi ? Non. C'est être sage et spirituellement équilibré. C'est suivre une voie bénie, car les portes s'ouvrent facilement lorsque le moment est venu. Ce n'est pas faire preuve de faiblesse que d'utiliser votre sagesse spirituelle pour reconnaître une voie lumineuse. Certains qui vous diront de vous arc-bouter contre les portes qui ne s'ouvrent pas, car cela est bon pour vous, cela forge le caractère. Et nous répondons que c'est faux. Vous n'obtiendrez ainsi que lassitude et frustration ! Cette voie n'est pas la voie spirituelle. Notre part du marché consiste à vous entrebâiller les portes, mais la vôtre consiste à les pousser. Comprenez bien le partenariat. Utilisez-le.

NE LIMITEZ PAS L'ESPRIT

Pour parler de choses spirituelles d'une façon concrète, certains ont demandé : « Comment agir spirituellement dans ma vie ? Quelle attitude serait appropriée et juste ? Que désire l'Esprit ? »

Pour nous, la réponse est simple. Lorsque vous méditez, nous voulons que vous posiez la question importante et que vous cessiez de poser des questions oiseuses. Laissez-moi vous dire ceci : Ce qui limite le plus vos existences, c'est ce que beaucoup d'entre vous demandent ! Vous ne pouvez concevoir ce que vous devriez demander, car cela est trop grandiose ! Les plans prévus pour certains d'entre vous dans cette salle sont beaucoup plus fascinants que ce que vous pourriez imaginer. Comment savoir ce que vous devez demander lorsque vous ne pouvez connaître l'ensemble du projet ? La vue d'ensemble de ce plan appartient à votre partenaire, c'est-à-dire nous. Lorsque vous êtes assis devant l'Esprit, posez simplement la question suivante : « Oh, mon Dieu, que voudriez-vous que je sache ? » Tout simplement. Puis, faites confiance à la synchronicité lorsque vous pousserez les portes qui vous entourent.

Puisque nous parlons de confiance, permettez-moi de vous dire ce qu'attend l'Esprit. Comme nous vous l'avons dit récemment (et précédemment dans ce livre), nous souhaitons être vos partenaires ! Le temps n'est plus où vous considériez Dieu comme un berger et vous-mêmes, comme des moutons. Enfuis sont les jours où vous disiez : « Dieu y pourvoira. » Enfuis, les jours où vous vous « abandonniez » à Dieu. Aujourd'hui, le nouveau terme est

« responsabilité ». Je veux que vous compreniez ceci : Il existe maintenant un partenariat, nous marchons main dans la main. Que diriez-vous d'avoir un partenaire qui comprendrait la structure globale de l'univers ? C'est votre Moi divin, la main que nous souhaitons vous voir serrer, pas celle de Kryeon ni d'aucun autre channel. C'est la partie divine en vous. C'est l'ange d'or qui vit en vous, c'est votre véritable fragment de Dieu.

C'est l'énergie avec laquelle nous souhaitons que vous coopériez en avançant dans la vie. Ici, nous parlons de partenariat avec Dieu. C'est, à la fois, spirituel et concret. Ne laissez plus votre existence être ballottée sur une mer d'effrayantes incertitudes. Au lieu de cela, visualisez ce qui suit : Saisissez la barre du gouvernail avec sagesse et détermination. Surveillez les gigantesques mains de l'Esprit – l'ange d'or de votre Moi divin – enlacer vos doigts et, ensemble, vous tracerez un itinéraire sacré vers votre Foyer. C'est cela le partenariat, et il représente le nouveau paradigme de votre Nouvel Âge.

LES TRENTE-NEUF

Nous n'allons parler de ces choses qu'une seule fois. Nous n'en parlerons plus jamais. Nombreux sont ceux qui posent cette question : « Kryeon, que dire de certaines choses qui se passent autour de nous, en ce moment, au cours de ce Nouvel Âge? Une certaine forme d'énergie s'est développée ces derniers mois concernant les trente-neuf personnes qui s'ôtèrent la vie. Nous ne savons quoi répondre à nos amis qui s'adressent à nous en nous demandant : “N'étaient-ce pas des gens de ta religion ? car ils étaient adeptes du Nouvel Âge, tout comme toi ?” Comment suis-je supposé réagir ? Que dois-je répondre à mes amis ? De quoi s'agissait-il ? Où sont ces gens, maintenant ? »

Je vais vous dire la vérité. Écoutez bien ceci, très chers : Aucune tragédie ne s'est déroulée là-bas. Ces trente-neuf entités se trouvent maintenant exactement là où vous pensez. Elles se trouvent dans leur vrai foyer, après avoir rempli un contrat de sacrifice tout à fait opportun qui a offert à cette planète un présent merveilleux ! À aucun moment, dans l'histoire de l'humanité, une telle action ne fut connue aussi rapidement par autant d'êtres humains. Un message fut délivré à cette occasion, un message que ces personnes savaient devoir délivrer un jour, lorsqu'elles arrivèrent sur cette planète, et ce message fut le suivant : Connais-toi toi-même ! Ne gaspille jamais ta puissance ! Jamais ! Car c'est la puissance de Dieu lui-même qui réside en toi !

Ainsi, cette leçon vous fut-elle donnée fort opportunément, sous une forme spectaculaire et dramatique. Et l'énergie qui fut créée autour de cet événement fut elle-même une leçon qui signifiait : « Prenez garde à cela. » Cette leçon fut-elle négative ? Non. Elle fut positive en vous indiquant la route à suivre et celle à éviter. Elle fut propice, juste et pleine d'amour. Elle fut un panneau indicateur providentiel. Comme nous en avons déjà parlé, l'Esprit utilise souvent l'énergie de la mort comme un outil puissant et, avant même votre arrivée sur Terre, vous êtes pleinement d'accord pour contribuer à la création d'un tel outil. Les voies de Dieu ne sont pas toujours bien comprises dans cette région, et beaucoup, parmi vous, peuvent ne pas comprendre ce que nous voulons dire.

La seule tragédie, très chers, est la tragédie de ceux qui ne voient pas le cadeau qui leur est fait. Ce ne fut pas plus tragique que la leçon reçue par Job et ce qui advint à sa famille, car l'Esprit ne voit pas la mort comme vous. Les contrats de ce genre sont honorés et célébrés de l'autre côté. Ce ne fut pas une tragédie. Ce fut un présent qui vous fut offert, sous la forme d'une leçon. Ce fut aussi un défi lancé à votre nouveau paradigme pour ce Nouvel Âge. Très chers, ce défi n'est pas le seul qui sera lancé à votre foi. Les événements du Nouvel Âge provoqueront fréquemment des chocs et une énergie auxquels vous aurez à réfléchir. Cela fera dégringoler ceux qui sont assis sur les barrières, ceux qui ne sont présents que pour regarder passivement autour d'eux et qui ne dégagent aucune onde positive susceptible d'aider la planète. Cela permettra aussi d'éloigner de vous ceux qui ne sont ici que pour leur propre élévation spirituelle ou pour former des disciples. Ils seront obligés de faire un choix et de manifester leur intention. Ce n'est pas la première fois que vos croyances doivent être réévaluées, car elles sont souvent incomprises, manipulées et empreintes de sensationnalisme. Ces réévaluations font partie de la nouvelle voie et cela vous est destiné en toute affection. Cela purifiera et clarifiera l'intention de la masse critique. Célébrez cet événement et considérez-le pour ce qu'il fut !

Finalement, nous vous disons ceci : Comme nous l'avons prédit en 1989, les bouleversements que connaîtra la Terre seront nombreux. Beaucoup, parmi vous, se trouvent au cœur des zones qui seront touchées et me demandent : « Que devons-nous faire, Kryeon ? Nous vivons dans une zone sensible (les Cascades, près de Seattle). Nous savons que midi sonnera un jour à l'horloge géologique et que certains événements ont été annoncés par les géologues. Cependant, nous vivons dans cette région et vous nous dites qu'il est judicieux d'y demeurer si nous sommes appelés à rester. »

Laissez-moi vous emmener dans un endroit qui existait encore il y a peu de temps. Pour nous, c'est comme si cela se passait en ce moment. Dans un lieu éloigné de l'univers, dans la noirceur de l'espace, se trouvait un astéroïde dont la trajectoire semblait mathématiquement immuable. Les conclusions des calculs mathématiques indiquaient formellement qu'il devait vous heurter en 1996 ! Mais cela n'arriva pas (à propos de l'astéroïde qui heurta presque la Terre en juin 1996, comme le rapporte le magazine *Time*, veuillez vous reporter à la page 342 de ce livre). Cela n'arriva pas grâce à l'amour et à la conscience collective des guerriers de la lumière dans cette salle et de beaucoup d'autres comme vous. De peur que vous ne pensiez que vous n'avez jamais rien fait pour cette planète, laissez-moi vous dire que c'est grâce à ce genre de travail que nous vous aimons tant ! Car votre futur a changé en raison du niveau de conscience que vous avez contribué à créer sur cette planète. Vous le voyez, la conscience de l'amour a modifié les lois physiques ! Habituez-vous à cette idée. Vous avez créé un miracle, et il vous a sifflé aux oreilles, un certain jour de mai, sans que vous vous en rendiez compte.

Vous allez peut-être vous demander : « Qu'est-ce que cette

histoire d'astéroïde a à voir avec la chaîne de montagnes que l'on appelle les Cascades ? » Nous vous avons déjà parlé de cela en commençant : En effet, un jour viendra où vous verrez les couches intérieures de la Terre comme jamais auparavant. Cependant, vous habitez une région apparemment dangereuse. Oh, très chers, modifier la trajectoire d'un astéroïde... cela fut difficile. Modifier les tremblements de terre et ce qui se passe ici (Seattle), c'est facile, en comparaison ! Attirez l'énergie ici et constatez les changements. J'ai dit à mon partenaire (Lee, le channel) de rester en Californie du Sud, là où la terre tremble et où elle tremblera encore. On a besoin de lui là-bas ! D'autres êtres éclairés ont été également appelés dans la même région. Ils sont là-bas afin que, lorsque la terre tremblera, ce phénomène se produise d'une façon beaucoup plus atténuée que s'ils n'étaient pas présents sur place. Leur énergie et leur niveau de conscience modifieront les lois physiques de la croûte terrestre elle-même ! Et nous vous disons la même chose, à vous qui êtes appelés à rester ici, dans cette région apparemment dangereuse.

Jour après jour, gardez les pieds sur terre ! Sachez que l'on vous aime. C'est ce que vous accomplissez ici qui fera la différence pour ceux qui vous entourent. La plupart des membres de votre entourage n'ont aucune idée de ce que vous êtes en train d'accomplir en attirant la lumière sur votre région. Lorsque vous leur expliquerez, ils rouleront probablement les yeux et croiront que vous êtes vraiment très bizarres. Est-il vraiment étonnant que nous vous aimions ?

L'énergie qui emplit cette salle, ce soir, permet à la conscience de modifier les lois physiques. Vous voulez savoir ce qu'est la guérison spontanée ? On dirait une chose mystérieuse qui surgit du ciel. Non. La guérison spontanée est la suprématie de l'amour sur les lois physiques ! C'est la matière créée à partir de là où il n'y en avait pas, grâce à l'amour. Il existe un lien très fort entre les lois de l'amour et les lois de la matière. C'est lorsque le partenariat avec votre Moi divin est si harmonieux que vous en êtes conscients au point de le ressentir véritablement. C'est à ce moment-là que vous comprenez, sans l'ombre d'un doute, que vous avez accompli un miracle avec votre Moi divin.

Vous êtes ici (et vous lisez ceci) dans un but précis, et nous vous demandons de ressentir cette énergie et de laisser l'amour vous pénétrer ce soir. Que les bras des guides qui sont présents ce soir et ceux des êtres que vous avez aimés et apparemment perdus continuent de vous enlacer en cet instant. Que ceux qui affrontent certaines difficultés, qui s'apitoient sur leur sort et voient tout en noir, trouvent la compréhension, la lucidité et cherchent le présent qui leur est offert ! À ceux qui ont été récemment frappés par la mort supposément injuste d'êtres chers, nous disons qu'il est temps pour vous aussi de découvrir le présent qui vous est offert. Car l'Esprit ne voit pas les choses comme vous, et lorsque vous serez partis, vous comprendrez toutes ces choses, puisque vous avez contribué à les créer.

Il n'y a pas de plus grand bienfait que celui de cette entité qui vient sur Terre en dissimulant momentanément sa splendeur et qui se nomme l'être humain. C'est un magnifique cadeau pour l'Univers !

Et pour cette raison, nous vous aimons tendrement. Et ceci sera notre message aussi longtemps que vous nous autoriserez à vous parler.

Et il en est ainsi !

Kryeon

LES PRÉDICTIONS HUMAINES, UNE TÂCHE DÉLICATE

Portland, en Oregon

Lee : *Avant que Kryeon n'arrive ce soir, je souhaite dire une prière. Je veux manifester mon intention, en ce moment précis, en compagnie de tous ceux qui sont dans cette salle. Et cette intention est que cette salle soit remplie d'amour et de la puissance de l'Esprit lui-même et qu'aucune ombre ne vienne s'infiltrer dans cette bulle d'amour. Que tout ce qui sera présenté ce soir soit empreint de pureté, de justesse et de vérité. Voici quelle est notre intention, et nous la proclamons au nom de l'Esprit.*

Salutations, très chers. Je suis Kryeon du Service magnétique. Oh, certains d'entre vous ont attendu tellement longtemps dans le but d'entendre ces paroles et, pourtant, vous êtes surpris lorsque nous vous disons que vous pourriez les entendre résonner au fond de votre cœur, chaque fois que vous le souhaitez. Car, voyez-vous, je ne suis que le Maître magnétique. Je vous apporte un message rempli d'amour, un message offert à chacun de vous, chaque fois que vous le désirez. Et mon partenaire, qui le sait, souhaite vous le faire savoir, de même qu'une intense émotion le gagne lorsqu'il vous dit que l'Esprit n'est pas la propriété exclusive de quelques-uns ! Cela signifie qu'aucun être humain sur cette planète ne peut le convoiter à son seul profit. Il appartient à tous et chacun peut le percevoir.

Nous allons recouvrir ce groupe d'un voile d'amour et vous ressentirez tous sa douce et intense pression pendant que vous écouterez les enseignements qui vous seront révélés ce soir. Mais cette pression ne sera ressentie que par ceux qui souhaitent nous laisser parvenir jusqu'à eux. Oh, très chers, peut-être êtes-vous présents ce soir emplis de scepticisme ? Nous vous déclarons que vous êtes tendrement aimés, de la même façon que n'importe quelle personne ici présente. Rien d'effrayant ne se déroulera ici, mais les graines de la vérité seront plantées dans votre âme.

Un jour, lorsque vous déciderez, de vous-mêmes, d'arroser ces graines fertiles, elles croîtront en connaissance, en sagesse et en vérité et, finalement, vous prendrez conscience, comme ceux qui sont présents ce soir, de l'amour de l'Esprit à votre égard et, ainsi, contribuerez à élever la fréquence globale des vibrations.

Maintenant, les enseignements commencent. Nous souhaitons vous parler des prédictions. Globalement, cet enseignement traitera des pourquoi et des comment des prédictions humaines. L'Esprit vous a mis en garde, à plusieurs reprises, par le canal de mon partenaire, contre tout être humain qui vous annonce que quelque chose se produira, un certain jour, à une certaine heure. Nous vous avons dit cela parce que votre futur est une cible mouvante et que vous la modifiez chaque jour. Oh, croyez-moi ! C'est la vérité ! Même l'Esprit ne peut vous dire quand et de quelle façon quelque chose va arriver, car vous êtes en total contrôle.

Nous aimerions vous dire et vous montrer pourquoi ces visionnaires humains éprouvent tant de difficultés avec leurs prédictions. Car, voyez-vous, il existe de nombreux visionnaires, plusieurs propos ont été tenus et une information abondante circule. Nous vous avons dit, par le passé, que chacun de vous possède la capacité de jugement, de sorte que lorsque vous entendez une information, vous êtes en mesure de discerner si elle présente un intérêt pour vous, si elle est plausible et si elle concerne réellement votre réalité du moment ou non. Aussi, allons-nous vous dire maintenant pourquoi c'est si difficile de faire des prédictions.

Métaphoriquement, le visionnaire est quelqu'un qui est projeté dans une brèche. Cette brèche est la déchirure provoquée à un moment déterminé par ce visionnaire, dans le voile qui sépare nos différents niveaux d'existence du vôtre. Nous allons vous donner les trois concepts dont tout visionnaire doit tenir compte lorsqu'il est projeté dans cet espace.

LE CONCEPT DIMENSIONNEL

Imaginez votre vie sur cette planète comme un match que vous disputez sur un terrain. Vous êtes nombreux à connaître les sports pratiqués sur ces terrains et vous savez qu'il y a une largeur, une longueur, une zone de jeu et un chronométreur. Si vous additionnez tous ces éléments, vous constaterez qu'ils sont au nombre de quatre. Ces quatre éléments correspondent aux quatre dimensions dans lesquelles vous vivez et que nous appellerons, pour illustrer notre exemple, un niveau – le niveau de l'homme en apprentissage.

Le visionnaire, celui qui a le privilège de passer par la déchirure du voile et qui voit les choses situées de l'autre côté, se trouve brusquement confronté à de multiples dimensions. Il provient d'un niveau à quatre dimensions et soudain se trouve apparemment face à un nombre infini de niveaux. Chaque niveau possède sa dimension cosmique complexe, mais certains d'entre eux sont tellement différents de son propre niveau, tellement étrangers à son processus de pensée, qu'il ne peut même pas les reconnaître ! En effet, il est habitué à son univers à quatre dimensions et, maintenant, il en voit plein d'autres. Soudain, son terrain de jeu devient multidimensionnel, alors que lui ne l'est pas. Un peu comme si les terrains de jeux étaient empilés les uns sur les autres. Comme si chaque match se jouait d'après des règles et des paramètres différents, mais que, malgré cela, une seule partie se déroulait. Aussi haut qu'il puisse lever les yeux, ce ne sont que terrains de jeux après terrains de jeux, comme une partie d'échecs multidimensionnelle avec des échiquiers qui atteignent le ciel, mais avec les mêmes joueurs. Et le visionnaire s'interroge : «Comment une partie d'une telle complexité peut-elle se dérouler ? »

N'ayant aucune idée, désormais, des règles du jeu ni des conditions dans lesquelles se déroule cette partie, le visionnaire doit prendre des décisions afin de replacer ce qu'il voit dans son univers à quatre dimensions. Cet individu, avec son intelligence à quatre dimensions est, en sa qualité d'être humain, supposé contempler ce spectacle et, d'une façon ou d'une autre, percevoir l'avenir de votre planète. Cela n'est que l'un des problèmes qu'il rencontre, et il faut que cet humain soit vraiment sage pour passer par cette petite déchirure, observer ces diverses dimensions d'une telle complexité et qui dépassent son entendement, et, cependant, pouvoir parfois percevoir certains éléments susceptibles de s'appliquer à l'univers auquel il appartient.

LE CONCEPT TEMPOREL

Parlons maintenant d'une de vos quatre dimensions, celle que vous appelez le temps. Car c'est l'un des éléments les plus déroutants lorsque vous parvenez de l'autre côté du voile. Selon vous, que ressent le visionnaire qui s'aperçoit que les entités qu'il contemple sont en train de jouer une partie avec une horloge qui bouge dans tous les sens ? Prenons l'exemple du train et de la voie ferrée. Pourquoi ? Parce que le temps humain est linéaire et qu'il se déroule à une vitesse bien définie. Depuis ce train qui roule sur les rails de votre temps linéaire, vous pouvez vous retourner et voir d'où vous venez, contempler ce que vous avez réalisé alors, mais lorsque vous regardez devant vous, vous ne voyez que les rails et rien de plus. Il s'agit d'un trajet linéaire qui va du passé au futur. Il n'y a aucune bifurcation entre ces deux points et la vitesse du train représente votre schéma temporel (la vitesse à laquelle s'écoule le temps qui vous est imparti). Cette vitesse est constante, régulière et linéaire. Votre structure dimensionnelle ne vous permet que de voir les rails rectilignes, car vous êtes constamment en mouvement.

Lorsque vous passez par la déchirure du voile pour vous retrouver de l'autre côté, vous êtes confrontés à une dimension multitemporelle (nombreux schémas temporels, nombreuses caractéristiques temporelles différentes), sans parler du concept dimensionnel que nous avons déjà évoqué. Cette conscience du temps (ou plutôt cette non-conscience) est souvent le plus difficile à comprendre, pour vous, lorsque vous êtes ici (près de moi).

Pendant quelques instants, faisons une digression concernant le temps en général. Selon vos paramètres scientifiques, vous avez découvert grâce à l'accélération des particules que le temps est relatif, même au sein de votre système linéaire. Cela signifie que vos scientifiques admettent que le temps se déroule à une vitesse déterminée, variant selon les caractéristiques physiques auxquelles il est associé (généralement la vitesse de la matière). Il nous semble curieux de constater que vous levez les yeux vers les étoiles et que vous continuez à appliquer à chaque chose que vous contemplez les critères et les limitations de votre propre jeu terrestre ! Parfois vous contemplez l'espace et constatez des faits d'une physique impossible! Vous observez les caractéristiques de masses dans l'espace qui ne peuvent exister selon vos critères terrestres. Parfois, vous apercevez des objets qui se déplacent trop rapidement par rapport à leurs caractéristiques et, cependant, vous les contemplez et les qualifiez d'anomalies inexplicables. Et, bien que vous connaissiez la relativité du temps, vous n'en utilisez jamais les caractéristiques spécifiques comme solution potentielle à ces énigmes physiques.

Je fais appel à vos connaissances pour répondre à cette question : « Quelle différence y a-t-il entre la vitesse d'une masse prise globalement et la vitesse de chacune de ses composantes ? Un objet peut-il se déplacer à grande vitesse tout en semblant rester stationnaire à vos yeux ? » La réponse est oui. La vitesse, comme le temps, est fonction du mouvement de ses composantes.

Bien que ces énigmes cosmiques se révèlent elles-mêmes linéaires et se situent dans votre univers, elles s'inscrivent aussi dans un autre schéma temporel et cela peut, peut-être, vous sembler déroutant. Nous n'avons jamais abordé ce sujet auparavant. Il existe une formule reliée au temps selon laquelle *la densité d'une masse plus son taux vibratoire est égale à son schéma temporel*. Lorsque vous observez l'univers, très chers, vous observez différents schémas temporels. Croyez-moi, vous pouvez en voir beaucoup.

Pour compliquer encore les choses, ajoutons ceci : Lorsque le visionnaire est attiré dans cette déchirure, non seulement observe-t-il divers schémas temporels, mais le temps lui-même n'est plus linéaire ! Il se retrouve soudain au sein d'une dimension temporelle circulaire. Il est placé dans le « maintenant », là où le passé et le futur se rejoignent et existent simultanément. C'est un concept déroutant pour vous tous (comme si vous viviez dans un monde gris et que, brusquement, vous vous retrouviez placés au sein d'un autre monde tout en couleurs. Comment pourriez-vous expliquer cela ?). Nous vous avons souvent répété que le schéma temporel de l'Esprit est situé dans l'instant présent et qu'il n'est pas linéaire. Certains de vos visionnaires reçoivent des visions ayant trait à des événements de votre planète, mais cela peut paraître très troublant aux yeux d'un humain en raison des différents schémas temporels. Nous sommes ici pour vous dire que ce que vous voyez n'est pas toujours ce que vous pensez et doit donc être soigneusement et clairement analysé.

Certains de vos visionnaires perçoivent les potentialités de ce qui aurait pu être mais qui a déjà disparu ! Et la première chose dont cet humain se souvient en revenant dans sa dimension du quatre, c'est, justement, de cette vision dramatique. Il revient avec un message rempli de crainte et annonce : « Oh, c'était vraiment horrible ! Attention ! Attention ! » Il ignore qu'il a aperçu les potentialités de quelque chose qui n'a jamais existé et qui n'existera pas !

Ce que le visionnaire avait aperçu était quelque chose qui aurait pu exister en un temps où régnait une ancienne énergie et où le niveau vibratoire et le seuil de conscience étaient inférieurs. Oh, trouvez-vous étonnant que nous vous honorions pour toutes ces choses ? Ce soir, assis à vos pieds, je peux déclarer que vous avez modifié votre futur ! Pas seulement une fois, mais à plusieurs reprises durant ces dernières années. Il ne s'agit que de l'une des profondes et troublantes conséquences de cette expérience qui consiste à franchir le voile, à regarder ce qui s'y passe pendant quelques instants, puis à revenir et à rendre compte précisément de ce que l'on a vu. Nous disons qu'il est presque impossible de savoir ce qui a été réellement vu et où cela se place dans votre schéma temporel, mais il y a encore plus.

LE CONCEPT A PRIORI/PRÉJUGÉS

Vous vous souvenez du conseil « aller au-delà de l'humain » ? Les a priori et les préjugés humains altéreront ou filtreront souvent ce qu'un visionnaire pensera avoir vu. Quand un visionnaire traverse le voile, il n'est pas automatiquement touché par la « Grâce divine ». En effet, il est affecté par des espoirs, une logique et un intellect purement humains. De ce fait, il analyse ce qu'il a vu avec son intelligence humaine, sa logique fondée sur une expérience humaine, ses attentes humaines et ses a priori. À lui seul, ce type de préjugé altérera la réalité de ce que le visionnaire a réellement vu.

Laissez-moi vous donner un exemple de ce que cela pourrait donner. Supposons que vous soyez un être humain vivant sur cette planète, il y a 6000 ans. Grâce à un miracle, un visionnaire de votre communauté a été transporté à l'époque actuelle et a pu passer trois minutes dans l'une de vos grandes villes de 1998.

Par magie, il parvient à franchir le voile dans l'autre sens, se retrouve devant vous, et on lui demande de faire son rapport devant l'ensemble de la communauté. Vous retenez tous votre souffle et lui demandez : « À quoi ressemble le futur ? Que va-t-il nous arriver ? »

La première chose qu'il vous dira, c'est que dans le futur, il n'y a pas de nourriture !

« Vraiment ? allez-vous demander.

– Oh, oui ! Je le sais, car je n'ai pas vu un seul champ à côté des maisons. Il n'y a vraiment plus de nourriture. Disparue ! Pas de champ signifie, pas de nourriture. Après tout, nous savons tous que, pour avoir de la nourriture, il faut des champs !

– Et les animaux ? Est-ce qu'au moins ils les mangent ?

– Oh, vous n'allez pas le croire ! Les animaux ont disparu. Il n'y a plus de chevaux. Il n'y a plus de bétail. Ils n'existent plus. Sans doute les ont-ils mangés lorsque les champs ont commencé à disparaître pour je ne sais quelle raison. J'ai regardé autour de moi et je n'ai pas aperçu un seul animal... pas un seul ! Mais il y a pire !

– Qu'y a-t-il de pire ? demandez-vous.

– Oh, vous n'aimeriez pas vivre dans le futur que j'ai vu, répond le visionnaire, craintivement. Car la Terre a été envahie par des créatures qui ressemblent à des boîtes de toutes les couleurs qui se déplacent sur des routes apparemment faites avec leurs propres déjections toutes noires, et, en plus, chacune de ces créatures a mangé au moins un être humain ! Je le sais parce que lorsque j'ai jeté un coup d'œil dans une de ces créatures translucides, les êtres humains qui étaient encore piégés à l'intérieur semblaient vraiment très contrariés ! »

Ainsi votre visionnaire devint le gourou de votre tribu, et tous ensemble vous avez fortement appréhendé le futur, ignorant totalement qu'il se trouvait très loin de vous et que vous l'aviez entrevu de façon complètement erronée.

Bien que ceci puisse vous sembler cocasse, c'est très exactement ce qui se passe lorsque l'on traverse le voile. En effet, ce que votre visionnaire voit n'a aucun sens parce qu'il ne peut relier la réalité qu'il observe qu'à ce qu'il connaît. À cause des a priori et des expériences humaines, le visionnaire d'il y a 6000 ans n'avait pas l'ombre d'une chance de pouvoir comprendre vos inventions d'aujourd'hui ou les transformations intervenues dans une société qui lui apparaissait sans nourriture et sans animaux. Il a fait appel à toutes ses connaissances en extrapolant afin de comprendre tout ce que cela pouvait signifier et il s'est trompé de façon comique à cause des préjugés et des présupposés de son expérience personnelle.

Ceci est déjà arrivé, très chers. En effet, il n'y a pas si longtemps, l'un de vos grands visionnaires annonça que l'axe de la Terre allait être modifié au cours du Nouvel Âge. Cet événement fut considéré comme la fin du monde et provoqua une immense peur. En réalité, on ne constata que le travail du groupe de Kryeon, apportant les modifications nécessaires afin de rééquilibrer le réseau magnétique, permettant ainsi une élévation de l'illumination et du seuil de conscience sur votre planète ! Ainsi, un attribut de l'amour fut-il perçu et interprété de façon erronée comme quelque chose de dramatique ! Vous rendez-vous compte ?

Comment une telle chose put-elle se produire ? Parce que ce visionnaire ne comprit pas ou ne vit pas que seul le champ magnétique serait modifié et non pas la planète entière. Après tout, qui aurait pu penser à une modification du champ magnétique ? Il était tellement plus simple et plus logique d'annoncer un glissement de l'axe terrestre plutôt qu'une variation du champ magnétique. Le fait est que ces deux événements étaient identiques pour le visionnaire qui se trouvait placé au centre d'une dimension multispatiale et multitemporelle.

Il y a eu de nombreuses prédictions de ce genre. L'une d'elles, à notre époque, montra un visionnaire qui, après avoir observé le futur aux environs de 2012, déclara : « Oh, c'est horrible ! Il ne reste que quelques êtres humains, et ils grattent le sol pour trouver leur nourriture. »

En réalité, le visionnaire aperçut quelque chose qu'il ne comprit pas, un merveilleux futur potentiel pour l'humanité. Il vit des êtres humains éclairés évoluant dans des sociétés à fréquences vibratoires élevées. Il vit votre futur potentiel avec ses vibrations élevées, l'élévation de votre condition, un organisme et un corps embellis et améliorés, mais tout ceci demeura invisible à ses yeux ! Et même s'il avait vu tout cela, il n'aurait pas su l'interpréter ni le raconter. Car les êtres humains qu'il aurait aperçus ne lui auraient même pas semblé humains, selon ses critères de 1998. Ainsi, les êtres humains « normaux » qu'il s'attendait à voir furent ceux dont la fréquence vibratoire était basse, et il n'en restait que quelques-uns ! Et, de nouveau, un élément merveilleux, glorieux et plein d'amour fut transformé en une prophétie de fin du monde. Pourquoi vous racontons-nous tout ceci ? Afin que vous compreniez bien qu'il est presque impossible à quelque visionnaire que ce soit de revenir de l'autre côté et d'annoncer qu'à un certain moment quelque chose se produira. Parfois, ces visionnaires ont de la chance et voient des choses sensées, car ils se trouvent dans la bonne dimension, mais le plus souvent ce n'est pas le cas.

Que dire de l'avenir ? Que dit l'Esprit au sujet de ce qui vous arrive en ce moment et au sujet des prédictions ? Il y a seulement quelques années, mon partenaire vous a annoncé par channeling que vous subiriez de grands changements climatiques et que vous deviez déjà y prêter attention. Il annonça que là où le blé et le maïs croissent, la terre tremblerait, et ce fut le cas. Il annonça que de grands bouleversements surviendraient dans des endroits inattendus, et cela arriva. Il annonça des inondations là où jamais il n'y en eut auparavant, et cela se réalisa. Et nous désirons vous dire que d'autres événements du même genre vont, à nouveau, se produire. En voici la raison, très chers. Écoutez :

Voici venu le temps de fêter les transformations qui ont modifié la Terre, en réaction à votre élévation de conscience, car, comme nous vous l'avons déjà dit, la Terre est une entité vivante qui doit réagir à la conscience de l'humanité qui vit avec elle. Elle fait partie du système et travaille conjointement avec vous. Vous devriez tous déclarer votre intention d'être au bon endroit et ne pas être alarmés si cet endroit se retrouve soudain au milieu d'un chaos apparent. Cela pourrait être le chaos provoqué par la crainte de l'ancienne énergie, mais, par votre présence à cet endroit, vous assistez à faire entrer les humains dans le Nouvel Âge afin de profiter des avantages karmiques d'une fréquence vibratoire plus élevée. Car, grâce à votre illumination, vous savez par avance que ces événements sont utiles et n'indiquent nullement la fin de la planète. Au contraire, vous comprenez qu'ils ne sont que d'indispensables ajustements de l'amour, effrayants peut-être du fait de votre condition humaine, mais justes et louables par le changement spirituel vibratoire qu'ils vous apportent. Cela, vous le comprenez. Que la paix soit avec vous durant ces événements et que vous puissiez irradier cette paix sur ceux qui vous entourent.

La compréhension de ce schéma général vous procure la sérénité nécessaire pour évoluer dans ces diverses dimensions temporelles et vous fait comprendre qu'en vous trouvant au bon endroit, vous êtes en sécurité. Vous vivez des époques magnifiques ! Chacun de vous savait tout cela avant de s'engager, mais certains éprouvent encore quelques difficultés avec cet élément-là. Car il est difficile d'admettre que vous avez participé à l'élaboration de ce plan. Certains se sont empressés de parvenir jusqu'au point actuel et sont envahis par la crainte. Nous appelons ce sentiment la graine de la peur, car, très chers, la dernière fois que vous avez vu et vécu de tels changements planétaires, ce fut au temps de l'Atlantide. Nous disons que si vous êtes si nombreux à avoir ces sentiments ancrés en vous, c'est grâce à la conscience spirituelle qui vous amène ici pour écouter ces paroles ou pour lire ces mots, en ce moment même. Bien que vous puissiez penser que vous n'êtes pas nombreux, par rapport à l'ensemble de l'humanité, nous disons que ceux qui sont ici ce soir ou qui lisent ces lignes sont, presque exclusivement, ceux qui vécurent dans les derniers temps de l'Atlantide. Vous êtes aussi ceux qui accomplissent le plus de choses en vue de modifier l'avenir de votre planète !

Vous avez, de nouveau, entendu l'appel, et vous avez, de nouveau, ressenti le bien-être de votre vrai foyer. Seulement, cette fois-ci, ce sera différent. *Nous vous le promettons*. Car, vous qui êtes présents ce soir et vous qui lisez ces lignes n'avez aucune idée des changements positifs que vous avez d'ores et déjà apportés en étant présents ici, concernés par l'élévation de la fréquence vibratoire de la planète et par la création de votre paix personnelle. L'émotion gagne mon partenaire, car l'Esprit vous félicite en vous disant, en cet instant, « Merci ». Vous ignorez ce que vous avez fait pour nous, pour nous tous ! Voilà pourquoi nous sommes à vos pieds ! Il existe un plan plus grandiose que vous ne l'imaginez, beaucoup plus grandiose que vous ne pouvez le comprendre. Il ne concerne pas seulement cette planète, il ne concerne pas seulement votre cœur, il concerne l'Univers, et c'est la raison pour laquelle nous sommes si enthousiastes en ce moment.

Vous êtes tendrement aimés !

Kryeon

PAIX ET PUISSANCE DURANT LE NOUVEL ÂGE

Adelaïde, en Australie

UN MOT DE L'AUTEUR : *Ce qui suivra peut sembler n'être qu'une séance de channeling de plus dans ce livre, mais, en fait, celle-ci est différente. En substance, elle est semblable à celle qui a été donnée il y a un mois, à Breckenridge, Colorado, au cours de laquelle le matériel d'enregistrement ne fonctionna pas correctement et ne me permit pas de la transcrire complètement. L'énergie dégagée à Breckenridge fut impressionnante, certaines personnes restant en méditation dans leur fauteuil bien après la fin de la séance, afin d'essayer de retenir le plus longtemps possible cette énergie sacrée qu'elles avaient ressentie. Les larmes furent abondantes. Je fus désolé d'avoir raté l'occasion de retranscrire cette séance, mais comme tant d'autres événements qui semblent négatifs sur le moment, la raison en apparut clairement ultérieurement, un mois plus tard, en Australie.*

Vous avez déjà lu de nombreux channelings dans ce livre. Vous devez maintenant être familiers avec ce grand honneur qui nous échoit, en notre qualité d'êtres humains, comme nous l'explique Kryeon. En fait, cette réunion d'Adelaïde, sur la côte ouest de l'Australie, fut l'une des plus intenses auxquelles il me fut donné d'assister. Kryeon félicita l'assemblée pour la tâche accomplie et me fournit un nouvel exemple de la grande estime en laquelle nous tient l'Esprit. Il était évident que l'intention de ce groupe de 230 personnes de se retrouver ce soir-là au bon endroit, au bon moment, était très intense. Les lettres et les rapports qui nous parvinrent par la suite indiquèrent que pour plusieurs cela fut effectivement le cas.

Salutations, très chers. Je suis Kryeon du Service magnétique. Il n'existe pas de son plus magnifique que celui produit par des humains entonnant un chant (tout de suite après une séance d'harmonisation par le son). Une intense élévation spirituelle règne ici ce soir. Croyez-le ou non, il n'y a personne dans cette salle qui ne soit passé par le Hall d'Honneur afin d'y recevoir la couleur lui permettant de devenir un être humain sur cette planète.

Vous avez tous vécu de nombreuses vies ici, même ceux qui doutent que ce qu'ils entendent puisse être la voix de l'Esprit. Même ceux qui partiront d'ici ce soir, apparemment inchangés, sont inclus dans le cortège de ceux qui sont déjà venus ici auparavant. Vous avez tous attendu votre tour pour pouvoir vivre ici en ce moment. Et vous avez attendu en vous disant : « Je veux être partie intégrante de cette planète, lorsque le moment sera venu. Je veux partager l'exaltation de ce grand changement. Je veux être présent et faire partie des humains qui prendront le pouvoir – un pouvoir que vous n'avez pas connu depuis l'époque où vous parcouriez les salles des temples de Lémurie. » Et vous êtes nombreux à l'avoir fait ! Cela vous surprend-il ? Oh, vous avez une merveilleuse et belle famille sur cette planète et c'est pourquoi je m'adresse ici, ce soir, à une assemblée pleine d'une grande sagesse. Je m'adresse à ceux qui savent clairement pourquoi ils sont ici. Et il est vrai que je m'adresse aussi à certains d'entre vous qui découvrent seulement maintenant qui ils sont réellement. Mais, en majorité, je sais que je parle à ceux qui sont pleinement conscients des responsabilités qu'ils ont envers la planète.

Donc, le message de ce soir concernera la paix. Pas la paix sur votre planète, mieux que cela. Vous pourriez vous demander : « Que pourrait-il y avoir de plus important que la paix sur la Terre ? » Et nous vous répondons que la véritable paix pour la planète est celle du cœur de l'homme. Lorsque le cœur humain sera changé et vibrera à une nouvelle fréquence, la paix sur la planète suivra. Car, voyez-vous, les êtres humains créent la paix sur la planète lorsque leur conscience change – lorsque l'âme et le cœur humains commencent à recevoir leurs présents et que le plan d'ensemble est réalisé. L'un d'entre vous a posé la question suivante : « Comment puis-je tolérer l'intolérable ? Comment puis-je apporter la paix là où elle n'existe pas ? Si j'accepte implicitement les choses intolérables et ne réagis pas, cela signifie-t-il que j'approuve leur existence ? » Et nous répondons : Non. Non ! Car, connaître la vérité et le plan général et posséder la sagesse de Dieu permettent de considérer l'ancienne énergie non pas par le jugement, mais en comprenant que ce qui arrive est approprié. Vous pouvez ressentir de la tristesse et de l'anxiété lorsque vous observez ceux qui vivent des moments troublés, alors que vous savez combien il leur serait facile de progresser. Tolérer l'intolérable, c'est de cela dont nous parlons, et c'est *être en paix avec la vie.* Et durant cette paix avec la vie, vous accomplissez quelque chose de remarquable. En gardant le silence sur l'intolérable, vous allumez une lumière dans une pièce obscure et vous vous tenez là, en pleine sérénité. Oh, très chers, rien n'est comparable à cette lumière ! Combien, parmi vous, se sont déjà trouvés dans un endroit, en compagnie d'autres êtres humains ; vous traversez la pièce et les têtes se tournent vers vous et vous dévisagent ? Vous êtes-vous jamais demandé pourquoi cela vous arrive ? Cela vous arrive parce que, intuitivement, sur le plan cellulaire, les autres savent qui vous êtes ! Car, parmi vous, certains émettent des vibrations à une fréquence telle que les cellules des autres personnes savent immédiatement que ce sont des êtres d'élite. Des êtres qui ont fait un pas vibratoire, malgré que peut-être encore incertain et craintif parce que sur un territoire jamais parcouru auparavant. Quelle estime nous avons pour vous !

Ce soir, nous voulons vous parler de la paix. La paix concrète. Nous allons vous énumérer onze caractéristiques – six d'entre elles, peut-être même sept, feront référence à votre propre fréquence vibratoire, et les autres, à la fréquence vibratoire spirituelle. Si nous devions formuler un vœu, ce soir, avant que mon partenaire ne quitte votre continent (l'Australie), ce serait que chacun d'entre vous ici présents puisse quitter cet endroit en paix. En paix non seulement avec sa propre vie, mais aussi avec son pays, avec tout ce qui se passe autour de vous et qui vous semble négatif – mais qui a sa raison d'être, car c'est vous qui l'avez programmé. L'Esprit vit dans le moment présent et nous reverrons ce concept avant de commencer cette leçon. Vous vous situez dans une trame temporelle linéaire, très chers, et cette trame a été créée pour vous. Un être humain ne peut vivre « l'instant présent » de la même façon qu'au temps de l'ancienne énergie, car le « maintenant » devient le passé, de même que le futur, et le temps ne s'écoule pas là où l'Esprit est présent. Le schéma temporel de « l'instant présent » est semblable à un cercle qui vous entoure où tout le passé est connu et où les futurs potentiels sont réalisés et observés.

Ce soir, certains d'entre vous sont anxieux et se font du souci à cause de leurs problèmes. Que ferez-vous à propos de ceci ou de cela ? Que va-t il se passer dans votre organisme ? Quand la guérison que vous souhaitez viendra-t-elle ? Comment votre situation professionnelle évoluera-t-elle ? Et vos ressources ? Que se passera-t-il maintenant ? Et votre famille, vos relations ? Oh, très chers, l'Esprit connaît la perspective de l'ensemble du « maintenant », mais tel n'est pas votre cas. C'est cependant l'état naturel pour vous tous (lorsque vous n'êtes pas ici) et, dans le « maintenant », se trouvent des cadeaux qui offrent des solutions grandioses. Toutes vos épreuves, tous vos problèmes s'y trouvent, opportunément, ainsi que les solutions que vous avez envisagées – même si ces dernières sont dissimulées et que vous ne savez pas encore ce qu'elles seront. Vos problèmes sont d'ores et déjà résolus ! Ils se trouvent dans le « maintenant ».

Car ceux d'entre vous dont la sagesse permet d'avoir cette perception globale et dont la fréquence vibratoire est plus élevée peuvent poser un pied dans « l'instant présent » et l'autre, dans le temps linéaire et se sentir ainsi tout à fait à l'aise. Voilà d'où provient la paix, car vous réalisez qu'un plan général existe et que les solutions sont prêtes. Cependant, l'Esprit vous demande de l'excuser si les solutions semblent souvent se présenter au dernier moment (rires). Mais, très chers, si vous réfléchissez à ce que nous vous disons, vous comprendrez pourquoi il en est ainsi. Car l'instant présent, c'est *maintenant* ! Vos problèmes ne pourront être résolus que lorsque vous serez dans l'instant présent, et pas avant. Très souvent, cette caractéristique déroutante ne survient qu'au moment de la solution du problème, c'est-à-dire, naturellement, à la fin de votre épreuve. Voilà où se trouve la solution. Par le passé, nous avons dit à certains groupes que les êtres humains ont tendance à voir surgir des carrefours, à ne pas savoir où aller. L'information souhaitée apparaît indistinctement au loin, et que font-ils ? Certains humains décident de s'asseoir et de se faire du souci au sujet de ce problème. Ceux qui ont une perception globale du « maintenant » se disent : « Nous ne pouvons prendre de décision en ce moment, mais nous le pourrons plus tard. » Agir ainsi est contre nature pour l'être humain, car cela annule toute prévision.

Très chers, béni est celui qui a une perception globale lui permettant de savoir que la solution du problème se trouve devant lui, au carrefour. Et qui s'avance bravement, sans crainte, vers ce carrefour, afin de trouver la bonne direction, imperceptible auparavant, mais visible maintenant lorsqu'il y parvient. Le poteau indicateur indique « tournez à droite ou à gauche », mais il se trouve en plein milieu du carrefour et visible uniquement quand vous y arrivez. C'est le « maintenant ». C'est le point glorifié. Et les choses resteront ainsi tant que vous vivrez. Voilà comment fonctionne l'Esprit. Vous vous souvenez ?

L'HOMME ET SON LIEU DE TRAVAIL

Le premier des onze attributs de ce soir est tout ce qu'il y a de concret, car il s'agit du lieu de travail des humains. L'Esprit se délecte en vous plaçant dans un lieu où vous ne pouvez contrôler les décisions des gens avec lesquels vous devez travailler - et il s'agit là d'une vraie leçon ! Que ferez-vous avec ceux que vous trouvez insupportables ? Très chers, nous commençons par ceci, car c'est là une situation commune à chacun de vous. Certains d'entre vous travaillent dans des lieux où cette circonstance ne se présente pas. D'autres ne se déplacent pas pour travailler. Néanmoins, vous êtes obligés de côtoyer d'autres individus dans votre activité, car c'est ainsi que vous gagnez votre vie, et cela, nous le savons. Bien que chaque culture soit différente, elles sont toutes semblables sur divers points. En effet, vous êtes contraints de fréquenter d'autres personnes ayant des idées différentes des vôtres ou issues de milieux différents – certaines ne possédant pas votre perspective ou votre sagesse – et, cependant, vous devez travailler avec elles. Vous souhaitez être apaisés à ce sujet ?

Laissez-moi vous dire ceci : Si vous laissez votre lumière briller, si vous acceptez de bénéficier de l'un des premiers dons que nous vous avons offerts, c'est-à-dire de vous libérer du karma avec lequel vous êtes venus ici, vous vous apercevrez que ceux qui vous ont le plus irrité ne vous irriteront plus. Car les « boutons » qui sont « pressés » en vous et qui semblent créer anxiété, colère et divers comportements perturbant seront simplement déconnectés ! Certains d'entre vous savent déjà de quoi nous parlons. Vous vous trouvez maintenant dans des situations où vous disposez de la perspective de l'esprit et vous parcourez les mêmes endroits qu'auparavant, mais, au lieu de ressentir de l'anxiété ou de la colère, vous êtes capables de vous retrouver dans ces mêmes endroits en compagnie des mêmes personnes et de vous sentir sereins ! Savez-vous ce qui se passe alors ? Lorsque vous prenez soin de vous mêmes, que vous choisissez de vibrer à une fréquence plus élevée et que vous ressentez cette paix, vous êtes coupés de ces gens-là et de ces processus de l'ancienne énergie (qu'ils vous avaient offerts par amour et que vous aviez acceptés). Ce qui se produira, c'est qu'ils s'en rendront compte ! Et je vous promets qu'au bout d'un certain temps ceux qui vous irritaient deviendront vos amis, parce qu'ils comprendront que le karma qui existait entre vous, qu'il soit léger ou lourd, a été effacé. Ces vieux « boutons » karmiques ne provoqueront plus ces anciennes réactions. Ces travailleurs viendront peut-être vers vous et vous demanderont : « Qu'avez-vous de particulier ? Comment pouvez-vous avoir cette attitude quand tout n'est qu'anxiété autour de vous ? » Il est vrai que vous évoluez dans un monde difficile. Voilà pourquoi nous parlons de travail, très chers. Voilà pourquoi vous êtes des travailleurs de la Lumière, pourquoi vous apportez cette lumière sur vos lieux de travail et la maintenez vivace. Tout ce que vous avez à faire, c'est la brandir bien haut et les autres vous interrogeront à son sujet. Il ne s'agit pas d'évangélisation. Vous n'avez pas à parler. Voyez-vous, la vérité cherche toujours à s'élever, et lorsque vous marchez et parlez, l'amour de Dieu est avec vous ; et lorsque vous élevez votre fréquence vibratoire, les autres le remarquent. Attendez-vous à la paix sur votre lieu de travail. Il n'y a rien là qui ne puisse être résolu. C'est l'un des endroits les plus aisés pour trouver la paix.

LES ENFANTS

Nous allons maintenant aborder un sujet qui pourrait paraître étrange. Vous pourriez vous dire : « Ce sujet n'a rien à voir avec la paix. » Nous pensons que si, pour beaucoup d'entre vous. Nous aimerions, pendant quelques instants, parler de vos enfants. Nous ne parlerons pas des petits. Nous parlerons de ceux qui sont grands ou adultes. Parmi vous dans cette salle, certains ont eu du mal à se séparer de leurs enfants et sont préoccupés par leur existence. Cette attitude est fréquente et normale chez les êtres humains. Ainsi, vous vous réveillez parfois au milieu de la nuit et vous vous dites : « Le moment est venu de me faire du souci à leur sujet. » Que font-ils de leur vie ? Que va-t-il leur arriver ? Et nous disons que le moment est venu de couper les ponts et de prendre soin de vous-mêmes ! Ils ont atteint l'âge des responsabilités et seront ce qu'ils doivent devenir. Très chers, le mieux que vous pourriez faire pour eux, c'est de ne plus vous faire de souci. Lorsque vous les regardez ou que vous les imaginez, aimez-les tout simplement et enveloppez-les d'une lumière blanche, puis libérez-les. Voilà tout. Vous savez à qui je m'adresse ce soir. Vous demandez-vous parfois s'ils vous aiment ? Ils vous aiment, mais sachez ceci, ils savent aussi que vous les aimez, et c'est cela la clé. Libérez-les. En agissant ainsi, vous les aiderez vraiment et vous aussi par la même occasion... en vous apportant la paix.

LA FAMILLE

Et puisque nous parlons des enfants, abordons la troisième

caractéristique – le véritable creuset du karma – celle qui crée le plus d'inquiétude sur la Terre. Nous voulons parler de la Famille. Ce sont les familles que vous avez vous-mêmes choisies avant votre arrivée sur Terre. La prochaine fois que vous serez en présence du membre de votre famille qui vous procure tant de soucis, rappelez-vous que c'est vous qui l'avez choisi ! Ceci est vrai à la fois par rapport aux amis et aux enfants – tous faisant partie d'une famille choisie par vous. Oh, très chers, il fut un temps où, avant même votre arrivée ici, vous embrassiez vos meilleurs amis sur le trajet vous menant à cette planète. Vous étiez tous d'accord pour vous provoquer et vous apporter des défis dans vos vies respectives. Pouvez-vous vous libérer de cet accord ? Oh, oui ! La paix est-elle possible dans votre famille même en sachant ce qui pourrait s'y passer ? Oui. En cet instant, je m'adresse même à ceux d'entre vous qui ont été maltraités par leurs parents – ceux qui portent une cicatrice profondément enfouie dans leur cœur, une cicatrice responsable de leur angoisse, de leur colère et de leur désir de vengeance.

Je suis ici pour vous dire que vous pouvez vous libérer entièrement de ceci et pardonner. Et vous pouvez finalement vous réveiller, tout à fait sereins, en sachant que vous êtes en partie responsables de ce qui est arrivé. Vous êtes si nombreux dans ce cas, que vous pourriez vous asseoir ici ce soir (ou vous mettre à lire ce livre maintenant) et reconnaître la part de responsabilité qui incombe à chacun de vous. Mais tout ceci a créé une énergie, une énergie qui peut maintenant être dissipée, car il s'est agi d'une épreuve importante et de la leçon de votre vie. Je vous garantis que lorsque l'énergie de cette expérience sera dissipée, celui qui vous a abusé le ressentira aussi. Et un jour (s'il est toujours ici), il vous téléphonera et vous demandera : « Que t'arrive-t-il ? Qu'y a-t-il de changé ? Je ressens quelque chose. »

Vous savez, c'est l'amour qui permet tout cela. L'amour est la plus grande force de l'univers. Vous la trouverez dans les plus infimes particules de matière – en suspension, près du noyau de l'électron, où l'amour la maintient ! Voilà de quoi vous êtes faits ! L'amour possède cette puissance. Et lorsque vous libérez cette puissance, rien ne peut vous nuire ! Absolument rien ! Aucun mal, rien d'obscur ne peut vous approcher. Aucune entité extérieure non humaine ne peut vous nuire. Rien ne le peut. Parce que vous avez libéré l'énergie dont vous êtes faits. L'ange assis dans le fauteuil de votre vie, qui est à votre image, agit lorsque vous permettez à cet amour de se répandre dans votre être et de créer la paix.

LA SÉCURITÉ

Parlons maintenant d'un autre sujet d'inquiétude d'où toute sérénité est absente. Nous l'appellerons la sécurité. Nous pouvons aussi l'appeler l'argent. L'abondance. Ah, très chers. Ces choses dont vous avez besoin pour votre subsistance sont effectivement nécessaires, mais elles ne constituent, en fait, qu'un transfert d'énergie et rien de plus. Lorsque vous souffrez de restrictions et que vous éprouvez des craintes au sujet de cette énergie, elle réagira et vous procurera exactement ce que vous attendiez. Comprenez-vous ce que je dis ? C'est lorsque vous vous épanouirez et que vous réaliserez que vous méritez l'abondance qui vous est destinée – voir vos besoins quotidiens satisfaits – que vous comprendrez que Dieu est là pour vous apporter un apaisement à ce sujet. Le moment le plus difficile sera la dernière minute. Il s'agira peut-être d'une simplification excessive, mais nous l'avons déjà dit : Si vous voulez savoir comment Dieu agit avec les humains, regardez comment la nature et Dieu agissent ensemble. Il ne vous reste, en effet, qu'à observer et étudier comment tout cela fonctionne. L'oiseau s'éveille chaque matin, mais il ne possède aucune réserve de vivres. Chaque jour, il doit trouver sa nourriture et créer sa propre réalité. Chaque jour, jusqu'au dernier moment, il doit aller chercher sa nourriture et celle de ses petits. Et que fait cet oiseau, chaque matin, lorsqu'il se réveille ? Est-il inquiet ? Non. Il chante ! Si vous suivez cette comparaison, vous comprenez alors ce que nous vous demandons de faire.

Lorsque vous vous réveillez le matin, même si vous ne savez pas comment vos problèmes financiers seront résolus, rendez grâce et chantez, car les solutions sont là maintenant, à votre disposition.

Chantez ! Et grâce à cette attitude, très chers, l'énergie pour laquelle vous chantez apparaîtra. Si, par contre, vous entamez votre nouvelle journée avec crainte, limitations, peur de manquer, inquiétude et angoisse, l'énergie vous renverra inquiétude, peur, anxiété et limitations. Car vous avez la puissance et vous pouvez aisément créer ce dont vous avez besoin. Chacun de vous ! Entendez-vous ?

LA RECHERCHE DU SENSATIONNEL

Voici une autre caractéristique. La recherche du sensationnel. Certains d'entre vous sont inquiets de la façon sensationnelle dont les choses leur ont été présentées. Êtes-vous inquiets au sujet des changements de la Terre ? Êtes-vous inquiets au sujet de certaines choses qui vous ont été présentées de façon sensationnelle et qui sont potentiellement affreuses ? Nous savons que certains parmi vous se couchent chaque soir dans l'inquiétude. Ceux qui ont de jeunes enfants – et qui se demandent ce que ce monde leur réservera. Je veux vous le dire : Il s'agira des décennies les plus importantes qu'ait jamais connues l'humanité ! De la période la plus pacifique qui ait jamais été enregistrée sur cette planète ! D'un amour et d'une paix inconcevables ! Bien sûr, il y aura des guerres et des luttes concernant les concepts de l'ancienne énergie. Il y aura des choses dont il faudra vous tenir éloignés et des épreuves pour vous tous. Si vous le souhaitez, si c'est ce que vous désirez, une multitude de sujets d'inquiétude se présenteront à vous. Mais dans votre vie et dans celle de ceux qui vous entourent, il y a une grande promesse. Aujourd'hui, au cours de cette lecture, mon partenaire vous a informés que vous avez accompli de grands changements sur cette planète – et, à nouveau, nous vous disons qu'un honneur magnifique rejaillit sur vous, grâce à cela ! Oh, les changements que vous avez provoqués sont impressionnants ! Mais ceux que vous allez accomplir sont encore plus importants. Patientez jusqu'aux moments où vous vivrez plus longtemps. C'est ce qui est inscrit dans votre futur et celui de vos enfants, si vous le souhaitez. C'est à vous qu'il appartient de gérer cette planète. Et nous sommes ici pour vous dire, en quelque sorte, que le train est sur les rails et qu'il se dirige vers une fréquence vibratoire plus élevée, au moment où je vous parle par l'entremise de cette voix humaine, et que vous êtes tendrement aimés pour cela, car vous êtes à la fois la cause et le catalyseur de ce qui se passe.

Rejetez les choses négatives et sensationnelles ! Elles ne vous concernent pas. Que les autres soient englués dans la peur et l'angoisse, mais pas vous. Car vous, vous savez. Vous êtes des êtres humains éclairés et vous possédez la capacité de regarder autour de vous et d'avoir une vision globale de la planète en sachant que ce que l'on vous a présenté comme quelque chose de sensationnel n'est qu'un truc de marketing. La vérité est beaucoup plus grandiose que vous ne l'imaginez. Lorsque vous verrez la conscience de vos gouvernants se modifier réellement ainsi que celle des plus riches et même celle de vos anciens ennemis... alors, vous pourrez vraiment vérifier ce que nous vous disons. Avez-vous remarqué les changements de niveau de conscience intervenus ces dernières années ? Ce n'est pas accidentel ! Cela est réellement en train de se produire. Souvenez-vous de cela la prochaine fois que l'on vous demandera de croire à des pages et des pages d'informations sensationnelles et effrayantes provenant d'une source « nouvelâgeuse » supposément bien informée. Cela ressemble-t-il à ce que Dieu vous offre ? Le moment est venu pour l'ange d'or qui réside en vous de vous accorder le don du discernement en toute chose. Il vous sera très utile de pouvoir vous reposer sur cette magnifique possibilité qui vous permettra de distinguer la vérité de l'information à sensation.

LA MORT

Cette sixième caractéristique est très puissante. La paix est au-delà de la mort. Il existe deux causes d'angoisse reliées à la mort et chacune d'elles n'est qu'une crainte sans fondement, créée par vous, pour vous, de façon que vous puissiez aller au-delà de cette peur par votre choix. La première a trait à votre décès. À ceux qui sont inquiets à ce propos, et en particulier à ceux dont la fréquence vibratoire est plus élevée, nous disons que ce décès interviendra à une date précise, à une date que vous avez déterminée vous-mêmes. Rappelez-vous ceci : VOUS ÊTES ÉTERNELS ! Vous êtes des êtres éternels, transmuant votre énergie d'un type d'entité à un autre. Chacun de vous est éternel ! Comme je l'ai dit au cours de channelings précédents, ce qui se passe au moment de votre mort est magnifique et glorieux. Je vous annonce qu'après un temps nécessaire d'ajustement, je vous reverrai dans ce grand hall où vos couleurs personnelles vous seront remises. Vous y serez nombreux à dire : « Je vous aime. » Vous seriez terriblement tentés si vous saviez ce qui se cache derrière le voile, et c'est pourquoi nous le dissimulons. Mais c'est aussi la raison pour laquelle tant de crainte l'entoure.

Très chers, nous voulons que vous restiez ici ! Vous avez tant à accomplir ! Vous êtes tous des gardiens de la vision et, en cet instant même, la mission dont vous êtes chargés dans cette région (Adelaïde) est magnifique. Aussi, nous vous demandons de rester, de vous soigner, de vivre longtemps, car on a besoin de vous !

Je voudrais maintenant m'adresser à ceux d'entre vous qui ont récemment perdu des êtres chers. Parmi vous ici (et ceux qui lisent ce livre) certains souffrent encore profondément de la disparition de ces personnes. Permettez-moi de vous parler de ceci... Je veux vous dire certaines vérités. Il n'existe pas de plus grande peine pour un cœur humain que celle provoquée par la disparition d'un être cher. Et certains d'entre vous resteront marqués à vie par cet événement, car ils n'ont pas la vision globale de ce qui est arrivé ! Bien que difficile à admettre, un cadeau est associé à la mort d'un être cher, même à la mort d'un enfant ! Quel est ce cadeau ? Quelle sorte de cadeau pourrait bien être reliée à la mort d'un enfant ? Laissez-moi vous dire quelque chose, très chers : Vous êtes responsables de ce qui vous arrive dans la vie, même des pires choses imaginables. Ce cadeau est le suivant : Lorsqu'on perd quelqu'un sur cette planète, il est naturel d'avoir du chagrin, de se souvenir, d'honorer sa mémoire, mais ce décès est offert comme un cadeau tout à fait approprié afin que chacun puisse progresser. Parfois, ce don en sera un d'émotions et vous incitera à remercier Dieu d'être en vie, après avoir maîtrisé des sentiments de déprime. Des émotions qui vous permettront d'être réceptifs et de trouver un état d'illumination ! Des émotions qui vous prépareront quant à un changement de voie à suivre. Ces émotions sont un cadeau. Un cadeau empli de tristesse sur le moment, mais néanmoins un cadeau, et un cadeau pour toute votre vie.

Ainsi, un cadeau est associé à la mort de chaque être humain. Je tiens à vous dire que ceux qui sont récemment décédés sont présents, ce soir, dans les allées, et qu'ils vous enlacent en disant : « Nous sommes éternels. Tous. Vous aussi ! Nous sommes ceux qui viennent de disparaître. Avez-vous reçu votre cadeau ? » Ils sont ici, ainsi que leur conscience et leur énergie. Ils ne sont pas partis. Il ne s'agit que d'un transfert d'énergie, c'est tout.

Oh, très chers, si seulement vous pouviez comprendre combien tout ceci est réel ! Parmi ceux qui ont perdu des êtres chers, combien se rappellent avoir revu ces derniers en rêve les première et deuxième semaines et avoir attribué ces rêves à quelque anomalie psychologique provoquée par le chagrin ? Il ne s'agissait pas d'une anomalie. C'était la réalité ! Et les messages qu'ils vous adressaient étaient réels, empreints d'amour. Ces êtres chers vous demandaient d'accepter ce don et de continuer à vivre. Ce qu'ils voulaient, c'était que vous empaquetiez cette phase de votre vie, que vous la scelliez avec les sceaux de l'amour et que vous rangiez soigneusement le tout de façon à pouvoir continuer votre vie. La seule véritable tragédie de la mort, très chers, touche ceux qui restent meurtris toute leur vie, se complaisant dans leur chagrin. Si vous êtes de ceux-là, vous n'avez pas vu le cadeau. Vous êtes passés à côté, et cela signifie que vos êtres chers sont morts pour rien ! Est-ce ce que vous désirez pour vous et pour eux, et pour le contrat qui vous lie ? Ne pensez-vous pas qu'il est temps d'accepter ce cadeau ? Voyez tout ce qui était impliqué. Regardez vos défunts en face et remerciez-les d'avoir été jusqu'au bout. Maintenant, il est temps de respecter votre part du contrat. Utilisez cette expérience, la tendresse et votre ouverture d'esprit dans votre propre quête de la vérité. C'est la raison pour laquelle ils sont partis ! Le moment est venu pour vous de proclamer cette paix et de continuer votre propre développement.

Voici, maintenant, cinq caractéristiques supplémentaires d'ordre spirituel. Elles sont concrètes, mais spirituelles, et, comme les autres, ont un rapport avec la paix.

L'ENFANT INTÉRIEUR

Nous voulons vous parler maintenant de cet enfant qui vit en chacun de vous. Entendez-vous la voix de ce petit enfant ? (Dans la salle un enfant se met à gazouiller.) Vous voyez, cet enfant sait quelque chose de précis. Il sait que maman est gentille. Il sait que, quels que soient ses besoins, maman y pourvoira. Il sait parfaitement cela. Et, comme beaucoup d'êtres humains, il peut s'agiter jusqu'à ce qu'il reçoive une réponse, mais il sait que maman est gentille. Au niveau cellulaire, même à son âge, il sait que tout sera fait pour prendre soin de lui. Même s'il ne marche pas encore, ses besoins, quels qu'ils soient, seront satisfaits. On le transportera, on le nourrira, on prendra soin de lui, on le couchera, il sera aimé, choyé, en toute sécurité !

Il y a un enfant semblable à celui-ci en chacun de vous. Nous l'appelons l'enfant de Dieu. Et, au lieu de savoir que maman est gentille, cet enfant sait que Dieu est bon. Cet enfant sait qu'on prendra soin de lui. Il sait qu'il sera dorloté et que rien ne pourra lui arriver durant sa vie, même s'il se trouve un jour seul dans un endroit où l'étreinte de Dieu et son affection seront apparemment absents. Oh, si vous pouviez revenir en arrière et revivre votre enfance afin de vous rappeler combien maman était gentille à cette époque ! C'est ce que nous souhaitons que vous ressentiez, en tenant compte de cet enfant en chacun de vous. Sachez que Dieu est bon, que votre foyer se trouve là où vous êtes, que vous êtes choyés jour après jour, que vous n'êtes jamais seuls. Que des entités vous sont assignées – peu importe que vous leur donniez le nom de guides ou d'anges – qu'elles sont à vos côtés et qu'elles vous aiment. Ces entités sont vos meilleurs amis. Vous n'avez ni à les voir ni à les appeler par leur nom. Elles sont là, de toute façon. Et ceux d'entre vous qui ressentent des picotements ou qui ont des intuitions les incitant à aller ici ou là ressentent, en fait, la présence de ces entités affectueuses à leurs côtés. Aucun être humain n'est seul ! Jamais ! Grâce à l'enfant intérieur. Voici une importante source de sérénité, très chers, une réelle source de sérénité. Nous vous demandons de revenir à cette époque et de ressentir à nouveau ce sentiment. Et lorsque vous l'aurez retrouvé, savourez-le et n'oubliez pas la façon de revenir là-bas. Car c'est là que se trouve la paix. L'enfant intérieur représente la santé de votre Moi spirituel, car il n'a jamais peur et n'éprouve aucune inquiétude au sujet du lendemain. Il représente le concept de la sécurité.

LE SENS DE L'HUMOUR

Parlons de l'humour pendant un moment. Permettez-moi de vous proposer une métaphore – une analogie que vous n'avez peut-être jamais entendue à propos de l'humour. Mon partenaire avait raison, le jour où il a dit que l'humour est la seule chose qui vous parvient intacte depuis l'autre côté du voile. Laissez-moi vous dire pourquoi. L'humour engendre la joie. Vous ne pouvez éprouver de joie dans la vie sans humour. Imaginez une chandelle. Dans la cire se trouve la joie, et vous, vous représentez la mèche. La chandelle est là, inerte. Rien ne se passe avec la joie uniquement. Elle est figée. Telle quelle, elle ne sert à rien, mais elle est prête à être utilisée. Puis, la mèche (c'est-à-dire vous) reçoit la lumière et la flamme de l'humour. La joie commence à fondre et à devenir active. Vous pouvez la sentir ; elle devient malléable. Cela marche. Elle dégage de la chaleur, elle est vivante, grâce à l'humour qui lui a été appliqué. L'humour est le catalyseur de la joie. La joie engendre la paix et fait fondre le cœur humain. Comprenez-vous ce que nous disons ? Ayez le sens de l'humour. En toutes circonstances. Utilisez l'humour comme catalyseur. Apprenez à le considérer comme tel.

L'ILLUMINATION

Parlons maintenant de l'illumination. Certains parmi vous ce soir craignent l'illumination et ressentent de l'appréhension à son sujet. Nous avons déjà parlé de cela auparavant, mais nous en reparlerons encore aujourd'hui. Chacun de vous porte, en germe, la crainte de l'illumination, et cela est normal. Cela fait partie de l'épreuve. Certains ont peur de franchir ce nouveau pas, car cela pourrait transformer leur vie. Et vous savez tous, intuitivement, que ce sera le cas. Nous ne sommes pas ici pour vous annoncer que vous n'aurez pas d'efforts à fournir, car ce serait faux. C'est pour cela que vous êtes ici, et nous allons, plus tard, vous regarder en face et vous poser une question sur la raison de votre présence ici. Soyez sereins au sujet de l'illumination. Toute crainte n'est aucunement justifiée. Lorsque vous vous retirez dans votre havre de paix et commencez à prêter attention à vos guides, tout s'éclaircit peu à peu dans votre vie. Et l'un des premiers bienfaits dont vous bénéficierez, c'est la sérénité. Quand bien même les choses tourbillonneraient autour de vous sans que vous compreniez ce qui se passe, vous retrouverez la sérénité. Nous vous le promettons et nous l'avons dit à plusieurs reprises : l'Esprit ne vous offrira jamais un serpent lorsque vous aurez demandé une pomme. Nous vous aimons trop pour vous abuser. Tout ceci est sérieux et peut transformer votre vie.

VOTRE ÊTRE RÉEL

Voici une caractéristique spirituelle, mais elle a trait aussi à votre corps physique et à votre paix intérieure. Lorsque vous vous observez devant un miroir, êtes-vous satisfaits de ce que vous voyez? Ceci peut sembler être une question de rhétorique. Plusieurs répondront : « Bien sûr que non. J'aurais souhaité être comme ceci ou comme cela. » Très chers, ce que vous voyez dans votre miroir est exactement ce que vous avez voulu et planifié. C'est l'esprit de Dieu qui vous habitait lorsque vous avez tout préparé. C'est l'esprit de Dieu qui vous habitait et qui vous a insufflé la sagesse nécessaire pour concevoir le plan d'ensemble qui vous concernait.

Êtes-vous satisfaits de votre sexe ? Êtes-vous contents de

votre apparence ? Que pensez-vous de votre corps ou de toutes ces caractéristiques que vous avez soigneusement définies et dont vous êtes responsables ? La prochaine fois que vous vous considérerez en disant : « J'aurais aimé que ceci soit différent » ou « Je ne suis pas satisfait de ceci ou de cela », sachez que ces remarques vont à l'encontre de ce que l'esprit de Dieu en vous a prévu. Ce n'est pas lui faire honneur. Au lieu de cela, regardez-vous dans le miroir et dites-vous : « Je suis heureux et satisfait ainsi, car c'est ce que j'ai décidé. Voici mon vaisseau divin. Tout est exactement tel qu'il a été prévu. » Et nous sommes en train de parler de l'apparence, de l'âge et de toutes ces choses qui se rattachent en ce moment à votre corps.

Nous n'avons abordé ce sujet qu'une seule fois auparavant, mais nous allons en reparler ici ce soir pour que tous puissent l'entendre (et le lire). Que ce qui suivra soit enregistré et que l'on sache que Kryeon l'a déclaré sur ce continent : certains d'entre vous s'interrogent sur la possibilité de posséder les caractéristiques physiques d'un sexe et les caractéristiques spirituelles d'un autre sexe. Permettez-moi de vous dire que vous êtes honorés comme n'importe quel autre être humain, car vous êtes arrivés ici sous la forme que vous aviez vous-mêmes choisie, une forme que les humains qui se prétendent les plus développés spirituellement dans votre culture montreront du doigt et dénonceront comme étant le mal et comme incorrecte aux yeux de Dieu. Ils diront que ce que vous faites est mal et que vous êtes le fléau de leur société. C'est vous qui avez choisi d'être ainsi. Vous êtes aimés de la même façon que n'importe quel autre humain vivant ! C'est l'épreuve que vous avez réclamée et que vous subissez maintenant. Cela est juste à nos yeux et vous êtes honorés pour cette raison. Ne laissez aucun autre être humain vous dire que vous valez moins que les autres, même si celui qui vous dit cela est respecté, revêtu d'une robe de cérémonie, dispose de l'autorité ou porte un titre particulier ! Il n'en est rien ! Vous êtes autant aimés que les autres.

VOTRE LIEU DE RÉSIDENCE

Enfin, nous demanderons ceci à certains d'entre vous. Êtes-vous satisfaits de l'endroit où vous vous trouvez ? Certains sont ballottés d'un lieu à un autre. Nous répondrons maintenant à la question de cet ami qui nous a demandé un peu plus tôt, au cours de ce séminaire : « Dois-je me rendre quelque part parce que je me sens attiré par cet endroit ? » Il s'agit là de la synchronicité dont nous avons parlé auparavant. Très chers, quel que soit votre âge, votre fréquence vibratoire est plus élevée et vous pouvez être appelés dans un endroit particulier dans le but d'y produire une certaine énergie pendant un certain temps. Par conséquent, si vous ressentez une attirance, allez-y. Et s'il s'agit bien de synchronicité, les portes s'ouvriront à toute volée pour vous permettre de vous rendre dans ce lieu. L'Esprit utilise ceux qui sont éclairés sur cette planète, et ce, de façon inhabituelle. Soyez satisfaits du lieu où vous vous trouvez. Même vous qui semblez entraînés loin d'un endroit aussi beau que celui-ci, vers une autre place peut-être surpeuplée, peut-être plus « dense », sachez qu'on a besoin de vous là-bas et que seul l'Esprit vous y entraîne !

Surveillez la synchronicité, surveillez les portes qui s'ouvrent à la volée, ce sera le signe que vous devez partir. Et lorsque vous partirez là-bas, comprenez bien que cela ne signifie pas que vous devrez toujours y rester. Mais soyez toujours prêts à partir. C'est en cela que consiste votre tâche. Ne vous regroupez pas avec d'autres personnes qui pensent comme vous, ne créez pas de communauté spirituelle et n'excluez pas ceux qui ne sont pas éclairés ! Cela n'est pas la voie. Nous souhaitons que vous alliez porter la lumière dans ces endroits obscurs, de sorte que tous puissent voir qui vous êtes. Il se peut que vous soyez la seule lumière dont ils puissent disposer ! Certains parmi vous ont signé des contrats qui entraînent des déplacements répétés dans ce but particulier, mais d'autres sont destinés à être des points d'ancrage et, dans ce sens, ne doivent pas bouger du tout. Servez-vous de la synchronicité pour y parvenir.

Nous terminerons en vous parlant de l'un des plus grands channelers de tous les temps. Il y a environ 2000 ans, vivait un adversaire de la spiritualité. C'était un homme de grande influence qui pensait comme certaines personnes de votre culture qui croient aujourd'hui que ce qui se déroule ici ce soir, ce que vous entendez en ce moment, n'est qu'une supercherie. « Cela ne se peut pas. Dieu ne s'adresse plus aux hommes de cette manière, Dieu ne fait plus de miracles, Dieu ne permet pas que l'on réalise des guérisons dans des lieux pareils. » Voilà ce que pensait cet homme.

Cet homme, donc, se dirigeait vers la ville de Damas en empruntant la route principale, afin d'interrompre les réunions que tenait le Maître du Nouvel Âge*. Il était convaincu que ce qui se passait là n'était pas approprié à son époque, qu'il s'agissait d'une imposture, et il était décidé à tout faire pour le prouver. Il s'appelait Paul. Et, sur cette route, une chose étrange arriva. Paul eut une vision. Il rencontra un ange ! Et cette expérience lui parut extrêmement réelle. L'ange était magnifique et Paul ne douta pas un seul instant de ce qui lui arrivait, car c'était sa réalité et il l'admit comme telle ! Une autre chose étrange survint lorsqu'il vit le reflet de son propre visage dans celui de l'ange ! Ils n'ont pas écrit cela, n'est-ce pas ? Et l'ange répondit à Paul : « Ne crains rien, nous avons certaines choses à te montrer. » Et l'ange fit voir diverses visions à Paul, des visions concernant Dieu et sur l'opportunité de ce qui était en cours de réalisation dans ce pays. Il eut ainsi la primeur de ce qui se passait et cela transforma sa vie.

Paul n'était pas craintif. Cependant, il trembla, car il fut secoué par l'énergie de l'Esprit et l'amour qui se déversait dans son cœur. Et, à cet instant, Paul se transforma, passant de l'adversaire qui haïssait Dieu, à l'apôtre Paul. Et cela survint en un instant. Cela fut juste et magnifique, et l'apôtre Paul commença à faire l'expérience de l'amour de Dieu dans sa vie. Aux villes des alentours, il communiqua par channeling de nombreuses lettres transcrites et conservées jusqu'à ce jour dans les livres que vous considérez comme sacrés. C'est précisément ce que cela fut : des paroles sacrées, bénies et réjouissantes inspirées par l'Esprit, communiquées par channeling aux humains afin de les transmettre.

Pourquoi vous racontons-nous cette histoire ? Simplement pour vous demander si vous, qui êtes ici ce soir, savez quelle sorte de puissance peut emplir instantanément le cœur humain. Cela peut arriver à un homme et à une femme qui ne croient absolument pas, et les transformer en un instant. Pourquoi ? Parce qu'ils ont admis et accepté l'amour de l'Esprit. Quel concept ! Quelle puissance !

Dans cette salle (et parmi ceux qui lisent ces lignes) réside un potentiel incroyable. Guérisseurs, écoutez ! Il y a ceux dont vous pourriez vous détourner, car leur cas est sans espoir. Vous pourriez aussi estimer que celui-ci n'a aucune chance de guérir. Il est venu à vous et il est têtu, obstiné, ou bien ne souhaite aucunement participer à sa guérison. Écoutez ! Cet homme sera peut-être celui qui écrira plus tard un livre sur l'amour ! Cet autre peut se trouver subitement en accord parfait avec lui-même au moment le plus imprévu et vous, guérisseur, en êtes le catalyseur. Comment ressentez-vous tout cela ? Cela replace-t-il votre tâche dans une meilleure perspective ? C'est ainsi que l'Esprit fonctionne, vous savez. Nous ne demandons pas seulement à celui qui est fort de porter la charge. Non. Lorsque nous avons dit que le doux héritera de la Terre, nous parlions vraiment des doux - des hésitants qui doutent qu'il se passe quelque chose de spécial et qui découvrent la puissance de l'amour ! Ceux-là qui vous guideront durant le Nouvel Âge. Ceux-là qui sont ici, installés sur leur siège, et qui lisent cette transcription.

Ce soir, la question que je vous pose est la suivante : Qu'allez-vous faire de cette information ? Quel rapport cela a-t-il avec vous ? Avec tendresse nous vous demandons : Qu'allez-vous en faire ? Nous vous avons expliqué ce soir, en vous donnant des exemples, ce que l'amour pouvait accomplir. Nous vous avons dit que vous pouvez vous transformer si tel est votre souhait. Quelle sorte de puissance est-ce là, qui peut convertir un adversaire acharné en prosélyte en un instant ? C'est la même puissance que celle de l'ange assis sur son trône, au fond de votre cœur ! Ce fragment de Dieu dont nous parlons toujours et qui vous représente ! Bénie soit l'humanité ! Béni soit le voyage que vous avez décidé d'entreprendre pour venir ici ! Béni soit l'instant où vous avez permis à l'entité appelée Kryeon de vous aimer, de vous enlacer et de se tenir à vos pieds.

Il en est ainsi.
Kryeon

* N.D.É. : En réponse à notre question, à savoir pourquoi Kryeon semble considérer que Jésus est toujours vivant à Damas quand l'histoire nous raconte que cette rencontre s'est passée après la crucifixion de Jésus, voici les propos de Lee Carroll : Kryeon considère le Maître Jésus comme celui qui dispose de l'énergie de l'immortalité. Il est toujours vivant et lorsque Kryeon parle de lui, il utilise généralement le présent et non le passé. Dans le « maintenant » (où se situe Kryeon), la mort n'existe pas pour les humains. Paul était en route dans le but d'interrompre les réunions des chrétiens qui adoraient le récent Christ... lequel, dans la perspective de Kryeon, est toujours vivant dans le cœur de ses adeptes. Même aujourd'hui, les chrétiens réfèrent à Jésus en tant que « Christ vivant », ce qui renforce l'idée de la prééminence de Jésus et de son immortalité. Kryeon parle souvent du véritable message du Christ, qu'il cite ainsi : « Vous pouvez être semblables à moi ! » Il nous a incités à revoir ce passage dans les Écritures (Jean 1 : 11 et 12) et a cité l'exemple de Pierre marchant sur les eaux après avoir été invité à le faire seul... ce qu'il fit jusqu'à ce qu'il ait besoin d'aide. L'histoire de Paul est donc la métaphore de l'énergie du Christ en l'homme. Le fait que Paul vit réellement le Christ est sans doute exact, mais Kryeon veut que nous comprenions que chacun de nous est un fragment de Dieu... une créature divine pleine de la lumière et de l'énergie du Christ, tel qu'il a été promis dans Jean 1 : 11 et 12. Voilà pourquoi Paul aperçoit un ange avec son propre visage transposé sur l'énergie du Christ. C'est là un rappel insistant que nous sommes Dieu et que Paul devint tel le Christ, avec le même pouvoir. Kryeon nous répète que ceci est le véritable message du Maître de l'amour du Nouvel Âge.

CHAPITRE QUATRE

LA BIOLOGIE HUMAINE
UN ATTRIBUT GRANDIOSE

Reno, au Nevada

Salutations, très chers. Je suis Kryeon du Service magnétique. Qu'il est bon de vous revoir si nombreux ! Certains d'entre vous ici, ce soir, diront : « Mais je ne vous ai jamais vu auparavant. » Et je répondrai : « Oh, mais si. Oh, mais si ! » Car, très chers, nous savons qui vous êtes et chacun de vous est connu par son nom. Nous sommes ici pour vous dire que vous êtes tendrement aimés et, de façon figurée et imagée, que nous sommes ici à vos pieds. Car il s'agit d'un moment sacré et vous avez accompli tellement de choses ! Ce groupe d'élites a déjà tant fait ! Ce n'est pas un hasard si vous êtes assis ici, ce soir, si vous entendez (ou lisez) cette communication. Nous avons un message pour vous, pour chacun d'entre vous !

C'est aux guérisseurs présents dans cette salle (ou qui lisent ces lignes) que nous nous adressons à partir de maintenant. Mais même à ceux qui ne croient pas être des guérisseurs, nous disons qu'ils le sont de différentes façons. Vous êtes les guérisseurs de la planète Terre, et nous nous adressons maintenant à tous ceux qui sont en train d'écouter ou de lire. Oh, très chers, nous nous adressons à vous !

Nous invitons chaque personne – chaque entité qui souhaite dire en cet instant : « Il est temps de progresser, montrez-moi ce que je dois faire ! » à élever sa fréquence vibratoire. Ainsi, le don de la biologie, la plus importante caractéristique humaine de l'Esprit, vous sera offert.

Maintenant nous souhaitons aborder un sujet que Kryeon n'a encore jamais traité au cours de ses séances de channeling. Voyez-vous, nous vous avons attendus en préparant le programme de cette année. Car ce groupe ne sera plus jamais le même. Il y a quelque chose de plaisant à vous voir réunis ensemble et ressentir l'émotion et l'amour qui vous étreignent. Nous vous demandons de réfléchir à quelque chose : votre karma de groupe. Ce groupe s'est déjà réuni par le passé ! Le ressentez-vous ? Certains diront que non parce qu'un voile dissimule tout cela. Je suis ici dans le but de vous rappeler que vous êtes assis à côté de mères, de filles, de fils, de grands-mères, de cousins et de frères, bien que vous ne soyez absolument pas conscients de ce fait lorsque vous plongez votre regard dans celui de quelqu'un qui vous semble étranger ou de quelqu'un d'autre en face de vous ou à vos côtés. Vous pensez les voir pour la première fois aujourd'hui. Détrompez-vous ! Ces personnes ont un karma en commun avec vous et cela est en rapport avec les vies antérieures que vous avez vécues ensemble. Mais le karma d'aujourd'hui peut ne consister qu'à vous asseoir ici, dans ce groupe, en cet instant précis, afin de créer une énergie curative pour vous aider durant votre apprentissage. Aucun *first timer* [ceux dont c'est la première incarnation sur Terre] n'est dans ce groupe, ce soir. Seule une élite est assise ici, devant nous, et nous ne disons pas cela souvent. Ceux qui furent avec nous durant les séances passées savent que nous n'affirmons pas cela chaque fois, mais nous savons que la force de ce groupe peut transformer les humains de cette planète. Vous portez les germes du changement biologique, et c'est de cela que nous parlerons maintenant.

Les humains adorent donner un titre à chaque séminaire. Pour vous, nous avons intitulé celui-ci « La biologie humaine, un attribut grandiose ». Nous allons donc vous entretenir de la biologie humaine. Cet après-midi, nous vous communiquerons des informations dont certaines vous sont familières et d'autres, qui confirmeront ce que vous ressentez. Certaines seront nouvelles, mais toutes ont trait à la biologie humaine. Kryeon n'a jamais revêtu la forme humaine, et c'est un immense honneur d'être assis en face de ceux qui ont choisi d'être présents ! Le « fragment de Dieu » que vous portez en vous m'est connu et je reconnais le *Mer-Ka-Ba* de chacun de vous – depuis une éternité ! Vous êtes des créations de l'Esprit. Mais lorsque vous êtes devant moi et que je m'assois à vos pieds, vous avez une forme humaine et chacune de vos cellules est sacrée. Voilà de quoi nous voulons vous parler.

Pour cela, nous devons commencer par le début. Vous portez tous en vous la semence des étoiles. Nous vous parlons d'une chose que nous avons déjà évoquée, mais que nous n'avons jamais développée à un niveau élevé : cette semence d'étoile a été placée volontairement dans votre corps biologique par des êtres d'ailleurs. Cela fut accompli avec amour, dans l'honneur et de façon juste pour faire de vous les êtres spirituels que vous êtes aujourd'hui. Peut-être pensez-vous que cela est fantastique ou impossible ! L'histoire d'Adam et Ève, bien que sous forme symbolique, est vraie. Car il y eut un temps où ceux qui ont déposé en vous cette semence se rendirent en divers endroits de cette planète. Et grâce à ces visiteurs, cette semence biologique sacrée vous fut offerte en votre qualité d'êtres humains prêts à la recevoir. C'est pourquoi je dis à vos scientifiques qu'ils ne trouveront jamais le chaînon manquant ! Ce chaînon manquant ne sera jamais découvert dans la poussière. Au contraire, il arrivera un jour du ciel et se présentera à vous. Lorsque cela arrivera, vous constaterez quelque chose. La semence que vous portez en vous, qui fut implantée chez les humains il y a une éternité et qui a évolué pour devenir ce que vous êtes aujourd'hui, ne ressemble pas à celle d'un insecte. Elle ne ressemble pas à celle d'un lézard. Elle n'est ni étrange ni surnaturelle. Elle n'est dotée ni de yeux géants ni de peau grise. Elle ressemble à un être humain inestimable. Ne soyez pas surpris lorsque vous rencontrerez vos ancêtres, car ils vous ressemblent beaucoup ! Et, bien que nous n'en dirons guère plus à ce sujet, nous ajouterons que certains d'entre eux sont présents ici, ce soir.

Laissez-moi vous poser une question sur la logique de l'évolution. Au fur et à mesure que la biologie de cette planète évoluait, n'est-il pas exact que la sélection naturelle et l'évolution portaient à leur plus haut niveau les caractéristiques les plus belles et les meilleures de toute forme de vie ? La forme de vie qui survit à ce processus porte toujours en elle les plus fortes capacités d'évolution. Vous pouvez constamment en trouver la preuve au sein des formes de vie les plus élémentaires. Et il est vrai que celles qui ont le plus de chances de survivre sont celles qui engendrent des formes de vie plus fortes. C'est la loi logique de l'évolution, ce que vous appelez la « sélection naturelle ». Maintenant, laissez-moi vous dire ceci : diverses formes inférieures de vie ont évolué avant vous et vos savants vous affirment que vous descendez de la modeste étoile de mer ou peut-être même du lézard, qui serait venu de la mer en rampant il y a des millions d'années, prêt à passer des millions d'années à évoluer afin de transmettre ses propriétés acquises au génome humain.

Mais nous vous demandons ceci : comment se fait-il que l'étoile de mer puisse remplacer le bras qu'elle a perdu ou que le lézard voie sa queue repousser lorsque sectionnée, alors que vous ne pouvez même pas faire repousser un de vos doigt ? Cela a-t-il un sens, dans le schéma de la sélection naturelle ? Lorsque les nerfs d'un être humain sont sectionnés, pourquoi ne repoussent-ils pas ? Parce que votre programme l'interdit. Il y a eu une interruption dans l'évolution humaine – et ce fut lorsque l'implantation de la semence dont nous avons parlé fut réalisée. Cette opération fut accomplie volontairement, selon vos vœux (lorsque vous n'étiez pas encore ici), afin que vous puissiez porter en vous les caractéristiques sacrées de votre évolution. C'est à ce moment qu'il fut décidé (encore par vous) que les humains ne seraient pas de simples formes de vie sur cette planète, qu'ils porteraient en eux un « fragment » de Dieu. Ainsi, le caractère sacré de la biologie humaine fut défini à ce moment-là, avec la métaphore d'Adam et Ève, lorsque Dieu se présenta et autorisa la mise en place de la semence. Croyez-nous ! Nous vous offrons une preuve scientifique : vous ne trouverez jamais, non jamais, le chaînon manquant jusqu'au jour où vous lui parlerez et où il vous sourira et vous dira : « Me voici ! » Une semence biologique qu'il est nécessaire que vous acceptiez, car elle vous permet de comprendre le caractère sacré qui est en vous. Et avec cette semence biologique, vous avez reçu votre dotation magnétique et l'ensemble des informations de votre ADN actuelle.

Nous vous avons déjà dit qu'une quantité importante de données de votre ADN est cachée. Vous pourriez demander : « Eh bien, Kryeon, pourquoi ne pouvons-nous les voir ? Après tout, ne disposons-nous pas de puissants microscopes ? » Laissez-moi vous donner un exemple. Supposez avec moi qu'il y a 150 ou 200 ans, des savants, grâce à un miracle technologique, aient été capables de venir à votre époque afin de vous observer à distance. Dans cette histoire, leur mission consistait à vous observer puis à revenir à leur époque pour rendre compte de la façon dont vous communiquez en 1998. Leur technologie du voyage temporel ne leur permettait pas d'entendre quoi que ce soit, mais seulement de vous observer tels que vous êtes actuellement. Ainsi, ils vous observèrent pendant quelque temps puis ils repartirent et firent leur rapport. « Les communications ne paraissent guère différentes en 1998. Dans 150 ans, il semble que nous parlerons toujours comme des humains. Nous avons vu bouger leurs lèvres et ils parlent toujours à vive voix. De plus, nous avons vu de nombreux fils tendus un peu partout. Nous croyons qu'ils ont élaboré un système leur permettant de parler par l'intermédiaire de fils ! Mis à part cela, le système de communication ne semble pas avoir beaucoup changé. »

En fait, ils sont passés à côté, n'est-ce pas ? Ils ont manqué les dizaines de milliers d'images expédiées dans les airs ! Ils ont raté toutes les communications transmises magnétiquement dans l'atmosphère. Ils n'ont pas eu conscience des communications par satellite, par stations et par le biais de tours émettrices ni des millions de conversations qui y transitent. Et pourquoi ont-ils loupé tout cela ? Parce qu'ils ne pouvaient le voir ! Ils n'étaient pas préparés à comprendre ces choses. Ils n'étaient pas prêts à appréhender des phénomènes aussi étranges. Ils ne possédaient pas cette technologie et n'en avaient même pas. Aussi, ne la virent-ils pas. Pourtant, même s'ils n'en ont pas fait état, cette technologie est bel et bien une réalité en 1998. Ainsi agissent vos savants actuels en scrutant leurs instruments électroniques pour étudier l'ADN. Mais ils n'analysent que ce qu'ils peuvent voir, c'est-à-dire les réactions chimiques. Ils ne sont pas préparés à voir et à comprendre ce qu'il y a au-delà de la chimie, car ils n'ont aucune connaissance des données magnétiques de l'ADN. Nous vous en dirons plus à ce sujet dans un moment (voir page 362).

Ainsi, dans l'aspect magnétique sont contenues toutes les instructions pour votre vie. Mais celui-ci fait plus que cela. *Il positionne votre intention spirituelle* ! Dans la structure magnétique se trouvent non seulement votre biologie mais aussi les éléments sacrés appropriés pour vous. Ces éléments correspondent à vos semences d'étoile, car ils contiennent votre enveloppe karmique ainsi que les influences magnétiques au moment de votre naissance – la configuration planétaire de votre système solaire à cet instant précis – une caractéristique magnétique de l'ADN. Nous parlons de l'empreinte magnétique qui, elle, détermine la composition chimique de votre ADN. Il s'agit donc du mécanisme de ce que vous appelez la science de l'astrologie, et nous venons de vous dire où son empreinte est inscrite.

Oh, mais il y a encore plus à savoir sur cette énorme empreinte magnétique qui est la vôtre ! Elle est responsable de votre apparence – le « souvenir » de la façon dont votre croissance s'effectue et des semences de la vie elle-même. Nous reviendrons sur le sujet plus tard et nous voudrions maintenant discuter d'une autre caractéristique de votre ADN. En fait, elle contient un véritable jeu « d'instructions » concernant votre développement complet ! Comment cela se peut-il ? Ces instructions sont là pour modeler la durée de votre vie, très chers, et la réduire ainsi à moins de dix pour cent de sa durée normale ! Nous sommes ici pour vous dire que le corps humain et son caractère sacré, sa merveilleuse esthétique et son mécanisme miraculeux, ont été conçus afin de s'autorégénérer à jamais. Si le mécanisme de la vie peut cesser, c'est uniquement à cause des instructions spécifiques de l'ADN, et de cela nous allons parler maintenant. Nous avons traité du commencement de la vie ; parlons maintenant de sa fin.

Ces paroles revêtent un caractère sacré. Nous allons vous entretenir de choses très puissantes, car nous allons vous parler de comment sont les choses maintenant. Puis, nous vous dirons comment elles peuvent être modifiées. Chaque être humain dispose des instructions lui permettant de se libérer de l'hormone de la mort ! [Note de Lee Carroll : Il ne s'agit pas vraiment d'une hormone au sens que lui attribue la science, mais il n'existe actuellement aucun autre mot pour traduire cette notion.] Très chers, sans ce jeu d'instructions, le corps humain vivrait plus de 900 ans. Mais, aujourd'hui, ces instructions provoquent l'interruption du processus naturel de rajeunissement, avec pour conséquence, le vieillissement et la mort. Afin que cette substance de mort soit libérée, il devait y avoir une horloge, et c'est effectivement le cas. Au sein de la structure de l'ADN et dans les gènes de chaque cellule de votre corps se trouve un chronographe, un mécanisme qui mesure le temps. Nous sommes ici pour vous annoncer pour la première fois que c'est ce mécanisme qui met fin à votre vie. C'est le catalyseur de la mort.

Vous savez maintenant qu'il existe un mécanisme qui décompte le temps à l'intérieur de votre corps sacré. Il calcule le moment de la puberté. Il détermine les jours du cycle de fécondation et ceux où la substance de mort est progressivement lâchée dans l'organisme ! Ce que vous devez trouver maintenant, c'est le mécanisme général qui fait fonctionner toutes ces horloges ensemble, afin que chaque cellule du corps humain soit en phase avec toutes les autres. C'est ce que vous appelez votre « horloge biologique ». L'hormone de mort est libérée dans l'organisme selon un programme précis et, ainsi, interrompt le processus de rajeunissement. On appelle cela le vieillissement. C'est ainsi que vous avez été conçus, mais vous direz peut-être qu'il s'agit d'une tragédie. Et nous répondons : « C'est vous qui l'avez voulu ainsi. » Vous pourriez ajouter : « Pourquoi une telle chose ? Pour quelle raison ce message est-il puissant ou sacré ? Si telle est la vérité, cela est tellement triste ! »

La raison de tout ceci est qu'il était nécessaire, pour la planète, de créer chez les humains une incarnation qui soit une période d'apprentissage très courte, puis de permettre une nouvelle incarnation sous une autre forme et de bénéficier des leçons du karma précédent. En d'autres termes, l'une après l'autre, chaque vie de courte durée a créé le mécanisme du karma nécessaire à l'élévation du seuil vibratoire de cette planète. Voici comment cela a fonctionné. Cette planète a été créée par vous, en votre qualité de fragments de Dieu, et en tant que son représentant, de vous assister à prendre une décision équilibrée. Et dans ce processus, vous avez bouleversé l'univers entier ! Car contre toute attente, les vibrations de cette planète et de tous ceux qui y vivent ont été en constante accélération durant ces dernières années. Voilà pourquoi nous sommes ici ! Vous avez modifié votre futur et nous sommes ici pour mettre en place les mécanismes du changement et vous apporter de nouvelles informations sur ce que vous avez réalisé. C'est vous qui contrôlez la situation, et non pas nous. Ainsi, très chers, l'hormone de mort fut créée, à l'origine, pour être utilisée dans un système qui va dorénavant disparaître. Comprenez-vous ce qui vous est annoncé ce soir ? Le système des vies de courte durée est en train d'être modifié ! C'est pourquoi nous vous invitons à écouter, afin que vous compreniez qu'il ne s'écoulera guère de temps avant que vous ne puissiez échapper au mécanisme de l'horloge et de l'hormone de mort. Oh, nous vous aimons ! Ce changement sur la planète va vous apporter de nouvelles bénédictions et une nouvelle énergie spirituelle, et cela est en cours de réalisation. Vous devrez faire preuve de sagesse et de compréhension pour pouvoir utiliser cette nouvelle énergie et les nombreuses avancées scientifiques qui l'accompagneront. Mais il y a plus.

Parlons du choix, car c'est là le problème maintenant. Saviez-vous qu'enfants vous aviez le pouvoir de choisir ce qui allait arriver ? Pas seulement sur le plan biologique mais dans votre vie ! Les enfants sont amusants à regarder. Nous avons pour vous des informations les concernant. Combien d'entre vous peuvent-ils se rappeler leur enfance ? Vos psychologues affirment que la mémoire est constituée d'événements importants. Un engramme est imprimé dans votre cerveau et crée un souvenir. Et ces événements spécifiques sont généralement ceux dont on se souvient à cause de leurs répercussions. Ce sont souvent des faits qui surviennent pour la première fois. Combien d'événements de ce type avez-vous rencontrés à l'âge d'un an ? Des douzaines sans doute, tous significatifs et mémorables. Cependant, vous êtes très peu nombreux à pouvoir vous souvenir d'un seul d'entre eux, et je vais vous dire pourquoi : parce qu'ils sont bloqués ! Encore ce magnétisme de l'ADN. Pourquoi le sont-ils ? La raison en est que l'enfant d'un an et même, parfois, celui de deux ans, savent parfaitement qui ils sont ! Saviez-vous cela ? Certains enfants viennent au monde, et vous dites d'eux qu'ils ont un caractère provocateur. Ils ne sont pas heureux. Ils pleurent beaucoup et sont frustrés. Bien entendu, vous invoquez plusieurs raisons pour cela, même s'ils semblent « différents » des autres enfants. Laissez-moi vous en donner la raison : les enfants veulent vous faire comprendre qui ils sont, mais ils sont frustrés ! Ils se retrouvent à nouveau sur la Terre, en train de grandir, et ils veulent vous crier : « Ne savez-vous pas qui je suis ? Nous avons organisé tout cela ensemble et je me retrouve ici. Laissez-moi vous dire qui j'étais. Laissez-moi vous dire qui vous étiez. » Ils ne peuvent prononcer un seul mot et sont malheureux au-delà de toute expression ! La prochaine fois que vous regarderez un enfant dans les yeux, rappelez-vous qu'il y a là une âme ancienne. En effet ! Cette âme est en train d'essayer de vous dire qui elle est, et elle est pleine de tensions ! Elle ne peut parler, et même son corps ne fonctionne pas encore très bien. Vous ne faites que la regarder et lui dire des mots enfantins. Certains enfants possèdent les réponses, mais ne peuvent les exprimer. D'autres s'accommodent fort bien de cette situation, sachant parfaitement qu'ils sont de retour à l'endroit qui leur est destiné. C'est ainsi.

Le choix. Presque tous les enfants de cinq ou six ans ont un choix à faire. Laissez-moi vous entretenir de ce choix de vie en qualité d'être humain, spécialement en ce Nouvel Âge. Vous pourriez vous demander : « Kryeon, quel choix un enfant peut-il avoir ? » Laissez-moi vous expliquer. Les enfants du Nouvel Âge en particulier arriveront et auront à décider s'ils acceptent ou non leur nouvelle situation. Car ils se rendront compte des dysfonctionnements familiaux et des querelles. Ils seront conscients de l'alcoolisme, de la maladie, de tout ce qui ira mal au sein du groupe. Ils constateront le dénuement et l'opulence. De nombreux enfants de cet âge se diront : « Je choisis de me dégager de tout cela. Lorsque je serai grand, je serai quelqu'un d'autre. » Le jeune être qui entame sa vie a la possibilité d'accepter ou non ce qui existe autour de lui et, très souvent, la seule chose qui l'empêchera de choisir sera la pression exercée par son entourage. Mais le jeune du Nouvel Âge regardera autour de lui et dira : « J'ai le pouvoir de ne pas intégrer ce groupe. Car j'ai conscience d'être à part. Je peux choisir de partir d'aller vers une autre direction tout à fait honorablement. » [Kryeon a longuement parlé de ce sujet au cours d'autres channelings. En ce qui a trait aux nouveaux « enfants indigo », voir le chapitre 7.]

Vous, les adultes, avez aussi le choix, quelle que soit votre vie actuelle. Je suis ici pour vous rappeler que vous pouvez choisir de vous séparer de tout ce qui n'est pas conforme à votre contrat spirituel et à votre croissance – et, en cet instant, je ne parle pas de la famille. Très chers, je veux parler de l'empreinte qui fut apposée sur votre organisme. Je veux parler de l'empreinte magnétique qui prétend : « Je suis prédisposé au cancer, cela fait partie de mon apprentissage. » M'écoutez-vous ? Vous pouvez choisir de vous libérer de tout cela ! Cela n'est plus nécessaire. La nouvelle énergie et le nouvel ordre des choses vous procurent des outils, vous donnent la permission et le choix de vous séparer de ces anciens systèmes. Dites ceci : « Dieu bien-aimé, je décide et je choisis de me libérer de cette maladie. Car elle n'est pas opportune. Elle m'empêche d'accomplir ma destinée. » Aimez-vous ces paroles ? Elles sont réelles. Vraiment réelles ! Le choix ! C'est cela le Nouvel Âge. Vous êtes tous des guérisseurs !

Vous découvrirez certaines chose concernant le corps humain. Vous ne serez jamais en mesure de distinguer clairement l'empreinte magnétique de l'ADN. Sinon, vous vous ouvrez à la possibilité d'un désastre sacré. Mais je vous dis ces choses, à vous et à mon partenaire, comme je l'ai fait par le passé, afin que vous puissiez les vérifier dans l'avenir. L'ombre magnétique de l'ADN vous sera visible, et ce sera un mystère. Vous serez capables de voir l'horloge et vous identifierez le gène important, mais vous serez incapables de découvrir précisément comment les cellules communiquent avec l'horloge et se synchronisent avec elle. Vous découvrirez la façon de modifier certaines instructions magnétiques de l'ADN. Vous trouverez l'endroit où est située l'hormone de mort et ce qui lui permet de se répandre dans l'organisme. Toutes ces choses surviendront au cours des prochaines années, si vous le souhaitez.

Permettez-moi ici de parler de guérison biologique. Nous atteignons maintenant le cœur de cette histoire sur la biologie humaine. Guérisseurs, voici comment fonctionne la guérison. Pour aucun de vous cela ne représente un mystère. L'être humain devant vous qui est désireux de guérir doit choisir de l'être. Vous pourriez dire : « Kryeon, c'est ridicule ! Toute personne qui se présente et s'assied devant moi a déjà choisi de guérir. » Et nous répondons : « Oh non ! Beaucoup désirent simplement être soulagés. Ils veulent se sentir mieux. Ils s'attendent que vous les remettiez sur pied – uniquement que vous les remettiez sur pied ! De quel choix personnel s'agit-il ? Ils ne choisissent pas d'être guéris ; ils décident de vous confier la responsabilité de les soigner !

Vous le voyez, un choix comporte un aspect spirituel très important. Ce message est hautement sacré, très chers, même si vous ignorez le plan sublime qui le sous-tend. Vous ne pouvez voir ce que nous voyons lorsqu'un individu est soigné. Très souvent celui-ci réalisera des choses pour la planète sans que vous n'ayez aucune idée de ce que vous avez fait afin qu'il puisse respecter son contrat. Et comme nous l'avons déjà dit (et vous les guérisseurs, écoutez attentivement) : Il est possible que vous soyez las de ne toujours soigner qu'une seule personne à la fois. Sachez ceci : cette personne que vous soignez individuellement aura des enfants que vous ne verrez jamais, dont vous n'entendrez peut-être jamais parler, qui pourront affecter le plan sublime. Mais comment pourriez-vous le savoir ? Vous ne disposez pas de la vue d'ensemble qui est la nôtre. Soyez convaincus qu'il en est ainsi. Tel est le partenariat avec l'Esprit, vous savez ! Soyez certains qu'il en est ainsi. Dans cette salle, il y a un potentiel bouleversant de guérison pour les individus et la planète !

En somme, celui qui vient à vous doit prendre la décision de vous autoriser à le guérir. Ce serait aussi une bonne idée d'entourer cet événement d'un aspect cérémonieux. Ainsi, la prochaine fois qu'un individu – disons une femme – s'assied devant vous, vous pourriez lui dire : « Pourquoi ne dirions-nous pas certaines choses ensemble ? » Puis demandez à cette personne si elle veut être guérie. Elle répondra : « Oh, oui ! je le veux. » Alors, faites-la exprimer ce qu'elle souhaite. Son organisme sera à l'écoute et entendra ce qu'elle dira. Autorisation de guérison ! Oh, quelle résonance! C'est différent ! Voilà le choix !

Voici maintenant quelque chose d'important mais qui paraît étrange : les guérisseurs ne guérissent pas réellement. Ce qu'ils font, c'est permettre au corps humain d'être temporairement rééquilibré. Ceux d'entre vous qui travaillent sur les énergies savent exactement ce que je veux dire. Les guérisseurs ne guérissent pas. Ils facilitent le rééquilibrage. C'est l'individu sur la table de soins qui fait le travail. Le saviez-vous ? Le corps humain se rééquilibrera tout seul, naturellement. Et toute l'aide, toutes les caractéristiques des substances utilisées pour guérir un être humain ne servent qu'à faciliter l'autoéquilibre. Car l'organisme est miraculeux. Il recherche l'équilibre. C'est sa fonction. Oh, très chers, il n'y a aucune raison pour que quiconque dans cette salle ne rentre chez lui, ce soir, sans être rééquilibré. Les scientifiques commencent à peine à découvrir cet équilibre et celui dont mon partenaire vous a parlé tout à l'heure a, en effet, été guidé dans un domaine sacré. Cette nouvelle science, c'est la possibilité de reprogrammer votre ADN ! Et son caractère sacré, c'est qu'elle vous permettra de modifier le plan concernant la planète Terre ! Vous vous trouvez à l'aube d'une découverte biologique majeure. Nous voulons que vous restiez ! L'ancien paradigme de la brève incarnation n'existe plus. Expérimentez la nouvelle vie sur la planète à des niveaux vibratoires et de mutation dimensionnelle croissants !

Parlons encore un peu de guérison. Nous souhaitons vous donner six caractéristiques de la guérison que vous connaissez mais que nous allons commenter. Cela touche la guérison externe, c'est-à-dire non pas l'autoguérison, mais le soulagement apporté par des êtres humains ou des substances diverses. Nous commencerons par le sommet et descendrons progressivement, le sommet représentant la plus haute énergie à votre disposition, et la partie inférieure, qui relève du passé, représentant la plus basse énergie en action. Elles sont toutes appropriées à certaines situations. Rappelez-vous ceci : vous ne pouvez renoncer à une technique de guérison qui pourrait vous sauver la vie pour la simple raison que vous ne disposez pas encore d'une haute énergie de substitution ! Utilisez la science à votre disposition sous toutes ses formes. Soyez sages et circonspects à propos de ces choses. Il est drôle, en effet, de voir certains humains « éclairés » rejeter l'ancien alors que les nouveautés n'en sont encore qu'à leurs débuts. Soyez patients ! Ne soyez pas surpris si quelques méthodes très très anciennes et semblant un peu désuètes finissent par se transformer en nouvelles méthodes fonctionnelles !

LES DIFFÉRENTES TECHNIQUES DE GUÉRISON

1. LA GUÉRISON ÉNERGÉTIQUE. Il ne semblera guère surprenant à ce groupe que la première technique soit la guérison énergétique. Dans ce type de guérison, on ne touche pas le patient. Les énergies sont utilisées de façon à coopérer avec la personne étendue sur la table de soins. Il y a tant de potentialité à ce moment-là ! Si le seuil vibratoire de ce patient est suffisamment élevé, si celui-ci connaît ces choses et s'il a donné son autorisation afin d'être soigné, le guérisseur qui permet à cette énergie de fonctionner sera assuré d'obtenir de merveilleux miracles ! Et le patient sera guéri grâce au travail énergétique où personne ne touche personne ! Pensez-y. Voici le cadeau du Nouvel Âge – le plus prestigieux – le numéro un !

Bien sûr, cela ne marchera pas aussi bien avec ceux dont la fréquence vibratoire est plus basse. Voilà pourquoi ceux d'entre vous qui sont engagés dans ce type de guérison énergétique constatent et enregistrent le fait que cette thérapie n'est pas destinée à tout le monde. Et ce sont les patients éclairés, qui savent ce que sont la permission et le choix, qui obtiennent les meilleurs résultats. Les autres repartent souvent sans être guéris. « Alors que devons-nous offrir à ceux qui ont des vibrations plus basses ? » demanderez-vous. Il s'agit là de l'étape suivante. Nous l'appelons le toucher thérapeutique

2. LE TOUCHER THÉRAPEUTIQUE. Ce type de guérison nécessite que le guérisseur touche la partie du corps à guérir, lorsque le patient dispose d'une fréquence vibratoire plus basse que la sienne. Le toucher thérapeutique produira alors le même effet que la guérison énergétique, voyez-vous. Ainsi, le toucher est un merveilleux outil à votre disposition. Cela a un effet réel, et vous pouvez, grâce à cette technique, vous affranchir de l'obstacle d'une différence vibratoire de sorte que celui qui possède les vibrations les plus élevées peut travailler avec celui dont les vibrations sont plus basses. Les patients peuvent exprimer leur choix et donner leur permission et le concept sera accepté. Ils peuvent alors être guéris et, en effet, cela arrive tous les jours. Nous avons dit ceci par le passé : vous êtes tellement nombreux à être impliqués dans cette technique du massage et à découvrir que vous guérissez les gens ! C'est cela le « toucher thérapeutique ». Nous faisons maintenant allusion à cette personne qui vint voir mon partenaire et lui dit : « Je crains de perdre mon travail, car les personnes que je masse sont guéries et ne reviennent plus ! » En réalité cela ne s'est pas produit, car cette dame s'est transformée en guérisseuse ! Plusieurs sont venus la voir, qui ne seraient jamais venus autrement. Oh, très chers, il y en a ici qui savent exactement de quoi je parle. Le toucher thérapeutique est un puissant outil de guérison.

3. REMÈDES À BASE D'ESSENCES VIVANTES. Parlons maintenant des éléments utilisés par le guérisseur. Nous traiterons des diverses substances employées dans le processus curatif, et les premières que nous aborderons seront les remèdes à base d'essences vivantes. Cela fait des années que nous en parlons. Pensez-vous un seul instant que si certaines maladies importantes de votre époque ont été vaincues par les essences vivantes, cela fut le fait du hasard et non de la synchronicité ? Nous entendons ici la tuberculose et la polio. Vous voyez, il existe une force vitale

même dans les choses qui ne sont plus vivantes ! Et si vous comprenez ce que nous voulons dire, vous saurez que la force vitale est puissante et qu'elle peut représenter une aide précieuse en lien avec les substances curatives. La force vitale d'une substance ne peut être altérée facilement si sa forme n'est pas modifiée. Ceux d'entre vous qui évoluent dans le domaine de la phytothérapie et de l'aromathérapie savent ce dont je parle, car vous travaillez avec des essences vivantes.

Dirigeons-nous maintenant vers la science officielle. Là se trouvent ceux qui expérimentent les modifications génétiques du corps humain en utilisant des gènes spécialement fabriqués à cet effet en les injectant dans l'organisme, comme s'il s'agissait d'un guerrier réel, doté des pouvoirs qui sont aujourd'hui les vôtres, afin qu'il aille combattre la maladie à sa source. Cela aussi est honorable ! Ne rejetez pas cette forme de recherche uniquement parce que la profession médicale, « non éclairée », se l'ai appropriée. L'Esprit honore chaque découverte sur cette planète, et cela peut survenir partout où se trouve l'intention ! Pensez-y. Les extraits d'essences vivantes rendent hommage à votre science, car nous avons déjà dit que la science est spirituelle. La science physique *est* conscience et ceux qui travaillent sur l'infiniment petit et la physique quantique savent précisément de quoi il est question ici. Ils sont en train de découvrir que la réalité observée peut être affectée par nos pensées ! Saviez-vous cela ?

Recherchez de nouvelles thérapies fondées sur les essences vivantes. Faites particulièrement attention à celles qui seront obtenues à partir de très anciennes énergies – semblant posséder la force vitale d'une autre époque – et trouvées dans les capsules temporelles de la Terre. Vous comprendrez très bientôt ce que je veux dire par cela. (Voir Essences vivantes en page 293)

4. LES AIMANTS. La technique suivante est la guérison par les aimants. Cette technique de guérison est honorée. Elle est merveilleuse. Elle s'adresse à la partie magnétique de l'être humain, à la partie magnétique de l'ADN, et cela fonctionne. Ses effets sont plus importants aujourd'hui qu'à n'importe quelle autre époque sur cette planète. Ceux qui sont familiers avec cette technique de

guérison appliqueront les aimants à l'endroit requis. Grâce à leur intuition et au caractère sacré des dons de leurs nouvelles connaissances, ils sauront où les placer. C'est ainsi que cela fonctionne, vous savez. C'est vous qui écrirez les ouvrages sur ce sujet, car ils n'existent pas encore. Ils seront inspirés par votre Moi divin, à l'usage de tous. Toutefois, laissez-moi vous poser une question. Vous semble-t-il normal que les aimants soient maintenus en place après que l'équilibre soit revenu ? La réponse est non. Le magnétisme externe, comme les essences vivantes, le toucher thérapeutique et la guérison énergétique, n'est qu'une méthode temporaire de rééquilibrage des individus. Lorsque les gens ont choisi d'être rééquilibrés, pourquoi devraient-ils alors transporter en permanence tous leurs aimants avec eux ? Pourquoi devraient-ils les garder durant leur sommeil ? Le corps s'équilibrera tout seul et se guérira. Pourquoi continuer à appliquer cette force extérieure après la guérison ? Comme s'ils disaient à leur corps : « Je ne crois pas que tu parviendras à retrouver ton équilibre. Je continuerai donc à te donner un stimulus, et ce, indéfiniment. »

Nous sommes ici pour vous dire, très chers, qu'il existe un réel danger à utiliser en permanence ces diverses méthodes de guérison et à ignorer les capacités naturelles du corps humain à s'auto-équilibrer. Certains utilisent toutes sortes d'aimants qui permettent de ressentir un bien-être même lorsqu'on les dépose. C'est une illusion, car les cellules sont différentes lorsqu'elles sont stimulées. Elles sont chatouillées et massées, si je puis dire, et leur réaction est ressentie comme « spéciale ». Cela ne signifie pas forcément que tout va pour le mieux sur le plan de l'équilibre. Quelques-unes de vos drogues dangereuses parviennent au même résultat ; elles peuvent vous permettre de vous sentir dans un état « merveilleux ». Cela signifie seulement que vous « ressentez » quelque chose. Équilibrez votre corps, puis arrêtez le stimulus lorsque vous avez terminé ! Lorsque ce sera à nouveau nécessaire, réutilisez le stimulus. Ne le faites pas en permanence ni quotidiennement. Sur le plan du magnétisme, le danger est le suivant : l'ensemble des instructions cellulaires peut se modifier entièrement. De nombreuses instructions peuvent être effacées ! Cela dépasse largement le cadre de l'équilibre. Cela peut même s'avérer dangereux pour votre santé ! Croyez-moi !

5. LES MÉDICAMENTS PHARMACEUTIQUES. L'utilisation de produits chimiques est une méthode de guérison faisant appel à une énergie de basse fréquence. L'Esprit, cependant, la prend en considération, car la chimie est utile et fonctionnera pour certains d'entre vous qui en auront besoin, bien qu'encore une fois il s'agisse là d'une énergie de basse fréquence. Ceci est dû simplement au fait que vous n'avez encore rien découvert, à un plan supérieur, qui puisse la remplacer. Ou alors, si tel est le cas, le patient pourrait ne pas bien réagir du fait de ses vibrations plus basses. Ne négligez donc pas cette méthode, sous prétexte qu'elle se situe au bas de la gamme. Si elle marche, très chers, et qu'elle vous maintient en vie sur cette planète, cela seul est important. Efforcez-vous, néanmoins, d'évoluer vers les autres méthodes, le moment venu. L'inconvénient, avec les produits chimiques, c'est que le corps est bien réglé et que, lorsque vous y introduisez des substances chimiques dans le but de provoquer un changement, il réagira sans que vous puissiez prévoir ni maîtriser exactement ses réactions. Parfois, ces produits provoquent des effets secondaires qui déséquilibrent l'organisme, et cela est simplement dû aux caractéristiques d'une énergie de basse fréquence.

6. LA CHIRURGIE. Vous ne serez pas choqués de constater que nous avons placé la chirurgie en sixième position, soit la plus basse. Très chers, cette méthode est peut-être la moins élevée, mais, ici aussi, je vous le répète, elle représente actuellement la partie de votre science la plus « pointue ». Lorsque toutes les autres voies ont été explorées sans succès, certaines personnes s'en remettent à cette science et sont guéries. Il se peut que la chirurgie soit tout à fait appropriée à votre cas. Guérisseurs, ceux d'entre vous qui travaillent avec les énergies, vous aimez vos patients dont les vibrations sont à l'unisson des vôtres, qui comprennent ce qui se passe et qui choisissent de donner à leur corps l'autorisation de guérir. Mais il y a aussi ceux qui n'agiront jamais ainsi. Aussi, devez-vous descendre les degrés de l'échelle et définir avec eux la

méthode de guérison qui leur conviendra et, parfois, en arriver au sixième palier, la chirurgie. Si cette solution est la seule qui puisse maintenir vos patients en vie sur cette planète, considérez-la comme aussi sacrée que la guérison énergétique ! Puis, travaillez avec eux durant leur convalescence et faites appel à votre merveilleuse guérison énergétique pour accélérer leur rétablissement.

Ainsi, toutes ces méthodes ont leur utilité. La chirurgie est aussi sacrée et bénie, car elle est le fruit de votre science. Avez-vous compris comment tout cela fonctionne ? L'association entre la chirurgie et ce qu'il y a de plus élevé dans le travail sur les énergies du Nouvel Âge fait partie de ce que nous vous demandons de comprendre. La tolérance en tout est nécessaire. Vous pourriez être surpris de vos découvertes. Si vous pouviez voir ce que les personnes qui tiennent les bistouris, de nos jours, ont dans leur esprit en matière de méditation, de prières et autres techniques « spirituelles », vous seriez sans doute stupéfaits. Il y a beaucoup plus de choses que l'œil ne peut en percevoir, et tout cela fonctionne en synergie. C'est votre nouveau défi.

Ainsi, nous vous avons fourni six méthodes différentes et les avons commentées pour vous, mais nous n'avons pas encore abordé la plus sacrée, celle qui ne fait appel qu'au corps. Oui, cela est possible. Nous voulons parler du don de l'autoguérison. Dans cette salle se trouvent des gens familiers avec l'autoguérison, qui travaillent sur les énergies et qui commencent à comprendre ce concept. Mais enseigner cette technique reste difficile. Voilà pourquoi une aide est nécessaire. Ceux qui peuvent se soigner eux-mêmes sont les individus dont la fréquence vibratoire est élevée, ceux qui comprennent que la conscience peut modifier la matière.

Vous devriez connaître trois aspects concernant l'autoguérison. Le premier est l'intégration, le second est l'intégration et le troisième et le plus important est l'intégration [rires]. Voici, de nouveau, que nous parlons de quelque chose de rare et d'inhabituel pour certains d'entre vous. Combien, parmi vous, naissent à la vie en souhaitant ne pas avoir de corps physique ? Nous sommes très choqués de constater avec quel soin vous avez planifié tous les bienfaits sacrés que vous attendiez de votre corps et de voir qu'aussitôt votre arrivée sur la Terre, vous passez votre vie entière à souhaiter qu'il disparaisse ! Vous parvenez à une meilleure compréhension spirituelle mais vous pensez, en quelque sorte, que vous traînez votre corps comme un boulet ! Vous le regardez et dites : « Je vais passer le plus de temps possible à voyager astralement. Je hais cette chose que je traîne derrière moi. » Certains se cherchent des excuses pour s'en débarrasser ! Lorsque votre bras vous fait souffrir, vous dites : « Oh, je voudrais que mon bras ne me fasse plus souffrir. Je ferais mieux d'aller le faire soigner. » Vous voyez, vous passez à côté de la chose complètement ! Chaque cellule est autant illuminée que sa voisine. Au lieu de penser que vous n'avez qu'un seul centre illuminé, pensez que vous en avez des millions ! Pour que votre corps puisse vibrer harmonieusement, il doit vibrer entièrement et non pas seulement la partie que vous avez considéré comme votre « Centre d'illumination ».

Voici une histoire que nous avons déjà racontée par le passé. C'est l'histoire de cet homme qui passe sa tête par la fenêtre d'un véhicule en disant au conducteur : « Je suis prêt, allons-y ! » et du conducteur qui démarre... avec la tête de l'homme ! Béni soit l'être humain qui comprend que le corps tout entier doit être introduit dans le véhicule avant de dire : « Allons-y ! » Oh, très chers, nous parlons d'intégration de la source de la lumière dans chaque cellule, et voici comment procéder. Vous devez considérer chacune de vos cellules comme une partie intégrante de la conscience. Ici apparaît la notion de globalité. Si vous cognez votre orteil, dites : « Nous souffrons. » Ne dites plus jamais : « Mon orteil me fait mal. » Si vous prenez peu à peu conscience du caractère sacré de ce « nous », vous commencerez à émettre des vibrations à l'unisson. Il n'existe pas une seule cellule, dans votre corps, qui n'ait les attributs de la conscience. Mais vous remarquez souvent que la conscience n'a son siège que dans ce que vous appelez le troisième œil, un seuil important de votre corps. Le troisième œil, très chers, n'est que le point culminant de l'aide et de la coopération de toutes les cellules, un point focal. À cet endroit existe un flux qui part de la cellule de votre orteil et de celle de votre coude, de toutes les autres cellules internes, y compris celles de chacun de vos organes. Elles ont toutes connaissance de ce que vous savez. Pourquoi ? Parce qu'elles sont impliquées dans l'horloge biologique, voyez-vous !

Commencez-vous à réaliser ? À moins que vous n'émettiez vos vibrations ensemble, l'horloge ne saura jamais que faire de l'hormone de mort ! Ainsi, le « Nous » représente la clé de l'autoguérison. C'est l'intégration et l'intégration... puis l'intégration. Vous ne devriez plus jamais penser que le corps connecté à votre tête est étranger à l'illumination, car cela est faux. Ce corps fait partie du système qui vous maintiendra ici ! Oh, très chers, ni vous ni nous n'avons le temps de vivre une nouvelle incarnation – la stérilité de partir, de revenir, de grandir à nouveau. Vous avez une tâche à accomplir maintenant ! Nous voulons que vous restiez. Restez ! Ainsi, par affection, nous vous délivrons ces messages afin que vous compreniez le système que vous devez appliquer et le caractère sacré du corps dont vous avez besoin pour rester en vie afin de servir la planète !

Enfin, nous répétons que la formulation est cruciale pour votre évolution globale. Formulation ? Quel rapport avec la biologie ? Je répète que cela est dû au fait que votre corps, votre intellect et la partie spirituelle en vous créent des mots qui sont perçus par votre organisme et par celui des autres. Vous créez ce que vous dites ! Vous surprenez-vous à dire que ceci ou cela vous fait souffrir ? Modifiez votre énoncé et dites : « Nous souffrons. » À chaque occasion, formulez cette notion du « Nous » et l'unité de votre organisme. Puis rendez hommage aux différentes parties constitutives de l'ensemble. Commencez à vous entraîner à agir ainsi, très chers, et vous constaterez un changement dans votre vie. N'exprimez jamais vos doutes ou votre incapacité apparente à faire quelque chose. Car, en agissant ainsi, vous leur donnez une réalité et vos cellules le ressentent ! Est-il alors étonnant qu'elles ne coopèrent pas avec le guérisseur ?

Faites quelque chose qui fasse réellement mystérieux ! [rires] Lorsque certains d'entre vous auront besoin d'aide, célébrez cette petite cérémonie et dites à haute voix : « Cher corps, je m'adresse à toi, solennellement. Nous vivons cette vie ensemble et tous deux nous nous soignerons et irons de l'avant pour remplir notre contrat. Ensemble nous nous régénérerons et aurons le pouvoir de ralentir la sécrétion de l'hormone de mort. » Dans cette salle, certains verront leur vie être prolongée en agissant ainsi. Il ne s'écoulera guère de temps avant que vous aperceviez une augmentation de la durée de la vie chez de nombreuses personnes.

Voyez-vous, nous voulons que vous restiez. Nous vous aimons. Et il n'y a pas un seul guérisseur (homme ou femme) dans cette salle qui ne possède les instructions cellulaires sacrées lui permettant de faire fonctionner tout cela. Indépendamment de ce qui se passe dans votre corps et du caractère récent des événements, toutes ces choses sont sacrées et ont un but, ne serait-ce que de vous permettre de les comprendre ! Même les éléments de la vie qui, apparemment, n'ont aucun rapport, s'efforcent de vous parler. Vous découvrirez alors que la conversation que vous tiendrez, lorsque vous commencerez à discuter avec votre corps, est bien étrange. Elle traitera de sujets semblant n'avoir aucun lien avec la biologie, tels que les situations conflictuelles, que vous auriez plutôt situées dans votre tête. Seriez-vous choqués d'apprendre que toutes vos cellules sont au courant ? Cela est en corrélation avec la jalousie et le manque de confiance en votre valeur. Votre organisme, chacune de vos cellules, sait cela et compte les jours. Les cellules sont là à attendre que vous compreniez comment les modifier. Elles ont aussi entendu le message de ce soir. La différence est qu'elles doivent attendre l'étincelle de vie de votre âme pour choisir. Vous faites le choix – votre « équipement » biologique est prêt pour effectuer les transformations – et il vous entendra.

Ainsi le message a été exprimé. Voici ce que nous voulons que vous sachiez : vous avez la possibilité d'être rééquilibrés, guéris et sereins quant à votre avenir. Pour conclure, nous vous reposons la même question avec beaucoup d'affection : pensez-vous que nous ignorons ce par quoi vous êtes passés ? Cette nuit, avant de vous endormir, nous voulons que vous sachiez que certaines entités affectueuses et merveilleuses se tiendront près de votre lit. Elles font partie de la famille. Elles ont toujours été là, mais peut-être n'en êtes-vous pas conscients. Elles aussi, comme la myriade de cellules de votre corps, attendent un choix... celui de votre intention... et souhaitent que vous l'exprimiez.

Oh, très chers, parmi vous, en cet instant, certains réaliseront qu'une parcelle de leur véritable foyer est parvenue jusqu'ici, par l'intermédiaire de ce channel, et qu'il les a effleurés ! Que la paix de Dieu pénètre vos cœurs en cet instant, et sachez que vous êtes tendrement aimés !

Il en est ainsi !

Kryeon

CHAPITRE CINQ

ASCENSION II

ASCENSION

Portland, en Oregon

UN MOT DE L'AUTEUR : *Les discussions sur le processus de l'ascension s'inscrivent parmi les sujets métaphysiques les plus excitants du moment. Dans le tome III de Kryeon,* Alchimie de l'esprit humain, *publié en français en 1997, le chapitre 7 traitait de l'ascension. Le voici à nouveau, mais cette fois-ci, augmenté. Ainsi devient-il la seconde version de ce sujet populaire (ce qui explique le « II » contenu dans le titre). Il est caractéristique, au fur et à mesure que nous avançons dans cette période de Nouvel Âge, que la définition, le concept et le sens profond du processus de l'ascension, peut-être le plus puissant don du Nouvel Âge, nous soient révélés dans le détail.*

Salutations, très chers. Je suis Kryeon du Service magnétique. Retenez bien l'énergie de cet instant, car il est précieux. Ce soir, il y a une différence notable. Il s'agit de l'énergie qui soutiendra le message de ce soir, qui porte sur les grands présents destinés aux humains. Mais retenons cette énergie pendant un instant. Oh, l'amour qui unit l'Esprit et l'humanité est semblable à une rose – délicate, choyée, odorante. Elle doit être préservée et entretenue. Vous ne pouvez la rejeter et conserver sa beauté. Non. Vous devez nourrir cette rose. Semblable à un petit enfant, elle fleurira si elle est choyée, nourrie et aimée. Et c'est de la fleur de cette rose que nous souhaitons vous entretenir.

Oh, il y en a ici qui ne croient vraiment pas à ce qui se passe en ce moment. Ils pensent que Dieu ne s'adresse plus aux hommes de cette façon depuis des années. Nous sommes ici pour vous rappeler que cette forme de communication n'a jamais cessé, car l'amour de Dieu n'a jamais cessé d'être ! Pourquoi cesserait-il, alors que vous êtes ceux qui accomplissent une tâche si précieuse – ceux-là même qui sont honorés et aimés dans cet univers d'entités ? Qui sont ceux qui vous ont dit que vous n'étiez plus autorisés à communiquer de la sorte ? Qui que ce soit, ils vous ont rendu un mauvais service, puisque cette communication pleine d'amour nourrit votre cœur. Mais l'Esprit a un cœur, lui aussi, et beaucoup d'amour. Il est immense et lorsque nous vous disons que nous vous aimons, nous voulons dire que nous vous aimons vraiment !

À de très nombreux groupes comme celui-ci, nous avons affirmé que les paroles que vous entendez et les mots que vous lisez en cet instant représentent le même genre de communication que celle qui fut offerte par le buisson ardent, il n'y a pas si longtemps. Et je ne vous l'aurais pas répété aussi souvent si telle n'était pas la vérité. Aujourd'hui certains commencent à comprendre, car cet exemple n'est qu'une métaphore. Vous avez entendu cette voix auparavant, et elle est toujours investie de la même autorité. C'est l'autorité de l'Amour et celle du vrai Foyer qui viennent à vous ce soir. Et cette grande autorité vous déclare : « Je m'assieds à vos pieds et je vous aime tendrement. » C'est l'autorité de l'Esprit. Familiarisez-vous avec celui-ci, car voici, par channeling, le message de l'Esprit.

Oh, il y a une puissante énergie ici ce soir. Permettez-moi de vous la décrire avec des mots différents de ceux que j'emploie d'habitude. C'est un moment exquis. Je n'ai jamais, au cours d'une séance de channeling comme celle-ci, utilisé un tel mot auparavant et mon partenaire le traduit correctement. En cet instant, cette énergie est délicate. Et ceci, grâce au fait que vous êtes nombreux à comprendre ce qui se tient devant vous en ce moment – pas une représentation paternelle ni aucune autorité, mais un partenaire qui vous dit : « Je veux te prendre par la main. Le moment est venu de te montrer quelque chose dont tu n'as pas encore pris conscience. » La leçon de ce soir, grâce à cette énergie, est empreinte de charme et de délicatesse qui lui confèrent puissance et efficacité ! Il s'agit du second message (et du plus chaleureux) dont nous allons parler maintenant. Il est défini par un mot - un mot inadéquat pour décrire cet attribut, mais c'est le seul dont vous disposez. Ce mot est « Ascension ». Ce soir, nous allons développer cette notion d'ascension grâce à une énergie dont nous ne disposions pas encore il y a un mois. Mais ce soir, c'est possible.

Cette assemblée d'humains qui avaient rendez-vous avec nous ici, ce soir, rend possible ce qui est en train de se passer. Pas seulement l'honnêteté de ceux qui sont ici, mais aussi la profonde émotion de ceux d'entre vous qui sont assis sur leur siège et qui se disent : « Je suis prêt à en apprendre davantage. » Car certains comprennent parfaitement qu'ils ne sont pas sur cette planète par hasard. D'autres se disent : « Je suis trop âgé. Pourquoi tout ceci n'est-il pas arrivé quelques années plus tôt ? » (faisant allusion à une compréhension éclairée du dessein spirituel). Oh, très chers, votre âge a, simultanément, tout et rien à y voir, car il représente le « maintenant ». C'est le moment parfait pour vous. Aussi, ceux qui sont avancés en âge sont aussi avancés en sagesse. Comprenez-le ! Chaque événement survient au bon moment. Et les choses qui vous seraient arrivées plus tôt n'auraient pas forcément marché pour vous, et vous savez ce dont je parle. Car ceux qui sont plus avancés en âge devront garder leur sagesse pour les plus jeunes qui viendront leur demander des conseils. Les plus jeunes auront l'énergie qui leur permettra d'avancer, d'agir et d'être !

Ascension. Voilà un mot bien faible, mais vous n'en avez pas d'autre pour exprimer réellement ce qu'il signifie. Ascension, dans son acception première, indique l'élévation et ce sens est correct, car il sous-entend une élévation de la fréquence vibratoire de chaque chose. De n'importe quelle chose ! Nous développerons cela plus tard. Mais sa connotation est différente de ce que vous pensez. Certains ont hâte de réaliser leur propre ascension et se disent : « Je souhaite m'élever dans les nuages comme certains maîtres du passé, quitter cet endroit et être libéré de mon corps. » Nous vous disons, très chers, que ce n'est pas ce que l'Esprit entend par ascension. Cet instant est béni et les informations qui vous sont communiquées ce soir vous fourniront un aperçu des dons et de la puissance que vous recevrez. Laissez-moi vous dire ce qu'est l'ascension. L'ascension est une distinction intentionnelle, c'est-à-dire l'octroi à l'être humain de pouvoirs très élevés. C'est la permission, gagnée par chacun de vous, d'adopter un statut qui lui permette de rester sur cette planète, d'y vivre très longtemps puis d'assumer la nouvelle incarnation qu'il s'est préparée sans expérimenter la mort ! Telle est l'ascension. Comprenez-vous cela ? Vous avancez en direction de votre nouvelle incarnation tout en conservant votre corps actuel, votre fréquence vibratoire étant suffisamment élevée pour vous éviter le passage de la mort. Ceci vous permet-il de commencer à réaliser la durée de vie que nous souhaitons pour vous sur Terre ? Pensez-y.

Ah ! mais vous devez savoir que cela implique un programme, et nous allons en parler. L'ascension est un mariage. C'est un partenariat avec l'ange d'or assis sur le trône de votre vie et que vous appelez votre Moi divin (comme nous l'avons décrit plus tôt dans ce livre). C'est un mariage, avec tout ce que cela implique : engagement, promesse et fidélité. C'est un mariage. Voilà ce qu'est l'ascension.

Quels sont ceux qui bénéficieront de ce statut ? En avançant dans ces explications, vous comprendrez le programme qui vous sera révélé. Ne vous méprenez pas, ou ne soyez pas blessés lorsque je vous dirai que vous ne bénéficierez pas tous de cette ascension. Je vous répète que ce statut n'est pas destiné à tous. Mais le processus qui y conduit s'adresse à chacun. Comment cela se peut-il ? En voici la raison, très chers : le processus qui permet de commencer l'ascension et d'élever votre fréquence vibratoire est entre vos mains, selon votre choix. La seule question est de savoir jusqu'où vous êtes prêts à vous rendre. Aucune règle ne vous incitera à vous déplacer vers certains endroits, à maintenir une certaine fréquence vibratoire ou à réciter certains mantras toute la journée. Non. Le déroulement de ce processus est strictement personnel !

Au fur et à mesure que nous avancerons, vous saisirez un peu mieux pourquoi quelques-uns souhaiteront s'arrêter et développer un certain type de vibration afin de servir la planète de cette façon, sans chercher à vouloir aller plus loin. D'autres désireront suivre le processus au complet, partiellement ou seulement le début. Quel que soit le cas, votre souhait sera personnel et honorable. Vous ne serez sans doute pas surpris d'apprendre que ce continent (l'Amérique du Nord) est en retard en ce qui a trait à l'ascension. Il y a davantage d'humains impliqués dans ce processus sur les autres continents de la Terre que sur le vôtre. Ils sont plus nombreux à avoir compris et à utiliser cet attribut. C'est pourquoi la masse critique est atteinte plus vite. Cette quête est mondiale, mais se développe plus rapidement sur les autres continents. Voilà pourquoi la Terre change à une telle allure.

Oh, vous êtes une partie importante de cette Terre, et c'est très bien ainsi. En ce moment précis, une séance de channeling se déroule en un autre endroit de cette planète, et le même message y est transmis dans des termes identiques. Je ne vous ai jamais parlé de cela, n'est-ce pas ? Vous recevez ce message simultanément, et c'est souvent ainsi que l'Esprit travaille. Ce message n'est pas la propriété d'un groupe particulier. Il est destiné à tous les humains simultanément et, bien que je sois en mesure de vous dire où cette séance se déroule, je préfère m'en abstenir. Vous êtes connectés ensemble. Ils ne parlent pas votre langue, mais ils sont de bon lignage.

LA TERRE

Avant de continuer notre étude de l'ascension, parlons de la Terre. Quelques-uns parmi vous pourraient demander : « Kryeon, pourquoi parler de la Terre alors que vous nous révélez le principe de l'ascension ? Parlez-nous plutôt des humains et de ce que signifie l'ascension, de ce que l'on ressent et des dons qu'elle nous apporte. » Non. Nous devons d'abord parler de la Terre. Cela complétera les informations fournies plus tôt aujourd'hui, ici même, et dans un autre lieu. J'ai affirmé, auparavant, que «l'humanité se porte comme la Terre ». C'est pourquoi nous sommes tellement intéressés par vos aspects planétaires. En cet instant, je m'adresse à un groupe d'élites qui sait que la moindre poussière de cette planète est imprégnée de conscience !

Très chers, voici d'où proviennent les divers éléments constitutifs de votre biologie. En effet, il y a un nombre déterminé d'éléments sur votre planète. Qu'ils soient convertis en énergie vitale basée sur le carbone ou qu'ils restent sous forme de roche, leur quantité ne varie pas. Par conséquent, les éléments qui constituent votre corps et vos cellules ainsi que l'énergie vitale qui jaillit en vous proviennent tous de la Terre. Cette Terre qui est la vôtre possède une conscience. Elle doit changer avant que vous ne soyez autorisés à poursuivre plus loin. Sa conscience doit coopérer avec votre entreprise. Mais tout ceci n'est pas nouveau.

Il y a quatre types de transformations en cours sur votre planète : magnétique, météorologique, géologique et spirituelle. Le magnétisme, dont nous avons parlé souvent auparavant, est celui de votre réseau magnétique terrestre, lequel, au passage, est influencé par votre soleil, qui représente le seuil de la communication dont nous vous avons également parlé. C'est le positionnement de ce réseau magnétique qui vous offre les présents du Nouvel Âge, car c'est lui qui fait peu à peu lever le voile (l'aspect spirituel de votre dualité). Le voile doit se lever jusqu'à un certain niveau avant que vous puissiez bénéficier de ces cadeaux, et ce n'est pas encore le cas. Lorsque nous aborderons le sujet de votre programme, je vous dirai ce à quoi vous pouvez vous attendre. Vous avez aussi vu le nord magnétique bouger. Je vous ai parlé précisément de ce glissement lorsque je suis arrivé la première fois, en 1989, et maintenant vous pouvez le constater et le mesurer vous-mêmes.

De même, me suis-je assis, il y a des années, devant des groupes comme celui-ci, et ai-je annoncé des changements climatiques. Attendez-vous à ce qu'il y en ait encore. Je vous ai dit que c'était comme se trouver dans une maison en construction, devant quelque chose d'irritant, d'inconfortable ou un ouvrage inachevé. Et ceci est en train de se passer, comme prévu, non pas parce que je vous l'ai annoncé, mais parce que les éléments répondent à votre conscience ! Tout cela est en cours, et nous vous annonçons, très chers, que de nombreux nouveaux schémas continueront à se développer. Vous aurez à les prendre en compte et, dans ce but, vous devrez retracer les berges des rivières et redessiner les barrages que vous aviez construits. Car de nombreux hivers continueront à être froids et rigoureux, et des inondations surviendront qui n'étaient pas problématiques en 1989.

Tout ceci fait partie du réajustement planétaire. La planète doit d'abord se modifier avant de permettre aux humains qui la peuplent de se modifier à leur tour. Glissements polaires et modifications terrestres font partie de l'ascension. C'est ainsi, très chers. La fin des temps a trait à l'ascension. Elle ne concerne pas la peur, mais il y a ceux qui ne comprennent pas ce qu'est l'ascension, qui ne saisissent pas la nécessité d'élever leur fréquence vibratoire. Pour ceux-là, cette situation peut paraître effrayante

Permettez-moi de vous entretenir des aspects géologiques de la planète. En ce moment existe un système scientifique de mesures que vous appelez mesures par résonance. Ce système permet la mesure des ondes stationnaires entre la surface de la Terre et le sommet de la ionosphère. Par le passé, la mesure de résonance atteignait sept sur l'échelle de Hertz. Aujourd'hui, elle atteint dix et se dirige vers onze ! (voir page 358). Le saviez-vous ? La géologie de la planète est en train de changer et pas seulement le climat. Et ce que je vais vous dire maintenant n'est pas destiné à semer la crainte dans le cœur de ceux qui vivent dans cette région. Cela vous est communiqué par amour et touche la planète dans son ensemble. Vous êtes sur le point d'observer davantage de choses en provenance des entrailles de la Terre. Et certains de ces événements surviendront en des lieux inattendus et non pas là où on les attend, très chers, pas là où on les attend.

Bien qu'une activité volcanique puisse avoir lieu ici (dans la région de Portland), il est de votre devoir, si vous faites ce choix, de concentrer l'énergie dans un endroit comme celui-ci, qui a un risque potentiel de désastre – afin de le purifier et d'éviter ainsi que ce désastre ne s'y produise. Écoutez, très chers, c'est l'année dernière que fut évitée de justesse une collision entre la Terre et un astéroïde, grâce à une modification technique concernant l'orbite de cet astéroïde. Ce dernier transportait une incroyable quantité d'énergie qui vous était destinée ainsi qu'à cette planète, durant son passage. Vous voyez, très chers, cette catastrophe fut évitée grâce au travail des guerriers de la lumière, à leur méditation et à leur intention. Ce furent les guerriers de la lumière de votre planète qui modifièrent l'orbite de ce corps céleste ! Est-il donc si étonnant de vous informer que vous pouvez contrôler votre région et éviter ainsi les débordements de magma terrestre ? Cela n'est pas si difficile à réaliser. Méditez là-dessus. Protégez votre région, car elle est précieuse et c'est à vous de le faire. Nous vous répétons que la conscience humaine peut modifier les lois physiques. Il existe un rapport étroit entre elles, comme nous vous l'avons révélé auparavant. Mais vous constaterez cette activité dans le monde entier et dans des endroits inattendus. Soyez attentifs, cela arrivera bientôt*.

Sur le plan spirituel, toute personne ayant étudié ce qui est en train de se produire sur cette planète a pu constater ceci : les dons que nous vous avons offerts, à vous et à la planète, vous ont été présentés sous diverses formes. La collision avec l'astéroïde, évitée de justesse l'année précédente, les comètes qui vous ont rendu visite ces deux dernières années, l'activité des rayons gamma et beaucoup d'autres manifestations physiques qui demeurent des mystères à vos yeux ont été, en réalité, des dons spirituels matérialisés en trois dimensions afin que vous puissiez les percevoir. Cette énergie, offerte à dessein à la planète, était destinée à l'ascension ! En somme, nous vous répétons que les plans physique et spirituel sont reliés.

Parlons maintenant de la science qui vous est communiquée.

* Note de l'auteur : Dans les trois semaines qui suivirent ce channeling à Portland, des éruptions volcaniques furent signalées dans les régions de Mexico, de la colonie britannique de Montserrat et de Jakarta. Des tremblements de terre furent relevés près du Japon, en Indonésie, au Chili et à Taïwan.

Faites attention, très chers, car je vais vous donner, dans quelques instants, des informations tout à fait inédites. Soyez prudents quant à la façon dont vous allez les traiter. Car certains voudront les rendre plus sensationnelles qu'elles ne le sont, et cela n'est vraiment pas nécessaire. Si quelque chose est sensationnel, c'est le fait qu'un amour incroyable est, en cet instant précis, déversé dans vos cœurs.

L'histoire commence en 1987. À ce moment, vos scientifiques ont été en mesure de comprendre et d'utiliser la technologie dite « technologie scalaire ». À cette époque, vous avez sérieusement commencé vos expérimentations et je vous invite à vérifier ce que je vais vous dire. Ainsi, vous avez étudié les inventions, les découvertes et la science tridimensionnelle de cet homme que vous appelez Tesla et commencé vos expériences cette année-là. Mais ce n'était pas sur ce continent. Non. Reportez-vous en 1987, sur le continent que vous appelez l'Australie. En son centre se dressaient deux tours, érigées par le gouvernement américain, en un lieu appelé Pine Gap. Là se déroulaient certaines expériences concernant la « technologie scalaire » depuis les tours qui transmettaient l'énergie dans le sol. Mais, voyez-vous, très chers, des erreurs y furent commises. En fait, vous n'étiez pas en mesure de comprendre les relations complexes entre les phénomènes de résonance et cette technologie. Car les conséquences de cette résonance étaient énormes et grandirent très vite de façon exponentielle. Comme lorsque de trop nombreux soldats défilent au pas cadencé sur un pont, la résonance crée d'énormes phénomènes de vibration. Si vous aviez su cela, cette expérience n'aurait pas provoqué un glissement de la croûte terrestre à l'autre bout du monde, comme cela s'est produit. Certains d'entre vous feront des recherches à ce sujet et seront stupéfaits par cette information. Les hommes ont provoqué un tremblement de terre - le premier tremblement de terre provoqué par l' homme depuis l'aube de l'humanité !

Actuellement vous expérimentez de nouveau cette technologie, mais vous ne vous occupez plus du sol. Vous avez décidé de l'appliquer à l'atmosphère ! Quatre personnes présentes ce soir comprendront ces mots, car il y a un code caché dans la phrase suivante : « Voici un conseil : braquez-vous sur cette technologie et dévoilez-la au grand jour. » [N.D.T.: La phrase en anglais est : « *Take AIM at this technology and expose it.* » voir page 240] Voilà le code que je vous transmets. Oh, très chers, une certaine science, offerte à cette planète, est utilisée pour la guérison, et, comme mon partenaire vous l'a expliqué ce soir, vous commencez à comprendre et à faire appel aux divers aspects spirituels de votre biologie grâce à elle. C'est un privilège et un don qui vous sont offerts par amour et cela sur toute la Terre. La technologie qui est représentée dans cette salle (allusion au Dr Todd Ovokaitys, présent dans la salle, voir page 362), en fait partie. Car ce sont toujours les mêmes caractéristiques que l'on retrouve. Ne vous trompez-pas. Certaines personnes, très chers, vont transformer la planète et elles se trouvent parmi vous, ici, ce soir. Il y a des guerriers de la science ! il y a des guerriers de l'intention ! Il y a ici des guerriers de la méditation qui rendront cette planète différente de ce qu'elle est aujourd'hui, s'ils choisissent de le faire. Le choix ! l'intention ! Commencez-vous à entrevoir un plan d'ensemble ?

En somme, la Terre s'est modifiée considérablement afin de permettre l'ascension de l'être humain, et les inventions que vous avez reçues doivent vous aider à enrichir et à prolonger votre vie. C'est l'unique raison pour laquelle elles vous sont offertes. Mais, comme avec toute science, une partie de ce nouveau savoir est utilisé à d'autres fins, peut-être moins honorables que la recherche de la conscience spirituelle. Avec toute notre affection, nous vous disons que ces présents vous sont offerts pour la prolongation de votre vie, pour la paix. Ainsi ils se fondront avec ce que vous offrez personnellement, si vous choisissez de les utiliser à des fins d'élévation, pour ce que nous appelons l'ascension.

Parlons maintenant de ce programme. Le programme de l'ascension couvre une période de vingt-quatre années, qui s'étend de la fin 1987 jusqu'au début de 2012. Ceux qui commencent à voir ce qui se passe durant cette période comprennent que l'origine de tout cela est ce que nous avons décrit dans d'autres ouvrages comme étant le onze-onze (11 : 11). Vous souvenez-vous de ce qu'était le onze-onze ? Permettez-moi de vous le rappeler : il s'agissait d'une fenêtre spirituelle, d'un accès permettant à votre ADN de modifier son code génétique. Les humains reçurent, à cette époque, la permission d'obtenir un potentiel d'ascension. C'était le résultat de ce que vous avez appelé la « Convergence Harmonique ». Tout a commencé en 1987. Puis vous fîtes l'expérience du douze-douze (12 : 12), qui fut le « passage du flambeau », transmis par de nombreuses entités non humaines qui détenaient l'énergie de la planète, vous en confiant alors la totale responsabilité et permettant enfin aux humains et à la Terre d'être entièrement responsables d'eux-mêmes. Vous disposez aujourd'hui de plus d'énergie que jamais. Vous pouvez transporter votre Moi divin avec vous en permanence, sans aucune aide. L'ascension, la permission d'être honorés, la permission de progresser ! Alors, la Terre vit apparaître les comètes, les astéroïdes et tous ces autres phénomènes et manifestations destinés à vous permettre d'utiliser l'énergie spirituelle de la planète Terre au fur et à mesure de vos besoins.

La Terre fut tout d'abord votre véhicule, votre socle, le partenaire avec lequel vous avez partagé les éléments de votre corps. La conscience de la Terre devait apparaître d'abord. Maintenant, c'est à votre tour. Cela signifie que vous avez le temps de continuer ce processus de développement. L'Esprit ne vous demande pas d'accomplir ceci en une nuit. Ce serait difficile ! Vous ne pourriez pas. L'énergie vous permettant de réaliser intégralement votre ascension ne vous a pas encore été accordée. Tout se passe graduellement, comme vous pouvez l'imaginer. La permission a été donnée et l'énergie accordée ne permet qu'un voyage limité pour lequel vous êtes nombreux à embarquer maintenant. Lorsque vous en aurez besoin, vous recevrez davantage d'énergie, car la permission de continuer a d'ores et déjà été donnée.

Vous avez reçu maintes instructions relatives aux nombreuses étapes de votre tâche. Certaines vous ont été communiquées dans un dessein merveilleux et sont très précises. Cependant, les mots étant parfois impuissants et comme il s'agit d'un nouvel aspect interdimensionnel de l'humanité, beaucoup de choses se cachent derrière ces instructions. Les noms et les processus sont souvent

« étiquetés » comme différents, alors qu'en réalité ils sont identiques. Il y aura encore des messages par channeling qui seront compris peu à peu, jour après jour. Aussi vous est-il à nouveau demandé d'avancer lentement. Comprenez bien qu'il reste encore quatorze années (au moment de ce message en 1997), et que beaucoup d'énergie sera utilisée pendant ce délai pour que toutes ces choses puissent se réaliser.

L'HUMANITÉ

Maintenant nous traiterons de l'humanité. Avez-vous compris toute l'importance des présents et des outils qui vous sont offerts pour votre graduation ? Lorsque je suis venu la première fois et que je vous ai parlé de l'implant, je vous ai expliqué qu'il s'agissait là d'un cadeau. Je vous ai révélé l'existence d'un aspect spirituel qui se trouvait devant vous en ces temps de Nouvel Âge. Je ne vous l'ai pas apporté. C'est vous, qui, grâce à votre travail sur cette planète, avez permis qu'il existe. Il vient après la Convergence harmonique, le 11 : 11 et le 12 : 12. C'est un cadeau qui vous permet de nettoyer votre karma et qui est partie intégrante du processus d'ascension. Ce cadeau est votre fierté et votre privilège. Vous l'avez gagné !

Le mal et la peur : Oh, très chers, la puissance des dons de l'amour est telle qu'ils vous transforment et vous procurent une certaine appréhension. Car ces changements vous les ressentez : ils sont profondément en vous. Certains ont ressenti ces impulsions et ne les ont pas comprises, tout en se disant : « Ceci ne peut être bien. » D'autres ont dit : « Je ressens la visite de mon vrai foyer. J'ai déjà ressenti cela auparavant ! » Savez-vous où vous avez déjà ressenti cela ? Oh, nous vous l'avons déjà dit. Vous êtes tellement nombreux dans cette assemblée si précieuse à avoir été frères et sœurs à cette époque que nous appelons l'Atlantide. Et c'est là que vous avez déjà ressenti cette impression. Mon partenaire couvre une partie de son corps dont nous allons parler avant la fin de ce message [Lee place ses mains sur sa poitrine], et il ne s'agit pas de son cœur.

Les cadeaux et les outils qui vous sont fournis pour permettre votre graduation et votre ascension seront valables pendant cette période de quatorze ans. Et, en date d'aujourd'hui, vous avez déjà gagné et reçu de nombreux présents. L'un d'entre eux fut la permission. Le don de la purification du karma – le don de l'auto-guérison – le don de l'assistance d'une énergie puissante et le plus important de tous, le don de l'Intention. Il n'existe pas de plus important don que celui qui est offert à l'humanité et qui permet à l'être humain de formuler son intention de faire quelque chose et de voir cette dernière se réaliser et lui apporter, ainsi qu'à son entourage, une énorme quantité d'énergie. Pensez-y, l'intention, c'est presque de la magie !

Quelles émotions ressentez-vous (vous qui avez décidé d'atteindre le niveau supérieur afin d'élever votre fréquence vibratoire) ? Certains ont dit : « Mon Dieu (Esprit), j'ignore où je me dirige, mais je choisis de franchir le premier pas de ma graduation et de mon ascension. » Que ressentez-vous ? Laissez-moi vous fournir une émotion qui, peut-être, vous surprendra : le chagrin ! Ce n'est pas ce que vous croyez. Il ne s'agit pas de chagrin pour une triste vie ou des événements qui peuvent survenir autour de vous. Non, au lieu de cela, vous ressentez la séparation d'avec votre Moi réel, d'avec ce que vous étiez auparavant. Vous devenez quelque chose d'autre. Nous avons déjà parlé de cela auparavant, à propos des humains du Nouvel Âge, qui se transforment. C'est cette séparation que vous ressentez.

Quelques-uns parmi vous ont réellement eu des visions et des rêves relatifs à leur propre mort. Aussi, laissez-vous dire qu'il n'y a pas de plus grande bénédiction que dans ce genre de vision. Cela ne signifie pas que vous allez mourir, très chers. Il s'agit plutôt d'une métaphore. Elle signifie que votre ancienne personnalité, celle avec laquelle vous êtes venus sur Terre, n'est plus et que la nouvelle personnalité que vous avez réclamée grâce aux vibrations de haut niveau surgit de votre corps. Savez-vous ce que cela nous fait, à nous (les entités de Kryeon, de l'autre côté du voile), de constater ce qui vous arrive ? Voyez-vous, il existe maintenant un espoir incroyable, immense, merveilleux, que nous puissions voir des changements étonnants sur cette planète, d'ici douze à quatorze ans. Une fois la masse critique atteinte, il y aura des surprises partout. Vous êtes nombreux à ressentir ce sentiment de séparation et nous souhaitons maintenant vous en expliquer la raison. Cela ne provient pas de votre fait. Vous évoluez simplement dans une zone que très peu connaissent et vous êtes les éclaireurs de ce processus d'ascension.

Que dire au sujet de la famille ? Que va-t-il arriver à la famille ? La réponse comprend deux volets. Le premier est étonnant, car il a trait à la « famille karmique ». Aviez-vous entendu parler des groupes karmiques ? Vous vous connaissez tous ! Je pense que vous savez cela, n'est-ce pas ? Frères, sœurs, cousins, mères, pères – vous êtes déjà venus ici avant et vous vivez vos diverses incarnations en groupes au sein desquels vos âges, vos vies et vos morts sont étroitement imbriqués. Il existe une connexion karmique entre vous et la personne assise à côté de vous, même si vous ne connaissez pas son nom. Je vous le garantis. Pour la première fois dans l'histoire de l'humanité, vous êtes autorisés à sortir de ces groupes, si vous le désirez, durant votre séjour ici, et à proclamer votre propre personnalité. Vous en avez le pouvoir ! Par conséquent, lorsque nous parlons de famille, nous pensons famille karmique. Il n'est pas étonnant que vous ressentiez du chagrin, car vous dites adieu à un groupe important au sein duquel vous avez voyagé sur le plan astral depuis des temps immémoriaux et que vous quittez parce que vous avez choisi de devenir quelque chose d'autre.

Votre karma étant purifié et allégé, vous adoptez un statut plus élevé et laissez les autres faire de même s'ils le désirent. Vous n'êtes donc plus connectés avec eux. Le cordon est coupé et vous le ressentez profondément.

Que dire des familles humaines ? Oh, très chers, il est important que vous compreniez bien ceci : nous vous avons déjà rencontrés plusieurs fois et nous vous avons dit que le fait d'accepter le don de purification du karma, que nous appelons la délivrance, allait faire de vous des personnes bien meilleures. Et nous vous avons dit aussi que votre entourage s'en apercevrait, car cette amélioration créera la paix, diminuera l'anxiété, vous amènera à assumer vos responsabilités et à révéler qui vous êtes vraiment. Vos camarades seront ravis. Vos enfants aussi. Votre famille et vos relations seront ravis parce que vous disposerez du potentiel et de la possibilité de devenir des êtres humains beaucoup plus sereins. Maintenant, tournons la page vers cette nouvelle énergie en expansion, mais disons encore ceci : cette modification vibratoire et d'élévation de statut n'est pas nécessairement ce que vous verrez devant vos yeux !

Lorsque vous vous séparerez de votre Moi ancien et quitterez votre karma, certains vibreront à une fréquence différente, ce qui ne sera pas nécessairement suivi par leurs conjoints et amis. Et c'est pourquoi quelques-uns parmi vous pourront souhaiter rester où ils se trouvent. Car, dans l'intérêt de votre vie, il vaudra peut-être mieux rester où vous vous trouvez. Cela vous rendra service. Cela rendra service à vos enfants et, donc, à la planète. Alors, plus tard peut-être, pourrez-vous choisir d'aller de l'avant. Ce sont des choses que vous serez seuls à savoir, et personne ne portera de jugement à ce sujet ! Vous ne serez pas laissés dans la poussière (si je puis dire) ! Tout être humain qui décide de vibrer à une certaine fréquence est aimé et honoré comme n'importe quel autre, même durant les premiers degrés de sa graduation. Même s'il se contente d'avancer jusqu'à un certain point et d'y rester, c'est que cela lui est profitable. La décision exige discernement et intuition, mais il saura ce qu'il convient de faire. Il ne s'agit pas d'une course. Aucune compétition n'a sa place ici. Il n'y a qu'une opportunité spirituelle et un contrat.

Mais voici une chose particulière, très chers : ceux d'entre vous qui souhaitent poursuivre leur route, qui désirent vibrer à une fréquence plus élevée et rester branchés sur l'information et l'énergie transmise à cette planète, ceux-là doivent savoir qu'il existe un groupe d'êtres humains qui les comprendra et restera avec eux. Vous serez nombreux à savoir que je veux parler des nouveaux enfants de cette planète, car ces derniers verront ce que vous serez en train de faire. Ils vous prendront par la main et vous admireront. Et, à leur façon, leurs cellules vous féliciteront pour ce que vous faites pour eux, et beaucoup d'entre eux feront la même chose que vous. Et cela leur sera plus facile qu'à vous, dans le cadre limité de ces quatorze années, car ils arrivent avec une nouvelle conscience et le sentiment aigu du but à atteindre. Famille karmique ! Famille biologique ! Un *challenge* ! Vous attendiez-vous réellement à quelque chose d'autre ? (voir page 247).

Que ressent la personne qui adopte un statut supérieur ? Je vais vous l'expliquer. Nous vous avons déjà rappelé que ceux qui vibrent à une fréquence plus élevée dorment de façon différente. Vous vous souvenez de cela, n'est-ce pas (vous réveiller parfois à deux reprises durant la nuit, avec la nette sensation de ne pas être seul) ? Nous vous avons dit aussi que vous vous nourrissiez différemment. Vous vous souvenez de cela également, n'est-ce pas ? Nous avons aussi affirmé que quelques individus sont devenus plus proches que jamais de certaines entités des plans spirituels grâce à leur modification vibratoire. Et, de ce fait, vous commencez à voir, ou croyez voir, certaines de ces entités autour de vous - vous réveillant en sursaut au milieu de la nuit, en croyant votre chambre remplie de ces entités. Ha, ha ! Eh bien, vous avez raison ! Nous vous avons parlé de votre groupe de soutien et de son importance. Vous seriez surpris. Chaque être humain a une légion d'assistants. Ils vous connaissent, vous savez. Vous vous rapprochez sérieusement de leur dimension lorsque vous décidez de prendre la route de l'ascension.

Qu'en pensez-vous, vous qui avez choisi l'ascension ? Laissez-moi vous le dire. Vous êtes vraiment moins enclins à vous mettre en colère. Vous avez atteint un seuil de tolérance que vous n'auriez pas cru possible avant. Oui, c'est vrai. Vous disposez de beaucoup plus d'amour et vous regardez les autres différemment. Mais, voici le plus important : vous atteignez vos objectifs ! Le discernement vient du plus profond de votre être. L'ange d'or assis sur son trône et que vous appelez votre Moi divin vous fournit chaque réponse désirée. Oui. De la sorte, le discernement et le pouvoir de décision proviennent du plus profond de votre être. Non d'un gourou ou d'un channel. Ni d'un voyant ni de cette estrade [celle où se tient Lee Carroll]. Le channeling n'est qu'information, très chers. L'aspect spirituel provient de vous.

Nous vous fournissons des informations, en toute affection, et ensuite vous les utilisez et agissez en fonction d'elles. Ce qui vous est transmis ici, c'est l'Amour de Dieu, mais c'est ce que vous en faites qui crée les changements sur la planète. C'est vous qui faites le travail.

Parlons maintenant de votre biologie. Nous avons déjà traité de cela. Beaucoup de choses se passent dans votre corps, au niveau cellulaire (parmi ceux qui ont choisi la voie de l'ascension). Un jour viendra où ce phénomène sera étudié et où vos médecins s'étonneront de constater que de si nombreuses personnes bénéficient « d'étranges » caractéristiques ! Pour quelle raison, diront-ils, constatons-nous soudain dans notre société un réveil de cet organe appelé le thymus ? Qu'est-ce qui l'a provoqué ? C'est l'intention ! l'intention de vivre longtemps. L'intention d'améliorer la santé. L'intention de rester sur Terre. Vous savez, vos corps ont été conçus pour vivre plus de 900 ans ! Maintenant, sachez que les méthodes permettant de vivre si longtemps passent par l'éveil du thymus. Elles passent par la modification de l'ADN, grâce à votre intention, aux essences vivantes de plantes et aux autres techniques (parmi lesquelles figure le magnétisme). Doutez-vous qu'une telle chose puisse arriver ? Oh, cela pourrait survenir maintenant ! Vous n'avez pas à attendre quatorze ans. Cela est possible aujourd'hui ! Il n'y a pas une seule personne qui ne puisse quitter cette salle sans être guérie et être prête à poursuivre son chemin. Si vous voulez de l'aide, sachez qu'il y a ici tout ce qu'il faut pour cela. Mon partenaire a, avec lui, divers aides que vous n'avez peut-être pas l'habitude de rencontrer (une allusion aux membres de la légion de Kryeon qui participent à cette conférence). Il y a, parmi vous, des personnes qui en rencontreront d'autres ce soir et qui, de ce fait, vivront plus longtemps ! Voilà pourquoi vous fûtes amenés ici ! Voilà pourquoi vous êtes assis sur ces sièges.

Enfin, nous vous informons que quelque chose est en train de se passer avec votre horloge biologique (du moins pour ceux qui ont donné leur accord). Votre horloge biologique est ralentie, mais cela n'est peut-être pas perceptible pour vous. Voici la clé : s'il vous semble que la Terre tourne plus vite, vous êtes ralentis.

L'horloge biologique tournera plus lentement et comptera ainsi moins de pulsations. Par conséquent, elle durera plus longtemps. Voilà ce qui se passe.

Oh, très chers, nous vous avons donné un aperçu du programme. Un aperçu de la façon dont votre organisme et vos émotions réagissent. Nous vous avons expliqué ce qu'il vous faut rechercher. Nous vous avons informés que vous êtes honorés pour avoir commencé votre voyage, bien que ne disposant pas encore de tous les éléments. Nous vous avons dit que certains s'arrêteront à mi-chemin, que cela aussi sera juste et que nul jugement ne sera porté à leur encontre. Nous vous avons dit aussi que quelques-uns iront jusqu'au bout du voyage. Que va-t-il se passer en 2012 ? D'autres mesures seront effectuées. Et si, très chers, ces mesures décèlent une certaine forme de vibrations, vous découvrirez une planète entièrement différente et c'est ce qui déclenchera un débarquement massif sur la Terre. Ils ne peuvent débarquer tant que vous n'êtes pas dans le même schéma temporel qu'eux, et c'est pourquoi certaines de vos anciennes prophéties annoncent la fin de votre monde pour 2012. Il ne s'agit, cependant, que de la fin d'une caractéristique temporelle actuelle qui se transformera progressivement. Une nouvelle horloge sera alors donnée à la Terre si les mesures font apparaître des résultats spécifiques. Comme tout ceci est relatif, il est possible que vous ne le ressentiez que très faiblement, mais vos astronomes le sauront. Ils découvriront progressivement dans le cosmos les preuves des changements autour d'eux. Ce qu'ils voyaient tournoyer dans l'espace semblera ralentir. Mais en fait, c'est vous qui ralentissez, mettant en évidence d'autres « anomalies ».

L'amour. Il n'existe pas de puissance plus grande dans tout l'Univers. Vous demandez-vous d'où viennent vos guides ? Ils viennent de l'endroit d'où l'énergie est transmise. Ils viennent du Grand Soleil central. Cette source est plus éloignée encore que vous pouvez l'imaginer. C'est de cet endroit que je suis originaire, tout comme vous. C'est l'énergie du vrai foyer. Mais, pour l'instant, je suis ici pour vous aimer – pour m'asseoir à vos pieds pendant des réunions comme celle-ci, pour vous dire que ces instants sont précieux et que nous versons des larmes de joie d'être avec vous (et avec ceux qui lisent ces lignes). C'est un moment unique que nous vivons, car l'énergie créée ce soir l'a été par ce groupe d'êtres humains qui ne seront plus jamais réunis ensemble de la même façon. Et ceci veut dire que cet endroit est unique et béni et je souhaite que vous y pensiez quelques instants.

Il existe des contrats vous liant à ceux qui vous entourent et dont vous n'avez pas conscience. Vous ne savez même pas que vous êtes assis à côté de personnes aimées au sujet desquelles vous vous êtes tourmentés par le passé et qui sont décédées. Vous ne pouvez voir leurs noms et vous ne les reconnaissez pas, car beaucoup de choses sont dissimulées d'une incarnation à l'autre. Mais vous êtes tous membres de la vraie famille ! Croyez-moi ! J'utiliserai à nouveau les mots « exquise » et « délicate », car ils définissent parfaitement l'énergie présente dans cette salle, différente de toute autre - puissante et appropriée au caractère sacré du message de ce soir. Que chacun quitte cette salle en se souvenant de ce que nous disons si souvent et qui est tellement vrai : grâce à l'amour parfait, nous connaissons vos noms. Nous savons ce par quoi vous êtes passés et, de ce fait,

vous êtes tendrement aimés.

Et il en est ainsi.

Kryeon

ASCENSION

Montréal, au Canada

NOTE DE L'ÉDITEUR : *Le 25 avril 1998, plus de 900 personnes ont choisi de se réunir à Montréal pour accueillir Lee Carroll et les enseignements de Kryeon. Se retrouver parmi tous ces gens était en soi un moment sacré, et bien que l'émotion du moment perceptible dans la voie de Lee Carroll ne puisse être transcrite ici, nous la plaçons tout de même vibratoirement entre ces lignes. Que l'amour et la paix de ces moments vous soient aussi offerts chers lecteurs.*

Salutations, très chers. Je suis Kryeon du Service magnétique. Préservons cet instant et gardons la tranquillité du lieu, car nous maintenons en ce lieu une attitude bienveillante, une configuration énergétique précieuse.

Ce soir, nous présentons un événement spécial. Car nous avons ici un entourage venu accueillir un autre entourage. Nous avons espéré ce moment, et il y avait d'excellentes probabilités qu'une telle assemblée prenne forme, une assemblée qui nous permettrait d'être présents dans cette salle et de visiter chaque personne selon sa volonté. Consentez à ce que l'entourage qui m'accompagne, empreint du pur amour que nous représentons, se déplace entre les sièges de ce lieu. Permettez à ceux qui ont été humains récemment, et qui vous ont quittés, de vous visiter momentanément afin de consoler ceux et celles qui en ont besoin et de leur dire : « Nous sommes éternels. Vous l'êtes aussi. » Consentez à ce que ceux qu'amène Kryeon se joignent aux autres, déjà là, ceux que vous appelez vos guides, pour de brèves retrouvailles au cours des enseignements dispensés ce soir. Car peu importe l'enseignement que vous entendrez, peu importe la sagesse qui vous sera transmise de mon côté du voile, le message prépondérant est le suivant : vous êtes aimés. Infiniment. *Ce que vous faites est important*. Nous connaissons vos noms, car vous êtes de la Famille ; et un bon nombre parmi vous ce soir (où qui lisent ces lignes) sont venus à maintes reprises sur cette planète en tant que représentants de cette Famille. Très peu en sont à leur première visite.

Votre présence ici en ce moment possède un sens profond. Non pas pour écouter mon partenaire, non pas pour entendre des mots en français ou en anglais, mais pour vivre l'énergie d'amour qui vous est destinée depuis ce côté du voile. Laissez-la déferler en votre cœur ce soir en étant attentifs à cet enseignement sacré. Mais auparavant, des choses restent à faire.

Ne laissez pas l'énergie de ce lieu vous submerger, cher partenaire, car elle est en effet puissante. *L'intention du groupe est ce qui compte et elle module le message transmis.*

Il n'y a pas d'amour plus grand que celui de l'être renonçant à une existence apparemment paradisiaque pour venir résider sur Terre quelque temps, abritant l'ange intérieur dissimulé à vos regards. Et voilà que vous entrez en scène, dans l'ignorance la plus totale de votre identité, de votre nature, de l'engagement que vous avez pris ou des leçons qui constituent vos potentialités. Dans l'innocence qui caractérise cette croissance de vos années d'enfance, vous n'avez pas la moindre idée de tout ce qui vous attend. Nous vous observons tous, tout au long de cette période. C'est ce que nous appelons du bon boulot. La vie qui se déploie à votre horizon apporte son lot de défis. Ne pensez pas que nous n'en sommes pas conscients. Ici, rien n'est voilé, tout est connu. Parce que le dieu qui réside en vous, votre ange doré, constitue une parcelle du Tout. Voilà celui que je connais.

Les couleurs dans cette pièce sont merveilleuses. Avant de commencer, permettez-nous de nous incliner symboliquement devant vous. L'entourage ici présent, que vous désignez Esprit et que je nomme Famille, apportera le vase de nos larmes pour y laver les pieds de chacun. Si vous vous étonnez du fait que l'Esprit lui-même vienne jusqu'à vous pour vous rendre un tel hommage, c'est que vous n'avez pas idée de ce que vous êtes et de ce que vous accomplissez pour nous. Nous reviendrons plus tard sur cette question. Passons maintenant à l'enseignement.

Le message qui suit s'adresse à vous, à vous seuls. Comme ce « vous » réside dans le présent, il y a donc plus de « vous » que vous ne le pensez. Qu'il soit clair que ce message ne doit être transcrit que dans la langue de cette région et non dans celle de mon partenaire. Ce soir, nous souhaitons discuter de questions fondamentales présentées depuis quelque temps, mais jamais sous cet angle. Car ce groupe devrait être au courant de ce que l'on appelle l'ascension. Que l'enseignement débute.

Élie procédait prudemment avec Élisée. Au moment béni où il marchait dans le champ, il se retourna vers Élisée, le regarda, lui sourit et connut son ascension. Un tourbillon de couleur s'éleva autour de lui jusqu'à neuf mètres, et Élie s'évapora en un vortex d'énergie spirituelle qui l'emporta directement vers le ciel. Élisée s'agenouilla, car il craignait Dieu. Il retourna informer les autres de ce qui s'était produit et se mit à écrire lui-même un grand nombre d'ouvrages sur la sagesse. Voilà ce que vous croyez être l'ascension. Dans votre langue, le terme *ascension* signifie *s'élever vers le haut*. Son emploi est devenu fréquent. N'oubliez pas qu'ici ce mot signifie toujours « s'élever vers le haut », mais, chers amis, il se réfère à une élévation d'un type différent. J'aimerais vous donner une explication complète de ce qu'est l'ascension, de quelques-uns de ses mécanismes, et vous dire qui est concerné, afin que vous partiez de ce lieu pleinement conscients du sens que donne l'Esprit à l'état ascensionnel en cette époque inédite. Lorsque nous aurons terminé, nous vous poserons la question suprême.

En cette ère nouvelle, en cette énergie autre, l'ascension signifie maintenant un état dans lequel les humains évacuent l'ancienne énergie de leur contrat et en acquièrent une nouvelle. Avec cette énergie neuve, ils adoptent ainsi une autre incarnation, *tout en demeurant sur la planète pour servir l'humanité par leur vibration supérieure.* Voilà ce que signifie « vers le haut ». L'être humain ne s'évapore pas pour ensuite quitter la Terre. Pas du tout. N'oubliez pas non plus que cet état (tel qu'il est défini ici) n'était pas accessible avant l'époque que vous désignez le *Nouvel Âge*. Ses implications sont profondes et elles sont réelles. L'état ascensionnel consiste en la perpétuation de l'être humain sur Terre, d'un être doué de la paix de celui qui est en connexion avec le Soi supérieur, chose qui n'a jamais été atteinte auparavant. « Qui peut s'en prévaloir ? » demande-t-on souvent. « Un groupe d'élite, peut-être ? » Oui ! « Un groupe divin sur cette planète ? » Oui, certainement ! « Qui donc alors ? » Chaque être humain qui existe, qui vit sur la poussière de cette Terre. *Vous*. Ce groupe n'exclut pas un seul humain. Nous vous demandons de visualiser l'être le plus vil que vous puissiez imaginer. Amenez son image à votre esprit, et lorsqu'il se révèle, acceptez-le comme l'un des vôtres. Car ce sont eux qui vous ont fait face avant votre venue et qui ont consenti à être ici avec vous. L'ascension est l'illumination potentielle de chaque être humain sur cette planète. Nous aborderons son but plus loin. Pour l'instant, qu'il soit clair que l'ascension est accessible, gratuite, qu'elle est une invitation à la lumière.

Permettez-moi de présenter certains mécanismes de l'ascension à ceux d'entre vous qui ont besoin de connaître ce genre de choses. Nous avons souvent mentionné l'empreinte cellulaire chez les humains que l'on nomme ADN. « Mais Kryeon, les questions de l'ADN relèvent de la biologie. Qu'est-ce que ceci a à voir avec l'ascension ? » Chers amis, écoutez bien. Comme la définition de l'ascension implique la perpétuation de l'humain sur la Terre, il faut comprendre que c'est le corps dans sa totalité qui se perpétue : les cellules de l'orteil, comme les cellules du coude et celles du cœur. Et pour ceci, l'ADN doit être modifié et ajusté. Vous devez devenir biologiquement différents. C'est ainsi que *ce don vous est offert librement à l'heure actuelle*, car, pour permettre votre progression ultérieure, l'ADN doit pouvoir absorber une plus grande quantité d'énergie divine. Voilà pourquoi certains parmi vous ressentent un léger déséquilibre. En réalité, ils s'accoutument à cette biologie nouvelle. Quelques-uns en feront bientôt l'expérience et vibreront pendant plusieurs jours d'une manière inconnue, stupéfaits de cette situation nouvelle. Mon partenaire parle des enfants qui voient le jour, d'enfants différents qui savent d'où ils viennent [les enfants indigo; voir chapitre 7]. On les prépare. Vous vous enquerrez peut-être : « À quoi les prépare-t-on ? » Et c'est là l'information la plus étonnante. On les prépare à ce que vous, l'avant-garde, avez accompli dans ce combat avec l'ancienne énergie. On les prépare au potentiel d'une Terre illuminée qui aurait réalisé sa « graduation ».

LA MASSE CRITIQUE ATTEINTE

*Un nombre suffisant d'entre vous ont atteint l'état de conscience nécessaire pour que la masse critique soit atteinte**. Le potentiel de cette Terre est formidable. Ce que vous en faites désormais n'en tient qu'à vous. Nous parlons ici d'une Terre qui n'a été prophétisée qu'en des endroits que vous n'avez jamais vus. Personne n'a écrit à ce sujet. Rien n'a été prédit. Pas un seul prophète sur cette planète n'a jamais décrit le profil de cet événement que j'envisage ici. Et ceci est possible, oh oui ! Vous direz peut-être : « Kryeon, je n'ai pas le sentiment d'être très divin. » Et c'est à ce point que la biologie entre en scène. Nous savons comment fonctionne l'ADN. Il est actuellement préparé dans un but précis. Certains d'entre vous connaissent l'énergie dont nous avons parlé auparavant et qui est désignée, pour votre compréhension, par l'expression « treillis cosmique ». [Kryeon a défini récemment ce « treillis » lors d'une conférence au New Hampshire qui sera publiée dans le prochain tome.] Ce n'est pas le moment de revoir les détails de cette science que nous vous avons fait connaître à cette occasion. Mais nous vous dirons que de travailler avec l'énergie de l'humain biologique équivaut à travailler avec le treillis cosmique en relation avec l'ADN. Et lorsque l'équilibre sera atteint [entre la vibration de la biologie humaine et

* Kryeon a déjà parlé de l'importance d'atteindre la masse critique pour que la planète Terre puisse parvenir à l'illumination. Combien d'êtres humains doivent-ils parvenir à l'illumination avant d'atteindre cette masse critique ?

En réalité, il ne s'agit pas du tout du nombre d'humains. Il s'agit de la masse critique de l'énergie de l'amour et, selon Kryeon, nous y sommes maintenant. La Terre est évaluée selon l'intention des gens et non par leurs réalisations actuelles. Vous voyez ainsi que le facteur « temps » est évacué de cette évaluation. Encore une fois, placer l'intention est la clé.

un certain niveau de vibration universelle – le treillis cosmique], vous aurez alors le positionnement nécessaire en vue de l'illumination. Voilà pourquoi, chers amis, des facilitateurs sont disponibles pour vous seconder en ceci. Au cas où vous en sentiriez le besoin.

LA PRÉPARATION D'UN POINT FOCAL

Par ailleurs, il existe des dispositifs pour apporter de l'énergie additionnelle à la Terre. Plusieurs d'entre vous comprennent déjà que, lorsqu'on atteint l'état ascensionnel, un surplus d'énergie doit vous être accordé. Et vous avez raison. D'aucuns m'ont interrogé sur ce point : « Kryeon, l'état d'ascension est-il considéré dès son début, ou s'agit-il de la traversée des divers niveaux de modulations vibratoires, ou encore, de l'achèvement du processus ? » Voici la réponse : tout être humain appartenant à cette planète qui, à l'instar de chacun d'entre vous, fait à l'Esprit la promesse de laisser tomber tout contrat désuet et d'entrer dans la nouvelle énergie, est en état ascensionnel Car nous vous voyons, chers amis, dans la structure temporelle du moment présent. Cette structure temporelle où tous les potentiels existent pour nous simultanément et non pas en tant qu'échelle de temps linéaire. Ainsi, le nombre d'entre vous qui sont sur la voie spirituelle est égal au nombre de ceux qui sont sur la voie de l'ascension. Le processus est continu et chaque étape présente nombre de choses à apprendre. Et rappelez-vous ! l'honneur réside dans le travail et non dans le résultat. L'honneur est dans l'intention et non dans son aboutissement. Croyez-moi, c'est là que gît le pouvoir. Nous l'avons dit : l'énergie est gardée dans la grille magnétique et vous est communiquée à mesure que vous adoptez l'état approprié. Et c'est là la vérité. Mais que se passe-t-il lorsque beaucoup d'humains acquièrent cet attribut et deviennent de puissants cocréateurs sur la planète ? Puisqu'ils semblent puiser l'énergie de la grille afin de créer la paix dans leur vie et sur la Terre, un surcroît d'énergie est nécessaire. Bien que nous ayons déjà déclaré ceci à d'autres, vous l'entendrez ici également : l'énergie requise pour l'ascension des êtres humains, telle qu'on la définit dans le présent contexte, est régulièrement transmise sur cette planète par voie universelle. Certaines des énergies observées par vos astronomes sont en réalité des systèmes de distribution destinés à cette planète. Vos scientifiques les perçoivent mais ils se fourvoient sur leur nature. L'année dernière, un corps céleste que vous désignez sous le nom de Hale-Bopp est passé à proximité de la Terre. Les *remote-viewers** furent terrifiés, car un objet quatre fois la dimension de la Terre accompagnait cette dernière. Ce qu'ils perçurent, chers amis, c'était l'énergie spirituelle équivalant à quatre fois celle de la planète et sur le point d'être diffusée à la Terre elle-même. J'ajouterai que cette énergie fut distribuée à la date prévue et que le jour de sa diffusion, suivant les principes de la mécanique orbitale, correspondait, en termes numérologiques, à un sept. Vous pouvez vérifier le fait. L'énergie transmise à cette planète multiplia donc l'énergie originelle par quatre en vue de ce qui est à venir. Elle est conservée ici, prête à ce qui vient. Même pour ceux ici présents qui quitteront cette région ce soir, des changements auront lieu, si tel est leur désir.

Nous aborderons maintenant quelques éléments d'action, c'est-à-dire des événements qui ont eu lieu à l'intérieur de cette phase préparatoire de l'humanité. Comment concevez-vous le fait que chacun de vous est ici selon une affectation, qu'il a désiré cette époque et que sa présence en ce Nouvel Âge n'est aucunement fortuite ? Peu importe votre âge, tout est parfait, tout est juste, tout est bien pour vous. Ce soir, quelques-uns sont ici par curiosité, d'autres en connaissance de cause. Tous, vous êtes aimés également pour cela. Vous saurez, à la fin de cette soirée, son sens profond, l'ampleur de l'amour qui l'a conçue et l'opportunité du moment. Car, voyez-vous, vous êtes au cœur de l'action. Non seulement vivez-vous sur cette planète, mais vous êtes dans cette salle,

* Par une technique particulière, certains sont capables de projeter leur conscience en différents endroits et de décrire ce qu'ils voient. Cette technique n'étant pas de haute spiritualité, les interprétations qui en découlent portent parfois à confusion. On appelle les gens qui pratiquent cette technique, des observateurs à distance – *remote-viewers*.

écoutant une information que connaissent tous les *Soi* de votre être et au diapason de laquelle ils résonnent. Car c'est là la véritable raison de votre présence. Permettez-nous de vous exposer brièvement les étapes ayant préparé tout ceci, mais, cette fois, appliquez-les aussi à vous personnellement.

1. LA PERMISSION ACCORDÉE

Afin que l'humanité atteigne l'état ascensionnel, une démarche fondamentale était requise outre les préparatifs énergétiques et biologiques. Il nous fallait obtenir votre assentiment. Comme plusieurs le savent, ceci s'est accompli lors de l'événement que vous avez appelé le 11 : 11. Quelques-uns s'étonnèrent : « Kryeon, je ne me souviens pas qu'on m'ait demandé quoi que ce soit. » Chacun de vous, chaque humain, a été sondé au niveau cellulaire. C'est la raison pour laquelle vous êtes venus. « Êtes-vous d'accord pour continuer ? » a été la question. Chers amis, Dieu n'agit pas sur vous ou contre votre gré. Il n'y a jamais eu d'instance où la divinité depuis l'au-delà du voile aurait imposé quoi que ce soit à un être humain, autre que l'amour. Les défis auxquels vous êtes confrontés sont le fait de vos propres désirs, créés par vous, ébauchés en compagnie d'amis qui se tiennent devant vous. Certains des êtres qui vous causent les pires embêtements sont ceux-là mêmes qui ont signé le contrat avec vous. Voilà de quoi il s'agit. Qu'allez-vous faire de cette information ? L'état d'ascension permet la paix, la sagesse, des pouvoirs inconcevables, des pouvoirs de cocréation qui vous permettront de transformer votre vie, de vivre plus longtemps, de vous guérir. Et l'autorisation fut accordée lors du 11 : 11.

2. LA PASSATION DU FLAMBEAU DU POUVOIR

Le 12 : 12 correspond au moment où le flambeau du pouvoir fut transmis à l'humanité, considéré comme un nouveau début du Nouvel Âge. L'état ascensionnel tel que nous l'avons défini n'était pas possible jusque-là, mais il l'est maintenant. Depuis [12 décembre 1994], les choses se sont précipitées. Vous pouvez constater le changement de la conscience planétaire, la diminution des guerres, le rayonnement de la paix et les efforts de ceux et celles qui tentent d'établir un lieu d'illumination libre de conflits, lesquels perdureront quelque temps et se résoudront graduellement. Même les tribus bataillant l'une contre l'autre cesseront éventuellement de le faire. Car l'ancienne énergie ne peut exister simultanément avec l'énergie nouvelle. Ce que vous avez présentement est nouveau, divin, différent de toute autre expérience jamais connue sur Terre. Une sagesse réside même au sein des gouvernements, croyez-le ou non.

3. La prise de conscience de l'utilisation du pouvoir spirituel par l'intention pure

Permettez-nous de vous confier le mode de fonctionnement d'une personne en état d'ascension. Il n'existe point de pouvoir supérieur chez l'être humain à celui de l'intention. Vous avez entendu mon partenaire l'affirmer. L'intention pure constitue la parole nouvelle, le sentiment neuf, l'énergie autre que l'humain possède sur la vie même. Rien ne surpasse en puissance l'intention pure. C'est l'énergie qui permet la fusion du Soi supérieur avec l'aspect biologique – parfois sous la forme de bribes d'une autre réalité – lorsque vous avez besoin de guérison et de l'assistance de ceux qui se trouvent de l'autre côté du voile. L'intention pure est ce qui motive le facilitateur lorsqu'il prend soin de quelqu'un et lui transmet l'énergie de l'équilibre.

Deux personnes qui se réunissent avec une même intention équivalent à un grand nombre où cette intention est absente. Nous en avons déjà parlé : son pouvoir est illimité. C'est ce qui a permis à la masse critique d'être atteinte sur cette planète. Vous êtes minoritaires par rapport à ceux qui ne soutiennent pas cette énergie, mais il y a plus d'énergie en vous. Le ratio lumière/obscurité sur cette planète est en train d'être transformé en lumière. Soyez bien conscients que ceci est remarqué. Cela l'est aussi en cette région, en ce lieu, en ce *portail*. Oh, très chers, nous vous aimons tant pour ce que vous avez accompli !

UNE NOUVEAU GROUPE KARMIQUE
UN GROUPE SANS KARMA

Nous sommes ici pour vous transmettre une information communiquée à un seul autre groupe. Pour la première fois dans l'histoire de l'humanité, vous tous qui progressez spirituellement, êtes en train de créer un nouveau groupe karmique dont *l'aspect fascinant est qu'il est sans karma* [entre les membres du nouveau groupe]. Un groupe-famille qui est nouveau. Un groupe-famille que vous saurez reconnaître. Ce soir même, peut-être verrez-vous et retrouverez-vous ceux et celles que vous appellerez « frères et sœurs », car vous saurez en leurs yeux que vous vous êtes déjà donné un rendez-vous sur le chemin de l'éveil. Un rendez-vous qui s'actualiserait lorsque les potentialités seraient justes. Et les voilà, et vous voilà.

Certains laisseront de côté leur passion de toute une vie. Ce pourquoi ils ont étudié toutes ces années et ce à quoi ils ont désiré s'intégrer n'auront plus la même importance. Ils se tourneront vers le nouveau. Une passion pour un autre type d'incarnation s'éveillera. Avec cette sagesse additionnelle, viendra un moment où les relations du passé n'offriront plus le même intérêt.

Une attitude humaine nouvelle, un facteur de sagesse élevé, une paix ressentie semble-t-il sans raison en présence d'agitation, voilà les attributs d'une personne vivant l'état ascensionnel.

L'ÉLÉVATION DE LA FRÉQUENCE PLANÉTAIRE

Une autre caractéristique de tout ce processus est l'élévation de la fréquence vibratoire de la planète. Nous vous avons déjà parlé de cette potentialité lorsque nous sommes arrivés en 1989. Nous vous avons alors informés du fait que le temps linéaire serait affecté et que l'horloge cyclique des températures serait accélérée, et cela s'est produit. Vous avez amené cette planète à une haute vitesse évolutive. À ceux et celles qui considèrent que le spirituel est simplement éthérique, imaginaire et invisible, nous demandons de bien regarder dans la poussière même de cette Terre ce qu'ils ont créé. Car ce que vous faites tous de votre spiritualité l'affecte de bien des façons. [Le prochain channeling – San Francisco – développe ce thème de façon magistrale.]

LA QUESTION

Nous avons passé ce temps avec vous afin de présenter des points supplémentaires concernant le processus de l'ascension. Maintenant, discutons de la vraie question : « *Qu'allez-vous faire de cette information ?* » Nous avons posé cette question à d'autres groupes, mais ce soir c'est un peu différent, car vous êtes tellement nombreux à être prêts. La liberté dans le choix est fondamentale. Nous connaissons chacun de vous. Pour chaque personne dans cette salle, il y a un entourage qui l'aime tendrement. Et ils sont tous en ce moment remplis d'excitation. Vous voyez, c'est pourquoi vous êtes venus. Vous croyez peut-être que Kryeon s'adresse à 900 personnes, mais je parle au cœur de chaque être individuellement. Je parle à chacun de vous.

Qu'en sera-t-il donc maintenant ? Nous nous tenons devant vous avec une offre. Tout ce que vous avez expérimenté jusqu'à maintenant se trouve à un point focal. Tout ce que vous avez connu dans votre vie est maintenant focalisé vers un choix, vers une intention. Vous êtes ici dans le Nouvel Âge, *et le pouvoir de réalisation est vôtre.*

MICHAËL THOMAS

Dans *Le Retour**, l'histoire de Michaël Thomas nous est racontée. Un jour, cet homme découvre un lieu sacré, un endroit qu'il appelle son Foyer, et pénètre dans une magnifique villa où il s'attend à rencontrer un ange aux couleurs dorés. Michaël ne sait pas qui est cet ange, c'est un mystère, mais il est prêt. Tout au long de son parcours, il visite des maisons, qui sont pour lui des lieux d'apprentissage. Au moment de quitter chacune d'elle, un ange le regardant dans les yeux, lui pose cette question: «Michaël Thomas, est-ce que tu aimes Dieu ? » Et chaque fois, Michaël répond : « Vous pouvez voir mon cœur, mon intention est pure, j'aime

* Dans ce livre particulier, les enseignements de Kryeon sont présentés sous forme de roman initiatique. Publié aux Éditions Ariane

Dieu. » Devant l'insistance des anges et la répétition de la question, Michaël, incertain, se questionne.

Le voilà dans la dernière maison, attendant de rencontrer un ange à la couleur magnifique de l'or. Michaël avance dans une pièce où il peut contempler un grand escalier dissimulé en partie par un brouillard. Un être le descend. Au début, Michaël n'entrevoit que les pieds de cet être, mais déjà il ressent la magnificence et le caractère divin de l'énergie qui l'entoure. Il est ému et sa respiration en témoigne, car il est conscient que c'est un *fragment de Dieu* qui descend les marches pour venir à sa rencontre. L'ange se révèle peu à peu et le brouillard disparaît. Juste au moment où Michaël est sur le point d'apercevoir son visage, il entend les mots : « Salutations, très cher, je t'attendais. » Et, pour la huitième fois, la même question se fait entendre : « Michaël Thomas de l'Intention pure, est-ce que tu aimes Dieu ? ». Malgré l'émotion qui remplit sa voix, il répond : « Oui, je l'aime. » C'est alors que le visage de l'ange se révèle enfin complètement et que Michaël, à son plus grand étonnement, reconnaît son propre visage. Et l'ange de poursuivre : « Michaël Thomas, si tu aimes Dieu, alors, aime-toi. »

La révélation du moment fut claire au cœur de Michaël, et la métaphore, bien saisie. En son être vibrait un fragment de Dieu qu'il pouvait maintenant voir dans toute sa splendeur.

L'histoire de Michaël Thomas est celle de chaque personne dans cette salle ou de chaque lecteur qui parcourt ces lignes. En chacun de vous vit un être rempli de magnificence, et nous vous invitons en ce moment à fusionner et à devenir Un avec lui. Pas avec une entité invisible nommée Kryeon, mais avec la Famille à l'intérieur de vous, là où réside tout amour et d'où émane la source qui donne puissance aux êtres assis dans cette salle (ou qui lisent ces lignes). Vous êtes venus pour vous guérir, pour choisir l'amour plutôt que la haine, la paix au lieu du conflit. Dans ce processus, vous vivrez plus longtemps, rendrez hommage à l'Esprit et transformerez la Terre.

Tel est notre message pour ce soir, ce que nous sommes venus partager avec vous.

Nous voici rendus à un moment difficile pour nous. Mon partenaire vous a mentionné ce matin une chose tout à fait véridique : bien longtemps avant que vous vous retrouviez ici, nonobstant le temps mis à y arriver et les tribulations surmontées, l'Esprit espérait cet instant avec trépidation, un instant où nous pourrions enfin emplir cette salle et embrasser chacun de vous. Nous avons attendu votre venue. Que personne n'oublie jamais cette soirée, car viendra le temps de se retrouver, et je vous dirai alors, lorsque vous serez décorés du gallon de couleurs dans le Grand Hall d'Honneur : « Vous vous souvenez de cette soirée. N'était-ce pas seulement hier ? »

Il en est ainsi !

Kryeon

LE PARDON ET LA GUÉRISON D'UN PASSÉ POUR ACCUEILLIR LA NOUVELLE ÉNERGIE

Périgueux, en France

NOTE DE L'ÉDITEUR : Le dimanche soir suivant la conférence de Montréal, Lee Carroll, son épouse Jan Tober, ma sœur Martine et moi prenions l'avion en direction de Périgueux. Au début, nous avions planifié organiser la conférence à Paris, un peu comme si cela allait de soi. Mais les circonstances nous ont amenés dans cette région du sud de la France. Celle-ci, par son passé – et on pense ici à l'époque des cathares, mais aussi de façon générale à son rapport avec la mission du Christ – semble plus ouverte à toute cette question de l'éveil spirituel. Cette région recèle des endroits riches en vibrations élevées, les terres environnant Reines-le-Château par exemple, ou encore, le mont Bugarach, que nous avons eu l'occasion de découvrir.

Le fait d'arriver en France le lundi matin nous a permis de visiter cette région avant la conférence prévue pour le samedi suivant. Comme Lee s'en est lui-même rendu compte, il était effectivement important de parcourir ce territoire afin de mieux le ressentir, ainsi que son histoire. Lorsqu'il s'est retrouvé devant les 1100 personnes réunies à Périgueux, ses paroles ont pu alors transmettre avec plus de justesse une vibration en résonance avec le travail de guérison nécessaire en ce jour, en ce lieu. Nous aimerions ici remercier nos chers amis et guides dans la visite de cette région, Joël et Arlette Bordes.

Un événement en particulier nous a amenés à mieux cerner le travail à effectuer au cours de la conférence. Nous étions à Carcassonne en train de nous délecter d'un de ces merveilleux repas que la France sait si bien nous servir. Notre discussion portait sur les Templiers et le rapport entre cette région et la Palestine.

Vous vous souvenez de la phrase de Kryeon au début de la conférence de Montréal : « *L'intention du groupe est ce qui compte et elle module le message transmis* ? » Ceci s'applique aussi à un petit groupe. Ainsi, dans notre discussion, dans notre désir de mieux comprendre les événements du passé et du présent, nous avions mis en place une certaine énergie à laquelle Kryeon est venu participer. Non pas que Kryeon s'est présenté à nous comme tel, mais la voix de Lee s'est animée avec une intensité particulière, nous livrant des informations que lui-même ne pouvait connaître. C'est ainsi que le but de la rencontre du samedi suivant est devenu plus évident.

Les cathares ont été massacrés parce qu'ils marchaient avec l'évangile de Jean sous le bras et guérissaient les gens. Ils ont été massacrés parce qu'ils travaillaient de tout leur être à s'élever spirituellement. Il y a en France, encore aujourd'hui, une peur ancrée dans le sol. Une peur issue des traumatismes passés liés au fait que chaque fois qu'un groupe œuvrait vers une élévation spirituelle, il se retrouvait sur le bûcher. D'ailleurs, les services de police visitent encore facilement tout groupe œuvrant à l'éveil spirituel.

Un travail de pardon et de guérison était nécessaire en rapport au passé. C'est ce que les 1100 personnes des quatre coins de la France et d'autres, provenant de la Belgique et de la Suisse, sont venues accomplir à Périgueux. Pour que la nouvelle énergie puisse circuler librement, une transmutation des souffrances du passé et une intention de recevoir la nouvelle énergie étaient nécessaires. Et c'est dans l'accomplissement de ce travail que nous avons participé à la rencontre de Périgueux. C'était là un aspect très important de cette rencontre.

Il est intéressant de noter que le *toning* – moment où le public est invité à se joindre à Jan pour chanter les tonalités du AUM juste avant le channeling – a été particulièrement long et puissant à Périgueux. Les gens eux-mêmes ont pris cette initiative. Lisons à ce propos les commentaires de Lee Carroll tirés du bulletin d'information *The Kryon Quarterly*.

« Nous sommes le 2 mai 1998. Jan et moi sommes assis sur

l'estrade d'une grande salle d'exposition et un traducteur français se tient entre nous. Dans la salle, le son des tonalités retentit comme jamais nous ne l'avons entendu. Jan vient de terminer sa méditation guidée et commence un cycle de sons dans la portée de *fa* avec les mille personnes présentes. Ce qui se produit ensuite est spectaculaire. Le volume s'amplifie et dépasse tout ce que nous avions entendu jusque-là dans un séminaire de Kryeon. C'était comme si chaque personne chantait jusqu'au bout de sa voix, et l'édifice en résonnait. Plusieurs autres notes se joignent au *fa* et je commence à me demander si nous serons capables de les arrêter ! Jan, au microphone, cesse de chanter, ce qui signale habituellement au groupe qu'il peut aussi s'arrêter. Au lieu de s'éteindre, les voix continuent de vibrer. Six minutes plus tard, Jan arrête finalement la foule avec une cloche tibétaine. Kryeon se présente ensuite : “Salutations, très chers. Je suis Kryeon du Service magnétique.” Une pause, et l'accueil est repris en français. Le message débute. Il est 14 h 30.

« Le tout a commencé une semaine plus tôt à Paris...

« Vers 21 h 30, nous avions fait nos adieux aux gens de la salle. Nous avions quitté la scène comme nous le faisons toujours habituellement, et rien ne s'est passé. Personne n'a bougé. Mille personnes sont restées assises ! Avions-nous sans le savoir mal fait nos adieux ? Y avait-il un problème ? Non, ces gens ne voulaient simplement pas partir – certains se sont mis à chanter – et sont demeurés assis jusqu'à l'ouverture de la ligne où j'accueille le public. La dernière personne a quitté à 1 h 30 du matin. Après quoi Jan et moi nous nous sommes regardés en sachant que nous venions de faire l'expérience d'une des plus profondes rencontres jamais produites par le travail de Kryeon.

« D'autres détails paraîtront peut-être dans une prochaine édition de ce bulletin, mais une chose reste certaine : France 1999 sera une réalité. Nous serons de retour ! »

Les paroles de Kryeon visaient à soutenir l'émotion liée à ce travail. Et c'est avec une intense émotion que l'on s'est retrouvés ensemble à cette occasion. Les Français ont la réputation d'être cartésiens, mais ici, à Périgueux, c'est avec le cœur qu'ils étaient présents, et Kryeon a honoré ce fait dans son channeling.

D'ailleurs, nous l'avons découvert par la suite, ce channeling était destiné uniquement aux gens sur place. Le caractère spécial de l'événement, semble-t-il, exigeait cela. Voilà pourquoi Kryeon n'a pas demandé qu'il soit inclus dans ce livre, comme pour le channeling de Montréal. Nous avons confirmé ce fait avec Lee Carroll.

Nous vous honorons, vous qui étiez à Périgueux. Les propos de Kryeon vous étaient particulièrement destinés.

Nous tenons à remercier Geneviève et Claude Priquet de l'association La Blanche Colombe pour leur parrainage au cours de cet événement. Leur excellent travail et leur ouverture du cœur ont fait de cette journée un beau succès. L'amitié qui s'est depuis développée entre nous est précieuse.

Marc Vallée

LA TERRE ET VOUS !

San Francisco, en Californie

Note de l'éditeur : *Ce channeling de San Francisco est tout à fait récent puisqu'il date de mai 1998. Il n'était pas disponible dans la version anglaise, publiée plus tôt. Cependant, puisque nous en avions la possibilité, et étant donné l'importance qu'accorde Kryeon à notre relation avec la Terre dans notre processus d'ascension, il nous a semblé pertinent de profiter de l'occasion et de vous présenter cet excellent texte dans ce chapitre.*

Salutations, très chers. Je suis Kryeon du Service magnétique ! Sachez qu'en ce moment l'ouverture dans le voile a été créée par vous et par votre intention. Des êtres remplis d'amour viendront et rempliront cette salle d'un pouvoir étonnant. À présent, l'humanité serre les mains d'êtres de l'autre côté du voile. Voilà ce qui se passe ici. Il est bon de se revoir, n'est-ce pas ?

Le potentiel d'amener des changements dans l'humanité grâce à ceux qui sont présents dans cette salle (et à ceux qui lisent ces mots) est impressionnant ! Dans les moments qui suivront, laissez se former le pont entre l'intention et la manifestation. Entre l'intention d'éclaircir les attributs karmiques qui vous appartenaient et la réalité de la nouvelle incarnation que vous avez également planifiée. Laissez s'ériger le pont qui permettra un tel miracle et laissez-le se former à partir du pouvoir en vous et en nous tous ensemble. Telle est la voie du Nouvel Âge.

L'entourage de Kryeon vient aujourd'hui avec une émotion, la souvenance de la Famille. Nous avons déjà exprimé l'intention de vous expliquer la relation que vous entretenez avec nous. Disons simplement ceci : la famille actuellement se réunit. Vous me connaissez et je vous connais. Je connais votre nom et ce n'est pas le nom que vous pensez. Nous, de l'autre côté de cette ouverture, sommes très, très familiers avec les étapes que vous avez traversées, avec la présente situation dans votre cheminement, l'origine de votre éveil et les révélations que vous avez reçues au cours des dernières semaines. Ne pensez plus que la dualité prendra le dessus, car votre intention veille à ce que cela ne soit pas le cas. Comprenez ceci : Dieu sait très bien ce qui se passe dans votre vie ! Nous sommes ici pour vous appuyer dans votre cheminement. Nous connaissons tous les projets que vous tentez de mener à terme. Nous savons l'énergie qui a été nécessaire pour vous amener où vous êtes. Encore plus que ça, nous voyons un élément dont vous avez peu idée – votre contrat – et les choses que vous avez déjà changées.

Nous savons quels potentiels sont présents ici et nous ajoutons que la vibration en cet endroit particulier est intense ! Les potentiels des êtres humains assis sur ces chaises et de ceux et celles qui lisent ces mots sont profonds ! C'est la raison pour laquelle vous vous trouvez ici et lisez ces mots – pour recevoir cette information et ressentir l'amour qui vous est envoyé. Avec le passage de ces moments, réalisez que ce temps est précieux.

Voici encore venu le moment où vous pouvez ressentir la relation que nous avons, vous et moi, celle de la Famille. C'est aussi l'honneur et le respect que nous ressentons pour tous ceux et celles ici présents dans cette salle, ou qui lisent ces mots, et qui s'accordent du temps afin de mieux se connaître.

Parlons de vous plus en détail, si vous le voulez bien.

Selon votre dualité, la grandeur de Dieu existe ainsi que la modicité des êtres humains. C'est d'ailleurs ce qui vous mène à sans cesse regarder vers le haut quand il est question de l'Esprit. Vous pensez avoir planifié être assis sur ces chaises en cette journée ou lire ces lignes ? Vous croyez avoir attendu cette présentation ou l'énergie qui remplit cette salle ?

Nous pouvons vous appeler par votre nom ! Nous pouvons inviter le pont à s'achever. Kryeon et son entourage connaissaient votre arrivée en ce lieu depuis quelque temps. Car le potentiel de votre présence, ici, sur ces chaises, ou en train de lire ces mots, est connu depuis fort longtemps. En effet, il est peut-être un peu déroutant pour quelques-uns d'entre vous de comprendre comment nous savons qui, dans votre futur, lira ces pages et que nous les attendons eux aussi. Tout est dans le MOMENT PRÉSENT, et ce qui fait partie de votre futur aujourd'hui, constitue le présent pour ceux qui sont en train de lire ; et dans les deux cas, nous vous attendions.

N'oubliez pas les mots que nous avons déjà formulés : *« Béni soit l'Ange, l'être divin de l'autre côté du voile, qui choisit de cacher sa grandeur dans la fragilité de la biologie humaine ! Béni soit celui qui choisit de cacher la vérité dans la dualité imposée avec sa permission. Béni soit l'être humain qui porte la divinité en lui. »* Telle est la tâche que vous avez choisie et c'est pourquoi l'honneur est si grand en ce moment. Voilà qui vous êtes.

Les révélations que vous recevez actuellement sont renversantes ! Car enfin, le fonctionnement des choses vous est révélé. Enfin ! Vous recevez la révélation de l'entité lumineuse qui réside en vous. Enfin ! La révélation que peut-être votre place est ici. Mais parmi toutes ces révélations, la plus profonde est celle qui affirme qu'en tant qu'êtres humains, vous avez le pouvoir de transformer les choses autour de vous !

Par le passé, nous vous avons transmis des données et de l'information pour vous aider à cocréer votre réalité. Nous vous avons aussi communiqué la manière de guérir vos corps, peu importe leur condition. Nous vous avons également dévoilé que votre état présent n'est pas final. Nous connaissons vos problèmes. Nous désirons vous rappeler qu'il n'en existe ici aucun dont vous n'avez pas déjà la solution. L'humain oublie que dans l'équilibre divin des étapes de planification, non seulement les problèmes et les défis ont été créés pour la leçon... mais aussi les solutions. C'est de cet équilibre divin que vous devez vous souvenir.

Il y a beaucoup à présenter, très chers, sur le pouvoir que vous pouvez avoir sur votre vie. L'information de cette soirée sera nouvelle. Nous avons choisi cet endroit-ci (région de San Francisco) à ce moment-ci pour la transmettre, mais avant de commencer, nous voulons à nouveau vous demander : « N'est-ce pas formidable d'être ici ? » Vous devriez vibrer avec ce plan, car vous êtes suffisamment éclairés pour reconnaître que vous méritez d'être ici en ce moment. Ressentez-vous la justesse de ce que vous faites pour l'Univers ? Comprenez-vous que ce petit globe bleu que vous appelez Terre influence radicalement le plan de l'Univers ayant trait au *potentiel du prochain événement créatif* ? En ce moment, cela peut vous sembler mystérieux, mais l'énergie qui se manifeste sur cette planète est reflétée actuellement dans un grand événement créatif – la véritable raison de votre présence ici. Nous vous en reparlerons en détail plus tard.

Maintenant, imaginez un colis. Un colis que nous plaçons à l'instant sur vos genoux. Et avant même que l'enseignement débute, sachez que vous pourrez jeter un coup d'œil à l'intérieur de ce colis quand il sera ouvert. Vous ne le garderez pas cependant, car c'est une vision qui s'élèvera de vos genoux à la fin de cette expérience, une vision que vous aurez l'occasion de manifester collectivement, si vous le désirez.

L'information présentée aujourd'hui est intuitive. Elle est en relation avec l'humanité et le sol de la Terre. Elle servira de rappel pour certains d'entre vous, de révélation pour d'autres, et sera pour tous de l'information qui constituera une source de plus grand pouvoir. Jamais, dans l'histoire de l'humanité, ce partenariat avec la planète n'a été aussi réel et aussi proche ! Est-il étonnant que nous vous aimions autant ?

L'UNITÉ DE TOUTES CHOSES

Tout sur cette planète est composé des mêmes éléments communs à l'ensemble de la vie. Cependant, les humains ont tendance à croire qu'ils sont séparés du sol de cette Terre. Ils s'y promènent, reconnaissent sa splendeur et s'émerveillent de sa beauté. Ils appréhendent même sa puissance, mais se perçoivent malgré tout comme des êtres à part et distincts de celle-ci.

Nous désirons vous rappeler quelques faits. Les éléments dont votre corps est composé représentent également les éléments contenus sur la planète. Tel un système environnemental clos, tout ce qui se trouve ici appartient à la Terre, et spécialement le corps humain. Tout ce qui a servi à la croissance de l'humain, en premier lieu, grâce à la personne que vous appelez *mère*, a été puisé à partir de la Terre et absorbé. C'est ce qui a permis à votre mère de se développer avec son enfant – et vous voici ! Par conséquent, le sol de la Terre a donné naissance aux éléments qui ont nourri votre mère et qui vous ont permis d'exister.

Vous connaissez le cycle de la vie, vous savez ce qui arrive à la fin. L'humain retourne aux éléments de base, n'est-ce pas ? Le cycle est alors vraiment complet. Cependant, l'humain continue de se sentir à part. Nous voulons vous entretenir de la raison pour laquelle il pense intuitivement qu'il en est ainsi. Mais avant, nous désirons vous rappeler que vous faites partie des éléments de la planète actuelle.

Nous avons parlé de la « conscience de Gaia ». Nous avons parlé du fait que l'humanité et la planète sont vues comme une seule unité. Vous ne pourrez jamais les séparer. Tel est son équilibre et il en sera toujours ainsi. Souvenez-vous de votre histoire. Vos nations autochtones ont reconnu cette connexion. Ils ont fait bien plus que la reconnaître ; ils l'ont honorée au moyen de célébrations et de cérémonies. Que le temps présent soit à nouveau un temps opportun de cérémonie. Un temps pour vous consolider, pour vous unir et pour vous ancrer au sol de cette planète ! Votre futur en sera embelli, et ce qui est à venir peut en effet être grandiose. Le futur a trait à ce colis que vous tenez sur vos genoux et que nous vous dévoilerons dans quelques instants.

Les peuples autochtones, ceux de cette région et de ce pays par exemple, comprenaient la nécessité de rendre hommage aux éléments. Si vous étudiez leur histoire, vous y découvrirez une cérémonie qui visait à honorer les divers éléments de cette Terre. Ils incorporaient ces éléments dans leur cérémonie de façon à valider la présence de l'Esprit comme partie intégrante du sol ! Ils acceptaient qu'eux aussi, en tant qu'humains, provenaient du granite, voire des arbres et autres vies.

En remontant plus loin dans leur histoire, vous ferez une découverte renversante. Vous ne reconnaissez pas comment, ni à quel niveau, mais ces peuples autochtones ont aussi saisi les aspects magnétiques de leurs terres. Ainsi, ils honoraient également les quatre directions du compas. Saviez-vous que des lignes tracées sur les roches dans les montagnes désignaient les systèmes de grilles magnétiques ? Oui, c'est exact, et la preuve existe encore. Ces ancêtres possédaient une connaissance intuitive de la relation entre la Terre et les humains qui y vivaient, et ils la respectaient.

Enfin, ils célébraient la vie qui était aussi leur moyen de subsistance. Ils comprenaient le cycle qui permettait au bison d'être consommé pour leur bénéfice et au cheval, de transporter leur fardeau. Ils les honoraient dans leurs cérémonies et par le biais de leurs dessins. Ils les considéraient tous comme parties intégrantes de la vie au même titre que le sol de la Terre. Nous vous rappelons ceci, car un retour à ces principes fondamentaux fait partie de votre découverte et de votre éveil spirituel. Un retour à l'évidence que la conscience planétaire vous appartient.

LA CONSCIENCE HUMAINE DE LA PLANÈTE

Nous désirons vous rappeler à présent ce que vous devriez savoir sur la conscience planétaire. Le manque d'union que vous ressentez entre l'humain et la planète est illusoire. La planète est un système en équilibre et elle travaille dans un encadrement qui supporte l'humanité. Elle a été créée pour vous et a attendu votre arrivée pour que vous la dirigiez dans une ère nouvelle. Nous sommes ici pour vous dire que l'esprit de Gaia fait aussi partie de la conscience de l'humanité.

Nous avons déjà attiré votre attention sur le fait que l'énergie spirituelle transmutée avec intention retourne à la terre ! Nous vous avons expliqué qu'elle est partagée avec la Terre et fait partie de son système spirituel équilibré. Nous vous avons dit encore que votre intention est à l'origine de la plupart des accélérations dans les cycles climatiques actuels. Demandez à vos météorologues et à vos scientifiques si l'histoire des strates géologiques peut expliquer les phénomènes qui se produisent aujourd'hui. L'histoire est incapable d'expliquer ce cycle, car vous avez modifié l'histoire !

C'est là un phénomène nouveau. Cependant, vous pourriez dire : « Kryeon, il y a quelque chose qui n'a pas de sens ici puisque la Terre existait bien avant l'arrivée des humains. Nous semblons être des après-coups. »

Laissez-moi vous expliquer : il existe sur la planète un équilibre spontané qui nourrit la Terre et lui permet d'aller sans cesse de l'avant. Ceci correspond à l'équilibre de la nature que vous venez tout récemment de découvrir et que vous essayez écologiquement de corriger à plusieurs endroits. Vous voyez peu à peu cet équilibre comme troublé et précieux... et vous avez raison. Certains se questionnent sur le scénario selon lequel les humains sont le cerveau de la planète : « Où se cachait l'esprit de la planète durant tous ces millénaires précédant l'arrivée des humains ? » Nous allons vous répondre. Ceci en est l'aspect sacré, alors écoutez attentivement. Tel un repas nécessitant des jours et des jours de préparation soignée et qui serait ensuite consommé en moins de quinze minutes, la Terre a été soigneusement préparée pour vous – soigneusement. L'équilibre a été créé pour vous, de manière spécifique et unique. Pour assurer votre sécurité et votre protection. Pour que vous puissiez vivre vos vies dans une atmosphère pacifique et équilibrée. Pour que vous puissiez vivre sans bouleversement sur une planète conçue juste pour vous.

Quand tout a été parfait et le moment approprié – quand la semence biologique vous a été donnée – vous êtes arrivés comme il avait été prévu. Nous avons déjà discuté de cela. Vous prenez maintenant possession de votre pouvoir et c'est la prochaine étape selon le plan complet entre Gaia et vous. Nous désirons vous expliquer le miracle de cette combinaison que la plupart d'entre vous refusent encore d'accepter. Certaines choses vous sembleront mystérieuses, voire étranges et incroyables. Mais un jour viendra, très chers, où la science pourra expliquer votre lien à la planète, et ces explications, vous les aurez déjà entendues, ici, de cette chaise, en ce jour.

Le système d'équilibre automatique de la planète est très similaire à ce qui se produit dans votre corps. Certains systèmes semblent fonctionner sans votre pensée. Vous pourriez croire que vous n'avez aucun contrôle conscient sur la digestion, la respiration, les battements du cœur, la circulation ou sur le procédé naturel du rajeunissement continu des cellules. Cependant, un esprit conscient dirige toutes ces activités (votre cerveau). Les yogis et les chamans vous ont révélé que cet esprit conscient a la capacité de changer tout ce que je viens d'énumérer et qui semblait se produire automatiquement.

Par conséquent, la pratique, l'expérience, la connaissance et la révélation de ce pouvoir caché que vous détenez permettent le contrôle de tous ces systèmes à l'intérieur de votre corps que vous croyiez automatiques. N'existe-t-il pas alors une centralisation de conscience capable de modifier toutes ces choses à votre avantage ? Vous l'avez vu déjà. Voilà pourquoi votre cœur bat plus lentement quand vous êtes paisible et plus vite, quand vous avez peur, quand vous êtes fâché ou anxieux. Cet organe qui semble fonctionner automatiquement répond à la conscience du système central. Ceci ressemble beaucoup à ce qui existe entre la conscience collective des humains sur cette planète et le sol même de cette Terre. Voyez les quelques exemples qui suivent.

Voici de l'information pour neutraliser une peur commune. Cette information vous donnera peut-être une perspective différente de ce que les humains craignent peut-être le plus. En fait, ils craignent ce qu'ils ne peuvent contrôler. Ils ont instinctivement peur de la mort et ils associent souvent les deux. Il y en a dans cette pièce et parmi ceux qui lisent ces mots qui disent : « Oh, je n'ai pas peur de mourir. Je suis prêt, je ne crains pas la mort. » En tout amour, très chers, nous voulons vous dire que *votre dualité a cette fonction de rendre réel la peur, même quand votre partie spirituelle la nie* ! Quand vous serez rendus au moment de la transition de la mort, vous saisirez ce que je veux dire, car c'est toujours présent. C'est une des raisons pour lesquelles nous vous aimons autant. Parce que cette peur est conçue par vous pour être exactement ce qu'elle est – effrayante et inconnue – de façon que vous ne preniez pas la transition trop à la légère. Elle existe pour que vous restiez !

Une mort incontrôlable aux mains de la nature est sans doute la plus grande crainte des humains. Ils voient la terre comme quelque chose d'imprédictible. Beaucoup d'humains disent : « Les forces de la nature sont imprévisibles. » Ils croient cette « *nature* » distincte d'eux-mêmes et, à certaines occasions, très effrayante. Ils ne se rendent jamais vraiment compte de ce qu'est le système et de ce qu'il tente de créer. Nous aimerions vous expliquer votre participation dans la planète sur deux plans.

LE PARTENARIAT PHYSIQUE

Le premier plan est physique. Le système atmosphérique que vous appelez climat est probablement une des choses les plus familières dans votre vie quotidienne. Vous diriez même que ce système est puissant et imprévisible. Nous sommes ici, très chers, pour vous rappeler que vous possédez un certain contrôle sur ces manifestations ! Certains d'entre vous rétorqueront : « Kryeon, me dites-vous que je peux dominer la température ? » Non, mais vous pouvez maîtriser l'énergie autour de vous, et la température réagira à son tour. C'est ce que nous vous disons.

Vous ne contrôlez pas directement et de façon volontaire les battements de votre cœur. Les maîtres vous ont démontré cependant que si votre conscience est modifiée, le cœur réagira. Il en est de même sur le plan physique de la planète, car la Terre reconnaît l'énergie de l'Intention de l'être humain. Comment ne peut-elle pas réagir ? Elle a été créée pour vous !

Voici une autre analogie : supposons que vous nagez dans la mer parmi d'immenses vagues et que vous avez peur. Soudainement, vous réalisez que par votre simple pensée vous pourriez élever un rocher assez haut où vous seriez à l'abri de la menace des éléments. Debout sur ce rocher, vous verriez les vagues se briser autour de vous. Je vous demande ceci : « Contrôlez-vous les vagues ? » Non, elles sont toujours là. Alors qu'avez-vous fait ? Vous avez simplement changé l'effet qu'elles avaient sur vous. Voilà de quoi nous parlons. Vous n'êtes pas encore conscients de ce principe qui vous lie ensemble, en tant que collectivité.

Nous allons vous donner un exemple afin de vous montrer

comment tout ça se déroule de façon pratique. Nous affirmons, très chers, que vous pouvez modifier l'énergie autour de vous, ce qui affectera les conditions climatiques également. Et quand nous disons vous, nous entendons un vous collectif (des humains réunis par la pensée). Nous parlons de ce qu'un groupe de travailleurs de la lumière et d'individus peut faire pour transformer une région de la planète où les conditions météorologiques sont difficiles !

Par l'entremise de votre puissant partenariat avec Gaia, vous pouvez créer des situations où le climat semblera contourner l'endroit où vous vous trouvez, comme la roche au milieu des vagues. Réagissant à l'énergie créée dans un vortex de cocréation – spirituelle – l'équilibre météorologique demeurera, mais il contournera ces régions de conscience créées par le groupe. Vous voyez, Gaia sait qui vous êtes ! (Ne vous avais-je pas dit que cette information pourrait vous sembler incroyable.) Cependant, certains parmi vous ont déjà été témoins de ce phénomène.

La conscience de la planète, comme la vôtre, est telle que vous pouvez en changer certains attributs sans déplacer le système. Vous pouvez soigner et purifier l'énergie de certaines régions qui en ont besoin, mais le système reste en place. À cause de vos actions à la fois individuelles et collectives, certains endroits seront guéris, mais d'autres ne seront pas affectés.

Nous parlerons maintenant d'une particularité spécifique à cette région, c'est-à-dire de la façon dont la terre bouge ici (région de San Francisco). Ah! très chers, vous vivez dans un endroit qui tremble, et vous le savez – et mon partenaire le sait aussi (à propos de Lee, qui vit dans le sud de la Californie). Laissez-moi vous dire que certains d'entre vous sont attirés vers des endroits qui semblent dangereux. Ils choisissent d'y vivre. Certains d'entre vous se demanderont pourquoi ils sont attirés vers une région potentiellement dangereuse.

Certains métaphysiciens et travailleurs de la lumière ont été attirés vers différents endroits tout au long de cette côte, qui bouge et qui tremble. Des sillons dans la terre sont prêts à bouger et bougent actuellement dans cette région. Ils font partie de la géologie de la planète et de l'équilibre automatique qui ont toujours été présents et à votre portée. Pourtant, c'est ici que vous vivez ! Je vais vous expliquer pourquoi. Après quoi vous comprendrez ce qui se passe et la place qui est vôtre dans tout ça. Vous comprendrez le pouvoir généré par la conscience des groupes de travailleurs de la lumière qui savent comment placer l'intention.

Vous croyez peut-être que vous êtes ici tout à fait par hasard et qu'un jour vous serez capables d'échapper à l'anxiété causée par la crainte d'un tremblement de terre inattendu. Avez-vous déjà pensé que c'est peut-être le contraire – que votre présence ici est ce que nous appelons « *le travail* » ? La synchronicité et l'amour ont déplacé certains travailleurs de la lumière pour les amener ici, même dans ces endroits instables ! Je suis ici pour vous donner une révélation à ce sujet et à propos de votre crainte d'être affecté par cette instabilité. La voici : *une pièce remplie de personnes qui ont placé l'intention et qui vibrent à un niveau élevé que vous appelez le chemin de l'ascension peut changer ce qui se produit dans votre région.* Parce que Gaia vous écoute, vous pouvez changer les probabilités simplement par l'intention consciente. Gaia fait partie de vous, comme les battements de votre cœur font partie de vous.

Voici comment cela fonctionne. Il doit y avoir ce qu'on appelle des gens au front, aidés d'un groupe de soutien. Peu importe que nous parlions de climat, de tremblement de terre, d'éruption volcanique ou d'inondation. Laissez-moi vous expliquer : c'est un travail continuellement en œuvre ! Les gens au front sont les travailleurs de la lumière qui ont choisi d'être au point d'action. Ils sont ceux qui disent : « Ma spiritualité m'appartient et je connais ma part de divinité. Alors je sais où je dois être et je vais ancrer mon énergie dans ma région. Je vais y habiter et y vivre, et je vais en faire ma demeure. Je vais envoyer un rayon de lumière au centre de la Terre pour équilibrer la planète. Ainsi, d'autres travailleurs de la lumière, d'autres travailleurs au front et moi ferons de même. » Ces gens sont appelés à vivre dans les endroits mêmes où les changements sont prédits – sachant très bien que leur conscience est une ancre et qu'ils ont également du soutien.

Laissez-moi vous parler de cette ancre. Elle est reliée à une chaîne connectée aux milliers de travailleurs de la lumière qui lui donneront du pouvoir par l'énergie de l'intention. Quelques-uns d'entre vous le font, et je vous assure que ça réussit ! Oui, ça réussit ! Pouvez-vous modifier le climat ? Oui. Dans la région où l'énergie est ancrée – dans la région visée et pour laquelle il y a méditation – le climat changera tout simplement. Gaia répond à l'énergie humaine et au groupe humain.

Avez-vous déjà entendu mon partenaire affirmer que la *conscience change le monde physique*? Eh bien, c'est vrai. La conscience transforme la matière et la conscience changera la fonction et l'équilibre planétaire, et vous en êtes responsables. La planète a été créée pour vous ! N'est-il pas logique que vous puissiez faire ces choses ?

Nous avons donc les *gens au front* et le *groupe de soutien*. Certains demanderaient : « Kryeon, ne pouvons-nous pas ancrer de l'énergie sans que la présence d'êtres humains soit nécessaire dans la région? » La réponse est non. Seule l'énergie personnelle d'êtres humains rend possible le travail. Vous le saurez si vous êtes appelés à devenir une ancre, mais beaucoup ne le sont pas. Le fonctionnement, très chers, s'effectue comme suit : il doit y avoir une intention de l'humain en poste au front dans la région en question pour que les chaînes existent et se rattachent au groupe de soutien. Il faut ensuite laisser ces chaînes rejoindre les dizaines de milliers de travailleurs de la lumière dans le monde qui peuvent changer la planète. Ce travail doit maintenant aussi s'accomplir dans votre région (la côte ouest américaine).

LE PARTENARIAT SPIRITUEL

Il est très normal que nous vous révélions quelque chose d'additionnel. Laissez-nous vous parler de la seconde phase de cette révélation. La planète a une dimension spirituelle. Ceci ne doit pas vous surprendre, car vous devez savoir à présent que la Terre réagit depuis toujours à la conscience humaine. Elle réagit à l'AMOUR ! Et vos peuples autochtones le savaient.

Comment expliquer que certaines personnes peuvent faire pousser n'importe quoi ? Elles ont une relation de cœur, et la vie dans le sol leur répond. Elles savent qu'elles sont reliées à Gaia. Voyez-vous, Gaia réagit à l'amour. Vous ne devriez pas être surpris ni étonnés de savoir que Gaia réagit aussi à la guerre et à la mort humaine, à la famine, à l'injustice et au sentiment de peur et de terreur. Gaia réagit à tout ce qui change l'énergie humaine. En plus d'avoir des conséquences sur l'humanité, ces événements de grande énergie transforment également l'énergie du sol ! En d'autres mots, Gaia réagit à VOUS.

Alors, que vient faire l'aspect spirituel de la planète ? Que pouvez-vous en faire ? Nous allons vous donner quelques exemples de ce que vous pouvez changer. Ainsi, nous vous mettrons au défi. Nous avons dit que la Terre réagit à la guerre et aux régions où les guerres se sont disputées. C'est plus que ça encore. Lorsque la conscience de l'humanité réagit spirituellement aux événements et aux potentiels qui se réalisent, vous pouvez altérer ce potentiel avec votre consensus spirituel. Il existe à présent des méthodes pour vous permettre de nettoyer l'ancienne énergie du sol. Mais avant de vous expliquer comment procéder, laissez-moi vous parler de la purification des potentiels. Ceci est un concept interdimensionnel qui existe dans le moment présent. Comme exemple de votre pouvoir, nous allons vous dire comment ce concept a déjà été mis à l'épreuve dans certaines régions. Pensez à ce que vous avez récemment accompli.

De crainte que vous ne sous-estimiez votre pouvoir, très chers, nous désirons vous laisser savoir qu'un test a eu lieu sur votre planète récemment, qui mettait à l'épreuve vos possibilités de changement d'un potentiel. Ce test impliquait votre pays (les États-Unis) dans une région que vous appelez le Golfe, où des confrontations avaient déjà eu lieu. Cette confrontation a causé mort, anxiété, terreur, peur et découragement, bien que vous n'ayez vu que très peu de ces résultats. Ces énergies sont d'ailleurs toujours présentes en cette terre de l'origine humaine.

Cependant, ce qui semblait être une récidive, très chers, a été évité ; et je vais vous dire comment. Une puissante intention générée par les travailleurs de la lumière sur cette planète et par d'autres êtres humains bien conscients a entraîné une transmutation vers un état pacifique. Le message de l'intention était le suivant : « Nous désirons la paix ici ! Laissez la paix se répandre dans cette région ! » Ensuite, il y eut ceux que nous appelons les travailleurs au front. Ils se trouvaient dans la région où se déroulait le conflit. Bien conscients du danger réel, ils ont tenu leur lumière et l'ont ancrée dans la région. Certains étaient du sol de cette région et d'autres, d'ailleurs. Puis, avec tous ceux parmi vous rattachés à ces travailleurs au front et qui envoyaient une énergie de paix à cette région, vous avez pu observer le résultat. Le conflit s'est finalement réglé. Et des milliers d'entre vous ont fait partie de la solution ! Ce test se répétera... pour voir où l'humanité ira quand, encore une fois, une situation similaire se présentera.

C'est une épreuve globale. Nous sommes ici pour vous dire que ce plus récent test a été réussi non seulement avec les travailleurs de la lumière mais avec tous ceux et celles sur la planète qui ont placé l'intention de faire disparaître cette condition !

Tout humain ayant participé par l'énergie de la pensée et de la prière à ce but s'est uni spirituellement aux *ancres* de la région (même si le mécanisme de cette action lui était inconnu). Ceci était un exemple de ce que les humains peuvent faire avec des probabilités *a priori* hors de leur contrôle. Souvent, ils semblent croire que leurs gouvernements contrôlent tout. Qu'ils ne peuvent que se retirer et espérer que tout réussira. Ils croient également que leurs économies et leur qualité de vie sont régies par des forces indépendantes de leur volonté. « Que pouvons-nous y faire ? » demandent-ils. *Tout est possible !* La conscience alliée à l'intention du groupe peut transformer tout ça ! Et si vous avez remarqué, c'est l'opinion mondiale et non les actions d'un gouvernement qui a permis votre dernière victoire ! Opinion mondiale est synonyme d'intention humaine. Ce n'est pas la première fois, depuis quelques années, qu'un groupe d'humains occasionne des changements dans le système établi d'une puissance politique mondiale. Revenez en arrière et voyez votre histoire. Comparez votre présent aux années 50 et 60. Que manque-t-il ? Avec rien de plus que l'intention, un groupe d'humains a complètement fait tomber une très puissante structure politique. Ce n'est pas le gouvernement qui a réussi, mais bien vous. Aucun type de gouvernement ne peut espérer survivre dans la nouvelle énergie sans la participation et le consentement de son peuple. Vous êtes actuellement témoins de cet attribut ; des chefs d'État de l'ancienne énergie sont évincés par le peuple lui-même. Observez bien, car ceci se produira plusieurs fois encore dans les années à venir.

Parlons du potentiel d'agitation qui existe en ce moment sur votre planète. Laissez-moi vous préciser l'endroit où la concentration spirituelle peut être de la plus grande assistance pour la Terre. Travailleurs de la lumière, écoutez-vous ? Maintenant que vous savez comment procéder, voulez-vous vraiment provoquer un changement sur cette planète ? Je vais vous dire où concentrer votre amour. Concentrez-le au cœur, et le cœur de la situation en ce moment (et pour les prochaines années) est dans ce pays qui est petit – loin d'ici – et c'est Israël. Le temps est venu d'y ancrer les travailleurs de la lumière et de fortifier le réseau entre vous. Le temps est venu de résoudre ce conflit et ce casse-tête spirituel. Ne trouvez-vous pas bizarre qu'en ce moment le plus grand potentiel de conflit qui existe sur la Terre touche la spiritualité et les droits ancestraux ? C'est exactement ce que nous avions prédit quand nous nous sommes adressés à vos Nations Unies (chambre de la SEAT) en 1995 (voir le tome II, *Aller au-delà de l'humain*).

Ainsi, une possibilité sérieuse de tension existe actuellement entre les croyances religieuses de la planète. Au-delà des tribus et de l'aspect politique, n'est-il pas ironique qu'en ce moment les plus grandes tensions soient reliées à ceux qui ne s'entendent pas sur Dieu ? L'Esprit vous envoie tellement d'amour ! Le moment n'est-il pas venu de vous rendre compte des points communs de vos croyances et des vérités universelles que vous partagez ! L'entente, la tolérance et la paix, n'est-ce pas là la forme la plus élevée de méditation ?

Regardez ce que vous avez récemment accompli dans ce domaine. Voici encore un autre exemple du pouvoir qu'ont les humains de créer des solutions dans cette nouvelle énergie. Ailleurs sur cette planète, dans un petit pays, guerre et mort se côtoient depuis des décennies. Ce pays, vous l'appelez l'Irlande, et les différences entre les croyances et les droits des clans sont à l'origine de leurs maux. En ce moment, une tentative encore jamais vue est en œuvre pour tenter enfin de résoudre ce conflit.

Cette tentative existe grâce au consensus des humains sur cette planète et de ceux dans cette région qui disent : « Nous sommes fatigués de nous battre. Nous voulons la réussite. Nous voulons connaître la paix ici. »

Des travailleurs de la lumière sont à l'œuvre et ancrent l'énergie dans ce pays. Ils vous tendent la main – se rattachent à vous, le groupe de soutien. Écoutez les gens qui sont au front et qui savent ce qu'ils font. Le test de spiritualité est là. Car ils reconnaissent qu'ils sont une portion de divinité ancrée dans la terre et que tout ira bien. C'est le pouvoir que vous avez tous ! Bénis soient ceux qui ont créé cette grande possibilité!

L'ÉPURATION DES VIEUX SOLS

Laissez-moi vous expliquer comment on épure le sol. Il y a d'abord les travailleurs au front, suivis du groupe de soutien (surpris !). Le sol peut être nettoyé, très chers, par *la Famille.* Une portion des travailleurs de la lumière doivent venir de ce sol ; ils doivent être originaires (nés) du sol sur lequel ils se trouvent. Vous, en tant que travailleurs de la lumière ici (États-Unis), pouvez les appuyer en leur envoyant votre énergie pour aider à dégager des endroits particulièrement sombres et souillés – emplis de guerres et d'anxiété accumulées depuis plusieurs époques. Vous êtes le groupe de soutien des individus qui habitent sur un sol lointain, de ceux dont les corps sont porteurs des éléments qui proviennent de cette terre, mais ils ont la responsabilité de commencer le travail et de devenir les ancres.

Nous avons attendu jusqu'à aujourd'hui pour dire à mon partenaire et à son partenaire (Lee et Jan) l'importance pour eux de vivre dans cette région du sud de la Californie. Il est nécessaire pour eux d'expérimenter cette énergie personnellement afin de transmettre cette information à ces « travailleurs au front ». Ce n'est donc pas par hasard que certaines personnes éclairées se retrouvent à des endroits spécifiques – pour fixer leur rayon de lumière et dire : « Cette région sera épurée ». Très chers, cette épuration est facile. Comme si vous purifiiez l'énergie d'une pièce simplement et vivement avec de la sauge, la terre peut elle aussi être nettoyée ainsi. C'est la tâche à effectuer, n'est-ce pas ? Celle de nettoyer chaque pied carré de la Terre. Et le travail est en cours.

Il faut coordonner cette besogne avec les travailleurs au front dans les régions. Spécifiez les moments de méditation. Envoyez de l'énergie avec une intention identique. *Visualisez et voyez le sol libéré de l'énergie de guerre et des dissensions. Visualisez l'amour se répandant sur le sol. Voyez-le comme le nettoyant nécessaire à la survie de Gaia.* Le sol ne tardera pas à réagir à cette effusion d'effort. Ne restez pas surpris si vous sentez la Terre vous renvoyer l'amour !

LE GRAND POTENTIEL

Laissez-moi vous entretenir d'un potentiel qui existe actuellement. Parlons du soi-disant colis qui repose sur vos genoux. (Souvenez-vous, vous l'avez reçu plus tôt au cours de ce message.) Il s'agit en fait d'une visualisation – une visualisation que vous ne pouvez pas garder sur vos genoux, car elle est destinée à la planète.

Voyez un globe qui se révèle. Il est devant vous. Il est petit. Comme si vous l'observiez de l'espace, ce beau bijou appelé la planète Terre vous apparaît brillant et incandescent. C'est la Terre du futur. Vous ne pouvez ni la toucher ni vous y rendre. Elle flotte devant vous comme le potentiel de la Terre *graduée* et elle existe dans le *présent.* Cette manifestation se produit peu à peu dans votre temps... transmutant lentement un potentiel en réalité, et c'est pourquoi nous pouvons vous le montrer.

Nous désirons que vous ressentiez l'énergie autour de cette visualisation qui repose sur vos genoux. D'un endroit dans l'espace, vous portez votre regard sur cette Terre graduée. Cette visualisation peut effectivement prendre place dans un avenir rapproché. Elle représente une Terre libre de violence. Une Terre équilibrée entre Gaia et une humanité qui comprend la nécessité de la coopération et de l'échange. Une Terre graduée qui se prépare à vibrer universellement d'une énergie qui affirme : « Nous sommes prêts à rencontrer les autres, nous sommes prêts pour la transmutation du temps. » Une Terre au sol épuré par les travailleurs de la lumière. Voilà en somme une planète où les humains ont finalement compris leur place et leur pouvoir sur le sol. Voilà une Terre où les humains ont trouvé la paix.

Comment vous sentez-vous de savoir que c'est là une réelle possibilité ? Aussi réelle que n'importe quelle autre vision, et nous ne la retirerons pas. Au contraire, nous vous demandons d'emporter cette vision avec vous. Retirez-la de vos genoux et placez-la dans votre cœur ! Croyez que cela est possible ! Vous devez le faire, car c'est la seule façon de la manifester. Elle doit vous appartenir. Ressentez le sentiment de mérite personnel en vous. Nous appelons d'un autre nom cette Terre graduée que vous regardez. Un nom que vous avez déjà entendu, et certains parmi vous dans cette pièce ou qui lisent ces mots comprennent l'histoire spirituelle et sauront ce que ce nom signifie. Cette Terre graduée est appelée « *Nouvelle Jérusalem* ».

Vous avez changé votre futur depuis les quelques mois qui viennent de s'écouler. Le saviez-vous ? En raison de votre amour pour l'humanité, de votre compréhension du chemin de l'éveil spirituel et du pouvoir que vous avez en ce moment, plusieurs parmi vous commencent à comprendre leur raison d'être ici. C'est l'équilibre entre le physique et le spirituel et la connaissance du fonctionnement de cet ensemble qui changera cette visualisation en réalité. Durant ce processus, très chers, ne soyez pas surpris de ressentir une nouvelle connexion à la planète. Ne soyez pas surpris de développer de nouvelles passions, de nouvelles habitudes alimentaires et de sommeil. Certains dans cette pièce ou parmi ceux qui lisent ces lignes vivent des situations très différentes de ce que leur vie était auparavant. C'est le nouveau vous, avec son intention d'avancer avec sagesse et la compréhension de son rôle sur la Terre. C'est un esprit plus jeune que vous ressentez !

Voilà ce qui se produit quand un être humain se tient devant

Dieu et dit : « *Je vous reconnais maintenant ! Vous êtes mon meilleur ami. Je sais où mon Foyer se trouve. Je sais où* JE SUIS, *et les deux concepts, celui de Dieu et de l'humain, se fusionnent.* » Cette Terre graduée devient la nouvelle demeure. Tel est le but.

Nous quittons cet endroit, très chers, et nous vous souhaitons de savoir qu'une partie du Foyer est venue vous visiter aujourd'hui. Gardez cette visualisation de la Terre graduée dans votre cœur et dans votre esprit. Elle n'a jamais été offerte au cours d'une rencontre comme celle-ci – jamais. Celle-ci est une nouvelle visualisation, créée durant les deux dernières années. Ne laissez pas certains événements qui devront se produire avant que l'épuration soit achevée vous déprimer ou vous inquiéter. Le passage de l'ancienne énergie en énergie nouvelle causera des perturbations. Puis viendra la guérison. Ne laissez pas les prophéties de malheurs vous abattre. Tout n'est pas comme il semble.

Tenez haute votre lumière et rappelez-vous ce temps où nous sommes venus un bref moment dans votre vie afin de réunir ce côté de la Famille avec vous. Ressentez l'amour que nous avons pour vous, pour ce que vous avez fait pour nous tous.

Il en est ainsi !

Kryeon

NOTE DE L'ÉDITEUR : *Suite à l'importance du message ci-dessus, nous aimerions faire une suggestion à nos lecteurs. Ne serait-il pas une belle occasion pour nous ici de se joindre consciemment et concrètement à ce travail d'ancrer la lumière sur Terre. Si nous nous donnions un rendez-vous afin de se réunir en conscience dans ce but. Ainsi, tous les mercredis soirs à 21h00, heure locale, pour tous ceux qui le souhaitent, nous pourrons nous unir, suivant la visualisation proposée plus haut, et activer cette lumière en nous afin de créer paix et amour sur cette belle planète, à la mission, semble-t-il, si spéciale.*

CHAPITRE SIX

LE CHANNELING DEVANT LES NATIONS UNIES 1996

Ville de New York

UN MOT DE L'AUTEUR : Mardi, 26 novembre 1996. Ce jour ressemblait à n'importe quel autre jour, mais je savais que ce n'était pas le cas. Je m'éveillai et regardai par la fenêtre. Depuis ma chambre d'hôtel au douzième étage, je contemplai Central Park qui s'étendait là, devant moi. Je vis la patinoire Wollman et une partie du bassin et, plus bas, je pus même apercevoir le toit du Musée d'art moderne. C'était un beau spectacle de contempler la 8e Avenue et Central Park West Avenue, flanquées d'une suite ininterrompue d'immeubles imposants de ciment et de verre, comme un jeu d'échecs géants et majestueux attendant, entouré d'arbres, qu'une partie débute. Dans deux jours, la parade du Macy's Day serpenterait le long des allées du parc, suivie par des millions de personnes, dont Jan et moi-même. Tant d'histoire imprégnait cet endroit !... De George Washington à John Lennon... Et, en contemplant ce spectacle, je pris conscience qu'à ma façon j'allais contribuer à cette histoire dans quelques petites heures... à guère plus d'un demi-kilomètre d'ici, sur les rives de l'East River, dans l'immeuble des Nations Unies.

Je me souvins de l'année précédente, à la même époque, et de mes pensées d'alors. C'était la même histoire. Kryeon avait été invité à présenter un message par channeling à la Société pour l'illumination et la transformation (SEAT) des Nations Unies. [La transcription du channeling de Kryeon aux Nations Unies en 1995 apparaît dans le tome II, *Aller au-delà de l'humain.*] Ce fut à ce moment que j'appris qu'il existait vraiment une organisation relevant des Nations Unies et dont la vocation était de méditer et de discuter de choses comme les extraterrestres et autres sujets métaphysiques ! Et tout ceci avait lieu dans les locaux mêmes de l'organisation, tout près du siège de l'Assemblée générale, dans la zone réservée aux délégués et aux invités et non aux touristes qui visitent.

Quoi que vous pensiez des Nations Unies, et, croyez-moi, nombreux sont ceux qui n'en pensent pas de bien, je vous propose une vue d'ensemble de cette organisation. Cet immeuble recèle beaucoup plus qu'un simple détachement de soldats nommés les Casques bleus qui n'arrivent pas très bien à faire régner la paix dans le monde, ou que les tentatives présumées de conspiration dans le but de créer un gouvernement mondial sous leur contrôle. Au lieu de cela, on y trouve des milliers de personnes qui se présentent chaque jour à leur bureau et qui travaillent dur sur les problèmes de la faim dans le monde, de l'éradication des maladies, et qui sauvent les enfants de la planète que leurs sociétés ne peuvent ni héberger ni nourrir. Les employés des services humanitaires sont plus nombreux que les politiciens et vous ressentez cette énergie dès votre arrivée. Un endroit comme celui-ci, où tous les peuples du monde peuvent se réunir régulièrement, est unique sur la Terre. En plein centre de cette organisation se trouve la SEAT, qui médite pour la paix dans le monde et qui envoie amour et illumination dans les salles où sont signés les traités et où les gouvernements jettent les bases de leur coopération.

À nouveau, je sus que je pénétrerais dans cet immeuble et que je présenterais Kryeon aux délégués qui seraient suffisamment intéressés pour assister à cette réunion privée de la SEAT, une organisation approuvée par les Nations Unies et un point lumineux dans cet immeuble de pouvoirs politiques. Après de nombreuses années de présidence de la SEAT, Mohammad Ramadan, mon hôte de l'année dernière, jouissait d'une retraite bien méritée. Aujourd'hui, Cristina Arismendy, qui avait hérité ce poste, avait projeté de nous rencontrer, Jan et moi, au point de contrôle du FBI et de nous le faire franchir, comme l'année précédente, au moment de pénétrer dans les zones de sécurité où les choses sérieuses se passent.

Nous fûmes de nouveau chaperonnés par notre gracieuse amie, Zehra Boccia, qui contribua, les deux fois, à présenter Kryeon aux Nations Unies. *Nous vous rendons hommage, Zehra, pour votre responsabilité dans tout ceci !* Ce fut aussi Zehra qui me fit comprendre qu'il n'était pas nécessaire que je prie à haute voix à l'arrière du taxi pour survivre au trajet qui nous menait à l'immeuble de l'ONU, en passant par la 1re Avenue et la 43e. Je contemplai son calme et compris qu'elle savait quelque chose que j'ignorais. Comment les chauffeurs de taxi peuvent-ils survivre en conduisant de cette façon ? Peut-être cela s'explique-t-il par le fait qu'ils sont peu nombreux à comprendre l'anglais et donc, qu'ils ne comprennent pas la signification des panneaux indicateurs ? Peut-être ont-ils certains anges particuliers qui protègent tous les humains qui roulent à 80 km à l'heure en même temps, au même endroit ? Eh bien, j'ai survécu à la course en taxi. J'étais si heureux d'être en vie lorsque je suis descendu du véhicule que j'ai pensé que présenter à nouveau Kryeon à l'ONU allait être la partie la plus facile de la journée.

Cette seconde visite à l'ONU fut différente. L'année précédente, la tâche de Kryeon avait considérablement augmenté avec la parution du quatrième volume (en anglais, le livre des paraboles, publié chez Hay House), les droits étrangers pour diverses traductions donnant lieu à une expansion internationale, au lancement du *Kryon Quarterly Magazine* et à une panoplie de confirmations scientifiques qui firent en sorte que chercheurs et scientifiques participèrent régulièrement aux séminaires de Kryeon. L'année précédente, nous vînmes seuls, Jan et moi. Mais cette fois, quelques membres de la « famille de Kryeon » nous accompagnèrent. On nous avait permis d'inviter six personnes. Aussi, furent invités Geoff et Linda Hoppe (éditeurs du *Quarterly*), Rob Harris (qui a la charge de la conception de toute la publicité nationale de Kryeon), le Dr Todd Ovokaitys (docteur en recherche scientifique et visionnaire métaphysicien), et Steve et Barbara Rother (responsables du site Internet de Kryeon, America On-Line). L'épouse de Rob, Barbara Harris (qui réalisa les quatre premiers numéros du magazine de Kryeon), dut rester chez elle afin de s'occuper des clients... et elle nous manqua.

Au lieu prévu, nous rencontrâmes la charmante présidente de la SEAT, Cristine Arismendy, et je fus à nouveau frappé par le fait que l'Esprit trouve toujours la personne parfaite pour les tâches spirituelles sur cette planète ! Bien que ne nous étant encore jamais rencontrés personnellement, elle se comporta aussitôt comme un membre de la famille et nous fit sentir que nous étions tout à fait bienvenus. Nous franchîmes les points de contrôle, prîmes une tasse de café, puis nous dirigeâmes vers la salle de conférences numéro 7 où devait se tenir la séance de channeling. Ces réunions se mettent en place rapidement et, à nouveau, je ressentis l'aspect formaliste et protocolaire de l'événement. À la différence du caractère informel que je m'efforce de donner aux séminaires de Kryeon, les membres de ce groupe se dirigèrent rapidement vers leurs sièges, firent silence, devinrent attentifs, et la séance commença aussitôt.

Pendant que Cristine nous présentait, je scrutai la salle et m'aperçus que mes amis n'avaient pas trouvé place ensemble, mais qu'ils s'étaient placés de telle sorte, qu'avec nous deux, ils formaient un triangle. Ils avaient formé ce que j'appelle le « triangle volant » protecteur, utilisant ce que nous avions appris au sujet de la géométrie sacrée et de l'énergie qu'elle produit.

Pendant que Cristine terminait sa présentation, je songeai au groupe éclectique qui nous faisait face – il représentait tant de cultures et de croyances et d'endroits différents ! À cet instant, Kryeon vint en moi et murmura : « Souviens-toi qu'ils sont tous semblables à toi. Ils sont profondément aimés par l'Esprit et méritent d'être présents dans cette salle. Ils sont au bon endroit au bon moment. Rends hommage à cet instant ! Car le véritable travail en faveur de la planète est réalisé individuellement par des gens comme eux ! » Je fus alors convaincu que le message de Kryeon serait à la fois individuel et planétaire, comme Kryeon le fait toujours. Il défend l'idée que la transformation de la planète s'effectue peu à peu, en chacun de nous, un cœur à la fois.

Cristine termina son introduction. Je parlai brièvement de certaines choses que j'avais en tête, puis me tournai vers Jan. Elle dirigea une merveilleuse méditation, faisant gracieusement participer l'assistance à un exercice de développement personnel et de visualisation. Au moment où elle terminait, je consultai ma montre. Kryeon disposait de trente minutes – pas plus. Nous devions quitter cette salle rapidement afin de permettre la réunion suivante du comité de l'ONU. Je souris intérieurement, sachant que je n'avais pas à me soucier de l'heure. Kryeon a une parfaite notion du temps. Puis il parla et je ressentis cette immersion dans l'amour et ce sentiment de pertinence qui, toujours, accompagnent ses messages, et je pris conscience de la présence du cortège des anges et des guides, présents chaque fois que des groupes se réunissent afin d'écouter les paroles de Kryeon.

LE CHANNELING 1996

Salutations, très chers. Je suis Kryeon du Service magnétique. Cette salle est remplie par l'amour de l'Esprit ! Imprégnons-nous-en ! Peut-être certains d'entre vous ont-ils choisi de venir aux Nations Unies en croyant pouvoir provoquer certains changements. Nous sommes ici pour vous dire, en effet ! Pour vous dire qu'avec votre cœur, votre conscience et le « fragment de Dieu » que chacun de vous porte en lui, ce groupe a le pouvoir de transformer la planète ! Mais tout doit commencer individuellement, avec chacun de vous. Kryeon reprend souvent le thème suivant : votre « fragment de Dieu » doit faire prendre conscience à votre esprit de sa propre valeur. Vous devez comprendre qui vous êtes et que vous vous trouvez ici dans un but précis. C'est le début de la modification de votre fréquence vibratoire.

Chacun de vous a une raison d'être, et peut-être cette raison consiste-t-elle à vous joindre aux autres grâce aux pensées générées par la méditation d'aujourd'hui, afin de transformer la planète – même pendant que vous êtes assis ici. Car l'énergie qui circule ici est puissante, pleine de détermination et d'intention et votre présence en ce lieu n'est pas due au hasard.

Parlons maintenant brièvement de quelque chose d'important et je m'adresse à tous ceux qui lisent et entendent ce message : il n'y a rien qui ne puisse être changé dans votre vie personnelle, en cet instant même, si vous le décidez. Bien que Kryeon puisse parler de sujets concernant votre planète puis, l'instant d'après, de sujets non terrestres, permettez-moi, pour l'instant, d'adresser un message à votre cœur : peut-être votre corps porte-t-il en lui quelque chose qui n'est pas bon pour votre vie ? Peut-être ce secret n'est-il connu que de vous seuls ? Peut-être certains éléments de votre environnement sont-ils désagréables ? Peut-être êtes-vous découragés et déprimés, et pensez-vous : « Les choses ne pourront jamais s'améliorer. » Nous vous disons ceci : Oh, très chers, vous êtes tendrement aimés ! Ce « fragment de Dieu » en vous a le pouvoir de tout changer autour de vous, même ce que vous craignez le plus ! Rien n'est trop difficile à transformer pour le miraculeux pouvoir spirituel ! Et vos guides se tiennent prêts alors que l'énergie de l'amour augmente dans cette salle, en cet instant précis.

Nous parlons du cœur de chacun d'entre vous. Nous parlons de ce que vous pouvez faire pour vous-mêmes et qui modifiera l'atmosphère qui vous entoure. Et en agissant ainsi, très chers, les gens autour de vous changeront aussi. Ainsi, une nouvelle fois, apprenons-nous que tout changement chez une personne en provoquera un autre chez plusieurs et que, par conséquent, le pouvoir de quelques êtres éclairés affectera tous les autres. Ne vous méprenez pas ! Ce pouvoir est celui de l'amour et de l'élévation de la fréquence vibratoire. Le changement planétaire est à l'œuvre dans cette salle. Aussi vous encourageons-nous à continuer votre tâche ici (la SEAT).

Très chers, nous avons quatre points à aborder pendant le court laps de temps qui nous est imparti. Maintenant, nous nous adressons à tous et non seulement à ceux qui sont présents ici, mais aussi à ceux qui liront ce message (comme vous, en cet instant même). Même si vous n'êtes que quelques-uns à entendre ces paroles, l'énergie profonde de ce message se répandra dans tout cet immeuble et les sujets abordés aujourd'hui influenceront les pensées de ceux qui ne sont pas présents, et peut-être même de ceux qui se réunissent dans la grande salle proche d'ici (l'Assemblée générale). C'est ainsi que l'Esprit agit, afin que la notion de l' « instant présent » remplace celle du passé et du futur.

1. Laissez-moi vous raconter l'histoire de Joe. Joe vivait dans une maison en compagnie d'autres personnes, et cette maison contenait de nombreuses pièces. Chacun des habitants de la maison profitait d'une pièce bien à lui et Joe adorait la sienne. Toutes les pièces étaient spéciales et Joe, qui en avait vu plusieurs, les trouvait aussi très belles. Mais Joe bénéficiait de l'une des plus grandes pièces qui offrait aussi plus de possibilités que les autres. Il surveillait de près tout ce qu'elle contenait et s'efforçait de la maintenir belle et paisible.

Tous les habitants se réunissaient parfois et discutaient de la meilleure façon d'améliorer encore la maison, mais chacun, en son for intérieur, était persuadé que sa chambre était la plus belle.

Joe découvrit qu'en peignant les murs avec des couleurs particulières, il pouvait provoquer certaines dispositions d'esprit et susciter quelques comportements, créant les protections dont il avait besoin tout en embellissant sa chambre. Ainsi fit-il, utilisant les ressources que lui offrait sa chambre, et il la conserva ainsi sa vie durant. Il arriva aussi que les compétences techniques de Joe augmentèrent avec le temps, du fait qu'il disposait de l'une des plus grandes chambres. Finalement, Joe constata que son plafond avait besoin d'être réparé. Mettant à profit ses nouvelles connaissances techniques, il le renforça et l'embellit par la même occasion, ce qu'il aurait été incapable de réaliser auparavant.

Il ne se passa guère de temps avant que Joe ne se dise : « Avec mes nouvelles connaissances techniques, je suis aussi en mesure d'améliorer le toit au-dessus de ma chambre. Je sais que cela profitera à mon espace. Je vais le faire. » Ainsi, Joe employa-t-il ses compétences techniques pour embellir son toit et le rendre conforme à ses désirs. Mais en agissant ainsi, il commit une erreur, car il ne comprit pas le concept collectif du toit, qui était commun à toutes les autres chambres.

Les habitants des autres chambres ne firent aucune réflexion à propos des efforts de Joe, car ils ne comprenaient pas ce qu'il était en train de faire. En fait, Joe lui-même ne maîtrisait pas bien ses propres connaissances techniques. Ses intentions étaient bonnes, mais sa sagesse, insuffisante, et une erreur fut commise. En raison des connaissances incomplètes de Joe, le toit situé au-dessus de sa chambre devint instable et s'affaissa. Mais ce ne fut pas tout. Car le toit, qui ne formait qu'une seule et unique structure solidaire, fut touché dans son ensemble. Peu à peu, les efforts de Joe pour améliorer la partie du toit qui se trouvait au-dessus de sa chambre affectèrent le toit entier, mettant toute la maison en danger. Joe comprit la légèreté dont il avait fait preuve en voulant améliorer sa propre chambre, provoquant un véritable chaos et mettant ainsi toute la maison en danger et il eut honte.

Cette parabole n'est pas perdue pour tout le monde ! Nous vous disons que votre technologie sur ce continent a atteint aujourd'hui une telle puissance que vos expériences aux confins de votre espace aérien ne manqueront pas d'avoir des répercussions sur tous les autres pays ! Nous vous répétons donc : ralentissez jusqu'à ce que vous compreniez totalement ce que vous êtes en train de faire ! N'entreprenez pas ce genre d'expériences impressionnantes sans avoir consulté ceux qui partagent l'atmosphère de cette planète avec vous. Vous ne pouvez agir ainsi, comme si vous étiez seuls sur la Terre. Rencontrez-vous dans des endroits comme celui-ci (l'ONU) et discutez de ces choses ! Abordez ce sujet dans la « grande salle ». C'est la raison d'être de cet immeuble ! Nous vous sommons d'agir ainsi ! Il est temps.

2. Maintenant, nous vous posons une question : si vous deviez créer, à nouveau, une organisation internationale comme celle-ci, vous semblerait-il raisonnable, en ces temps nouveaux de millenium qui approchent, d'intégrer la sagesse des Anciens de cette planète dans vos divers programmes ? Utiliseriez-vous leurs idées ou même leurs secrets dissimulés jusqu'à aujourd'hui ? Je pense que vous répondriez : « Oui, c'est une excellente idée ! »

Pourquoi, alors, n'y a-t-il aucune place au sein de cette vaste organisation pour cette grande sagesse ? Avez-vous oublié qu'elle est à votre disposition ? Doutez-vous de sa valeur ? Sur ce continent même, les descendants des anciens indigènes perpétuent la compréhension des anciennes voies spirituelles de la Terre. Ils comprennent la nature spirituelle du pays et de la paix. Ils comprennent la coexistence avec les éléments et l'énergie des quatre directions, le nord, le sud, l'ouest et l'est.

Ces Anciens, qui peuplèrent toutes les îles tropicales, connaissaient parfaitement leurs propres ancêtres venus des étoiles ! Et les descendants humains de ces ancêtres stellaires enseignent toujours cette vérité de nos jours, dans un langage non écrit et savent comment tout ceci est relié à l'énergie de la Terre.

Ceux qui habitent de l'autre côté de la planète, qui allument des feux de bois pour se chauffer et qui se rassemblent autour de ces feux de façon primitive comprennent mieux que quiconque dans cet immeuble comment les choses fonctionnent réellement ! On trouve des descendants des Anciens sur chaque continent et leur savoir est identique, saviez-vous cela ? Car les vérités sur la planète sont immuables, mais les principes fondamentaux sont souvent perdus pour les gens d'aujourd'hui.

Cependant, aucun de ces sages n'est présent dans cet immeuble, car le pays où ils vivent ne leur appartient pas. Ils sont dépositaires de la sagesse la plus haute que la planète puisse offrir à l'humanité aujourd'hui, mais ils sont ignorés, car ils ne représentent rien sur le plan politique.

Et nous disons que le temps est venu de réunir un conseil des Anciens, un conseil de la sagesse spirituelle afin de vous guider, un conseil validé par son ascendance planétaire et non par les lettres de créances des gouvernements. Si vous faites cela, tous vous en constaterez les résultats ! Il n'y a pas de meilleur moment pour réaliser une telle idée. Peut-être se concrétisera-t-elle maintenant dans la grande salle au bout du hall. [*Nous invitons toute personne intéressée par ce projet à nous contacter à la Fondation Convergence, voir page 375. Un groupe est actuellement en train de voir le jour au Québec pour œuvrer à la réalisation de ce Conseil des sages à l'ONU, N.D.É.*]

3. Voici le troisième sujet d'aujourd'hui. Il a trait à ce que vous appelez les extraterrestres. Très chers, vous n'avez pas encore

rencontré ceux que vous attendez. Lorsque votre planète entrera en phase avec celle des autres, ce sera comme un signal que vous leur adresserez pour qu'ils viennent. Ils vous apporteront de grandes nouvelles et une aide merveilleuse. Mais le signal n'est pas encore prêt à être donné.

Ceux que vous rencontrez en ce moment ne constituent pas l'avant-garde de ceux que vous attendez. Ce sont des entités extérieures, de la périphérie, qui ne représentent absolument pas les vibrations de ceux qui doivent venir.

Saviez-vous que l'univers grouille de vie ? Depuis ma dernière visite dans cet immeuble, vous avez découvert neuf planètes hors de votre système solaire ! Ainsi, en un laps de temps très bref, vos scientifiques ont déclaré : « En effet, il existe des planètes au-delà de notre système solaire ! » Il ne se passera guère de temps avant qu'ils ne déclarent : « En effet, la vie existe au-delà de notre système solaire. » Ce n'est qu'une question de temps. Voici une information qui n'a jamais été présentée au cours d'une séance de channeling : les chances de trouver une vie intelligente sont beaucoup plus élevées dans les systèmes à deux soleils que dans ceux à un seul soleil. Il y a des raisons précises à cela, et vos propres découvertes scientifiques les expliqueront un jour. Les systèmes à deux étoiles autour desquelles gravitent un ensemble de planètes sont plus fréquents que ceux à une seule, comme dans votre propre système. Vous pourriez vous demander : « Nous disposons d'une vie intelligente et nous n'avons qu'un seul soleil. Pourquoi est-ce ainsi ? » Et nous répondons que nous vous avons bien cachés, très bien même !

Nous vous avons donné des conseils à ce sujet auparavant. Écoutez ! Vous, les nations de la Terre, mettez vos connaissances en commun. Ainsi, pourrez-vous comprendre les intentions des messagers ! Chacun de vous possède une connaissance fragmentaire, mais personne ne détient la connaissance globale. Vous êtes largement désinformés par les « périphériques ». Ils vous trompent en faisant des choses auxquelles vous ne croiriez pas si vous possédiez la connaissance globale. Ils ont un programme qui n'est pas en phase avec l'élévation de la fréquence vibratoire de la planète, et ce programme est rempli de mensonges. Lorsque vous révélez tout ce que vous savez, il ne peut y avoir de mensonges ! Il est vraiment cocasse de constater qu'en gardant secrètes les activités de ces extraterrestres, vous entrez dans leur jeu, ce qui n'est pas dans votre intérêt ! Ne faites pas confiance à ceux qui sont physiquement présents en ce moment ! Ils ne représentent pas ceux qui doivent venir.

Oh, ils sont étranges. Leur technologie est supérieure à la vôtre et elle est accaparée par certains humains très puissants, ce qui est impropre au développement et à l'illumination de la planète. Partagez les connaissances !

4. Pour terminer, nous avons un message à votre intention, et il peut vous paraître énigmatique. Mais ceux qui saisissent les principes du grand dessein comprendront rapidement sa signification. Vous et la planète Terre avez largement dépassé le point de développement que nous pensions vous voir atteindre en cette période de temps linéaire. Lorsque vous avez eu à affronter certaines situations, vous avez chaque fois choisi la paix. Oh, vous pouvez constater les conflits qui vous entourent, les souffrances de nombreuses personnes et les multiples guerres tribales. Cela ne représente que les derniers vestiges de l'ancienne énergie. Mais l'essentiel est ceci, très chers : la paix n'est plus une option. C'est une nécessité. Ceux qui élèvent leur fréquence vibratoire le comprennent parfaitement. Cette planète ne peut progresser au niveau vibratoire vers lequel elle se dirige et continuer à entretenir la guerre. Voilà pourquoi votre propre organisation (l'ONU) est toujours soutenue, à l'encontre même de ceux qui essaient de l'éliminer !

Observez autour de vous. Toutes les prédictions des prophètes de malheur se sont révélées fausses ! Vous avez brisé le paradigme des prophéties qui annonçaient que vous ne pourriez même pas survivre jusqu'à aujourd'hui ! Votre bataille *d'Armageddon* n'a pas eu lieu comme prévu, vous en êtes-vous rendus compte ? Votre ancienne énergie guerrière n'est plus acceptable et le nouveau millenium promet une ère de paix, de tolérance... et d'amour. Cependant, c'est à vous de jouer. Vous êtes sur la bonne voie, et la date de votre disparition, que plusieurs avaient annoncée s'est tout simplement évanouie. Même les dates annoncées par les channels du Nouvel Âge ont été modifiées. Votre futur change presque quotidiennement, et ce, en raison des modifications vibratoires du sol de la Terre elle-même ! L'avez-vous remarqué ?

Il reste un changement majeur à effectuer, très chers, et il est important : faites la paix avec le dragon. Nous n'en dirons pas plus pour l'instant.

Vous êtes tous tendrement aimés. Nous connaissons le nom de chaque personne ici. Nous savons les épreuves que vous traversez et ce qui vous a poussés à venir ici, à vous asseoir et à écouter ces paroles. Nous vous disons que chacune de vos vies s'inscrit dans un plan grandiose ! Nous sommes assis devant vous et semons les graines de la vérité et de l'amour. Nous vous imprégnons de l'essence du « vrai foyer » et espérons que vous reconnaîtrez la force divine présente en cet instant. Si vous êtes en phase de contrat en ce moment même, vous pouvez ressentir l'amour qui vous est envoyé. Si vous ne comprenez pas ces mots, nous vous disons que les graines ont été, néanmoins, plantées. Il s'agit du libre arbitre et de l'intention. Il s'agit d'un hommage à l'humanité. Un jour, vous permettrez aux graines de pousser et cela changera votre perception des choses ! Vous saurez enfin que vous êtes des individus réellement bénis – avec la véritable essence de Dieu en chacun de vous – et honorés pour votre présence ici ce soir !

Nous vous aimons tendrement.

Et il en est ainsi !

Kryeon

UN MOT DE L'AUTEUR : Comme les derniers mots de Kryeon résonnaient encore dans la salle, Steve Rother, un des membres du groupe qui accompagnait Kryeon, consulta la grande horloge située au-dessus de ma tête, derrière moi. La trotteuse indiquait exactement l'heure à laquelle nous devions terminer. Kryeon avait programmé le message parfaitement et s'était assuré que Steve s'en rendrait compte – une autre validation, qui défiait la simple coïncidence, du travail accompli par Kryeon.

En repensant à ce channeling, je perçois à nouveau le schéma familier de Kryeon. D'abord le particulier, puis le général. Il commence par l'amour pour l'individu, puis il passe à l'amour en général avant de revenir à l'individu. Son message à l'ONU ne fut pas timoré. J'ai interprété avec force certains passages de son message, lorsque cela fut nécessaire, mais l'amour fut toujours présent. Même au milieu de ses plus vives admonestations aux nations du monde, Kryeon continua d'adresser le mot honneur à l'humanité.

Il nous dit à quel point nous sommes exceptionnels et que nous avons le pouvoir d'être à la ligne d'arrivée ! Il admire nos réalisations et désire atteindre la « masse critique » de la conscience humaine. Il nous fait part du fait que la planète réagit à notre travail et nous invite à nous en rendre compte. Et, maintenant, aux Nations Unies, il donne à nouveau des conseils aux peuples du monde.

Lorsqu'il eut terminé, Kryeon s'adressa gentiment à ceux qui vivent dans la crainte et dans la douleur. Avec considération il leur demande: « N'est-il pas temps de vous guérir vous-mêmes ? » Puis il se propose de s'agenouiller à leurs pieds ! Telle est l'inépuisable et bienveillante énergie de cette entité dont j'assure le channeling, le maître du Service magnétique qui est également l'un des Anges du Nouvel Âge.

LEE CARROLL

P. S. : Tous mes remerciements à Miguel Gonzalez, un membre de la SEAT qui assista à cette réunion et dont l'appareil d'enregistrement fut le seul à fonctionner ce soir-là ! Les piles neuves de mon appareil digital furent déchargées en dix minutes, et beaucoup d'autres eurent aussi des problèmes. Sa cassette enregistrée permit cette transcription. Notre salle fut, ce jour-là, remplie d'une énergie puissante.

LE PROJET HAARP
UNE MISE À JOUR

UN MOT DE L'AUTEUR : Lorsque le channeling de 1995 devant les Nations Unies fut terminé, je n'avais pas la moindre idée des expériences sur les hautes énergies dont Kryeon venait de parler. Pendant que j'écris ceci, certaines révélations apparaissent, qui modifient ce que j'avais compris des propos de Kryeon. Voici ce que je sais : deux expériences majeures sont actuellement menées par le gouvernement américain, l'une en Alaska, l'autre en Australie. Elle font toutes deux appel à une nouvelle et redoutable technologie mise au point, à l'origine, par Nikola Tesla (inventeur de la radio et du courant alternatif - comment ? - vous l'ignoriez ?).

Lorsque je découvris des informations sur le *High Frequency Active Auroral Research Program* (HAARP), un mois après le channeling de 1995 devant les Nations Unies, je sus tout de suite qu'il s'agissait du sujet traité par Kryeon. En Alaska, dans un site ultrasecret, des scientifiques construisent une station qui servira à réchauffer l'atmosphère, grâce à l'utilisation de la technologie de Tesla. Ils promettent à notre pays, grâce à ce projet, des moyens de défense stupéfiants, peut-être le « Saint-Graal » pour chaque branche de notre armée. Tout ceci à un coût dérisoire, au lieu des armes actuelles fort onéreuses. Avec un coût inférieur à celui d'une bombe nucléaire, ce programme est censé être la plus glorieuse réalisation scientifique depuis que le projet de Los Alamos nous apporta la fission de l'atome. C'est aussi important que cela.

HAARP prévoit pomper plus d'un gigawatt (c'est-à-dire un milliard de watts), dans la ionosphère, grâce à l'utilisation des ondes « scalaires » (il s'agit d'un terme créé par Tesla), ce qui aura pour conséquence immédiate de créer un « trou » de 45 kilomètres de diamètre dans cette ionosphère. Ce qui suit est un récit que j'ai publié dans le *Sedona Journal of Emergence* qui décrit et explique en termes destinés aux profanes, ce qu'est le projet HAARP. Continuez à lire. Même parmi toutes ces nouvelles effrayantes, on trouve des raisons d'espérer et d'inédites et merveilleuses informations.

LE PROJET HAARP

[N.D.É. : Nous reprenons cet extrait tiré du tome II pour faciliter la compréhension de la mise à jour de Lee Carroll.]

Contrairement à la plupart des portes de bureau, celle-ci se referma avec un bruit feutré, car c'était une de ces portes capitonnées conçues pour absorber les sons. Les quelques hommes assis autour de la table lancèrent un bref regard à la sculpturale secrétaire lorsqu'elle pénétra dans la pièce, puis l'ignorèrent lorsqu'elle s'assit à sa place et se prépara à transcrire la réunion.

C'était au milieu des années 80, quelque part en Virginie. Des scientifiques de la société ARCO Production Technologies Corp. rencontraient secrètement des personnalités officielles de haut rang de la Navy et de l'Air Force dans un bureau privé de haute sécurité. Tous étaient en civil, car ils savaient depuis longtemps que les journalistes étaient à l'affût des allées et venues des gradés de hauts rangs. Les tenues de ville étaient donc de rigueur. Sur les habits, aucun signe distinctif ; ni étoile de général des Forces aériennes ni aucun galon d'amiral. Les officiers de hauts rangs se sentaient quelque peu mal à l'aise sans leurs uniformes et se trémoussaient sur leurs sièges.

Les hommes de l'ARCO se préparaient à projeter quelques diapos et graphiques. « Entrons directement dans le vif du sujet », dit l'un des scientifiques. « Vous savez tous, depuis nos précédents contacts, que nous avons rendu les inventions d'Eastlund et Tesla opérationnelles. » Tous les yeux étaient rivés sur les scientifiques, car certains militaires n'avaient jamais entendu parler de ces inventions avant ce jour. L'un d'eux bâilla, prévoyant une ennuyeuse réunion de plus.

Le scientifique continua : « Messieurs, que diriez-vous si je vous apprenais que nous sommes en mesure de détruire, depuis notre sol, n'importe quel missile en vol vers les États-Unis, dans un rayon de 6000 kilomètres, et ce, sans tirer un seul coup de feu ? » Les généraux de l'Air Force sourirent.

« En outre, que diriez-vous si je vous annonçais que grâce à cette technologie, vous seriez en mesure de communiquer avec n'importe quel sous-marin, à quelque profondeur que ce soit, en temps réel et sans utiliser l'encombrant système de communication alphabétique sonore actuel ? » L'amiral assis à la table conserva le visage impassible d'un joueur de poker, fruit d'une très longue pratique des réunions avec des gens qui essaient d'obtenir des renseignements.

« Et ce n'est pas tout, messieurs », continua le scientifique d'un ton très professionnel. « Nous pensons que cette technologie peut aussi nous permettre de sonder le sol sur plusieurs kilomètres de profondeur, selon sa composition géologique, de façon à repérer les silos nucléaires, les abris antinucléaires, exactement comme une radio aux rayons X des installations de l'adversaire... et il y a encore mieux. »

Le scientifique se leva et s'approcha du rétroprojecteur. « Toujours grâce à cette nouvelle technologie, nous croyons fermement, et ceci ressort de nos expériences, que nous pourrons manipuler les conditions climatiques de n'importe quel champ de bataille sur Terre. » Personne ne broncha, mais tous tentaient de digérer cette dernière déclaration. L'amiral, les mots « communication sous-marine » résonnant encore à ses oreilles, parla le premier.

« À quel prix ? »

Le scientifique attendait cette question. « Amiral, dit-il, le budget global de notre programme pour les dix prochaines années sera inférieur à la moitié du coût d'un sous-marin nucléaire, et... » il ménagea ses effets en faisant une pause, « les fonds votés par le Congrès sont d'ores et déjà débloqués pour les expériences préliminaires. »

« Et c'est réalisable ? » demanda l'amiral d'un ton sceptique.

« Absolument... et déjà breveté », répondit le scientifique.

« Quelle est la technologie utilisée ? » demanda l'amiral.

« Nous enverrons des ondes radio à haute fréquence dans l'ionosphère afin de créer de gigantesques antennes virtuelles à basse fréquence (ELF). Nous pourrons ainsi concentrer l'énergie émise par ce « miroir »,de l'ionosphère pour détruire tout missile en vol et, en fait, toute installation électronique quelle qu'elle soit. Nous parvenons à ce résultat en réchauffant les zones inférieures et supérieures de l'ionosphère – en les mettant littéralement en ébullition – afin de créer une sorte de lentille électronique. C'est de là que provient la capacité du système à concentrer l'énergie pour permettre la communication subaquatique avec les sous-marins ou la destruction des intrus. » Il poursuivit, sans attendre de commentaires.

« Un réchauffement sélectif de l'atmosphère peut permettre un changement de climat. Nous pourrions provoquer des inondations, des sécheresses – ce qui serait très utile pour nos opérations militaires. » Maintenant, les scientifiques attendaient les réactions.

« Vous ne m'avez toujours pas dit quelle technologie vous utilisez », déclara l'amiral.

« Nous utilisons les propriétés de diverses techniques basées sur l'amplification et l'altération de la transmission par batteries d'antennes, d'ondes à très hautes fréquences », dit l'homme de l'ARCO. « Voyez-vous... »

« La technologie scalaire », l'interrompit l'un des hauts gradés de l'Air Force. « Tout droit sortie de l'époque de Tesla. Nous n'étions pas dans le coup, lorsque l'Union soviétique menait le jeu. Leur système secret Woodpecker en était dérivé et il affola nos communications.

... « Messieurs, au point où nous en sommes, cela semble être le nec plus ultra en matière de technologie de défense pour chacun de nous, quelle que soit notre arme. »

L'amiral reprit la parole. « Très bien, maintenant quels sont les inconvénients ? Quand pourrons-nous l'utiliser et comment garder le secret ? » L'éclairage fut tamisé, comme pour apporter une réponse, et le rétroprojecteur cliqueta. « Jetez un coup d'œil à ceci, messieurs. » Sur l'écran apparut un site entièrement clôturé. On distinguait quelques cabanes banales et 36 antennes effilées ressemblant à des cordes à linge – qui semblaient n'avoir qu'un lointain rapport avec l'arme sinistre que les militaires imaginaient. Tout était recouvert de neige et de glace, et seul un homme en parka se tenait sur le seuil d'une des cabanes, comme s'il posait pour la caméra.

« Messieurs, voici ce que le public connaîtra sous le nom de

HAARP : HIGH FREQUENCY ACTIVE AURORAL RESEARCH PROGRAM. Aux yeux du public, il s'agira de banales expériences au sein de la forêt d'épicéas noirs du centre de l'Alaska, loin de toute habitation. » Une autre diapositive apparut, qui montrait un graphique illustré de l'ionosphère terrestre.

« En définitive, nous disposerons de 360 antennes. Lorsque le projet sera totalement opérationnel, au début de 1997, nous commencerons par réchauffer des trous de 45 kilomètres de diamètre, directement au-dessus du lieu de l'expérience – un four à micro-ondes géant, en quelque sorte. Nous percerons un trou et mesurerons les résultats. Puis, nous en ferons un autre... et d'autres encore. Nous estimons que chaque trou mettra trois mois à se refermer et les données recueillies nous indiqueront peu à peu comment mieux concentrer notre miroir virtuel. » Il y eut quelques instants de silence, puis l'amiral prit la parole.

« Que faites-vous de l'environnement ? » demanda-t-il ? « Ne devez-vous pas fournir des rapports sur les répercussions de vos travaux sur l'environnement ? L'année dernière, nous avons déplacé un baraquement et avons dû en mesurer les effets sur les vers de terre ! Comment avez-vous résolu ce problème ? »

L'homme de l'ARCO se saisit d'un petit porte-document et en tira un épais dossier qu'il fit glisser sur la table jusqu'à l'amiral. Celui-ci regarda la couverture.

« Ce dossier a été rédigé par l'Air Force ! » explosa l'amiral.

« Désolé amiral, répondit le général de l'Air Force. Nous avons été informés de ce projet il y a un an environ. » L'amiral fixa longuement le général.

Il ouvrit le rapport ayant trait aux conséquences sur l'environnement et lut : « [...] les transmissions vers la ionosphère à l'aide des instruments de recherche (IRI) peuvent élever la température du corps des personnes situées à proximité, provoquer des incendies dans le coffre des voitures ; faire exploser les montages délicats utilisés dans les systèmes de mise à feu électronique et brouiller les communications aériennes, ainsi que les systèmes de navigation et de contrôles aériens. »

« Incroyable ! » s'écria l'amiral en refermant le dossier.

« J'ignore comment vous vous y êtes pris. Et quels sont les effets secondaires inconnus ? Et la couche d'ozone ? Pourrions-nous causer des dommages irréparables à notre propre atmosphère ? »

« Nous l'ignorons », répondit l'homme de l'ARCO en se préparant à continuer la présentation. « Mais nous le saurons. »

Le compte rendu de cette réunion est une synthèse imaginaire fondée sur la compilation de nombreuses réunions comme celle-ci qui se sont déroulées durant les années 80. Tous les acteurs et les faits rapportés sont authentiques – même le rapport d'impact sur l'environnement rédigé par l'Air Force est exact, *et le projet existe réellement.*

HAARP est peut-être l'expérience la plus dangereuse, la plus monstrueuse jamais entreprise pour la défense de notre pays, exception faite de l'explosion de la première bombe atomique à Los Alamos. À cette époque, on demanda aux scientifiques leur avis sur ce qui se passerait au moment de l'explosion. Les spéculations allèrent bon train, du simple « pétillement » à l' « embrasement de l'atmosphère terrestre ». En fait, tout le monde ignorait ce qui se passerait, mais tous continuèrent quand même !

Le magazine *Popular Science* de septembre 1995 publia un article sur HAARP. Ce magazine, habituellement optimiste et distrayant, émit une condamnation sans appel sur ce qui est en train de se passer en Alaska. Il révéla que les maîtres d'œuvre du projet sont l'USAF Phillips Laboratory et l'Office of Naval Research. Le matériel est fourni par Advanced Power Technologies, une filiale de E-Systems de Dallas, qui fabrique depuis longtemps le matériel électronique utilisé dans les projets ultrasecrets, tels que l'avion E4B du président appelé l' « avion du jugement dernier ».

Le magazine rapporte également les craintes de Richard Williams, chimiste et consultant auprès du Laboratoire Sarnoff, à l'Université de Princeton, qui déclare : « Spéculations et controverses accompagnent la question relative au 1,7 gigawatt (1,7 milliard de watts) que HAARP enverra dans l'espace dans une bande de fréquence comprise entre 1,8 et 10 Mhz et qui pourrait provoquer des dégâts durables dans la haute atmosphère terrestre.

HAARP déversera d'énormes quantités d'énergie dans l'atmosphère supérieure et nous ignorons ce qui en résultera. Avec des expériences de cette importance, d'irréparables dégâts pourraient être occasionnés en un laps de temps très court. Il est urgent d'entamer des discussions au grand jour. Agir autrement serait un acte considérable de vandalisme.

Qu'en pensent les habitants de l'Alaska ? Toujours selon le *Popular Science* (septembre 1995) : « La représentante de l'État, Jeanette James, dont la circonscription entoure le site de HAARP, a interrogé à plusieurs reprises les officiels de l'Air Force au sujet du projet. On lui a répondu de ne « pas s'en faire ». Elle déclare : « J'ai l'intime conviction que tout cela est effrayant. Je suis sceptique. Je pense qu'ils ne savent pas ce qu'ils font. »

Ceci n'est pas un exposé technique et je n'insisterai pas sur les considérations techniques du projet, camouflées sous le prétexte d'une simple recherche scientifique. Ceci est un appel à tous ceux qui lisent ces lignes afin qu'ils recherchent eux-mêmes toutes les informations possibles sur HAARP et qu'ils puissent ainsi en saisir la réalité et la portée. Un livre publié récemment présente une excellente investigation sur les aspects techniques de cette expérience. Son titre *est Angels Don't Play this HAARP*, il a été écrit par Jeane Manning et le Dr Nick Begich. Vous pouvez vous le procurer en téléphonant au (907) 249-9111. Ce livre est un *must* pour quiconque s'intéresse à ce sujet.

LE MIRACLE DE LA SYNCHRONICITÉ

Noël 1996. Un mois après le dernier channeling aux Nations Unies, nous organisâmes une séance à Laguna Hills, en Californie. Parmi la foule des 500 personnes présentes, il s'en trouva une qui, en entendant parler de HAARP, eut une réaction intense. Paula Randol Smith, résidant à Los Angeles, sursauta en apprenant cette information, et un signal retentit en elle.

Paula se trouvait « au bon endroit, au bon moment » et reconnut que HAARP était, d'une certaine façon, relié à son propre contrat. Elle ne pourrait plus ignorer l' « appel » qu'elle venait de ressentir. Que pouvait faire une simple femme pour mieux informer la planète de cette redoutable expérience ? S'agissait-il d'un scandale politique ou d'une nécessité spirituelle ?

Pendant les quelques semaines qui suivirent la séance de channeling, Paula mit de l'ordre dans ses idées. Elle n'était ni une personnalité du showbusiness ni riche. Elle n'était qu'une simple célibataire de Los Angeles qui commençait à « vibrer » au sujet de sa raison d'être. Elle prit conscience que sa tâche serait d'informer la planète ! Comment ? Que pouvait-elle faire pour cela ?

En s'inspirant de la parabole de Kryeon sur le « pont disparu » Paula commença à ne plus « penser comme un humain ». Elle s'assit en présence de l'Esprit et fit part de son intention de suivre sa passion, c'est-à-dire de transformer de quelque façon que ce soit la conscience de notre pays en informant la population du projet HAARP. Comment pourrait-elle faire quelque chose alors que l'émission télévisée *20/20* [une importante émission d'information aux É.-U.] avait refusé de faire quoi que ce soit à ce sujet ? Comment une femme sans bagage scientifique pourrait-elle faire face à un tel fardeau ? Était-ce dangereux ? Par où commencer ?

Paula commença par le commencement.

J'entendis Kryeon lui dire : « Paula, ne pense pas comme un humain ! »

Seule, elle parvint à trouver une productrice et réalisatrice de films documentaires déjà lauréate d'un prix, Wendy Robbins. Après avoir écouté les inquiétudes de Paula et avoir procédé à quelques recherches, Wendy accepta de participer pleinement à cette entreprise, sacrifiant sa rémunération habituelle. Elle devint une partenaire très active de cette production, traversant tout le pays en compagnie de Paula. Toutes deux transportèrent les caméras, les bandes magnétiques et l'ensemble du matériel partout où elles se rendaient.

Paula n'eut pas le temps d'organiser une campagne de financement. De toute façon, comment aurait-elle pu mettre sur pied un tel projet tout de suite et toute seule ? Aussi vendit-elle sa propriété et son commerce ! À ce moment, privée de son revenu régulier et de ses biens, elle se trouvait devant le « pont disparu » de la parabole de Kryeon.

« Continue, Paula. Tu es aimée, et des présents t'attendent sur ta route ! » entendis-je Kryeon encourager Paula.

Selon Paula, la synchronicité était partout présente. Durant ses recherches en vue d'obtenir interviews et photos, les portes s'ouvraient devant elle et se refermaient aussitôt après. Elle était la seule à qui ces entrevues étaient accordées. Elle rencontra et filma le Dr Nick Begich, coauteur du livre *Angels Don't Play this HAARP*, puis elle fut autorisée à filmer et à interroger John Heckscher, directeur du projet HAARP. Paula et Wendy rencontrèrent encore de nombreux scientifiques et écrivains en accord ou non avec le programme avant d'en terminer. Paula découvrit suffisamment de choses qu'elle aurait souhaité ignorer pour pouvoir monter un second documentaire !

Elle fut suivie par des véhicules noirs, son téléphone fut placé sur écoute, elle fut interrogée par des gens qu'elle ne rencontrera sans doute jamais plus, mais elle continua. Durant tout ce temps, intégrité et impartialité furent les maîtres-mots retenus dans sa tentative pour présenter son histoire en évitant tout sensationnalisme.

Une année plus tard, le fruit du travail de Paula était entre ses mains. Durant l'été 1996, à Breckenridge, au Colorado, je fus fier de me trouver dans un groupe de personnes éclairées qui allaient assister à la présentation de la première mouture du nouveau documentaire *Holes in Heaven* [Des trous dans le ciel], film de grande qualité sur HAARP, d'une durée d'une heure, et devant être distribué partout au pays en 1998. Au moment où j'écris ces lignes, Paula s'en remet à l'Esprit afin d'équilibrer son budget et de pouvoir ainsi terminer son projet. Je sais qu'elle y parviendra.

Ce fut une période agitée pour moi. L'émotion me gagnait en pensant à tout ce qu'elle avait dû affronter et à tout ce que les résultats de son travail allaient apporter à la planète ! Ne vous méprenez pas : ce ne fut pas un conte de fées. Cela exigea du travail, nécessita de vaincre la peur et demanda beaucoup de cocréations à Paula et à Wendy ainsi qu'à tous ceux (dont beaucoup assistaient aux séminaires de Kryeon) qui contribuèrent à financer le projet lorsque les fonds initiaux furent épuisés. Mais tandis qu'elle se précipitait vers le « pont disparu », Paula découvrit tous les éléments du nouveau pont et, au moment où j'écris ces lignes, elle est en train de franchir le précipice (symboliquement) avec, entre les mains, une production professionnelle qui permettra d'informer totalement des millions de personnes sur ce continent au sujet de HAARP.

Holes in Heaven est une présentation honnête du problème que pose HAARP, étayée de preuves scientifiques et de débats d'idées. Ce film n'est fondé ni sur la peur ni sur l'exploitation du sensationnel. Il est impartial et basé sur des faits, et il reste convaincant dans ses révélations sur la véritable nature du projet et sur ses conséquences éventuelles. Si vous souhaitez entrer en contact avec Paula, obtenir une copie du film ou, peut-être, lui apporter votre aide dans ce projet, voici son adresse : Holes in Heaven Project, P.O. Box 91655, Pasadena, CA 91101-1655. Il y a un an, au moment où j'écrivais ces lignes, ce projet n'existait pas encore. Cela ne vous montre-t-il pas quel contrat est derrière tout ceci ? Merci, Paula !

Maintenant, nous avons encore quelque chose à voir et, peut-être, y distinguerons-nous encore davantage de synchronicité. Il s'agit de la réunion de Kryeon à Portland, en Oregon, deux mois avant la tournée en Australie de 1997, lorsqu'il commença un channeling à propos de l'autre expérience menée sur les énergies à hautes fréquences et déjà mentionnée en 1995.

PINE GAP est le nom d'une autre expérience dangereuse utilisant aussi la technologie du Nouvel Âge de Tesla. Son site se trouve sur le continent australien. En utilisant la technologie « scalaire », l'énergie est, en quelque sorte, expédiée dans le sol. Selon Kryeon, cette expérience a déjà provoqué divers tremblements de terre et il nous recommande de la faire connaître, elle aussi, au public. Il existe déjà, en Australie, une organisation qui diffuse des informations à ce sujet. Elle peut peut-être constituer un bon point de départ en vue d'atteindre le grand public sur notre continent.

Kryeon veut-il arrêter HAARP et PINE GAP ? Devons-nous

organiser des marches militantes sur ces sites ? Non.

Au cours des deux channelings aux Nations Unies, Kryeon nous a conseillé de nous informer et de ralentir. En notre qualité d'êtres humains, nous ne pouvons « désinventer » quelque technologie que ce soit. Cependant, nous pouvons prendre la responsabilité de veiller à la façon dont nous exploitons toute nouvelle invention qui pourrait secouer les fondations ou le grenier de notre « maison » si nous ne prenons pas de précautions. Avancez prudemment ! Soyez responsables ! Ce sont les paroles de Kryeon.

En méditant avec une profonde intention, vous, lecteurs, pouvez faire quelque chose aujourd'hui même : visualisez ces choses et méditez-les. L'année d'efforts accomplis pour permettre des méditations sur Internet dirigées par Steve Rother (RotherEnt@AOL.com), de San Diego, a impliqué, aux quatre coins du pays, de nombreuses personnes qui se sont retrouvées devant leurs ordinateurs afin de lire les mots de Steve et créer suffisamment d'énergie et d'intention pour permettre au public de prendre conscience de HAARP. Leurs efforts, sous l'infatigable direction de Steve, et ceux des méditants comme vous ont donné des résultats, comme l'exemple de cette dame, présente au channeling de Laguna Beach, en décembre 1996, arriva à cette réunion et ressentit le petit choc de l'amour qu'elle était venue chercher. Sa vie en fut transformée et cela sera le cas de millions d'autres. Commencez-vous à comprendre en quoi notre « famille » fait la différence ici ? Avez-vous jamais l'impression que vous êtes incapables de faire la différence ? Comme le dit Kryeon : « Tout est dans votre Intention ! » Commencez à utiliser votre pouvoir collectif et voyez les événements se produire ! J'ai vérifié cela de près, par moi-même. Je suis toujours surpris par la réalité de ce phénomène.

LEE CARROLL

CHAPITRE SEPT

LES ENFANTS INDIGO
UN RAPPORT

UN MOT DE L'AUTEUR : Kryeon a transmis par channeling diverses informations sur les enfants « indigo » et il est temps, maintenant, d'en faire la synthèse et de révéler ce qui nous attend par rapport à cela. Il reste à recevoir un channeling concis de Kryeon, entièrement consacré à ce sujet. Aussi vais-je vous présenter un résumé de ce que Kryeon en a dit et de ce que j'ai moi-même découvert au cours de mes voyages concernant les enfants indigo. À mon avis, certains des éléments qui vont suivre aideront de nombreux parents à mieux comprendre les enfants d'aujourd'hui.

Avant de commencer, j'estime le moment venu de rétablir une vérité. L'étude des « couleurs de la vie » fut, à l'origine, introduite parmi nous par channeling, par une femme nommée Nancy Ann Tappe. Son livre, *Understanding Your Life Through Color* [Starling Publishers, P.O. Box 278, Carlsbad, CA 92018], fut le premier à exposer ce concept métaphysique. Beaucoup s'en inspirèrent peu de temps après sa parution et certains tirèrent un profit financier de ce travail, sans la permission de son auteure. Je tiens ici à rendre hommage à cette femme pour son rôle de précurseur et la justesse de ses propos !

Les couleurs de la vie sont semblables à des enveloppes de couleur aurique spirituelle qui définissent les traits de caractère identiques au sein des groupes de couleurs. L'œuvre inspirée de Nancy identifia précisément les caractéristiques de ces groupes et détermina la façon de les utiliser dans la vie quotidienne. D'une façon très similaire à l'astrologie, qui permet de classifier les caractéristiques caractérielles à partir de notre empreinte magnétique de naissance, l'enveloppe de couleur est chargée de certains traits de caractère identiques très visibles pour qui sait ce qu'il faut chercher.

Nancy continue d'animer ses ateliers d'étude des couleurs dans tout le pays et je peux vous dire, par expérience personnelle, qu'ils sont « super ! » Il est très amusant, et aussi quelque peu étrange, de voir les éléments de votre personnalité apparaître ainsi ! Au cours d'un atelier « violet » auquel je participais, car ma couleur vitale principale est le violet, Nancy fut en mesure de prédire avec précision et presque exactement, la façon dont le groupe de participants « violet » allait marcher, parler et résoudre les problèmes au cours des tests qui suivraient. Elle eut raison et nous en plaisantâmes toute la journée ! Nancy organise aussi des séances privées et elle est généralement capable d'identifier votre couleur vitale presque instantanément.

Comme pour la vision des auras et des autres caractéristiques spirituelles, il n'est pas donné à tout le monde de « voir » une enveloppe de couleur, mais après avoir lu le livre de Nancy, vous pourrez attribuer à une personne les caractéristiques du groupe auquel sa couleur est rattachée. Ce savoir n'est pas seulement utile pour en arriver à une plus grande connaissance de soi (comme en astrologie) ; il est aussi bénéfique puisqu'il permet d'apporter une aide plus efficace à autrui. Et c'est très amusant aussi !

La couleur indigo n'est qu'un attribut des nouveaux enfants qui naissent sur la planète, mais c'est une particularité importante. Aussi, Kryeon les appelle-t-il les « enfants indigo ». C'est une preuve supplémentaire de la qualité des travaux de Nancy (si besoin en était). Bien que les renseignements communiqués ici proviennent de Kryeon et de ma propre expérience, ils corroborent parfaitement ceux de Nancy - une autre confirmation que la diversité du savoir du Nouvel Âge se révélera simultanément sous plusieurs formes. L'Esprit travaille ainsi, vous savez. Voici donc mes informations sur ces enfants indigo. Je vous recommande, par ailleurs, de vous procurer les données de Nancy afin d'avoir une meilleure idée du travail fascinant qu'elle a réalisé sur les couleurs vitales.

LES ENFANTS INDIGO

L'une des caractéristiques les plus étranges du Nouvel Âge surgira des berceaux de milliers de foyers dans le monde. Les nouveaux enfants indigo sont déjà parmi nous et en masse. Je me dis parfois qu'il s'agit là de ce qui avait été prédit comme « l'invasion extraterrestre » (je plaisante !).

Bien que Kryeon ait annoncé la venue de ces enfants dès 1989, lors de son arrivée, ce n'est que récemment qu'il a commencé à communiquer des informations spécifiques par channeling concernant certaines de leurs caractéristiques et les bénéfices que nous pourrions retirer de notre collaboration avec eux. Aussi sensationnel que cela puisse paraître, Kryeon annonce que nous avons gagné le droit de commencer à modifier notre biologie actuelle. Cela servira à élever notre fréquence vibratoire durant le nouveau millenium afin de nous mener vers une époque pas très éloignée où la planète recevra la permission de se transformer d'une façon encore plus importante. Avec l'existence de nombreux humains vibrant à une fréquence beaucoup plus élevée que celle que nous connaissons aujourd'hui, la planète pourra évoluer lentement vers une nouvelle dimension et une autre fréquence vibratoire. Kryeon n'est pas le seul à faire cette prédiction et vous pouvez la retrouver chez d'autres channels actuels ainsi que dans les calendriers des Anciens.

Au cours de ses multiples channelings, Kryeon nous indique la façon de commencer notre propre transformation en utilisant les nouveaux dons et les outils spirituels que nous offre l'Esprit. Mais Kryeon nous a aussi donné des informations sur les nouveaux enfants qui arrivent en ce moment. À l'évidence, ces nouveaux venus sont dotés d'une dualité de conscience différente et quelques-uns disposent même de caractéristiques physiques uniques.

Lorsque Kryeon commença à fournir certaines précisions, les employées de garderies qui fréquentaient ses séminaires approuvèrent en hochant la tête, attestant qu'en effet les enfants avaient beaucoup changé durant ces quelques dernières années. De nombreuses employées qui se sont occupées d'enfants pendant quinze ans ont constaté de remarquables transformations au cours des cinq dernières années.

LES NOUVEAUX ENFANTS

LA CONSCIENCE SPIRITUELLE : comprenez bien que ces nouveaux enfants ont une conscience de qui ils sont très différente de celle dont nous disposions nous-mêmes lorsque nous étions enfants. Au niveau cellulaire, ils « savent » être des créatures de l'univers chargées d'un incroyable dessein (et non pas en période d'apprentissage) sur la planète. La dualité de leur conscience diffère de la nôtre. De ce fait, les conséquences sont multiples. D'abord, ils sont en mesure de modifier leur fréquence vibratoire à volonté et beaucoup plus facilement que nous. Si, au cours de leur existence, certains d'entre eux sont confrontés au problème de la découverte de soi, ils rencontreront moins de difficultés par rapport à l'estime de soi ou aux réminiscences de leurs incarnations précédentes. Souvent, ils arrivent sans aucune expérience de leurs vies antérieures ! Leur passage à une autre fréquence vibratoire s'effectue, et ils comprennent parfaitement certains problèmes très complexes concernant les modifications vibratoires et la façon dont tout cela s'applique à la moindre particule de la planète. Quelques uns naissent sans karma.

Cela ne signifie pas que tous les nouveaux enfants deviendront automatiquement des êtres éclairés du Nouvel Âge. Pas du tout ! Ils disposeront du même libre arbitre que nous par rapport à la découverte de soi, mais si cette découverte a lieu, ils seront mieux armés que nous pour l'affronter. Comme si chacun de nous disposait, au fond de lui, des qualités de Babe Ruth*. Certains d'entre nous ne pourraient même pas lever le bâton, mais ceux qui le pourraient feraient alors preuve d'une grande adresse pour frapper la balle. Le revers de la médaille, c'est que leurs caractéristiques particulières peuvent créer des conflits de personnalité, si nous ne les reconnaissons pas.

* N.D.T. : George Herman Ruth, dit Babe Ruth, 1895-1948. L'un des plus grands joueurs de baseball américain.

Kryeon a déclaré aux parents qu'ils devaient reconnaître leurs enfants indigo et les traiter différemment des autres. La pire attitude de la part des parents consisterait à rabaisser ou à humilier l'un de ces enfants afin de lui apprendre à bien se tenir. Bien sûr, ce conseil est aussi valable dans l'éducation de tous les enfants. Alors, quelle est la différence ? Kryeon déclare que, par le passé, un enfant que l'on dépréciait pouvait en être affecté défavorablement. Ce traumatisme pouvait même resurgir plus tard dans sa vie, et cette personne adulte devait alors solliciter les conseils d'un spécialiste pour affronter ses problèmes. Alors, qu'y a-t-il ici de nouveau ?

Kryeon déclare qu'avec l'émergence de la nouvelle conscience l'enfant que l'on cherchera à diminuer ressentira une perte de confiance envers les adultes, car il sait mieux ! Il ou elle saura que l'on est en train de lui mentir ! Il en résultera un repli sur soi et une perte de confiance. L'enfant ne comprendra pas pourquoi il mérite un tel traitement ! Intuitivement, au niveau cellulaire, il sait qui il est. C'est cette « majesté » qui le fait se sentir différent. Nombreux sont les adultes qui constatent cette attitude et qualifient l'enfant de « tête dure » et de « difficile ». Au lieu de cela, l'enfant peut être pleinement conscient de sa propre valeur et savoir, au niveau cellulaire, qu'il appartient totalement et dès maintenant à ce monde. C'est ce qu'il a voulu, et maintenant le voici.

Ceci peut être à la fois un désastre et une bénédiction selon le cadre dans lequel évolue l'enfant. Si, par exemple, l'enfant est le seul indigo parmi de nombreux autres enfants dotés, eux, de l'ancienne conscience (comme ce fut notre cas), il se sentira inadapté. En lui-même, l'enfant s'écriera : « Pourquoi personne ne me reconnaît-il ? Pourquoi les autres enfants ne comprennent-ils pas ? Pourquoi agissent-ils ainsi ? Ils sont tous stupides ! » Un enfant indigo a de subtils souvenirs de l'autre côté, qui s'estompent peu à peu dès qu'il atteint l'âge de dix ans.

Lors d'une séance de « *Kryon at home** », je rencontrai une employée de garderie qui nous raconta l'histoire d'une petite fille

* N.D.É.: Régulièrement, Lee Carroll rencontre des petits groupes. Il appelle ces rencontres les « *Kryon at home* » : Kryeon chez vous.

de trois ans très frustrée et très agressive. Elle ne comprenait pas les réactions des autres enfants. Ces derniers ne connaissaient aucun des concepts qu'elle possédait. Ils étaient lents, n'écoutaient pas, ne voulaient participer à aucune des activités qu'elle souhaitait et commençaient, visiblement, à la rejeter. En pleurs et en proie à une violente colère, elle se dirigea vers la femme qui était en poste et lui dit en tapant du pied : « Je suis désolée d'être revenue ! » (Ce cas est authentique.)

Au cours d'une réunion de Kryeon, j'ai rencontré des gens qui avaient amené leurs deux enfants indigo avec eux. Âgés de six et huit ans, ils étaient de commerce fort agréable. Je demandai au garçon, « Comment t'appelait-on avant de venir ici ? » Visiblement, je désirais savoir s'il avait le moindre souvenir d'une vie antérieure. À ma grande surprise, ce fut le cas ! « On m'appelait Daddy », répondit-il, comme si de rien n'était. Le visage des parents rayonna. Ils formaient une famille unie dans l'Esprit, avec des enfants qu'ils respectaient et honoraient d'une façon très différente de celle de l'ancien paradigme. Par la suite, ceci se reproduisit à deux reprises, avec des parents qui amenèrent leurs enfants indigo dans des réunions pour adultes d'une durée de sept heures ! Pas de jeux vidéo, pas de dessins animés, uniquement du channeling et des lectures. L'attention des enfants fut impressionnante.

À propos d'attention, une anomalie presque toujours reliée au phénomène indigo semble avoir surgi au cours des dernières années. Que se passerait-il si vous arriviez dans un monde en sachant qui vous étiez auparavant, en ayant un sentiment d'appartenance à une famille et en constatant que non seulement personne ne vous reconnaît, mais qu'au contraire vous êtes traité tel un exilé et non comme un personnage royal ? Et si, en outre, vous étiez un enfant et que vous ne puissiez rien y faire ? Votre intellect ne comprendrait pas ce qui ne va pas ! Je suis désolé de vous dire que la réponse serait : le Désordre du déficit d'attention (DDA) et le Désordre hyperactif du déficit d'attention (DHDA). Soit ces enfants se retrancheront de la réalité, se réfugiant dans leur propre monde extracorporel de façon à survivre, soit, au contraire, ils rebondiront contre les murs afin d'oublier les problèmes de leur existence et ainsi, pouvoir espérer recevoir de l'aide.

De nombreux parents doivent administrer des médicaments à leurs enfants indigo. En effet, il ne semble pas y avoir d'autres moyens de rétablir l'harmonie dans la famille et de permettre à l'enfant de se développer normalement. Cela changera. D'ores et déjà, certains guérisseurs travaillant avec les nouvelles énergies obtiennent d'heureux résultats avec le DDA et le DHDA et peuvent aussi s'appliquer aux parents. Modifier l'environnement des enfants fonctionne aussi parfois, mais aucune garantie existe que la nouvelle situation ainsi créée soit meilleure que la précédente. Certains ont découvert que la nourriture à base d'algues Blue Green provoque une différence notable dans le comportement, comme si la biologie de l'enfant se rééquilibrait d'elle-même en consommant ce nouveau produit.

Cela dit, les parents ont constaté que les meilleurs résultats étaient obtenus avec les algues Blue Green qui poussent naturellement à Klamath Lake, en Oregon. Je ne les vends pas, même si vous avez parfois l'impression du contraire. Je les consomme. Il s'agit de nourriture, et non d'un supplément alimentaire. Ces algues entrent dans la catégorie des substances à base d'essences vivantes définies par Kryeon et qui vous procurent un « coup de fouet » en rééquilibrant votre système biologique rapidement.

Certaines attitudes ne fonctionnent plus avec les enfants indigo. La culpabilité n'est plus valable comme lorsque nous étions jeunes. « Attends que papa rentre à la maison » est une phrase qui ne donnera pas les résultats escomptés jadis. Au contraire, l'enfant semblera ne pas réagir et la crainte du père tant attendue n'existera pas. L'enfant sachant au fond de lui-même qui il est vraiment, les vieilles astuces disciplinaires n'auront plus aucun effet.

« Que pouvons-nous faire ? » demandent les parents.

ATTITUDE : Kryeon nous a dit que les enfants du Nouvel Âge agiraient différemment, et les personnes spécialisées dans la garde d'enfants constatent ce phénomène. En voici un exemple : les enfants du Nouvel Âge ne se mettent pas en rangs lorsqu'on leur dit de le faire. Au contraire, les employés des garderies leur expliquent l'utilité de se mettre en rangs et leur donnent un délai pour le faire d'eux-mêmes. Donc, au lieu de dire : « Allons, les enfants, mettez-vous en rangs tout de suite pour avoir votre déjeuner », ils disent : « Allons, les enfants, c'est l'heure du déjeuner ; vous avez trois minutes pour vous mettre en rangs. » Et soudain, cette action devient une entreprise collective afin de déterminer qui se placera en tête et où la file débutera. Les enfants résolvent eux-mêmes le problème et décident de l'action à mener pour atteindre le résultat souhaité. Il s'agit d'une nouvelle manière de penser, à la fois pour les enfants et pour les adultes qui les gardent. Apparemment, le choix provoque des actions responsables.

Vous pouvez vous rendre compte que cette nouvelle méthode, comme beaucoup d'autres, consiste à fournir aux enfants des informations à un plus jeune âge pour leur permettre de trouver eux-mêmes les solutions. Prendre des responsabilités à cinq ans ? Résoudre un problème social (se mettre d'accord pour savoir qui se placera en tête de rangée) ? Cela évoque-t-il des principes du Nouvel Âge destinés aux adultes ou aux enfants ? Aux deux groupes et c'est cela le point important. Ces enfants savent très bien comment tout ceci fonctionne et vous ne pouvez pas les tromper !

Que devraient donc faire les parents par rapport au contrôle et à la discipline ? Ils devraient d'abord expliquer aux enfants (quel que soit leur âge – et même à ceux qui ne parlent pas encore) la raison pour laquelle ils leur demandent de faire telle chose et puis leur donner ensuite un choix à effectuer (s'ils sont assez âgés). Je me suis trouvé un jour au domicile d'un enfant indigo de trois ans. On pouvait regarder ses yeux et voir qu'il incarnait une âme très ancienne. Ses parents savaient qui il était et remplissaient avec succès leur tâche consistant à l'impliquer de façon intelligente dans la vie familiale. Au dîner, au lieu de lui demander de « s'asseoir », on lui demandait de « choisir sa place » (les parents avaient prévu une double option). De ce fait, un ordre indifférent se transformait en une affectueuse proposition de choix. Dans les deux cas, le dîner étant servi, une action attendue (un but) était demandée. L'enfant visualisait l'ensemble de la situation et l'on pouvait réellement voir qu'il prenait la responsabilité de décider sur quelle chaise il prendrait place. L'idée de refuser de venir à table n'effleurait même pas son esprit.

Je vis l'enfant rouspéter une fois ou deux dans la soirée (il était fatigué et grognon comme tous les enfants) et il fut fermement grondé avec des mots sévères mais justes et on lui donna une explication appropriée. La différence ? Il fut traité correctement et avec respect, mais il tenta de dépasser les bornes (comme le font tous les enfants pour mesurer leur pouvoir). Puis vint la remontrance attendue accompagnée d'une explication calme et logique. La différence ici résida davantage dans la façon dont l'enfant fut traité avant et durant le problème que dans la manière dont il fut réprimandé. En définitive, l'enfant reçut le message suivant : « Nous agissons avec respect envers toi et tu te conduis de la même façon avec nous. »

Ne vous méprenez pas. Il ne s'agit pas ici de trop le gâter. Au contraire, voilà une méthode de gestion du quotidien différente de ce qui se faisait auparavant. Il n'est pas non plus question de « marcher sur des œufs » lorsque nous sommes dans son entourage, mais plutôt de lui faire honneur en lui proposant des choix au lieu de lui dire : « Fais ce qu'on te dit et cesse de poser des questions ! » Kryeon conseille aux parents de devenir très tôt les amis de leurs enfants et de s'efforcer de mettre fin à la vieille relation parents/enfants que nous avons tous connue lorsque nous étions jeunes.

Certains parents ont aussi amené leurs enfants à nos séminaires. À Breckenridge, au Colorado, un orphelin d'au-delà des mers, récemment adopté, était transporté sur le dos de sa mère. L'enfant était absolument captivé et vous pouviez voir une grande sagesse au fond de ses yeux. (Vous pouviez aussi prédire que cet enfant n'allait pas vous laisser un instant de répit !) Il allait avoir besoin de beaucoup d'attentions, mais pas en provenance de l'ego. Cette caractéristique provient de la connaissance cachée de son héritage cellulaire. Les parents n'ont pas à s'incliner devant leurs enfants, mais doivent seulement rendre hommage à leur véritable personnalité et attendre la même attitude en retour. Alors que j'étais au pupitre, parlant des enfants indigo, je dis qu'un de ces enfants se trouvait dans l'assistance et qu'il était juché sur le dos de sa maman. Des centaines de personnes regardèrent autour d'elles. La réaction de l'enfant ? Il secoua la tête, se rendit compte que les gens lui rendaient hommage et s'agita, comme pour dire : « Eh, c'est moi ! » Ce fut un moment intense et nous rîmes de bon cœur.

Les parents découvriront très vite que leurs enfants répondront à leurs hommages et que ces derniers peuvent entretenir avec eux une relation très différente de celle que nous entretenions nous-mêmes avec nos parents. Les enfants feront preuve d'un grand discernement et nous surprendront par leur autodiscipline (autoresponsabilité). Ils prendront plus rapidement conscience des problèmes sociaux, seront beaucoup plus tôt touchés par les sujets « adultes » et deviendront nos amis plus rapidement. Au revoir les conflits de générations appartenant à l'ancienne énergie. J'en ai été le témoin !

Par trois fois, cette année, des adolescents indigo assistèrent à un séminaire de Kryeon. Dans le premier cas, le garçon demanda à ses parents de l'emmener avec eux (il avait trouvé tout seul les livres de Kryeon). Dans le deuxième cas, le garçon vint assister à la réunion avec ses parents, assimilant informations, méditation, harmonisation sonore et channeling exactement comme les adultes (pendant sept heures). Dans le troisième cas, le garçon avait lu les livres de Kryeon qui lui avaient d'ailleurs fait grande impression. Il obtint de ses parents l'autorisation de venir seul, depuis l'Alaska, assister à un séminaire de Kryeon !

À chacune de ces occasions, je passai un certain temps en compagnie de ces êtres de valeur. D'accord, ils n'étaient encore que des adolescents et parlaient et agissaient comme tels. (Vous souvenez-vous de vos jeunes années ? Je rends hommage au processus de croissance et je prie pour que l'Esprit me permette de ne pas oublier ce que c'était. Je pense que cela m'a permis de rester en contact avec les jeunes.) Ce qui les caractérisait, c'était leur niveau de sagesse. Ils posèrent des questions très pertinentes au sujet de la vie et du rôle qui leur incombait. Nous avons beaucoup discuté, et comme je les regardais partir, je me dis : « Voici que s'avance une nouvelle race d'humains ! »

Voici quelques suggestions en attendant qu'un spécialiste éclairé de la garde d'enfants ou un enseignant écrive le prochain best-seller sur les nouveaux enfants. (Entendez-vous ? Il y a un livre à écrire sur ce sujet !)

1. Dès l'instant de sa naissance, traitez votre enfant comme un jeune adulte, en particulier avec l'intonation de votre voix. Agissez ainsi afin de rendre hommage à sa force vitale. L'enfant attend cela de votre part et réagira négativement si vous ne le faites pas. Par contre, attendez-vous toujours à être honorés en retour. Au début, l'enfant ne semblera pas comprendre votre demande de réciprocité, mais commencez tout de même à la réclamer verbalement. Mamans, votre intention d'honorer et d'être honorées est la clé de tout. (Vous souvenez-vous des channelings sur l'Intention ?) Définissez votre accord très tôt. Seuls vos actes vous permettront de le sceller. Faites ceci verbalement. L'enfant indigo assume sa responsabilité cellulaire. C'est souvent la seule information qu'il possède en arrivant sur Terre et il a besoin de ce genre de données !

2. Dès leur naissance, expliquez la situation à vos enfants. Commentez tout. D'accord, je vois partout des mères qui roulent des yeux effarés. Faites réellement ce que je vous dis ! Les enfants peuvent ressentir, au niveau cellulaire, tout ce que vous faites. Mamans, je veux que vous vous rappeliez quelque chose qui a pu se passer à la naissance de votre enfant. Vous souvenez-vous de l'instant où vous avez été capables de tenir votre enfant dans vos bras et de plonger votre regard durant un laps de temps important dans ses grands yeux ? Votre enfant vous a-t-il rendu ce regard ? Oui, il l'a fait! Qu'avez-vous éprouvé durant ce premier regard ? Avez-vous ressenti une communication ? OUI ! Chaque maman à qui j'ai parlé se souvient de cet instant, grâce à la communication interne !

L'Intention est le pouvoir de communiquer, et cela fonctionne dès l'instant où ces enfants naissent à l'hôpital. Ils sauront si vous souhaitez communiquer ou non, même si vous êtes une nouvelle maman ! Ils sont avisés en de nombreux domaines, contrairement à vous à leur âge. Aussi, attendez-vous à de nombreuses manifestations matures de leur part qui vous sembleront incompatibles avec leur âge.

3. Dès que possible, proposez un maximum de choix aux enfants. Préparez-leur des scénarios pour manger, dormir et jouer de façon qu'ils puissent choisir. Rappelez-vous que cela convient à la « Majesté » des enfants de se voir proposer des choix. Ils répondront à leur « royale famille » en vous offrant à leur tour une maturité à laquelle vous ne vous attendiez guère. Ils ne vous considèrent pas comme des roturiers. Ils comprennent la lignée à laquelle ils appartiennent et vous retourneront tout l'honneur qui vous est dû en grandissant. S'ils sont nobles, ils croient que vous devez l'être aussi ! Lorsque vous comprendrez cette tournure d'esprit, vos relations avec eux s'amélioreront considérablement.

4. Corrigez-les comme n'importe quel autre enfant, mais faites-le en vous impliquant de manière moins émotive que vous ne le feriez autrement. Les émotions à fleur de peau resteront sans effet sur ces enfants, tout comme la culpabilisation. Les cris ne les feront pas changer et démontreront votre faiblesse. Si vous « perdez », ils gagnent. Alors que ma génération tremblait devant la grosse voix en colère de parents déchaînés, les enfants indigo, eux, se contentent de sourire : voilà, vous avez perdu !

Une mesure disciplinaire convenable, rapide, calme, conforme à ce que vous aviez annoncé et effectuée au bon moment est l'action la plus efficace... même au supermarché. Ne vous souciez pas des autres clients ; ce ne sont pas eux qui rentreront à la maison avec votre enfant ! Soyez fermes sur ce point (je sais que c'est difficile). La maturité précoce des enfants indigo leur fera prendre conscience très tôt de ce qui se passe lorsqu'ils vous testent. La pire façon de vous comporter avec un enfant indigo est de le laisser vous dominer. C'est ce qu'il fera si vous le laissez faire. Il sera alors difficile de recouvrer son respect. D'après Nancy Ann Tappe, ces enfants « répondent » à vos émotions. Cela est très différent d'une simple « réaction ». Amour, fermeté, honnêteté... souvenez-vous que ce sont aussi des émotions. Ces enfants sont vraiment très intuitifs !

5. Surveillez les signes d'une incroyable frustration lorsqu'ils

commenceront à s'impliquer avec d'autres enfants. Tout ceci est normal. C'est le signe annonciateur d'une profonde dépression ou frustration. Plus tard, cette situation pourra exploser et se transformer en une démonstration d'hyperactivité, comme je l'ai expliqué plus tôt. Ces deux réactions sont des mécanismes de défense provoqués par un sentiment de grande solitude au sein même d'autres enfants qui s'amusent.

Comme ces enfants ne portent pas d'écriteau indiquant « enfants indigo du Nouvel Âge », certaines difficultés se présenteront et quelques erreurs seront commises lorsqu'il s'agira de trouver d'autres enfants comme eux. D'un point de vue métaphysique, il vous sera probablement plus facile et plus rapide de chercher d'autres enfants indigo parmi les enfants des Guerriers de la Lumière, que de changer vos enfants d'école, en espérant trouver un meilleur groupe. S'il vous arrive de découvrir des enfants indigo parmi les enfants de vos amis spirituels, faites en sorte qu'ils se rencontrent régulièrement. Cela les équilibrera et leur permettra de tolérer ceux qui ne les comprennent pas à l'école. Pourquoi les bambins des guerriers de la lumière seraient-ils des enfants indigo ? La famille ! Kryeon en parle souvent. Nous nous incarnons dans des groupes spirituels partout sur la Terre. Le mot « Famille » a une connotation beaucoup plus spirituelle que biologique.

Ne craignez pas de demander de l'aide ! Faites appel aux professionnels qui s'occupent d'enfants, dès que vous décelez un problème qui semble dépasser vos compétences. Faites appel à ces gens même si vous n'avez besoin que d'un simple conseil. Plusieurs parmi eux ne sont pas des adeptes du Nouvel Âge, mais possèdent une merveilleuse connaissance pratique de ces questions. Ces auxiliaires ont su détecter les symptômes, apporter des réponses et obtenir de bons résultats. Il n'est pas très difficile de voir « l'expérience indigo » se répandre dans notre société, et d'excellents éducateurs et psychologues se sont attaqués au problème sans aucune implication spirituelle. Ils ont eu l'honneur de recevoir les bonnes réponses, car, comme je l'ai déjà dit, l'Esprit n'est pas la propriété unique de quelques-uns. Leur intention d'aider les enfants est aussi puissante et possède autant de valeur que celle de n'importe quel guerrier de la lumière. Rappelez-vous ! Leur passion les a placés au bon endroit, au bon moment, afin d'aider les enfants indigo sur l'ensemble de la planète.

Tous les bébés qui naissent en ce moment ne sont pas des enfants indigo, mais ils seront de plus en plus nombreux, au fur et à mesure que le temps passera. Tout a commencé vers 1970, avec un faible pourcentage de naissances d'enfants indigo. Et aujourd'hui, au moment où ce livre est publié, ils représentent au moins 80 % des naissances. En raison de ce pourcentage, je pense que les enfants seront en mesure de trouver plus facilement des camarades ayant les mêmes inclinations qu'eux. Ce sont les enfants de trois à six ans qui sont en quête en ce moment (au moment où j'écris, en 1997). Ils font partie d'un groupe dans lequel moins de 30 % des enfants étaient indigo. Bientôt, ils le seront tous. Le message qu'ils nous adressent ?

« QUE VOUS SOYEZ PRÊTS OU NON, NOUS VOICI ! »

En toute affection,

LEE CARROLL

CHAPITRE HUIT

LES QUESTIONS LES PLUS FRÉQUEMMENT POSÉES

MOT DE L'AUTEUR : Au cours des deux dernières années, des questions nous parvinrent régulièrement des quatre coins du pays. Elles furent, dans bien des cas, publiées dans divers journaux et dans le magazine *Kryon Quarterly*. Dans les quelques pages suivantes, je me suis efforcé de réunir les questions les plus fréquemment posées sur la métaphysique et la vie en général. Certaines réponses vous surprendront peut-être et d'autres correspondront à ce que vous pensiez ou souhaitiez. Nous aborderons aussi quelques questions plus complexes ayant trait à des thèmes controversés. Voici la liste des thèmes que Kryeon abordera dans ce chapitre.

Les animaux/mammifères
L'Ascension
Les âmes sœurs
La biologie humaine
Les contrats
Les *walk-ins*
La mort
L'effondrement du monde financier
Les devas et esprits de la nature
Les guides
L'homosexualité
L'âme humaine
La fréquence vibratoire des humains
L'implant/libération
Les guerriers de la lumière
La thérapie par les essences vivantes
Les housses de matelas magnétiques
La méditation
La musique
La négativité et la peur
Le oui-ja
La population de la Terre
Les relations

ANIMAUX ET MAMMIFÈRES

Question : Les animaux terrestres sont-ils autant aimés que les humains ? Quel est leur rôle ? Ont-ils une âme ? Que pouvez-vous nous dire au sujet des mammifères marins ? J'éprouve de grandes difficultés à comprendre pourquoi tant de créatures innocentes souffrent tellement de la main de l'homme.

Réponse : Lorsque nous disons que vous «êtes tendrement aimés » nous voulons dire que nous nous connaissons, vous et nous, et que votre âme humaine se situe au même niveau d'énergie cosmique que le nôtre. Vous possédez ce que vous appelez une âme et qui est un véritable fragment de Dieu ! Cette âme se trouve en apprentissage, ici sur la Terre, pour assumer un grand dessein.

Les animaux ne sont pas ici pour la même raison que vous, mais pour vous aider à atteindre ce but. Ce sont des entités qui ne portent pas le même fragment divin que vous, mais qui sont aussi « tendrement aimés » et ont un rôle important à jouer dans le grand dessein terrestre. Les animaux sont ici pour diverses raisons. Certains d'entre vous comprendront ces raisons, d'autres en seront choqués. De nombreux animaux sont sur cette planète pour rééquilibrer les énergies. Il y aurait beaucoup à dire sur ce sujet. Pour le moment, disons que l'énergie que vous ressentez tous en présence des mammifères marins est réelle, puisque ces derniers sont ici dans un but inspiré et sacré qui se révélera de lui-même dans l'avenir. Pour l'instant, ils contribuent à maintenir sur cette planète un équilibre spirituel bien précis comme le font aussi de nombreux grands animaux des forêts. Par contre, d'autres animaux ne sont ici que pour votre confort et votre compagnie. Vous êtes nombreux à avoir ressenti tout l'amour qu'ils vous portent et vous comprenez ce que j'entends ici. Ces animaux émettent de l'énergie et réagissent à vos pensées. Ils savent intuitivement des choses que vous ignorez et que vous ne verrez jamais. Ils sont ici pour aider à l'équilibre des humains durant leurs vies terrestres.

Enfin, beaucoup d'animaux sont destinés à vous servir de nourriture (hum !). Ils se mettent au service de l'humanité afin de lui fournir la nourriture nécessaire à sa santé. Leur but ultime est de servir de nourriture à l'humanité dans quelques régions de la planète. Sans eux, la planète serait incapable de nourrir plus de cinq milliards d'individus. J'invite tous les sceptiques à étudier les anciennes sociétés afin de constater comment elles « invoquaient » régulièrement un animal pour nourrir leur village. À l'issue de la cérémonie, un animal habituellement féroce faisait docilement, et de manière consentante, son apparition dans le village, où il était alors fêté puis mangé. Il s'agissait là d'un accord tacite tout à fait normal entre humains et animaux. Ceci ne veut pas dire que tous les humains devraient manger de la viande. Vous êtes nombreux à ne pas le faire et à rééquilibrer votre organisme de cette façon. Il s'agit là d'un processus noble qui vous apportera la santé, mais n'agissez pas ainsi par égard envers les animaux. Faites-le pour vous.

Vous avez aussi abordé le sujet des souffrances que les humains font subir aux animaux. Il n'appartient qu'à vous d'honorer ou non ces animaux, quel que soit le but qui leur est assigné. Ceux qui sont destinés à la boucherie devraient être honorés de la même façon que les animaux de compagnie – et peut-être même davantage ! Votre attitude à leur égard est le résultat de votre karma et indique votre degré d'illumination. Les animaux savent pourquoi ils sont ici, et les humains devraient respecter toutes les entités (et elles sont nombreuses) qui ont accepté de plein gré d'être au service de cette grande planète. Ceux d'entre vous qui s'efforcent d'améliorer le sort des animaux durant leur vie terrestre réalisent réellement une tâche importante ! Oui, et ils sont tendrement aimés.

L'ASCENSION

Question : Récemment, j'ai beaucoup entendu parler de l'Ascension. Les avis sur cette question semblent très partagés. Certains croient qu'il s'agit de l'enlèvement par des ET. D'autres affirment que notre corps deviendra invisible et quelques-uns estiment que notre corps ne sera pas modifié et que nous aborderons notre prochaine existence dans la même enveloppe charnelle. Pourriez-vous m'aider à comprendre le processus de l'Ascension ?

Réponse : L'Ascension est l'invitation lancée à chaque être humain à atteindre peu à peu les autres dimensions grâce à l'acquisition de connaissances et de techniques éclairées pendant son passage sur terre. Il s'agit d'un grand changement vibratoire qui n'est pas destiné à tous. En effet, il vous permet de conserver votre organisme en bonne santé et de vous amener à votre incarnation suivante sans passer le seuil de la mort (d'où le sens du mot Ascension). Il est très important que vous restiez sur terre si vous souhaitez transformer cette planète, mais il n'y aura ni jugement ni punition à l'encontre de ceux qui décideront de partir lorsqu'ils auront atteint une fréquence vibratoire plus élevée. Chacun déterminera ce qui lui semble le mieux, et de nombreuses décisions individuelles seront prises pour des raisons dont vous n'êtes pas conscients. Certaines auront trait à l'équilibre énergétique de la planète ; d'autres, à des plans galactiques inachevés pour le compte d'entités spécifiques. Lorsque vous entamerez ce périple, vous vous plongerez d'abord dans l'énergie de la partie divine en vous, et elle peut être intense. Cependant, vous n'aurez pas tous à agir de la sorte, et aucun jugement de valeur ne sera porté contre ceux qui décideront d'attendre ou de ne rien faire. Beaucoup posséderont une fréquence vibratoire plus basse (si on la compare à celle procurée par le processus de l'Ascension, mais élevée par rapport à votre fréquence vibratoire actuelle), qui permettra de maintenir certaines caractéristiques fondamentales pour la planète. Ceci vous apparaîtra plus clairement lorsque vous créerez les conditions permettant à la « nouvelle » Terre d'exister.

Comme nous en avons déjà parlé à propos du 12 : 12, il est nécessaire qu'au moins 144 000 personnes adoptent ce statut et nous vous avons dit aussi que cet objectif était d'ores et déjà atteint. Vous ne serez sans doute pas surpris d'apprendre que la plupart des humains qui ont bénéficié de cette élévation vibratoire s'étaient préparés et ne se trouvaient pas sur le continent que vous appelez l'Amérique. Tout ceci est voulu et n'interfère en rien avec les buts qui sont les vôtres au sein de votre propre culture. Ceux qui ont adopté ce statut sont très conscients du fait que l'objectif du changement de fréquence vibratoire n'est entravé ni par des considérations politiques ni par des différences continentales et ils comptent sur vous pour continuer à aider la planète.

Il sera nécessaire que vous soyez nombreux, sur votre continent, à franchir cette étape afin que les vibrations de la planète soient partout en harmonie et pour vous faire entrer dans le nouveau millénaire jusqu'à votre « Point Zéro » de 2012. [Voir le livre de Gregg Braden, *L'Éveil au Point Zéro, l'initiation collective*, Éd. Ariane.] La préparation à cet événement est d'ores et déjà à votre disposition. En 2012 (environ), la planète entière (jusqu'à la moindre parcelle de terre) pourra bénéficier de la possibilité de muter dans une autre dimension et se dirigera progressivement dans cette direction, lentement, sans à-coups. Durant cette transition vous continuerez à recevoir de l'aide, car cette modification dimensionnelle et vibratoire représentera un signal lumineux pour tous ceux qui vous attendent et désirent vous en montrer davantage sur le cosmos (ceux que vous appelez les Frères et Sœurs de l'espace). Une nouvelle science interviendra pour réaliser des modifications spirituelles (surprise !), et vous bénéficierez grandement de cette aide.

C'est à vous, cependant, qu'il appartient de prendre les dispositions nécessaires. C'est ce qui se passe sur l'ensemble du globe grâce à l'intention des guerriers de la lumière actuels. Votre tâche, cette année, sera beaucoup plus importante que celle de l'année dernière, mais la vitesse à laquelle vous transformez votre fréquence vibratoire et votre niveau de conscience affectera le planning de transformation de la Terre et le programme de ceux que vous devez rencontrer.

LES CONTRATS

Question : Comment puis-je savoir si je respecte mon contrat – là où je dois être ? Comment définir précisément un contrat ?

Réponse : Êtes-vous responsables de vos conditions de vie actuelles ? Que pensez-vous de votre vie ? Êtes-vous sereins ? Vous sentez-vous persécutés ? Êtes-vous tolérants envers les autres ? Quelle action spirituelle avez-vous entreprise afin d'améliorer votre existence et élever votre fréquence vibratoire? Tout ceci est lié à votre quête en vue de trouver cette « niche » que nous appelons votre contrat.

Ce sujet a été le plus fréquemment traité au cours de nos channelings, car il a trait à votre capacité à trouver la paix et à bénéficier des bienfaits de l'autoguérison. Il représente aussi la première étape vers ce que vous appelez le « statut de l'ascension » sur cette planète.

« L'essence » de l'Esprit est une notion souvent mal comprise et dissimulée à vos yeux durant votre passage sur Terre. Ceci, bien sûr, est dû à la dualité de votre propre entité. Nombreux furent ceux qui tentèrent d'analyser cette notion, mais l'intellect demeure impuissant lorsqu'il s'agit de saisir et d'expliquer l'incroyable pureté de l'amour qui émane du programme que vous avez établi à votre intention.

Il n'y a pas de plus grande raison du respect que nous avons pour vous que dans le fait que vous avez pris place dans la file d'attente afin de pouvoir être présents sur Terre actuellement ! D'une façon imagée, vous êtes parvenus dans un endroit grandiose où vous vous êtes « engagés » avec ceux qui vous entouraient au sujet des diverses opportunités de vos prochaines incarnations. Sans aucune idée de prédestination, vous vous êtes joints aux autres dans le but d'interpréter le drame des événements que vous vivez actuellement. Êtes-vous un homme ou une femme ? Avez-vous été trompés ? Votre vie est-elle emplie de colère et de haine ? L'abondance vous semble-t-elle inaccessible alors que vous la voyez inonder ceux qui vous entourent ? Y a-t-il dans votre entourage des personnes qui vous agacent sans cesse et vous perturbent ? Tout ceci a été planifié par vos soins et par ceux qui vous entourent, et représente la volonté de Dieu, c'est-à-dire la vôtre, lorsque vous n'étiez pas encore ici !

Votre tâche consiste à bien reconnaître votre contrat. Acceptez les nouveaux dons de l'Esprit ! Assumez la responsabilité de ce qui vous arrive, puisque vous l'avez programmé. Puis, drapez-vous dans la cape de l'Esprit, agissez afin de cocréer ce qui vous tient à cœur et remplissez votre contrat. Il n'existe aucun problème que vous ne puissiez résoudre ! Paix et santé vous appartiendront si vous appliquez ces principes. Puis vous pourrez réaliser le programme que vous vous étiez fixé pour cette incarnation et la suivante (tout en conservant votre corps actuel) et que nous appelons votre contrat et votre passion. Quand, finalement, vous saurez qu'en écartant votre karma et en élevant votre fréquence vibratoire vous pourrez assumer votre contrat pour cette incarnation et la suivante, une perspective totalement nouvelle sur vos possibilités s'ouvrira devant vous.

Nous saluons vos efforts et vous aimons pour votre quête en vue d'élever votre fréquence vibratoire et celle de la Terre elle-même !

Question : Dans le tome III, vous insistez sur le fait que chacun de nous est pleinement responsable de ce qui lui arrive dans la vie et qu'en le sachant, nous parvenons à un meilleur contrôle des événements. Il semblerait qu'une nouvelle « règle d'or » apparaisse au cours de ce Nouvel Âge, si l'on en croit Kryeon et ses amis. Elle stipule : « Quoi qu'il vous arrive, vous en êtes pleinement responsables ; c'est vous qui l'avez décidé pour votre apprentissage » et inversement : « Tout ce que je vous fais n'est rien d'autre que l'interprétation d'un rôle que vous m'avez attribué afin de parfaire votre apprentissage. » Qu'est-il advenu de la responsabilité de celui qui agit en tant que violeur, agresseur ou assassin ?

Réponse : Cette question et le ton sur lequel elle est posée trahissent la dualité dans laquelle vous vivez et ce qui vous empêche de saisir comment les choses se passent. Vous présentez avec justesse ce que l'Esprit souhaite vous voir comprendre, mais dans une mauvaise interprétation des choses, vous devenez irritable sur le sujet.

Il s'agit d'un sujet complexe qui demeurerait tel, même si

vous disposiez de la conscience de Dieu, ce qui est impossible tant que vous êtes ici. C'est cet entendement divin qui mit Job à l'épreuve, alors que les humains sont horrifiés en lisant ce qui arriva à sa famille. Cet événement fut-il un acte d'amour ? Oui. Il s'agit de quelque chose qu'il nous est absolument impossible de vous faire comprendre. La finalité de cette leçon est étrangère à l'Esprit humain et doit être dissimulée. Autrement, elle ne servirait à rien.

Ce que vous devez retenir, c'est que rien n'est prédestiné ! Vous vivez sur la planète du libre arbitre et, de ce fait, vous êtes en mesure de modifier toute caractéristique de votre choix dès l'instant où vous réalisez que vous disposez réellement du pouvoir pour le faire (et d'une conscience éclairée).

Souvenez-vous que lorsque vous arrivez ici, vous avez plusieurs empreintes (karmiques) et dons à votre disposition. 1. Vous avez une enveloppe karmique qui vous aide à passer des accords avec votre entourage. C'est le sujet de votre question où certaines connotations apparemment négatives se sont glissées, que nous vous demandons de considérer comme faisant partie du plan. Mais ce n'est pas tout. 2. Vous avez la possibilité de modifier ce plan à tout moment et d'annuler votre karma ! C'est l'un des dons du Nouvel Âge dont vous pouvez profiter quand vous le souhaitez, vous évitant ainsi de devenir la victime, le violeur ou l'assassin. 3. Ces divers plans ne sont que des futurs possibles. Ils ne sont pas prédestinés et ne s'accompliront pas obligatoirement. Lorsque, néanmoins, ils se réalisent, nous vous demandons de bien voir comment les « possibilités » se sont présentées et vous conseillons de tenter de voir pourquoi les choses se sont passées ainsi. Sans illumination ou découverte de soi, les possibilités se dérouleront vraisemblablement tel qu'il a été prévu. Vous souvenez-vous de la phrase que j'ai dite lors d'un channeling précédent : « Ne soyez pas surpris si celui qui est envoyé sur Terre et qui doit jouer le rôle du marteau... se retrouve un jour entouré de clous ? » Les lois du karma attirent naturellement des caractéristiques complémentaires, et les leçons potentielles prévues se déroulent à moins qu'on ne les en empêche.

Beaucoup parmi vous comprendront ce scénario et élèveront leur fréquence vibratoire avant qu'un seul élément du karma n'apparaisse. Voilà en quoi votre victoire scintille au firmament du Nouvel Âge ! C'est le principal exemple de votre prise de responsabilité et de l'évacuation de votre karma. D'autres parmi vous se trouvent à la fin d'une période karmique chargée et ont maintenant la chance de pouvoir choisir d'assumer la responsabilité d'être la victime ou l'agresseur, ce qui est aussi une victoire. L'Esprit n'a jamais eu l'intention de faire prendre conscience à un humain des aspects spirituels d'un plan difficile et de l'obliger à le suivre. Cela serait une grave erreur d'interprétation de ce qui arrive aux gens qui découvrent l'illumination. Néanmoins, il est compréhensible que les humains s'interrogent à ce sujet. Cela indique que de nombreuses personnes ne comprennent pas encore la lumière qui brille en eux, ce qu'elle représente ou comment elle fonctionne.

Lorsque vous prendrez vraiment conscience de la lumière, aucun d'entre vous ne choisira délibérément l'obscurité. Et si, malgré tout, cela arrivait, cela signifierait que vous n'aviez pas bien distingué la lumière. Dieu en vous, votre Moi divin, vous guidera toujours vers la vérité. L'unique raison de votre présence sur Terre est de découvrir cette réalité. Une fois que vous l'aurez trouvée, vous vous dirigerez tous vers la lumière de votre véritable foyer. Les vibrations supérieures éliminent en vous tout désir de vibrations inférieures. Tel est le principe de l'amour.

Question : Cher Kryeon, j'éprouve toujours des difficultés à comprendre mon contrat. Il m'est difficile de vouloir le respecter alors que je ne sais pas comment le modifier s'il ne me convient pas (comme le fait d'être atteint un jour d'une maladie mortelle). Sans savoir vraiment quel est ce contrat, comment puis-je le changer avant qu'il ne devienne réalité ?
Question : Cher Kryeon, dans le numéro 3 du magazine *Kryon Quarterly*, vous demandez : « Affronterez-vous vos craintes afin de les supprimer rapidement et de pouvoir ainsi respecter votre contrat (la véritable raison de votre venue sur Terre) ? » Devons-nous vaincre toutes nos peurs afin de pouvoir assumer notre

contrat ? Ces craintes disparaissent-elles lorsque nous respectons notre contrat ? Est-ce la bonne façon de procéder ?
Question : Cher Kryeon, j'ai choisi de me « libérer », et tout s'est passé comme vous l'avez annoncé. Merveilleux ! En agissant ainsi, mes anciens contrats sont-ils maintenant annulés ?

Réponse : Seule une supposition humaine vous incite à penser que vous n'avez qu'un seul contrat. Il est vrai que l'Esprit utilise le mot « contrat » au singulier et vous demande souvent de trouver « votre » contrat, ce qui laisse croire que vous n'en avez qu'un seul. Laissez-moi vous expliquer.

En réalité, vous avez de multiples contrats ! (Je vous en dirai plus à ce sujet un peu plus tard.) La raison pour laquelle l'Esprit utilise ce mot au singulier est très simple : dans le moment « présent » où vous vivez, vous n'avez conscience que du contrat en cours, quel qu'il soit. Cette anomalie de transmission est fréquente en channeling. De notre point de vue, il n'existe ni futur ni passé. Et, souvent, la conjugaison que nous employons est étrange. Vous pouvez aussi saisir maintenant pourquoi nous utilisons le singulier ou le pluriel de façon inhabituelle. Plus vous serez immergés dans l'instant « présent », mieux vous comprendrez. Voilà aussi pourquoi quelques visionnaires et voyants ayant une perception très claire des changements terrestres ont déclaré, à propos de certaines de leurs prédictions sur un prochain événement spectaculaire, qu'ils avaient eu, en fait, une vision du passé lointain ! Il vous est donc difficile de mettre de l'ordre dans les événements actuels, passés ou à venir lorsque vous baignez dans l'énergie qui nous entoure (il faut une grande habitude pour ne pas « penser comme un humain »).

Vous rédigez des contrats à votre intention bien avant que vous n'arriviez sur Terre. Les contrats de base sont d'abord implantés dans votre ADN et se rapportent à vos caractéristiques karmiques. Ils sont établis pour vous permettre d'achever votre karma, et vous avez toute latitude pour les respecter ou non. Nous vous avons déjà dit que la prédestination n'existe pas. Mais comme nous l'avons dit dans notre deuxième réponse de cette série, ces caractéristiques sont comme des aimants pour votre âme et vous êtes nombreux à vous précipiter sur cette voie, comme si vous n'aviez pas le choix (ce qui n'est pas le cas).

Lorsque le karma humain est purifié par des améliorations successives (l'ancienne méthode) ou l'utilisation du nouveau don de libération dont vous disposez maintenant (la nouvelle voie), la nouvelle série de contrats est activée. Ces derniers sont hautement sacrés et visent l'aide directe que vous apportez aux vibrations de la planète (le travail sur la lumière), plutôt que l'aide indirecte (le travail sur le karma personnel). Même les guerriers de la lumière ont de multiples possibilités de contrats, mais je ne parle pas nécessairement du contrat que vous choisirez. Les contrats sont exécutés de manière linéaire, car vous vous situez dans un schéma temporel linéaire. Il n'y a pas très longtemps, nous vous avons présenté la parabole de l'homme qui accomplissait beaucoup de choses dans sa vie, mais qui avait l'impression de n'avoir jamais trouvé son contrat. Lorsqu'il parvint de l'autre côté du voile, il constata, à sa grande surprise, qu'il avait honoré de nombreux contrats, de façon linéaire, l'un après l'autre, et qu'il avait aidé plusieurs personnes partout à toutes les occasions. Il avait honoré la totalité de ses contrats, mais en recherchant « le » contrat, il ne s'était pas rendu compte qu'il était en train de « les » accomplir tous.

La peur est commune à tous les contrats – oui, même lorsque votre fréquence vibratoire est élevée. Car la peur est la principale mise à l'épreuve de l'âme et le spectre qui hante votre apprentissage. Il ne se passe pas un seul instant, même lorsque vous élevez votre fréquence vibratoire vers l'ascension, où la peur ne vient pas à votre rencontre afin de vous éprouver. Dans le cadre de l'ancienne énergie, elle est suffisamment puissante pour provoquer la maladie et même la mort. En tant que guerrier de la lumière, elle ne fera peut-être que vous irriter mais, elle sera là. Nous vous avons demandé d'affronter la peur à l'intérieur de l'ancienne énergie (c'est-à-dire de purifier votre karma et de vibrer à une fréquence plus élevée) afin de parvenir à vos contrats plus subtils. La peur est réelle ! C'est la peur du ridicule et même de la mort.

C'est souvent la « peur-germe » de l'illumination dont nous avons déjà parlé. Cependant, une fois la peur primordiale éliminée, les autres peurs peuvent être plus courantes et revenir à l'occasion, mais elles ne seront pas attachées à chacun de vos pas.

Demandez à mon partenaire ce qu'il a ressenti en avril de l'année 1997 lorsqu'une importante chaîne de télévision lui demanda de présenter le Nouvel Âge à plusieurs milliers de téléspectateurs de sa région ! Demandez-lui s'il a eu peur ! Oui ! Cette peur était bien réelle, mais elle fut annihilée en un instant en faisant appel à la source primordiale de l'amour. Elle avait bien existé ! Demandez-lui de quelle manière il l'a désamorcée et comment il s'est senti après. C'est un exemple de ce qu'il est possible d'accomplir et nous avons volontairement amené Lee à en faire l'expérience afin qu'il puisse à son tour vous offrir ses solutions d'être humain à d'autres êtres humains. Même un channel est confronté aux mêmes problèmes que vous tous.

N'espérez pas voir vos problèmes disparaître simplement parce que vous respectez votre contrat. L'épreuve terrestre a pour but de vous faire comprendre qui vous êtes et, pour cela, elle vous connecte à toutes les circonstances extérieures. C'est de cette façon que les autres constateront comment vous gérez votre existence. C'est votre sérénité dans votre approche des problèmes humains concrets qui produira la meilleure impression sur les autres. Vous devez ressentir la peur lorsqu'elle surgit, mais vous devez aussi reconnaître et affronter le spectre qu'elle représente. Les autres verront vos réactions et seront instruits par votre paix intérieure.

Si vous étudiez les channelings de l'année écoulée, vous découvrirez un élément important dissimulé, une information expliquant comment votre Moi divin reste en compagnie de l'esprit de Dieu, de l'autre côté du voile. Il planifie vos potentialités afin de vous permettre de vous transformer lorsque vous entamerez une puissante intention spirituelle. Par conséquent, votre contrat est toujours « en cours ». Tout cela représente beaucoup plus qu'une plaisanterie cosmique !

Enfin, rappelez-vous ceci : seul votre contrat karmique de l'ancienne énergie vous fait subir maladie, mort, soucis et tribulations diverses. Toutes ces choses étaient destinées à aider la planète. Les nouveaux contrats des guerriers de la lumière ont trait à la modification vibratoire et à la façon d'aider la planète grâce à la méditation et à la guérison en restant sur Terre très longtemps. Nous avons souvent abordé ce sujet au cours de nos channelings en direct. Nous voulons que vous restiez ! Vous le devez, afin de pouvoir accomplir ce qui vous attend !

LA MORT

Question : J'ai récemment perdu un être cher. Sa mort fut accidentelle et le chagrin me submerge. Intellectuellement, je sais qu'il a rejoint son « vrai foyer », mais, sur le plan affectif, je suis déchiré. Comment puis-je comprendre ce qu'est réellement la mort et l'accepter ?

Réponse : Très cher, ce que l'on appelle synchronicité est à l'œuvre dans ce livre, car l'un des channelings retenus pour figurer dans cet ouvrage s'intitule « Les sept attributs de l'amour ». L'un de ces attributs est la compréhension de la mort.

Je ne répéterai pas ce qui a été dit au cours de ce channeling, mais je vous demanderai de le lire. Dans votre cas, la véritable réponse est la suivante : 1. Pleurez cet être cher et ne laissez personne vous le reprocher. C'est là une réaction normale et un hommage à la personne disparue. Vous ne l'oublierez jamais, et cela est naturel. 2. Prenez progressivement conscience du fait que sa mort fut décidée d'un commun accord, par vous deux, avant votre venue sur Terre. Il s'agit d'un « don de l'amour » qui vous est offert par cette personne afin de vous permettre de progresser et d'atteindre l'illumination. Ce don est le plus important qui puisse vous être fait, et cette personne vous demande de le conserver précieusement, car vous avez contribué à sa création. Puis décidez de ce que vous ferez afin d'honorer comme il convient ce don qui améliorera le reste de votre existence. Quoi que vous fassiez, cela constituera la réciprocité de ce cadeau. Nombreux sont ceux qui mettent à profit ces moments très particuliers pour leur développement personnel et pour avancer en direction du niveau d'illumination suivant. 3. Au fur et à mesure que le temps passe, transférez la connaissance de votre intellect, qui croit que cette personne a rejoint son « vrai foyer », vers votre cœur. Comprenez bien que seule une partie d'elle-même s'est éloignée et que l'énergie de son amour reste avec vous ! Vous pouvez ressentir la présence de cette personne et communiquer avec elle dès que vous le désirez. Si elle le souhaite, elle peut aussi communiquer avec vous, par l'intermédiaire de vos rêves. Cela est très fréquent et très réel.

Pensez-vous que nous ne comprenions pas la douleur de votre cœur ? Nous sommes amour ! Nous savons parfaitement qu'il n'existe peut-être pas de douleur plus grande pour l'être humain que celle du cœur. Vous pouvez emporter avec vous l'énergie de cette personne tout au long de la journée. Pour cela, ressentez bien sa présence et imprégnez-vous de son amour. Elle n'est pas du tout partie et elle restera à vos côtés pendant le reste de votre vie. Nous vous honorons tous tellement ! Nous débordons d'amour pour vous et vous félicitons du travail accompli. Magnifique, en effet, est cette planète du libre arbitre. Un jour, vous comprendrez tout.

DEVAS ET ESPRITS DE LA NATURE

Question : Vous avez déjà affirmé que le 12 : 12 était important, car de nombreuses entités invisibles quitteraient la Terre et nous légueraient leurs pouvoirs. Je travaille régulièrement avec les devas dans mon jardin. Vont-ils partir eux aussi ? Ils semblent tellement présents !

Réponse : Qu'il soit bien clair que de nombreuses classes d'entités existent avec vous sur cette planète. Vous savez déjà que l'humanité représente le point focal de toute vie sur la Terre et que d'autres formes de vie organiques vous entourent. Vous pouvez même les voir. Viennent aussi toutes les entités qui contribuent à l'équilibre de la planète d'une infinité de façons que vous ne distinguez pas et qui sont bien plus nombreuses que vous ! Nous n'allons pas vous les détailler, car cela vous gênerait et ferait en sorte que vous passeriez beaucoup de temps à les chercher au détriment des leçons et des expériences pour lesquelles vous êtes venus ici-bas.

Dans le cadre de leurs compétences, de nombreuses entités ont attiré de l'énergie pour vous, les humains. Vous ne pouviez pas capter plus qu'une certaine quantité d'énergie de votre Moi divin jusqu'à ce que les choses se mettent à changer, il y a quelques années. Nous vous avons déjà dit que vous obteniez une bonne partie de cette énergie de ces entités gardiennes, et avec leur accord, au fur et à mesure que vous vous dirigez vers la graduation et l'ascension. Nous avons aussi affirmé que le niveau d'énergie de la planète reste toujours constant et que seule la fréquence vibratoire varie. De façon à conserver la même quantité d'énergie lorsque vous augmenterez votre puissance, les gardiens doivent partir.

Vous êtes nombreux à avoir fait cette expérience consistant à dire au revoir à de nombreux anciens des forêts et des plaines tout autour de la planète et vous comprenez ce que je veux dire. Eux ou les groupes auxquels ils appartenaient portaient souvent des noms. Ils sont des dizaines de milliers à être partis, et beaucoup feront de même dans l'avenir. Certains vivaient dans des endroits particuliers qui provoquaient des sensations spéciales chez les individus qui passaient par là. Maintenant, vous vous rendez compte que ces sensations ont disparu. Ceci, parce qu'ils sont partis de façon à vous offrir la puissance spirituelle de la Terre.

Cependant, les entités qui vivent sous la surface de la Terre et qui donnent vie à la planète sont beaucoup plus nombreuses. Elles maintiennent l'équilibre de la nature et répondent aux humains qui travaillent avec la Terre. Certaines appelées devas, esprits de la nature et le « petit peuple » constituent les entités qui ont créé les endroits sacrés des forêts. Les devas dont vous parlez dans votre question sont les entités qui resteront avec vous jusqu'à la fin de l'existence de la planète. On a besoin d'elles, et elles sont indispensables à la vie « dans le sol », comme nous l'avons vu précédemment. Elles sont nécessaires à une « planète vivante » qui réagit à la conscience de l'humanité. Ce sont celles qui resteront avec vous !

Vos amis des jardins seront avec vous à jamais et répondent à vos efforts. Sur un plan plus grandiose, ils procurent aussi l'énergie des forêts de la planète, des rochers du désert et de l'air que vous respirez. Il y a là tant de choses qui vous étonneraient ! Honorez la Terre, et elle vous honorera en retour!

LES GUIDES

Question : Comment puis-je apprendre à communiquer avec mes guides ? Comment puis-je savoir qu'il ne s'agit pas simplement de mes propres pensées ?

Réponse : Au sein de ces pages, un message transmis par mon partenaire vous donnera un aperçu de ce sujet, car j'ai eu le privilège de vous fournir cette information tout récemment.

Il est impossible à votre seule biologie de vous procurer cette « préconnaissance » de quelque chose que vous pensez avoir déjà vu auparavant, alors que tel n'est pas le cas. De même ne peut-elle pas facilement vous procurer ce petit « coup au cœur » à la vue de quelque chose que vous apercevez furtivement. Votre intellect n'est pas assez rapide pour jouer un rôle devant ces phénomènes et c'est pourquoi vos guides vous donnent ces « coups de pouce » avant même que votre intellect puisse analyser ce qui se passe.

Pendant longtemps, vous avez appelé cela de l'intuition, de l'instinct, ou du « déjà-vu ». Aujourd'hui, vous savez de quoi il s'agit. C'est une authentique communication de vos guides, et vos émotions servent de transmetteurs. Comme vous le voyez, ceux qui se laissent aller à « ressentir » les choses sont ceux-là mêmes qui recevront les conseils de l'Esprit.

Accueillez ces messages émotionnels et, lorsque vous êtes au calme, exprimez verbalement votre gratitude. Dites à haute voix à vos guides que vous les aimez, puis préparez-vous à agir. Trop simple ? Il est dans la nature humaine de compliquer toute chose. Cependant, le message de l'Esprit déclare que vous avez mérité les dons qui vous attendent, qu'il vous suffit de les réclamer et que votre unique tâche consiste à être ici présents ! Alors, ces dons amélioreront encore les résultats du véritable travail qui consiste à élever la fréquence vibratoire de la planète.

L'HOMOSEXUALITÉ

Question : Cher Kryeon, je suis un homme homosexuel intéressé à la spiritualité. Je vis dans la société américaine, qui me tolère difficilement et qui a même édicté certaines lois contre mon mode de vie. L'église que je fréquentais m'a chassé comme si j'étais le diable en personne ou l'incarnation de l'anti-Christ. Je n'ai pas le sentiment de violer une quelconque éthique humaine. Mon amour est aussi pur que celui de n'importe quel hétérosexuel, et je suis un guerrier de la lumière. Qu'en pensez-vous ?

Réponse : Très cher, dans moins de deux générations, ceux qui trouveront ce livre riront de bon cœur en découvrant le côté désuet de ce genre de question. Mais avant de répondre, permettez-moi de vous demander, ainsi qu'aux lecteurs, de bien vouloir examiner un certain phénomène concernant la société humaine et Dieu.

Il y a trente ans, les mariages inter-raciaux n'étaient pas acceptés par les lois divines. Aujourd'hui, votre société les considère comme normaux. Les objections spirituelles se rapportant à ce phénomène étaient interprétées ou réécrites par ceux qui se disaient inspirés par Dieu et autorisés à agir de la sorte. Ainsi, vos interprétations des instructions divines ont évolué en même temps que le seuil de tolérance de votre société. Il est intéressant de constater comment les interprétations des lois divines semblent se modifier pour s'adapter à un changement de culture !

La vérité, bien sûr, est la suivante : vous vous trouvez dans une situation provoquée afin de vous éprouver. Vous avez accepté d'apparaître dans cette société en étant doté d'une caractéristique qui éloigne de vous amis et coreligionnaires. Vous avez dû affronter la peur du rejet, nager à contre-courant, et ceci quotidiennement. Votre contrat, de ce fait, a été bien établi et vous le respectez parfaitement. En plus, comme tant d'autres comme vous, vous vous intéressez à la partie divine en vous ! Vous sentez que vous appartenez à la famille spirituelle. Quelle contradiction, en effet, de se voir condamner par ceux-là mêmes qui, profitant de leur position de chefs spirituels, interprètent Dieu selon les critères de la société actuelle.

Maintenant, j'aimerais connaître votre Intention ? Est-ce d'offrir de l'amour à ceux qui vous entourent et devenir un être éclairé de ce Nouvel Âge ? Est-ce de pardonner à tous ces gens qui vous considèrent comme une souillure pour la société ? Avez-vous pour eux la tolérance qu'ils semblent ne pas avoir à votre égard ? Pouvez-vous passer par-dessus le fait qu'ils se réfèrent sans vergogne au maître de l'Amour du Nouvel Âge pour vous condamner, bien qu'ils ne semblent pas faire preuve de l'affectueuse tolérance qui est la clé de voûte du message du maître ?

Si votre réponse est oui, vous ne pouvez rien faire d'autre. Tout réside dans votre Intention, et votre vie se verra gratifiée de la paix qui se répandra sur ceux qui fomentaient des troubles et de la tolérance envers l'intolérable. Votre sexualité n'est que réactions chimiques organisées au sein de votre ADN. Elle vous est offerte comme un don à expérimenter durant cette vie. Voyez-la de cette façon et installez-vous confortablement dans l'idée que vous êtes une parfaite création spirituelle de Dieu aimée intensément, comme les autres humains. Mais cela, vous le savez déjà, n'est-ce pas ?

L'ÂME HUMAINE

Question : Parlez-nous encore de notre âme humaine. Qu'est-ce exactement ? Quelles sont ses particularités ?

Réponse : Vous avez posé l'une des questions les plus importantes et les plus complexes que vous puissiez imaginer. Comment Kryeon peut-il vous parler de principes étrangers à votre entendement ? Comment Kryeon peut-il vous décrire quelque chose qui n'a aucun sens pour vous ? Pouvez-vous décrire la palette de couleurs de la nature à un aveugle ? Aucune expérience ne peut vous fournir la moindre perception de l'âme humaine. Privés de toute aptitude sensorielle interdimensionnelle, ce serait un non-sens de chercher à comprendre l'âme humaine.

Votre incarnation humaine n'est que temporaire. Seule votre âme constitue votre vraie réalité. Elle se trouve en de multiples endroits simultanément. Un fragment se tient dans chacune des cellules de votre corps. Un autre fragment est une sorte d' « empreinte » énergétique qui se trouve sur le champ magnétique terrestre et qui indique que vous vous trouvez là. Un autre fragment encore, que vous appelez le Moi divin, est situé de l'autre côté du voile et crée des solutions pour votre incarnation présente, réagissant à votre nouvelle voie illuminée et organisant d'autres planifications pour vos contrats.

Saviez-vous que vous étiez interdimensionnels ? Pouvez-vous comprendre que vous vous trouvez à plusieurs endroits simultanément ? Dans un schéma temporel où votre mental est coincé dans un cadre linéaire, pouvez-vous saisir l'idée de la boucle du temps spirituel réel ? Que diriez-vous si je vous annonçais que votre âme peut « partager » un corps humain avec une autre âme ? (Voir la question des « *walk-ins* ».) Vous n'approchez la véritable réalité de l'existence que dans vos rêves et autres visions.

Sachez ceci : votre âme est la fleur épanouie du jardin de l'Univers. Elle est éternelle et sait tout ce que je sais moi-même. Elle est beaucoup plus grande que vous ne l'imaginez. Elle vit dans divers endroits et dans différentes dimensions temporelles simultanément. C'est votre vraie famille. C'est l'Amour !

Maintenant, vous savez tout ce qui la concerne.

LA MODIFICATION DE FRÉQUENCE VIBRATOIRE DES HUMAINS

Question : Depuis environ quinze ans, je traite et soulage mes amis ainsi que les membres de ma famille (sans rémunération, juste pour rendre service). Depuis peu, je remarque que je ressens difficilement les énergies des gens que je soulage, quoi qu'ils me disent tous ressentir mon énergie lorsque je travaille sur eux. Que se passe-t-il ? Comment puis-je recouvrer à nouveau mes sensations ?

Réponse : Très cher, votre travail est réellement béni ! Nous avons déjà dit que les précurseurs du Nouvel Âge seront souvent des guérisseurs de la planète, ceux dont la passion est d'aider les autres de multiples façons. Vous êtes l'un d'eux.

Le nouveau paradigme de la Terre est que « le flambeau a été transmis » aux humains par les entités astrales. Cela signifie qu'une bonne partie de vos « sensations » durant votre travail sont élevées à un nouveau plan. La réponse précise à votre question « Comment puis-je recouvrer mes sensations ? » est simple : vous ne le pouvez pas. Il est maintenant temps pour vous de comprendre le fonctionnement de ce qui se met en place et de vous familiariser avec les nouvelles sensations qui vous aideront à réaliser que vous êtes « branché » sur cette autre énergie.

Les humains possèdent maintenant l'intégralité de la puissance de la Terre. C'est très étonnant et c'est pourquoi nous célébrons ce moment. Grâce à cela, tous les guérisseurs et la plupart des individus qui méditent ressentiront un changement dans leur travail et devront l'interpréter tel un signal leur annonçant qu'ils sont en « contact » avec l'Esprit. Et cette sensation proviendra de vous-même et de personne d'autre. Ceci requiert de votre part que vous passiez plus de temps à honorer Dieu en vous et que vous établissiez avec votre Moi divin un niveau de communication élevé qui vous permettra de reconnaître les moments où votre énergie sera à son maximum durant un traitement. D'ores et déjà, vous commencez à obtenir de meilleurs résultats qu'auparavant dans votre travail sur les autres, et le plus drôle est que vous ne vous en rendez pas compte ! Comprenez-vous mieux comment tout cela fonctionne ? La puissance incroyable qui est donnée à l'humanité peut, maintenant, être utilisée pour guérir et cocréer, discrètement, et sans l'aspect cérémonieux d'antan. Vos patients ressentiront votre nouveau pouvoir et les modifications que vous apporterez à votre façon d'opérer. Attendez-vous à ce qu'ils éprouvent profondément ces changements. Avertissez-les puis faites confiance à l'Esprit en vous. Le sentiment qui vous animera sera la confiance en vous. La seule aide que vous recevrez de la part de l'Esprit sera un « bain d'amour » de la part de votre Moi divin lorsque vous serez en plein travail. Réclamez-le. Des humains ont raconté avoir ressenti comme un baume au cœur après avoir été aimés et honorés avec une telle intensité. C'est le présent que nous vous offrons pour vous remercier d'être au bon endroit au bon moment.

Question : Cher Kryeon, vous avez déclaré que l'apparition de la comète Hale-Bopp avait pour but de « déverser de la spiritualité » sur nous. Je ne comprends pas. Je croyais que nous avions, en notre qualité d'êtres possédant le libre arbitre, le droit de choisir notre spiritualité. Je pensais que ce choix était quelque chose de très personnel. Pouvez-vous développer ce concept de spiritualité déversée sur nous et nous parler de la comète ?

Réponse : Le créneau de vingt-quatre ans a commencé en 1987 et exige que plus d'énergie soit déversée sur la planète, et ce, de diverses façons. C'est le réservoir qu'utiliseront les humains afin d'atteindre un niveau vibratoire et une graduation plus élevés. Peut-être certains seront-ils surpris d'apprendre que le monde à trois dimensions est relié à la spiritualité et que l'on doit trouver de l'énergie pour permettre à l'homme de progresser. Simplement, la planète ne contient pas suffisamment de cette énergie. Et elle en a besoin davantage pour permettre aux humains de s'élever, comme le carburant est nécessaire à une automobile pour gagner une course.

Vos scientifiques viennent juste de découvrir un des moyens de s'en procurer. Ils savent maintenant d'où proviennent les rayons gamma et sont encore sous le choc de cette découverte (voir le chapitre 9 sur la science). Ils ont trouvé la plus puissante source d'énergie jamais trouvée dans l'univers et c'est aussi la plus lointaine ! Ils contemplent le centre créateur! Il y a peu, un énorme astéroïde vous a effleurés, juste au large de l'orbite lunaire, très peu de temps après que nous vous eûmes envoyé la comète (Hale-

Bopp). Chacun de ces phénomènes représente un système tridimensionnel de transfert d'énergie spirituelle.

Cette énergie spirituelle est entreposée dans la planète et sur la grille magnétique, là où tous les changements terrestres ont lieu. Cette énergie attend que les humains expérimentent leur intention de l'utiliser. Il s'agit d'un dépôt de cette nouvelle énergie spirituelle destinée à tous ceux qui manifestent leur intention de l'employer. Avec cette intention profonde, les humains recevront aussi les nouveaux dons de l'élévation de leur fréquence vibratoire, telle que puisée aux attributs de la Terre. Il s'agit d'un libre choix fait par les humains. Maintenant, commencez-vous à comprendre comment la planète est liée à votre croissance personnelle ? Elle représente vraiment votre réserve d'énergie ! Ceux qui n'auront pas l'intention d'utiliser cette énergie n'en bénéficieront pas (ce sera leur libre choix) et ne sauront même pas qu'elle existe.

Question : Cher Kryeon, sommes-nous sur Terre pour « faire l'expérience » de la vie ou pour « apprendre » la vie ?

Réponse : Demain matin, à votre réveil, allez-vous « sortir » de votre lit ou vous « lever » de votre lit ? Ces deux termes sont différents, bien que vous leur accordiez le même sens. Votre langage est extrêmement limité lorsqu'il s'agit d'exprimer des concepts sacrés interdimensionnels. En réalité, vous êtes ici pour « expérimenter un apprentissage » !

Il n'y a pas d'alternative. Vous êtes ici pour « expérimenter » le souvenir de la raison de votre présence sur Terre. Ce souvenir concerne vos expériences passées durant les incarnations antérieures avec lesquelles vous devez vous débrouiller. Toutes ces expériences sont appelées « leçons » par certains. D'autres les appellent « karma » et d'autres encore les nomment « tâches » !

Se trouve-t-il une seule personne éclairée parmi vous qui pourrait dire : « Je parcours le monde pour vivre un maximum d'expériences, mais je n'en tire aucune leçon » ? La réponse est non ! Les guerriers de la lumière reconnaissent qu'il existe un but. Donc, l' « expérience » consiste à progresser et à améliorer la planète et l'univers entier. Pendant qu'un certain nombre d'entre vous réfléchissent à la signification de ces paroles, d'autres auront compris que les mots sont insuffisants et que la puissance réside dans les actes !

L'IMPLANT/LIBÉRATION

Question : Après avoir reçu notre implant et purifié notre karma, la cocréation se manifeste-t-elle immédiatement ou quoi ? Par ailleurs, je souhaite contacter mes guides et les voir apparaître régulièrement. Que dois-je faire pour cela ?

Réponse (avec beaucoup d'humour) : Chaque fois que les humains s'interrogent sur une alternative et que l'une des solutions proposées par cette alternative s'exprime par « ou quoi », comme dans votre question, la partie humoristique de l'Esprit vous suggère de choisir le « ou quoi ». Nous sommes très intéressés de savoir ce que vous entendez par là !

Cependant, nous savons comment vous communiquez. Aussi comprenons-nous le véritable sens de votre question et allons-nous y répondre. Par votre voie karmique, vous êtes très différents les uns des autres. Comme nous l'avons déjà déclaré dans diverses publications, quelques-uns d'entre vous sont d'ores et déjà prêts à recevoir les nouveaux dons de l'Esprit et à les utiliser. Les autres attendent peut-être un peu que tout se mette en place. Dans les deux cas, ces dons vous appartiennent dès maintenant, mais leur utilisation pourrait nécessiter un minimum de compréhension et un certain entraînement. À nouveau, nous vous le répétons (comme nous en avons parlé dans le tome III de Kryeon) : après avoir formulé votre intention de recevoir « l'implant », vos actions seront tout à fait différentes.

Peut-être serez-vous intéressés de savoir que Lee, mon partenaire, n'a jamais vu ses guides. Vous supposiez peut-être que le channel de Kryeon avait cette faculté, mais ce n'est pas le cas pour l'instant. Nous la lui avons promise pour plus tard, lorsqu'il sera mieux intégré. C'est la même chose pour vous. Votre fréquence vibratoire et votre intégration au sein de votre Moi divin détermineront entièrement votre capacité à voir vos guides.

Soyez conscients du fait que voir vos anges n'est pas un phénomène physique ordinaire. Aussi, ne vous attendez pas à ce qu'il se répète de façon constante. Soyez toujours attentifs à bien garder les pieds sur terre durant ces phénomènes. Une partie de vous-mêmes voudra rejoindre l'Esprit et rentrer dans son vrai foyer ! Apercevoir vos guides représente un pas de plus vers ce but. Les voir tout le temps équivaudrait à arrêter votre apprentissage. Chacun de vous doit se souvenir que réclamer ce genre de manifestation pourrait vous éloigner tellement de votre existence humaine à trois dimensions que cela ne vous servirait à rien, ni à votre entourage. Vous pouvez tous vous diriger lentement vers ce côté-ci du voile. Cependant, durant le processus, vous perdrez le contact avec la réalité de votre apprentissage ici-bas et, en définitive, vous serez totalement seuls, un pied de chaque côté du voile. Sachez que cette situation n'a rien de louable. L'Esprit désire que vous gardiez les pieds sur terre et que vous ne perdiez pas de vue votre apprentissage et votre propre dimension. Voici la leçon à retenir et la tâche à accomplir. Il est beaucoup plus facile de quitter votre enveloppe charnelle que de la conserver !

Voici la véritable raison pour laquelle le « processus d'ascension » de l'humanité est si particulier et demande autant de temps pour sa réalisation. Bénéficier du statut de l'ascension tout en restant humain sur cette planète revient à devenir un être physique double. Aussi bien le corps que l'Esprit doivent comprendre qu'il faut, à la fois, évoluer dans une fréquence vibratoire élevée et rester les pieds sur terre. Le statut de l'ascension est, toutefois, multidimensionnel. Un Avatar en est une illustration et montre l'entraînement nécessaire pour parvenir à un tel état.

Croyez-moi, très chers, lorsque vous rejoindrez votre véritable foyer, vous aurez tout le temps de fêter, de rire et de vous réunir en famille. Pour le moment, nous vous encourageons à vous concentrer sur la finalité de votre état d'humain et à continuer de transformer votre planète !

Question : Cher Kryeon, ayant déclaré mon intention il y a environ trois mois, je suis confiant que mon implant neutre est en place. Le doute m'assaille cependant lorsque je me surprends à juger les autres. Dans ces instants, je me dis : « Bon sang ! Je croyais que ce genre de chose n'arriverait plus après l'implant. » L'implant/libération ne signifie-t-il pas la fin des jugements ? La suppression de la peur ? Des doutes ? Ou bien une certaine forme de sagesse devrait-elle survenir lorsque me viennent ces pensées ?

Réponse : Le fait d'avoir l'implant déblaie votre chemin. Comme le défrichement d'une forêt touffue vous permet d'avancer rapidement au lieu de rester enlisé dans les fourrés, l'implant vous procure un potentiel d'actions possibles. Il ne vous offre rien d'autre que des outils pour progresser. Il ne vous transformera pas sans votre intention. Vous devez vous lever et avancer seul !

Porter des jugements est une habitude dont vous pouvez maintenant vous débarrasser grâce à l'intention. Avec cet outil puissant que vous avez réclamé, agissez comme suit et regardez ce qui se passera. Proclamez à haute voix votre désir de voir votre humeur devenir égale jusqu'à ce que le problème soit évacué. Puis, soyez attentif à ce qui se produira. Tout d'abord, vous devez formuler votre intention de voir ce problème solutionné. Rien ne changera dans votre vie sans l'action de votre Intention. La pose de l'implant est donc le catalyseur de l'action spirituelle avancée.

LES GUERRIERS DE LA LUMIÈRE

Question : Comment puis-je savoir si je suis bien un « guerrier de la lumière » ?

Réponse : Si vous avez formulé votre intention de respecter votre contrat et d'assumer pleinement le rôle que vous avez accepté de jouer durant votre vie terrestre, alors vous êtes un « guerrier de la lumière ». Votre contrat est tout. L'implant, représente votre intention de le respecter complètement. Prendre cette décision et formuler votre intention, c'est accepter de prendre les responsabilités du Nouvel Âge.

Question : Quelle est la chose la plus importante à accomplir en tant que guerrier de la lumière ?

Réponse : Le thème récurrent du Nouvel Âge est le suivant : la chose la plus importante que vous puissiez faire en votre qualité d'être humain, c'est de découvrir votre contrat et de l'exécuter. Vous vous demandez : « Pourquoi est-ce si important ? » Le but de votre incarnation présente est de vérifier si vous pouvez découvrir votre contrat. Si vous y parvenez et si vous l'exécutez, non seulement vous augmenterez considérablement votre sérénité, mais également la fréquence vibratoire de la planète entière. Un être humain qui trouve son contrat crée un « statut de graduation ». Ce statut représente une grande quantité d'énergie que l'on constate quand on mesure l'énergie et les vibrations de la planète et cette mesure est ce qui modifie le futur de votre planète !

Par conséquent, ce que vous faites sur le plan personnel a une influence sur l'ensemble. Certains humains ne comprennent pas du tout cela et pensent que leur contrat doit être audacieux et de portée mondiale pour provoquer un changement planétaire. Seul le contraire est vrai. L'important ne réside pas dans la substance du contrat, mais dans sa recherche. L'artisan de la paix universelle n'est pas plus apte à modifier les vibrations de la planète que celui qui adore écrire des livres pour enfants ou celle qui découvre que son but actuel est de transformer une famille chaotique en famille harmonieuse. Ce n'est pas le contrat qui est important mais le résultat de sa recherche. Le vrai trésor, c'est sa découverte !

Question : Cher Kryeon, vous utilisez l'expression « guerrier de la lumière » pour décrire ceux qui travaillent de façon éclairée. Pouvez-vous nous expliquer pourquoi vous avez choisi cette expression ? Y a-t-il réellement une sorte de guerre en cours ? Des esprits curieux souhaitent savoir !

Réponse : En fait, nous avons déjà parlé de cela. En outre, nous avons fourni des références métaphoriques sur l'épée de la vérité, le bouclier de la connaissance et l'armure de la sagesse. Dans ces références, vous trouverez aussi des analogies avec la guerre et les batailles.

La métaphore est puissante et doit être reliée à une bataille, celle que vous livrez à l'ancienne énergie. Certains ont estimé qu'il ne s'agit pas là d'un attribut vraiment spirituel et que la guerre est une création purement humaine. Aussi, se demandent-ils pourquoi l'Esprit y fait si souvent référence en utilisant l'expression « guerrier de la lumière ».

Si la lutte a lieu avec la vieille énergie, vous devez fréquemment utiliser des concepts de cette énergie pour trouver une solution. Elle entrera sans aucun doute en conflit avec vous, et vous, en retour, devrez l'affronter afin de lui montrer le pouvoir qui est vôtre. Elle comprendra les symboles anciens, et ainsi, la crise sera réglée et vous remporterez la victoire.

Pensez-y de cette façon. Supposons que vous soyez une race moderne abordant une île peuplée d'indigènes primitifs. Vous souhaitez leur apporter paix, santé, sagesse et connaissance. Eux, de leur côté, sont effrayés à cause de leur ignorance et ne souhaitent pas connaître vos étranges coutumes. Ils se tournent alors vers ce qu'ils ont pratiqué avec succès dans le passé, la guerre, et vous attaquent en masse. Votre intention n'est pas de leur faire du mal, mais il semble que vous soyez dans l'obligation de le faire. Vous sortez vos redoutables armes à laser de faibles tailles, efficaces et mortelles, et vous exhibez votre arsenal dans un but dissuasif mais ils continuent à avancer ! Votre technique de pointe est hors de leur entendement. Ils n'ont aucune idée de votre puissance ! À leurs yeux, vous tenez quelque chose que vous allez leur lancer, comme de grosses pierres sans plus. Si rien de spécial ne se passe rapidement, leur attaque se terminera dans un bain de sang. Vous n'avez aucune autre option que celle d'utiliser votre incroyable puissance contre ces indigènes ignorants, qui ne font, eux, que réagir à leur propre peur.

Maintenant, imaginez plutôt le scénario suivant : bien que disposant de la puissance du tonnerre, chaque membre de votre groupe tire une magnifique épée – une épée immense dont la puissance scintille dans le soleil. Chacun revêt son armure et accroche son bouclier à son bras. Cet équipement vous protégera tous des pauvres lances des natifs. Cela les refroidira ! Il n'y aura même pas de bataille. Votre force apparente, dans un domaine qu'ils comprennent parfaitement, aura résolu le problème et ils sauront qu'il est plus prudent d'abandonner le combat ou de faire la paix. De toute façon, tout le monde est gagnant. Ceux qui battent en retraite le font de leur plein gré. Aucune décision ne leur est imposée. Par contre, ceux qui vous acceptent font le premier pas vers l'illumination. Personne n'est blessé et tout le monde gagne. Comprenez-vous maintenant pourquoi un groupe éclairé transportait des armes anciennes ? Une métaphore, peut-être, mais bien réelle.

La guerre contre l'ancienne énergie revêt diverses formes. Ce n'est pas toujours une lutte contre d'autres humains. Parfois, souvent même, il s'agit du combat d'un simple individu pour trouver, en lui, la partie éclairée qui est entrée en conflit avec la partie de lui-même qui n'est pas baignée par l'amour. C'est là que se tient le « coin obscur ». Il ne s'agit pas d'une force maléfique séparée de l'humanité. Il s'agit de la partie de l'humanité restée sans amour.

Très chers, nous vous déclarons à nouveau ceci : il n'existe pas, dans l'univers, de puissance plus grande que l'amour. C'est votre bouclier et votre consolation. L'épée de la vérité est le symbole de votre nouvelle puissance, qui supplante l'ancienne.

Question : Cher Kryeon, il semblerait qu'un groupe important de guerriers de la lumière soit né au milieu des années 50. Ces années ont-elles quelque chose de particulier ?

Réponse : Eh bien, quelqu'un l'a finalement remarqué ! Merci, très cher, pour cette pertinente question. Oui ! Ces années ont permis aux humains qui atteignent la quarantaine aujourd'hui (l'âge de raison) de mettre au monde des enfants durant les années 70. Ceux d'entre vous qui sont nés dans les années 50 étaient très excités de venir au monde. Les possibilités de transformations de la planète étaient à portée de main et vous le saviez. Vous saviez aussi que le potentiel dont allaient disposer vos enfants et petits-enfants allait permettre une graduation de la planète.

Rappelez-vous que lorsque vous êtes de l'autre côté du voile, vous savez ce que nous savons. Nous vous avons souvent répété combien nous étions ravis de constater ce qui s'est passé durant ces cinquante dernières années ! Les potentialités existaient, mais vous ne l'avez pas su jusqu'à ce que les harmoniques aient convergé pour mesurer le désir de la planète de progresser. Ainsi, tous ceux qui naquirent dans les années 50 étaient adultes lorsque cela se produisit. Les potentialités pour le 11 : 11 et le 12 : 12 étaient aussi réunies. Y a-t-il le moindre doute que vous souhaitiez participer à cet événement ?

Ce qui est étonnant, c'est que tout ceci arriva ! Vous avez souhaité participer à l'une des plus importantes modifications de conscience que la planète ait jamais connues. Celle-ci peut réellement modifier votre schéma temporel d'ici les quatorze ou quinze prochaines années ! Elle a évacué les vieilles prophéties et modifié votre futur, et vous êtes ici pour y participer – certains même pour le créer !

Par conséquent, ceux d'entre vous qui sont de cette génération furent les premiers à réaliser qu'ils pouvaient reconnaître leur Moi divin. Les guerriers de la lumière de votre génération sont de loin les plus nombreux, mais de plus en plus de jeunes commencent également leur quête. C'est vous qui avez permis cela et je salue ceux qui, parmi vous, sont de cette génération. Comprenez-vous maintenant l'importance de votre âge ? Certains d'entre vous ont déploré leur âge, regrettant de n'être pas plus jeunes. Si c'était le cas, vous auriez raté l'opportunité d'être « là où il faut », si je puis dire. Toute chose a sa raison d'être ! Vous êtes aimés pour avoir accepté d'être parmi les premiers !

Question : L'année qui vient de s'écouler semble avoir été particulièrement intense et stimulante pour la plupart des guerriers de la lumière que je connais. Maintenant que nous approchons de la fin de l'année, quelle note accorderiez-vous à nos progrès, en tant que guerriers de la lumière, et à ceux de la planète en général ?

Réponse : Vous avez raison. Plus vous vous rapprocherez de la masse critique des guerriers de la lumière capables d'amener la planète à son prochain niveau vibratoire, plus vous ressentirez cette intensité. Celle-ci ne va pas diminuer avant un certain temps. Le secret, c'est de comprendre cette intensité et de vous adapter à elle de façon à devenir tout à fait sereins. Les défis continueront à être grandioses. Très chers, je vous en prie, ne soyez pas effrayés par ces changements ou ces défis. La tâche que vous accomplissez dans ces domaines est plus précieuse que vous ne l'imaginez.

La tâche que vous avez accomplie déjà, y compris les défis que vous avez relevés, vous a amenés beaucoup plus près de l'objectif vibratoire final que lorsque j'ai commencé mon travail en 1989. Tout a été tellement vite que l'essentiel de ce qui vous a été annoncé au début des années 90 par les channels et les voyants est maintenant périmé. Votre travail vous a véritablement permis d'assimiler très rapidement certaines connaissances et a provoqué une nette progression de la Terre. Par trois fois, le programme de rencontre avec vos voisins cosmiques a été modifié à cause de la rapidité de vos changements vibratoires et, maintenant, ces plans changent encore.

Voici pourquoi nous vous répétons qu'aucune entité, pas même moi, ne peut dévoiler précisément les détails de votre avenir. C'est une cible mouvante qui s'est déplacée très rapidement et au-delà de ce que nous avions prévu. La seule chose qui demeure constante est que votre temps linéaire continue de prévoir, sur le grand calendrier des événements, une modification dimensionnelle qui commencera en 2012. Vous avez le potentiel d'exister à ce moment en tant qu'humains, mais le schéma temporel linéaire restera le même pour cette fenêtre d'opportunité. Pour répondre à votre question : vous avez bien travaillé, en effet, et vous pouvez mesurer la qualité de votre travail en constatant combien il a été passionnant ! Le changement est devenu la norme. Des défis sont attendus, et la paix est avec vous durant ces événements. Au fur et à mesure que vous modifierez votre fréquence vibratoire, vous deviendrez beaucoup plus sereins vis-à-vis des choses qui vous ont perturbés il y a peu de temps. Nous rendons un profond hommage à votre travail !

LES THÉRAPIES PAR LES ESSENCES VIVANTES

Question : J'ai toujours été intéressé par les médecines alternatives. J'ai trouvé passionnant le chapitre sur la « guérison dans la nouvelle énergie » dans le tome III de Kryeon. Que sont exactement ces « essences vivantes ? » S'agit-il d'extraits de glandes de bovins ?

Question : Récemment, ma sœur et moi avons élaboré un « jardin de santé », et nous fabriquons des essences de fleurs pour la guérison par les vibrations. Nous apprécierions vraiment vos commentaires sur cette entreprise et vos suggestions concernant ce travail sur les énergies.

Réponse : Vous travaillez tous les deux avec les essences vivantes du Nouvel Âge et vous êtes ainsi à la pointe d'une technique curative très puissante. Permettez-moi d'abord de préciser ce que j'entends par les essences vivantes (EV). Je donnerai ensuite quelques conseils à ceux et celles qui utilisent cette technique.

En fait, il s'agit d'un processus utilisant des substances qui possèdent (ou possédaient) une énergie vitale. Au lieu de produits chimiques inertes, il est ici question de quelque chose de vivant ou qui le fut, mais doté d'une très grande énergie vitale. Plusieurs exemples de ces substances existent déjà, et beaucoup d'autres seront découvertes. Peu importe la technique que vous utilisez avec les EV, ces substances sont toutes efficaces. Certaines se contentent de faire passer leur énergie dans l'être humain, d'autres sont ingérées par l'organisme. Cependant, des EV produisent des effets qui dépassent de loin les réactions produites par les herbes et les plantes que vous connaissez. De nombreuses EV sont d'origine tout à fait inattendue et sont capables de fournir une énergie vitale qui cocréera la guérison dans votre corps, en accord avec vous. Certaines EV sont contenues dans des rochers et possèdent une énergie vitale de plusieurs milliers d'années, lorsque l'énergie de la Terre était plus grande qu'aujourd'hui. D'autres se présentent sous des formes de vie extrêmement petites, prêtes à être récoltées, mais ont dissimulé jusqu'à présent leur grande valeur pour votre organisme. Et, enfin, quelques-unes proviennent du domaine animal (les animaux sont ici pour vous servir – reportez-vous à la première question de ce chapitre) et vous seront d'une aide précieuse.

Voici quelques conseils sur ce que vous devez rechercher : 1. Soyez attentifs aux remèdes développés actuellement dans votre société et connus sous le nom d' « essences vivantes ». Ce n'est pas par hasard que cette appellation a été introduite par mon partenaire. De nombreux guérisseurs ont déjà reçu ce message et ont ainsi nommé ces substances. 2. Si vous utilisez les EV, recherchez de nouvelles façons de les employer et attendez-vous à des résultats remarquables. Une partie des nouveaux dons de l'Esprit augmente la prise de conscience des moyens qui permettent le développement de méthodes efficaces de régulation de l'organisme (ce que font les remèdes à base d'essences vivantes). 3. Choisissez les systèmes qui ont recours aux EV et qui sont plus élaborés qu'un simple mariage avec d'autres techniques connues utilisant le son et les couleurs. Le guérisseur du Nouvel Âge sera un individu qui retiendra des méthodes très diversifiées en combinant diverses techniques de rééquilibrage. Comme nous vous l'avons déjà dit, il est temps que vous compreniez la façon dont vos diverses approches de guérisons alternatives peuvent s'associer afin de créer des systèmes qui deviendront de plus en plus puissants et efficaces.

Ces nouvelles techniques de guérison apporteront aux humains équilibre et bien-être, et les préserveront de la maladie. Loin de se limiter à soigner les individus malades, ces EV peuvent devenir le moyen reconnu et accepté par tous de rappeler la notion de bien-être au corps humain, en le maintenant en contact avec sa mémoire cellulaire. Elles peuvent permettre d'apporter au corps les nutriments indispensables et de créer un équilibre qui permettra de lutter efficacement contre les nouveaux virus résistants qui font leur apparition.

LES MATELAS MAGNÉTIQUES

Question : Cher Kryeon, j'ai lu dans la presse du Nouvel Âge de la publicité sur des « housses à matelas magnétiques ». Sont-elles bénéfiques ? Y a-t- il un risque d' « *overdose* » ?

Réponse : Comme nous avons déjà abondamment traité de ce sujet, nous ne reviendrons pas sur les détails. Ce qu'il faut retenir, c'est qu'on doit recourir à toute thérapie par le magnétisme avec soin et précautions. La thérapie magnétique appliquée au corps humain produit des effets aussi considérables que ceux provoqués par l'utilisation des plus puissantes plantes médicinales ou essences vivantes. Vous serviriez-vous toute votre vie des plantes les plus puissantes de la planète, alors que la cause de leur utilisation aurait disparu ? Continueriez-vous le traitement d'une maladie guérie ? De ce fait, utiliseriez-vous en permanence une housse, un matelas ou un fauteuil magnétiques ? Rappelez-vous que le corps humain a été élaboré de façon à pouvoir s'autoéquilibrer. Sur ce plan, il vous suffit de l'alimenter correctement et de le maintenir en bonne santé. Stimuler ses fonctions pour toute autre raison serait inapproprié. Oui, vous pouvez souffrir d' « *overdose* ». Et cette surdose peut dérégler les instructions cellulaires de votre corps. Certains, en utilisant ces articles, ont déclaré se sentir « stimulés » pendant le temps où ils étaient à proximité des aimants. Vous pouvez obtenir des résultats identiques en ingérant des médicaments chimiques qui ne vous rééquilibreront pas tout en stimulant votre organisme. De nombreuses personnes appellent cela une « dépendance ».

Recourez au magnétisme avec modération et sagesse. N'utilisez pas une quantité importante d'aimants (de nombreux aimants en série) et n'y exposez pas brutalement votre organisme en espérant qu'ils pourront vous aider d'une façon ou d'une autre. Dans certains cas, les aimants peuvent vous faire du tort ! Démontrez du discernement et faites appel à vos dons du Nouvel Âge pour vous amener vers ce qui est adéquat pour votre corps.

Prenez conscience que le magnétisme est un merveilleux outil de guérison. Il vous appartient maintenant de déterminer à quelle dose, à quelle puissance, quand et pendant combien de temps ! Traitement actif ou passif? Un seul aimant ou plusieurs ? Le *puzzle* est devant vous, et vous êtes nombreux à trouver les réponses.

LA MÉDITATION

Question : Dans le tome III, il est fait mention qu'il n'est plus nécessaire de méditer. De nombreux guerriers de la lumière utilisent cette technique pour se recentrer. Pouvez-vous éclaircir ce point ?

Réponse : Qu'il soit bien clair que Kryeon n'a jamais dit à un guerrier de la lumière de cesser de méditer. Par contre, nous avons expliqué dans nos écrits que la technique de méditation avait changé. Vos techniques de recentrage peuvent ne plus fonctionner de la même façon que durant l'ancienne énergie. Aussi, avons-nous expliqué pourquoi et donné des conseils sur la façon de les modifier.

De nombreuses personnes ont demandé comment elles pouvaient recouvrer leurs anciennes sensations. Notre réponse est la suivante : ces anciennes sensations appartiennent à l'ancienne énergie et vous devez trouver vos nouveaux repères de recentrage et les sensations qui y sont rattachées. Comme les autres enseignements, cet autre paradigme arrivera au moment opportun et pourra sembler gênant au début. Cela fait partie de votre existence sur cette planète, sur une fréquence vibratoire plus élevée.

Vous êtes profondément aimés et honorés pour vos questions sur la façon de mieux communiquer avec votre Moi divin ! Je vous en prie, continuez de méditer ! Apprenez à maîtriser les méthodes de la nouvelle énergie et à en ressentir les sensations, car elles augmenteront considérablement votre puissance !

LA MUSIQUE

Question : Cher Kryeon, la musique existe depuis aussi longtemps que l'homme. Elle a été, et est toujours, intégrée aux cultes et aux célébrations de toutes sortes. Je suis auteur-compositeur-interprète je souhaiterais comprendre comment la musique affecte toute chose. J'aimerais aussi savoir si les vibrations musicales peuvent se révéler négatives, comme dans le rock « *heavy metal* ». Enfin, peut-on utiliser la musique en thérapie, et comment ?

Réponse : Que penseriez-vous si je vous disais qu'en votre double qualité de chanteur et d'auteur, vous êtes aussi un channel ? Vous êtes-vous jamais demandé d'où venait cette merveilleuse musique après l'avoir couchée sur le papier ? De même pour ceux qui écrivent les paroles de la musique. « D'où viennent ces superbes concepts et paroles ? » vous demandez-vous lorsque vous avez terminé. Vous les avez reçus par channeling ! C'est un cadeau béni ! Les tonalités sont des vibrations. Diverses tonalités arrangées harmonieusement de façon complexe possèdent véritablement le pouvoir de guérir et de créer la paix, provoquent de profondes émotions dans le cœur humain et incitent aux prises de décisions et à l'action ! Les vibrations sont mathématiques et résonnent en vous et dans la terre. La musique est donc consistante et crée sa propre réalité. Elle est importante et sacrée.

Je vais maintenant vous donner deux réponses, l'une concernant la question posée, l'autre répondant à une question que vous n'avez pas posée. 1. La musique peut-elle être nocive ? Oui, de la même façon que les médicaments peuvent être toxiques. La vibration envoie un message. Et c'est à vous, humains, qu'appartient en dernier ressort la décision de respecter les attributs de votre planète. Les vibrations peuvent être mélangées afin de provoquer le chaos et même le chagrin, car tel est le pouvoir des vibrations tonales de la planète.

2. La seconde réponse peut sembler une plaisanterie. Un philosophe s'interroge : « Si un arbre s'écroule dans la forêt et que personne ne l'entend, a-t-il fait du bruit ? » Permettez-moi d'actualiser cette question : « Si de la musique retentit dans la forêt, crée-t-elle un son ? » La réponse est oui ! Une sonorité que chacun et chaque chose peut « entendre ». Car le sol de la planète, lui aussi,

réagit aux vibrations sonores comme n'importe quelle créature vivante sur la Terre.

Qu'y a-t-il d'étonnant au fait que la musique vous émeuve ? Elle a le pouvoir d'embellir n'importe quel message et de créer une atmosphère d'amour sans qu'une parole soit prononcée.

Enfin, réfléchissez à ceci : Comment se fait-il que vous ayez des centaines de langues et dialectes sur la Terre et que, lorsqu'un musicien d'un pays quelconque s'assied devant sa partition, il comprend sa signification ? L'écriture musicale est commune à toutes les cultures civilisées ! Il s'agit d'un langage unique, universel et compris par tous. Ceci n'est pas un hasard. La Terre entière « parle » musique de la même façon, en toute compréhension, comme pour l'amour.

PEUR ET NÉGATIVITÉ

Question : Comment puis-je apprendre à me débarrasser des aspects négatifs de ma vie ? Je veux supprimer mes complexes, mes mauvaises habitudes, les drames qui émaillent ma vie, mais ils semblent si enracinés en moi qu'il m'est difficile de progresser.

Réponse : La première chose à faire est de formuler verbalement votre intention de voir ces choses disparaître de votre vie. Exprimez votre intention à haute voie, de façon que votre organisme puisse l'entendre. La partie la plus difficile est la suivante : vous devez maintenant agir pour permettre à ceci de se réaliser. Donner à votre conscience la permission de faire disparaître toutes ces choses est une étape nécessaire. Aussi, devez-vous faciliter le processus en cocréant votre nouvelle réalité. Vous devez aussi assumer la responsabilité de chacune des caractéristiques négatives (ou apparemment négatives) qui vous irritent. Considérez-les comme des éléments que vous avez soigneusement choisis avant votre venue sur terre. Une fois tout ceci en place, vous pouvez les chasser aussi facilement que vous les avez choisis vous-même à l'origine !

Vous devriez savoir que toutes les choses que vous souhaitez voir éclaircies attendent en fait de l'être ! Rien n'est impossible à transformer, eu égard à votre personnalité, mais prêtez une attention particulière au travail avec votre enfant intérieur, très cher, car, dans votre cas, le petit enfant en vous n'est pas sorti pour jouer depuis très longtemps.

Question : Comment puis-je surmonter les « conflits » intérieurs qui m'agitent ?

Réponse : Lisez la réponse précédente. Vos conflits intérieurs ont été placés là afin que vous puissiez les vaincre ! Faites-en la liste et exprimez verbalement votre souhait de trouver une solution à leur présence dans votre vie, puis allez vous amuser quelque temps.

Ces conflits intérieurs sont, le plus souvent, provoqués par un déséquilibre de votre intellect. Ils représentent l'un des principaux obstacles à l'illumination, car l'intellect n'étant pas équilibré par l'enfant intérieur, l'amour, votre Moi divin, tentera de vous vaincre chaque fois. Nous avons maintes fois parlé de cela au cours de nos channelings. Un conflit intérieur se déroule chaque fois qu'une partie de vous-même est opposée à une autre, de sorte qu'il vous est impossible d'aller dans une direction quelconque sans avoir l'impression que vous avez fait quelque chose de mal ou que vous avez déçu une partie de vous-même. Dans votre cas, la gravité de ce qui vous arrive devrait vous amener à comprendre que votre vie présente un important déséquilibre.

Lorsque votre Moi divin entre en communication avec vous, l'enfant intérieur est stimulé, car la joie et l'humour emplissent l'Esprit. Vous êtes-vous jamais demandé pourquoi les animaux de votre planète ne rient jamais? Les êtres humains sont les seuls à posséder un Moi divin et un *Mer-Ka-Ba* personnel. Le sens de l'humour est un attribut sacré. Considérez-le comme tel et comprenez bien qu'il est nécessaire à votre paix intérieure. La paix intérieure est l'énergie qui remplacera entièrement les conflits intérieurs, et vous êtes tout près de pouvoir constater cet événement ! Débarrassez-vous de toutes ces choses qu'adore votre intellect, comme l'apitoiement sur soi-même et l'autocritique. Rendez hommage à la personne que vous êtes et riez davantage !

Question : Chaque jour, je ressens le besoin irrésistible de quitter cette planète ! Ce qui me cause une profonde anxiété et une grande peine. Pourquoi ces sentiments m'animent-ils ? Que dois-je faire pour les apaiser ?

Réponse : Vous êtes en train de vivre un profond changement vers l'illumination ! Lorsque ce phénomène se produit, les empreintes qui déterminent votre aptitude à supporter votre humanité sont très souvent mis en sommeil pendant une courte période. Cette simple procédure énergétique permet de vous attribuer votre nouvelle dotation de vibrations supérieures. Au fur et à mesure que ceci s'effectue, vous retrouvez votre sérénité par rapport à votre dualité. À un moment donné de votre vie, vous avez réclamé ce changement et, maintenant, vous y êtes. Ce phénomène est extrêmement courant chez tous ceux qui souhaitent obtenir une modification de fréquence vibratoire durant leur progression.

Très cher, l'Esprit ne veut pas que vous soyez attristé ni que vous souffriez. Il souhaite exactement le contraire ! Même durant le processus du passage d'une basse fréquence vibratoire à une autre plus élevée, il ne doit pas y avoir de douleur. Une vision claire et une totale compréhension de cette situation temporaire vous seront d'un grand secours, parallèlement à votre réclamation verbale à l'Esprit de la sérénité que vous méritez pendant cette transition.

Votre pouvoir de cocréation est absolu durant cette nouvelle énergie ! Même au cours d'un changement de guide, vous pouvez cocréer la paix et demander verbalement : « Au nom de l'Esprit, je crée la paix dans ma vie et demande à ressentir l'amour de l'Esprit à chacune de mes inspirations. » Que ceci soit votre communication à l'Esprit durant cette transition. Assumez pleinement votre responsabilité dans ce changement et accordez-vous la sérénité pendant qu'il se déroule ! Puis remerciez votre Moi divin pour vous avoir permis de vous retrouver dans cette situation à ce moment de votre existence, car cela indique clairement que vous êtes sur la bonne voie et que vous vous êtes libéré de votre karma qui, autrement, vous aurait empêché d'atteindre la fréquence vibratoire plus élevée que vous méritez.

Question : Parfois, la vie semble pleine de solitude, de souffrances, de peines. Cela m'aiderait de comprendre le dessein global des choses. Pourquoi sommes-nous ici en premier lieu ? Quel est le but de notre existence ici ?

Réponse : Vous avez raison. Si vous pouviez voir le dessein global, vous seriez étonné ! À plusieurs reprises, nous avons répété que ce que vous avez choisi d'accomplir ici-bas aura des répercussions sur l'Ensemble. Nous disons bien l'ensemble ! Tout ce qui existe, toute chose que vous pouvez voir, aussi loin qu'elle soit, sera transformée par ce que vous êtes en train de réaliser sur la planète. Deux faits importants sont dissimulés à vos yeux :
1. L'Univers (vous et moi y compris) a créé la Terre comme un facteur d'équilibre constamment évalué par rapport à des desseins difficiles à expliquer étant donné votre dualité. En termes simples, la vibration de votre planète provoque un certain nombre de choses auprès d'éléments neutres (ni lumière ni obscurité) depuis des temps immémoriaux. Ce que vous accomplissez ici apporte la lumière à une grande partie de l'Univers ! 2. Votre solitude, vos peines, vos souffrances font partie du plan que vous avez élaboré de façon à vous accorder une chance de pouvoir vous retrouver au sein de ces événements et de jouer un rôle dans la nouvelle énergie. Ce que vous ferez de votre vie modifiera la fréquence vibratoire de la planète. Ce qui affecte la planète touchera ensuite l'ensemble. Assumerez-vous vos responsabilités pour vos conditions de vie actuelles ? Réclamerez-vous des représailles ? Affronterez-vous vos craintes afin de les vaincre rapidement et de respecter votre contrat (la raison de votre présence sur Terre) ?

Permettez-moi d'ajouter ceci : Une vie pleine de solitude et de souffrances est une vie qui n'a pas su discerner le but élevé qui est le sien sur la Terre et qui n'a pas encore compris quels dons magnifiques l'attendent. Imaginez que votre Moi divin, vos guides et toutes les autres entités qui vous aident sur la Terre (Kryeon y compris) soient en sommeil et ne jouent aucun rôle dans votre existence parce que vous n'avez pas formulé votre intention de les voir à l'œuvre ! Il ne serait pas étonnant alors que vous ne soyez pas à l'aise. Ce n'est que lorsque vous vous lèverez et commencerez à utiliser les dons du Nouvel Âge que votre solitude et vos peines disparaîtront et que vos souffrances se transformeront en sérénité. Je ne vous dirais pas cela si ce n'était la vérité.

Commencez à vous associer avec ceux qui comprennent ces choses et qui ont une approche positive de la vie. Souvenez-vous que chaque fois que vous dites à quelqu'un que vous souffrez, votre organisme, lui aussi, entend votre propos. Pensez-y. En fait, vous perpétuez votre inconfort en nourrissant vos cellules de pensées de ce genre. Vous apitoyez-vous souvent sur votre sort en faisant part de vos soucis aux autres ? Prenez conscience que votre être entier, physique et spirituel, réagira à chacune de vos paroles, à chacun de vos actes. S'il vous entend dire que vous êtes en train de mourir, vous mourrez ! Voici pourquoi vous disposez d'un tel pouvoir de guérison, grâce à l'intention ! Vous êtes grandement honoré pour votre vie et pour la question que vous avez posée. Franchement, un changement majeur est imminent pour vous si vous cherchez les réponses avec une intention pure.

Question : Je suis très critique vis-à-vis de moi-même et je sais que cette attitude est intellectuellement indéfendable. Cependant, je continue de me diminuer et de me critiquer. J'éprouve de l'affection et de la compassion envers les autres, mais très peu envers moi-même. Existe-t-il un moyen de sortir de ce piège ?

Réponse : Asseyez-vous, très cher ! Prenez place dans le fauteuil de votre propre valeur, le trône qui vous attend dans le temple que vous appelez votre chambre intérieure (voir le chapitre 1). Regardez-le ! Quelque chose s'y trouve aussi en permanence et c'est votre problème. Comme dans la question qui suit, il s'agit d'un des problèmes habituels que rencontrent les gens du Nouvel Âge. La raison ? Dans vos vies antérieures, vous avez passé tellement de temps à genoux, vêtu d'une tunique de bure et de sandales, que vous êtes convaincu de ne pas être digne d'être considéré comme un fragment de Dieu ! Tant que vous ne revendiquerez pas votre droit absolu d'être ici et les qualités louables dont vous disposiez en arrivant, vous ne pourrez sortir de cette condition. Vous attendiez en ligne pour venir ici ! Allez-vous le nier, maintenant ? N'exprimez jamais verbalement, en privé ou en public, que vous « valez moins que », que vous « n'êtes pas digne de » ou que « vous êtes incapable de faire ceci ou cela ». Votre corps entendra ces paroles et agira en conséquence. Voyez cela comme une programmation. Vous êtes puissant ! Et vous pouvez créer votre mort, comme votre propre graduation. Chaque chose que vous programmez verbalement se conforme à votre ordre, à la fois sur les plans spirituel et biologique. Que désirez-vous déclarer à votre force vitale? Que vous ne valez rien ? Dites-lui le contraire. Reportez-vous aux instructions de la question suivante pour obtenir d'autres suggestions. Vous avez le droit d'être ici, et il est temps de dire la vérité à votre organisme ! Et cela marchera.

Question : À plusieurs reprises, j'ai demandé de l'aide à mes guides afin de trouver des moyens d'existence décents, le bon endroit où m'installer et une situation professionnelle convenable. Je n'ai pas l'impression d'avoir reçu des réponses satisfaisantes. J'ai fait tout ce que j'étais capable de faire et, malgré cela, j'éprouve de plus en plus de difficultés à garder confiance et à continuer. Quel blocage m'empêche d'obtenir ces merveilleux changements « en un clin d'œil » ? Comment puis-je éprouver de la joie lorsque rien ne semble vouloir bouger ?

Réponse : Lorsque vous vous sentez « coincé », il est temps de commencer à analyser certaines choses. On vous a affirmé que l'Esprit vous aime et vous honore. Cependant, vous n'avez pas cette impression.

1. LA CONFIANCE. Le moment est venu de faire le point pour savoir si vous croyez ou non en ces choses spirituelles. « Entendez-vous

par là que pour cocréer sa propre réalité il est nécessaire de croire en quelque chose ? Comme claquer des talons suivant un ordre ? »
Pas exactement. Vous ne vous assiérez jamais sur une chaise qui ne peut supporter votre poids. Vous ne pourriez le faire que si l'on vous y forçait. Toutes les fibres de votre corps s'y opposeraient. Le processus de la prise de confiance et de la cocréation comporte des caractéristiques similaires. Vous devez être absolument convaincu que tout ceci est bien réel. Sinon, un blocage surgira qui vous empêchera de progresser et de vous asseoir sur cette chaise spirituelle. Bien que vous formuliez correctement le processus de cocréation, vous ne croyez pas vraiment qu'il puisse s'appliquer à vous. C'est ici qu'interviennent les aides du Nouvel Âge. Ils peuvent vous amener à « décoincer » la situation et vous permettre ainsi de progresser en toute confiance dans la direction choisie.
2. LE MANQUE DE MÉRITE. Comme dans la question précédente, certains d'entre vous se dévalorisent tellement qu'ils se considèrent comme indignes de recevoir ces dons du Nouvel Âge. Au cours de nos channelings, nous vous donnons de plus en plus de conseils afin que vous puissiez prendre conscience de votre valeur personnelle. Il est impératif que vous y arriviez au niveau cellulaire afin de pouvoir progresser dans votre quête de lumière et dans la cocréation. Vous ne pourrez rien réaliser tant que vous resterez silencieux, convaincu que rien de bien ne peut s'offrir à vous. Très cher, ce sentiment n'est pas très difficile à chasser. Répétez chaque jour : « Je suis ce que JE SUIS. JE SUIS un digne enfant de l'Univers placé sur cette planète dans le but d'accomplir de grandes choses ! Je mérite tout ce qui m'a été accordé en arrivant ici. Seules les bonnes choses me seront attribuées. Je suis ce que JE SUIS ! » Analysez les œuvres de ceux qui ont remporté de grands succès grâce à des affirmations positives. Étudiez-les et utilisez leur approche. Cette technique a été traitée en détail et à plusieurs reprises dans notre magazine et dans les livres de Kryeon. Votre corps répondra tout à fait à ces affirmations. Votre propre structure cellulaire a besoin de vous entendre lui dire en quelle estime vous la tenez ! Comme nous l'avons affirmé auparavant, trop de vies antérieures vécues comme indigent ou comme prêtre ont des con-

séquences importantes en ces temps de changements vibratoires.

3. AMUSEZ-VOUS. Le moment est venu de vous détendre avec votre esprit. Libérez l'enfant en vous et ébattez-vous sur l'herbe. Ignorez les interdits et faites du bruit. Soyez déconcertants de façon drôle et démontrez l'aspect spirituel du rire ! Vous êtes si nombreux à être paralysés par l'austérité de la vie que vous ne parvenez pas à vous extraire du bourbier des soucis. Intellectuellement, vous restez assis, apeurés, espérant que l'Esprit viendra vous délivrer. Il est temps de faire un casse-tête, de peindre avec vos doigts et de chanter. Il n'y a pas de meilleur moyen de vous guérir que de retrouver l'âge où vous saviez qui vous étiez vraiment ! Lors de sa venue sur Terre, l'enfant que vous étiez savait parfaitement qu'il était né de Dieu... qu'il était éternel... et puissant. Retrouvez cet état et ressentez-le à nouveau. Vous comprendrez alors pourquoi vous êtes bloqués.

QUESTIONS SUR L'AFRIQUE

NOTE DE L'ÉDITEUR : *Nous avons reçu, début juin 1998, des questions d'un groupe d'Abidjan, Côte-d'Ivoire, que nous avons soumis à Lee Carroll. Il nous a informés que les délais impartis étaient trop courts pour recevoir des réponses de Kryeon à temps pour les transcrire dans ce livre. Cependant, Lee nous a lui-même fait quelques commentaires très intéressants concernant ces questions. Nous les reproduisons ici.*

Questions : Dans *La Graduation des Temps*, Kryeon dit qu'une personne le canalise sur le continent africain. Kryeon peut-il donner des informations sur le rôle et la mission de son channel africain, ainsi que sur le type d'activité mené près de la ville sud-africaine de Saldanha, là où se trouve le point d'énergie de Kryeon ?

– Dans *Alchimie de l'esprit humain*, Kryeon dit ceci : « S'il était possible que l'humanité entière puisse se manifester, à main levée, pour montrer [...] le défi vers l'illumination et l'appel lancé, on pourrait observer des millions de mains levées dans les régions au

nord et au sud du globe, mais très peu vers les régions équatoriales. » Cependant, dans plusieurs grandes villes africaines proches de l'équateur telles Abidjan, Lomé, Cotonou ou Bangui, on observe une diffusion très rapide de différentes techniques (reiki, énergie universelle, élixirs floraux, *Qi chong*, rituels kabbalistiques, etc.) favorisant la santé holistique et l'éveil spirituel. Comment Kryeon peut-il expliquer la rapide diffusion de ces techniques en ces lieux précis et peut-il donner des informations sur la Mission de ceux qui, dans ces villes, pratiquent ces techniques de santé et/ou d'éveil spirituel ?
– Les valeurs africaines mettent essentiellement l'accent sur l'Être. Elles favorisent également l'épanouissement collectif plutôt qu'individuel. De quelle manière les guerriers de la lumière qui vivent en Afrique peuvent-ils créer la Nouvelle Société à partir de ces valeurs ?
– Les africains ont toujours été très proches de la nature. Mais comme 50% de la population vivra bientôt dans les villes, sur quoi peuvent-ils s'appuyer pour développer une culture urbaine qui tienne compte de l'intelligence de la nature bien connue de leurs grands-parents ?
– Pourquoi notre contrat nous pèse-t-il si lourd en ce moment ?

Réponse (Lee) : L'Esprit a envoyé des channels/messagers partout sur le globe pour nous informer sur ce Nouvel Âge que nous traversons. Parmi ceux-ci, nous savons que neuf personnes (entre autres) canaliseront les énergies de Kryeon. Cependant, ainsi qu'il a été spécifié au début de ce livre, leurs noms et leurs activités ne seront pas divulgués avec plus de précision à ce moment. Pour ma part, je ne suis pas autorisé à répondre à des questions ayant trait aux rôles et aux missions de ces autres channels de Kryeon. Je ne connais que la mienne, et elle s'adresse à la culture occidentale. Si mes livres, grâce à leurs traductions, se retrouvent dans ces autres cultures, eh bien, ils serviront de catalyseurs afin que tous les gens intéressés en découvrent plus sur quiconque fait ce genre de travail dans leur pays. À propos, je considère l'Europe comme partie intégrante de la culture occidentale. Je sais aussi que l'assignation des *lieux* sur la planète pour les channels de Kryeon n'est pas fondée sur la race ou la culture, mais bien sur *l'énergie* et sur la capacité de ces endroits à *communiquer l'information*. Voilà pourquoi on retrouve les channels africain et hindou de Kryeon dans des grandes villes (en Afrique du Sud et à New Delhi).

Nous faisons tous partie d'une même famille pour l'Esprit, peu importe la couleur de notre peau ou notre culture. S'il est question de race et de savoir « qui obtiendra quoi et quand », Kryeon nous rappelle que c'est là une réaction humaine et non une réaction spirituelle. Il a honoré les peuples indigènes de la Terre par l'entremise de plusieurs de ces channelings, mais ses félicitations premières semblent s'adresser aux peuples autochtones d'Afrique, de Polynésie, de l'Inde et d'Asie. La culture caucasienne (de race blanche) semble avoir été « missionnée », non pas tant pour se spécialiser dans la sagesse spirituelle, mais pour son habileté dans la communication. À nous de race blanche, on demande souvent de rechercher la sagesse ancestrale. Voyez-vous le rôle de chacun ?

En ce qui a trait aux commentaires sur les pays de l'équateur, l'information transmise dès 1989 laissait entendre que les endroits plus frais de la planète (de par la disposition du champ magnétique) sont davantage propices à l'éveil spirituel. Comme je vous l'ai déjà dit, ma banque de données démontre cela très clairement par rapport au continent nord-américain. C'est là une réalité spirituelle (si on en croit les channelings) : le réseau énergétique est plus dense dans les régions équatoriales. Avec le nouvel éveil global que nous connaissons, je m'attends à une participation active de ces régions. Elles ne sont évidemment pas exemptes d'illumination... mais elles auront plus de difficultés en raison du réseau plus dense. Cependant, une fois l'éveil entrepris, plusieurs secrets de ces races autochtones seront dévoilés. Je crois fermement que c'est là la prochaine étape. Je m'attends à des découvertes importantes. Nous venons tout juste de prendre conscience que les plantes possèdent de merveilleuses énergies curatives. Pourtant, nous n'avons exploré ces possibilités qu'avec à peine un pour cent des plantes connues de la Terre ! Pensez à tout ce temps épargné quand les races d'origine feront connaître les remèdes que nous attendons ! Des remèdes qu'elles connaissent déjà.

Quand ces sept races d'origine se déplaceront vers les villes, il leur a été demandé de conserver les connaissances transmises par la Famille. Rappelez-vous les propos de Kryeon aux Nations Unies en 1996 : « Formez un conseil de sage provenant des peuples autochtones de la Terre. » Si les peuples du monde veulent rester en contact avec leur essence, ils doivent garder ouverte cette ligne avec la sagesse des peuples anciens, les honorer pour leurs connaissances et commencer à transcrire cette sagesse ! (Les Polynésiens ainsi que les Amérindiens refusent encore de la transposer sur papier.) Le moment est venu, selon Kryeon, de transmettre cette connaissance afin que nous puissions TOUS en bénéficier.

Ces habitants équatoriaux (y compris les Africains) nous donneront également quelque chose d'important mentionné dans l'une des questions : un puissant groupe unifié qui saisit (plus que les Occidentaux) la force de la collectivité. De tous les attributs qu'ils apporteront, celui-ci sera le plus grand.

Dans le channeling de San Francisco, Kryeon a commenté notre relation physique et spirituelle avec la Terre. Il a traité de l'épuration des sols et de la conscience de l'humanité. L'effort devra être très unifié, et il me semble que ce groupe qui comprend pleinement la collectivité plus que l'individualité est exactement ce dont le sol a besoin.

Voilà pourquoi ces individus ressentent la lourdeur de leur contrat... parce qu'il est imminent. (Avez-vous remarqué que l'événement est toujours précédé de lourdeur ?) Il y a quelque temps, Kryeon a parlé de l'Afrique du Sud et a commenté l'aspect approprié de la fin du règne de dominance d'une culture sur une autre. Une autre étape doit suivre. Il est temps maintenant que chaque tribu retrouve sa propre souveraineté (par rapport à la dominance d'une autre tribu). Attendez-vous à plus de révoltes afin de déloger ceux au pouvoir actuellement qui ne laissent pas régner la volonté des citoyens. Ceci sera nécessaire pour élever la circulation énergétique dans le réseau de l'équateur.

LE JEU DU OUI-JA

Question : De nombreuses personnes utilisent le oui-ja. Pourriez-vous nous expliquer l'énergie qui s'en dégage et les conséquences pouvant découler de sa possession et de son utilisation ? Quelle est la vérité sur cette question ?

Réponse (de Kryeon) : Il est étonnant que vous puissiez brusquement, grâce à un jeu, suspendre votre réalité et permettre à votre corps de délivrer des messages par l'écriture automatique ! Si seulement vous pouviez faire la même chose lorsque vous pratiquez la guérison ! Le oui-ja n'incarne pas le mal mais peut être déroutant. Pourquoi ?

Lorsqu'il est employé en groupe, ce jeu exploite la conscience collective issue de l'énergie du groupe. Ceci explique pourquoi tant de découvertes sont faites, tant de secrets sont révélés aussi fréquemment. C'est la somme des énergies psychiques des individus du groupe qui est à l'œuvre. De ce fait, il arrive parfois que de nombreux messages contradictoires s'affrontent. Parfois, un puissant aspect négatif est impliqué. Lorsque cela se produit, cela signifie que vous êtes en contact avec la partie effrayée de la conscience du groupe ou avec celle d'une personnalité forte qui est en train de toucher la planchette.

Ce jeu n'est pas une bonne façon de trouver la vérité spirituelle, même si vous le pratiquez seul. Vous obtiendriez de bien meilleurs résultats en utilisant le pendule, et nous en avons déjà parlé. Le pendule ne possède qu'un nombre limité d'options, ce qui, de ce fait, limite la dépense d'énergie et offre une lecture des résultats beaucoup plus simple. Il est aussi beaucoup moins susceptible d'altérations dues à des énergies ou à des peurs insolites. C'est aussi un instrument très personnel qui ne doit être exploité que par une seule personne à la fois, ce qui explique pourquoi le oui-ja n'est pas aussi efficace. Les réponses basées sur la vérité doivent provenir du Moi divin. Avec une formulation appropriée et des conventions précises (qui définissent préalablement la signification des girations du pendule provoquées par l'énergie de la personne utilisatrice), le pendule est un merveilleux outil pour ce genre de réponses. Le oui-ja induit les usagers en erreur, sans doute à cause de ses caractéristiques imposées et de l'énergie requise pour faire courir son curseur sur une surface où est imprimé un ensemble de lettres et de chiffres, rien de tout cela n'étant inhérent à notre nature spirituelle.

LES RELATIONS

Question : Mon mari et moi n'empruntons pas la même voie spirituelle. En fait, je me demande même s'il en suit une. Cette situation a créé une certaine tension entre nous, car il a tendance à critiquer mon implication dans les activités du Nouvel Âge. J'apprécierais grandement tout avis sur la coexistence pacifique avec des partenaires non impliqués spirituellement.

Réponse : Vous êtes aimé profondément pour poser une telle question, car cette situation se présente souvent lorsque les humains se rencontrent et ont à décider ce qu'ils feront avec leurs partenaires qui ne partagent pas leurs idées.

Tout d'abord, vous devez comprendre que Dieu bénit et aime votre partenaire comme vous-même. S'il ne prie jamais, ne médite pas, ne se met aucunement en contact avec sa spiritualité profonde, s'il meurt sans avoir découvert sa spiritualité réelle, il a néanmoins accompli son voyage et est honoré comme n'importe qui sur cette planète. Il s'agit, à nouveau, de la parabole du fils prodigue. Je vous dis ceci afin que vous ne tentiez pas de le sermonner. Vous aurez tendance à penser qu'il serait meilleur s'il recevait la lumière, mais il s'agit là de son processus de développement personnel. Laissez-le vous interroger, ne faites jamais de prosélytisme.

Lorsque votre conjoint comprendra que vous ne portez pas de jugement sur le fait qu'il ne suit pas la même voie que vous, il considérera alors ce que vous faites de façon plus détendue, aussi étrange que cela puisse lui paraître. Que votre travail ne présente aucune menace pour votre couple. Occupez-vous seule de vos activités et n'envahissez pas l'espace de votre conjoint avec elles.

De même, ne violez pas votre espace commun avec vos occupations du Nouvel Âge.

Et maintenant, que devriez-vous dire à un conjoint qui ne partage pas vos idées ? Et que devrait-il vous dire dans le cas contraire ? Voici la réponse, et elle devrait être intégralement respectée si votre amour réciproque est sincère. Faites-lui face et dites-lui : « En tout amour, je te demande de ne pas me juger d'après mes activités ou de formuler à haute voix des critiques sur ces dernières. Elles n'interféreront en rien dans ma vie avec toi. » Puis, assurez-vous que vous tiendrez votre promesse ! En effet, vous n'irez peut-être pas aussi souvent dans des lieux spirituels ou ne participerez pas à autant d'activités du Nouvel Âge, mais vous respecterez avant tout votre couple. Sachez bien ceci : vous pouvez très bien travailler à votre illumination personnelle sans avoir à vous rendre où que ce soit. Faites le sacrifice de montrer à votre conjoint que vos croyances ne vous déchireront pas. Qu'attend-il de vous ? Dites-lui : « Je ne tenterai jamais de t'impliquer dans quelque chose en quoi tu ne crois pas et je n'envahirai jamais ton espace avec mes croyances. » Enfin, passez du temps ensemble ! Ne permettez pas que votre quête prenne le pas sur votre vie de couple. Vous n'avez jamais l'obligation de parler de vos activités du Nouvel Âge. Laissez les transformations de votre personnalité s'exprimer d'elles-mêmes. Laissez la guérison de votre corps parler d'elle-même. Laissez la sérénité de votre visage parler d'elle-même. Croyez-moi, votre conjoint remarquera tout de suite ces choses ! Vous disposez de beaucoup de temps pour, simultanément, progresser durant cette période de Nouvel Âge et être détendu avec votre conjoint.

Très chers, vous devez comprendre que lorsque vous approchez vos conjoints avec cette honnêteté, ils changeront progressivement. Ils n'embrasseront pas forcément la cause du Nouvel Âge, mais, avec le temps, ils constateront que non seulement vos activités ne perturberont pas votre vie commune, mais qu'elles vous aideront aussi beaucoup. La plupart des disputes et des désaccords proviennent de la peur – celle de vous perdre ! Une fois que votre compagnon se rend compte que vous êtes sincère en ce qui concerne l'équilibre que vous réalisez entre vos activités et la préservation de votre relation, il sera détendu et vous laissera tranquille.

L'amour entre les humains est lié directement à l'amour de Dieu. Lorsque vous commencez à en saupoudrer votre relation – pas de condamnation, honnêteté du but poursuivi et sincérité des propos – vous ne pouvez manquer de vous en apercevoir. Habituellement, votre conjoint y répondra, et votre vie avec un compagnon non spirituel peut non seulement être sereine mais aussi empreinte d'affection.

Au passage, permettez-moi de vous dire que l'expression « humain non spirituel » me paraît très drôle ! Recouvrez une plante d'une pièce de tissu et dites que c'est un rocher. Elle pensera qu'elle est un rocher et traversera la vie en accomplissant des « choses de rocher ». Mais celui qui l'a recouverte de tissu saura toujours qu'elle est une plante, et lorsque la pièce d'étoffe sera usée, tout le monde éclatera de rire. Pour un humain non spirituel, la chose est différente... il s'agit seulement d'un humain qui n'est pas encore au courant de l'étoffe qui le recouvre.

LES ÂMES SŒURS ET LES FLAMMES JUMELLES

Question : J'ai beaucoup entendu parler des « âmes sœurs » et « flammes jumelles ». Kryeon pourrait-il approfondir cette question et nous dire ce que nous devrions faire pour attirer cette énergie dans nos vies ?

Réponse : Au sein de votre groupe karmique, vous ne pouvez vivre différentes vies successives sans, parfois, « reconnaître » certains humains qui ont quelque chose de plus que ce qu'ils semblent être en réalité. Supposez que vous ayez eu un merveilleux compagnon ou partenaire durant une vie valorisante, riche d'expériences et de réalisations. Même si cette incarnation est déjà loin dans le passé, le reliquat karmique est conservé au niveau cellulaire. De plus, votre Moi divin sait toutes ces choses, et vous êtes invités à vous rapprocher de lui au cours de ce Nouvel Âge.

Soudain, une personne (le sexe importe peu) fait irruption dans votre vie et bouleverse votre existence par sa simple présence. Bien que n'ayant rien dit, de votre point de vue elle hurle « je vous connais ! ». Voici ce qu'est la caractéristique de l'âme sœur ou de la flamme jumelle.

Il y aurait beaucoup à dire à ce propos (et de nombreuses et excellentes choses ont été dites au cours de séances de channeling par le comte de Saint-Germain, un authentique alchimiste), mais voici un conseil élémentaire. Je vous prie de bien comprendre que si vous tombez sur cette personne, aucune règle astrale ne vous force à la rejoindre automatiquement ! La plupart du temps, cette caractéristique de l'âme sœur représente quelque chose qui vous vient du passé et qui est relié à votre contrat actuel. Vous avez joué votre rôle, autrefois, avec cette personne et, aujourd'hui, vous évoluez sans elle. Rencontrer cette personne peut, néanmoins, représenter une expérience de taille !

Il y a des différences entre l'âme sœur et la flamme jumelle, et d'autres en ont déjà donné les détails. Toutefois, le fait demeure : tous les deux provoquent une « charge » d'énergie que vous ressentez au niveau cellulaire.

Dans certains cas, quelques-uns parmi vous espèrent trouver cette personne pour entretenir une relation personnelle ou professionnelle avec elle, et le temps a attendu le moment propice à une union. Savoir comment agir avec une telle personne fait partie de votre nouveau pouvoir intuitif de communication avec votre Moi divin. En général, la situation vous montrera clairement s'il vous faut agir ou non avec elle. N'essayez pas de provoquer une situation ou de vous illusionner en pensant que vous devez agir si vous « reconnaissez » une âme sœur.

Il est plus souvent exact d'affirmer que l'âme sœur ou flamme jumelle en provenance d'une vie antérieure n'est qu'une « énergie karmique » que vous reconnaissez, plutôt qu'un signe ou une indication de l'Univers destinés à vous indiquer une future relation sentimentale. Cet apparent message romantique est souvent erroné et provoqué par l'étrange énergie de votre vie antérieure présente en cet instant. Ceux qui ont ignoré ce conseil se sont trouvés confrontés à une puissante et fort déplaisante leçon. Très souvent, cette personne est la dernière personne que vous souhaiteriez voir impliquée dans votre présente existence ! Étincelle est un mot français qui vous donnera une idée de ce qui peut survenir entre vous deux. Vous êtes souvent opposés magnétiquement durant cette existence, de façon à vous maintenir éloignés l'un de l'autre. Essayer de forcer cette situation peut générer le même choc qu'entre deux pierres. C'est pourquoi vous n'avez pas rencontré cette personne plus tôt. Comment se rendre compte d'une telle situation ?

Pour savoir si une situation est correcte, le secret réside dans la synchronicité et la facilité de l'action. Si vous vous retrouvez en plein chaos en essayant de vous assortir avec ce « parfait » partenaire, si vous constatez que rien ne se passe facilement, alors la situation vous hurle qu'elle n'est pas appropriée ! Faites appel à toutes vos ressources intérieures pour vous aider à faire ce choix, pour savoir si les étincelles vous repousseront ou vous attireront. Si, par contre, la situation se déroule facilement, en douceur, sans problème ni drame, vous avez vraiment rencontré quelqu'un de spécial, quelqu'un qui vaut la peine de rentrer dans votre vie.

Très chers, l'amour entre deux âmes sœurs ou flammes jumelles qui se sont rencontrées grâce à la synchronicité est l'un des plus profonds sentiments existant entre deux êtres humains. Il peut subsister entre parents et enfants ou de façon romantique, entre deux compagnons. S'il s'agit d'amour romantique, il peut receler l'intensité d'un premier amour et durer, de ce fait, une vie entière. Si vous trouvez un tel amour, quelles que soient les circonstances, entretenez-le et ne le laissez pas filer, car il est béni et transporte avec lui les germes de l'Esprit lui-même.

LA POPULATION HUMAINE ACTUELLE

Question : Qui sont ceux qu'on appelle les « nouveaux venus »

Réponse : Parlons du nombre d'habitants vivant actuellement sur cette planète. Nous allons attirer votre attention sur un point, au cas où vous ne l'auriez pas remarqué. Saviez-vous, très chers, que la plupart des êtres humains qui ont vécu une vie antérieure, et ce, depuis les origines de l'humanité, vivent sur cette planète en ce moment ? Le saviez-vous ? Est-il alors étrange que nous parlions de « Famille ? » Avez-vous jamais réfléchi à cela ? Et ceux qui ont vécu les expériences passées les plus enrichissantes sont ceux qui prendront la tête de ces groupes familiaux et qui seront les éclaireurs du Nouvel Âge, parce qu'ils connaissent le grand dessein et qu'ils ont attendu leur tour afin d'être présents ici en ce moment !

Il y a beaucoup plus d'êtres vivants actuellement qu'à n'importe quelle autre période de l'histoire de cette planète. Vous pourriez vous demander : « Même si nous prenions tous ceux qui ont vécu sur Terre depuis les origines de l'humanité et tous ceux qui ont vécu des vies antérieures et que nous les placions ici, en ce moment, leur nombre serait encore inférieur à celui des personnes qui vive actuellement. D'où viennent donc les autres ? » Et nous répondons, vous avez raison. Certains sont nouveaux et viennent de différents endroits. Ils ont accepté de venir sur Terre pour la première fois et vous les connaissez car vous pouvez reconnaître facilement un nouveau venu. Ce sont ceux qui semblent n'avoir aucune idée de la façon dont la Terre fonctionne. Lorsque vous leur dites quelque chose qui devrait, normalement, susciter une réponse comme celle que l'on attend d'un être humain normal, ils vous regardent avec un regard vide. Ils ne réagissent pas comme vous vous y attendez. Ils ont aussi d'autres caractéristiques dont nous ne parlerons pas maintenant. Ce sont les nouveaux venus. Oh, aimez-les tous. Ils sont purs. Ils arrivent avec des caractéristiques différentes des vôtres, dans des buts précis.

LES « *WALK-INS* »

Question : J'ai entendu parler des *walk-ins*, et cette expression peut s'appliquer à moi. Enfant, j'ai vécu une expérience qui semblerait correspondre à cela. De quoi s'agit-il ? Suis-je bizarre ?

Réponse : Je vais en étonner plusieurs en vous apprenant combien les *walk-ins* sont nombreux en cette période de Nouvel Âge ! Permettez-moi de vous donner une brève vue d'ensemble sur ces *walk-ins*. De nombreux channels sur cette planète sont actuellement capables de vous fournir de merveilleux détails sur le mécanisme de cet attribut spirituel. Ce sont des spécialistes de ce domaine disponibles si vous le souhaitez.

Les mots « *walk-ins* » désigne une fusion entre deux âmes pour la durée de vie d'un être humain. J'ai mentionné ce fait lorsque j'ai défini l'âme humaine.

Imaginez un humain ayant accepté de venir passer sept à douze années sur Terre afin de croître physiquement pour une autre entité, qui, elle, a connu une récente transition (mort dans sa vie précédente) bien à l'intérieur de ces sept à douze ans. D'un commun accord, l'âme humaine plus expérimentée peut se « fusionner » avec l'autre âme pour le reste d'une vie terrestre.

Lorsque ceci se passe, l'âme originelle se laisse guider, mais elle participe toujours à l'élaboration du programme en cours. Vous ne pouvez pas comprendre ce phénomène – comment une fusion comme celle-ci peut fonctionner et comment deux âmes peuvent se comporter comme une seule. Néanmoins, c'est ainsi, et le résultat est une fusion d'âmes. L'âme originelle est au repos en regard de son contrat mais elle continue d'être présente jusqu'à la fin de la vie du corps physique. La nouvelle âme est dominante et c'est elle qui, peu à peu, modifie l'ADN de l'être humain. Ensemble, elles ne font qu'une – une autre chose qu'il vous est difficile de saisir. Il n'y a là aucun conflit d'énergie et aucune division dans la personnalité. Il s'agit d'une fusion spirituelle parfaite, réalisée dans l'amour et dans un but élevé.

Cela est très fréquent au cours du Nouvel Âge. Permettez-moi de vous expliquer pourquoi. Le but d'un tel arrangement est qu'une âme plus expérimentée puisse rapidement revenir sur Terre pour continuer à vivre un contrat intéressant. De plus, l'âme « invitée » dispose d'un meilleur bagage karmique afin de pouvoir mener à bien une tâche importante.

Comment pouvez-vous détecter un telle fusion d'âmes ? Généralement, c'est très évident. Lorsqu'il y a un accident impliquant un enfant, ou une expérience de mort imminente, la fusion avec la nouvelle âme peut s'effectuer au moment prédéterminé. L'enfant qui apparaît possède toutes les caractéristiques physiques et les souvenirs de l'âme originelle, mais, aussi maintenant, le contrat et les attributs de l'âme ancienne qui renaît. Très souvent, cet humain fera, très jeune, des choses surprenantes ou développera des talents variés sous les yeux de ses parents étonnés. En général, cela survient avant l'adolescence afin que leur développement adulte puisse s'effectuer avec la nouvelle fusion.

Pouvez-vous regarder en arrière et apercevoir ce schéma dans votre vie ? Croyez-moi, beaucoup le peuvent. Du fait que vous lisez ceci, vous faites sans doute partie de ceux qui représentent l'élite du Nouvel Âge. Êtes-vous bizarre ? Très chers, si vous pouviez vraiment voir qui vous êtes, vous comprendriez aussitôt que vous êtes bizarres (humour cosmique) ! Vous êtes nombreux à avoir pratiqué cet échange d'âmes afin de revenir rapidement sur cette planète et de pouvoir ainsi participer à l'un des plus merveilleux moments de l'histoire de la Terre ! Prenez conscience que vous êtes en train de lire quelque chose ayant trait à cette expérience et que vous êtes en train de comprendre ce qui s'est finalement passé.

L'EFFONDREMENT DU MONDE FINANCIER

Question : Depuis des années, nous entendons des rumeurs sur un chaos financier mondial. Où notre économie se dirige-t-elle ? Un krach financier est-il imminent ?

Réponse : Ce que vous faites de vos structures politiques et financières représente le karma de votre société. Kryeon ne vous donnera jamais de conseils sur des sujets politiques. Les décisions que vous prenez sont strictement humaines et reflètent l'énergie de l'illumination de votre race. Il s'agit vraiment de votre épreuve.

Cependant, nous vous avons fourni certains indices et avons développé quelques réflexions sur les années à venir qui ont un rapport avec ces questions. Qu'avons-nous dit à propos de ceux que vous « rencontrerez » au cours de la prochaine décade ? Lorsque vous « les » rencontrerez, qui s'adressera à « eux » ? S'il y a échanges commerciaux, comment seront-ils concrétisés ? Y aura-t-il une standardisation des procédures entre les diverses nations touchées afin de pouvoir réaliser ces échanges ?

Plusieurs parmi vous craignent cette standardisation, car vous pensez qu'elle donnera lieu à un gouvernement mondial qui détruira vos libertés. Aussi faites-vous une campagne acharnée contre elle. Ceci parce que vous pensez qu'elle sera menée de façon à vider de toute substance tout ce que vous avez accompli en travaillant si fort à la liberté dans votre pays. Nous avons déjà applaudi votre société pour avoir mis en valeur les libertés individuelles et pour ses déclarations relatives à la tolérance pour tous. Croyez-vous vraiment que nous allons vous conseiller de rejeter tout cela ? Non.

Voici ce qu'il faut vous efforcer de faire : penser globalement. Mettez au point une organisation dans laquelle chaque pays de votre planète puisse exister en conservant ses propres références culturelles, mais en utilisant un système monétaire et commercial commun. Trouvez une équivalence de valeur entre vos biens respectifs. Ensuite, choisissez le Conseil qui représentera la planète. Vous n'aurez jamais à établir un gouvernement mondial centralisé pour devenir une planète fonctionnant avec un consensus général. Au lieu de cela, vous aurez besoin d'organisation, de tolérance par rapport aux voisins et de l'absolue certitude que vous devez avoir un groupe de représentants mixtes capables de parler rapidement en votre nom à tous. Pas besoin, pour cela, d'un gouvernement mondial.

Les plus sages d'entre vous auront compris que pour y arriver, vous devez d'abord avoir un système monétaire international plus juste et ensuite voir la paix régner entre les nations. Vous constaterez vite que ces tribus qui persistent à se faire la guerre seront rejetées puis maîtrisées par les autres et ne disposeront d'aucune voix au sein du Conseil. La paix deviendra un symbole d'illumination et le consensus, un signe de sagesse.

Si vous devez subir une catastrophe financière comme vous

le mentionnez, tout dépendra de la réaction de votre pays devant l'évolution économique naturelle du système de valeurs de ce Nouvel Âge – et non pas de la réaction d'un gouvernement mondial. Résisterez-vous à l'élaboration d'un système uniforme d'évaluation des richesses ou bien y participerez-vous ? En ce qui concerne les États-Unis d'Amérique , les préceptes sur lesquels fut fondé son gouvernement furent bénis et déterminés par channeling. Il serait sage de continuer à les chérir tout en déterminant un système économique mondial et en établissant un conseil planétaire de la communication. Nous rendons hommage à votre effort en ce sens.

ET L'AVENIR

Question : Que va-t-il se passer dans le futur et que dois-je faire ?

Réponse : Il existe un programme, très chers, qui aurait pu être prévu par n'importe quelle personne familière avec l'énergie des nombres. Le cortège de Kryeon aura terminé les alignements du champ magnétique terrestre en 2002. À cette date, le nouveau champ sera en place et les modifications pour vos nouvelles habiletés seront terminées. L'année 2003, une année de coefficient cinq (2+0+0+3) qui marquera la fin des alignements, sera donc une année de grands changements. Vous passerez un certain temps à vous familiariser avec les nouveaux alignements qui influenceront les instructions de votre ADN et vous permettront de recevoir des compétences supplémentaires. Simultanément, le champ magnétique lui-même vous transmettra les énergies cosmiques que nous vous avons envoyées pour vous permettre d'atteindre ces temps nouveaux.

L'année de coefficient cinq après 2003 est 2012 (2+0+1+2) et représente une date capitale. Car l'année 2012, si vous ajoutez foi à votre histoire ancienne et à tout ce qui a été prédit, est la date de la fin des temps ! Qu'est-ce que cela peut bien signifier ? Certains ont affirmé que cela sous-tend la fin du monde. Cependant, cela signifie plutôt un véritable changement, très chers. Vous avons-nous déjà dit cela ? En d'autres termes, au fur et à mesure que la fréquence vibratoire de l'humanité s'élèvera, que les humains de l'ancienne énergie s'évanouiront et que la Terre vibrera à un niveau différent, votre schéma temporel réagira ! Nous avons souvent parlé de la réaction des lois physiques face à l'énergie de l'amour (la nouvelle conscience). Les atomes eux-mêmes changeront, créant un nouveau schéma temporel sur la planète. Si vous avez suivi les informations de Kryeon relatives aux phénomènes physiques, très chers, tout ceci commencera maintenant à trouver un sens.

Comme tous les autres aspects spirituels, tout ceci n'arrivera pas brutalement le 1er janvier 2012. Aussi, ne prenez pas la peine d'enregistrer particulièrement cette date. Il s'agit seulement d'un point de repère annonçant le commencement d'un avenir tout à fait approprié pour vous, et nous vous communiquons cette information en sachant très bien que vous avez la possibilité de choisir cet avenir ou non.

L'année 2012 sera donc ce que vous pourriez appeler un point de repère qui se fondra lentement dans la nouvelle ère, pendant que les humains deviendront mieux adaptés pour modifier leur schéma temporel. Aussi, consultez votre calendrier maya et vérifiez ce qu'il annonce pour 2012. Tournez-vous vers le passé afin de voir ce que les historiens spirituels ont écrit à propos de 2012 et vous constaterez une convergence entre les informations du passé et celles d'aujourd'hui qui étudient les nouveaux symboles et les mathématiques des cercles. De quoi s'agit-il ? C'est l'autorisation du changement. C'est l'autorisation de se diriger vers une nouvelle dimension temporelle, car les êtres de Lumière ne font pas partie de votre dimension temporelle. Lorsque vous élèverez votre fréquence vibratoire afin d'égaler la leur, votre schéma temporel s'adaptera pour faciliter une meilleure adéquation avec eux.

« Et maintenant, que suis-je supposé faire ? » allez-vous vous demander. « Kryeon, quelle tâche dois-je accomplir ? » L'information que nous vous donnons est toujours la même depuis le début de ces channelings. Prenez soin de vous. C'est tout ce que nous vous demandons. Un seul transformera tous les autres.

Entendez-vous ? Un seul transformera tous les autres. Quoi que vous pensiez de ce qui est en train de survenir dans votre vie et sur la Terre, le plan qui se déroule est beaucoup plus grandiose encore ! Votre travail est tellement important. Même en ne guérissant qu'une seule personne à la fois, comprenez bien l'importance du fait que vos guérisons individuelles affectent en définitive de nombreuses personnes. Guérisseurs, vous n'avez aucune idée de la synchronicité impliquée dans ce processus ! Persévérez. Élevez votre propre fréquence vibratoire. Soyez circonspects et faites preuve de discernement par rapport à toutes ces choses.

Très chers, croyez-vous que nous ignorons qui vous êtes ? Pensez-vous que nous ignorons quelles sont vos épreuves ou ce qui se passe, en ce moment même, dans votre organisme ? Ces choses vous sont arrivées afin de vous servir de leçon. Vous gardez au fond de vous certains secrets obscurs dont vous n'avez jamais parlé à quiconque. Croyez-vous que nous l'ignorons ? Et pensez-vous que nous ne connaissons pas ceux qui, parmi vous, se sentent sans défense devant la maladie qui ravage leur corps ? Nous allons vous faire quelques déclarations : *Il n'existe rien qui ne puisse être guéri ! Il n'y a pas de problème qui ne puisse être résolu – et toute personne aux prises avec l'un de ces problèmes peut vaincre* !

Ceci est en lien direct avec l'autorisation, avec la conscience de votre propre valeur et provient de votre absolue conviction que vous êtes un fragment de Dieu ! Tout commence dans les profondeurs de votre être. Par conséquent, nous vous invitons à vous « asseoir dans le fauteuil d'or de la connaissance ». Le fauteuil dans lequel Wo fut invité à s'asseoir lorsqu'il fut emmené, symboliquement, vers les chambres d'apprentissage. Lorsqu'il pénétra dans la pièce dorée et qu'il se rendit compte que ses guides ne pouvaient le suivre, il ne comprit pas, sur le moment, qu'il s'agissait de la pièce de sa propre essence du Soi. C'est la pièce qui lui inspire la pensée « Je suis digne d'être sur la Terre ». Et, comme nous l'avons dit à d'innombrables personnes depuis notre arrivée ici, nous vous invitons maintenant à pénétrer dans cette pièce et à vous asseoir dans le fauteuil d'or ! Et le fait de poser ce geste engendrera toutes les autres pièces : la pièce de l'abondance, de la sérénité, de la santé et la pièce du bon contrat.

Répétez chaque jour : « Je suis un enfant de Dieu et je suis digne de me trouver en cet endroit appelé Terre. Au nom de l'Esprit, je cocrée ma guérison et souhaite que mes vibrations s'élèvent. Dieu, que souhaites-tu que je sache ? » Puis, demeurez silencieux. Combien êtes-vous à avoir vraiment aimé Dieu ? Peut-être avez-vous éprouvé cet immense amour envers une entité quelconque, un grand maître ? Il est temps pour vous de diriger cet amour en vous-même et de vous aimer ! Il ne s'agit pas d'ego. Il s'agit de vous aimer d'une façon correcte, car cet amour est celui du fragment de Dieu en vous. C'est, l'amour de Dieu conservé en vous. En avant ! *Il est temps que vous occupiez votre place véritable !*

Ceci est le message de Kryeon. Il a trait à votre élévation par votre propre force intérieure et, aussi longtemps que je resterai ici, ce qui représente un laps de temps très long, je transmettrai ce message. Et lorsque vous serez suffisamment nombreux à l'avoir entendu et que vous formulerez l'intention de recevoir tous vos pouvoirs, l'être humain actuel cessera à jamais d'exister et, à sa place, apparaîtra l'être de Lumière que vous êtes en train de devenir.

Chacun de vous est un être remarquable !

Nous aimons chacun d'entre vous, très chers.

Et il en est ainsi.

Kryeon

CHAPITRE NEUF

« LA SCIENCE »

Discussions et confirmations des paroles de Kryeon

SAGAN ET L'ÉLÉMENT MANQUANT

Je voudrais commencer cet important chapitre scientifique en remerciant feu Carl Sagan pour le travail important qu'il a accompli sur les découvertes au sein de notre univers. Il nous offrit certaines discussions passionnantes et nous amena à réfléchir à de très importants problèmes. Ce fut aussi Carl, dans son brillant mémoire sur la relation science-Dieu, qui critiqua sévèrement les channels, les médiums, le mouvement du Nouvel Âge et les religions en général, quant à leur point de vue trop approximatif, incertain et infondé par rapport à son approche pratique de ce qui est réel et de ce qui ne l'est pas.

Vous pourriez peut-être penser qu'en ma qualité de channel je ne suivrais pas de très près les travaux du docteur Sagan. Au contraire, je les trouve stimulants. Naturellement, je ne partage pas ses idées sur de nombreux sujets, mais sa quête incessante dans le but de nous faire réfléchir aux preuves concrètes se rapportant à des concepts intangibles a tout à fait sa place dans ce chapitre et correspond aussi à ma quête personnelle.

Paradoxalement, il y a vingt ans, Carl Sagan consacrait son temps à la recherche de la vie extraterrestre. Il voulait croire qu'elle existait et il harcelait la NASA en prétendant que la vie se trouvait sur d'autres planètes ! Cependant, lorsque la sonde *Viking* montra que rien de tel n'était sur Mars, il commença à changer de ton, renonça à sa volonté de croire et, au contraire, adopta une attitude beaucoup plus ouverte. Selon sa femme, Ann Druyan, qui l'assista souvent dans ses travaux, « Carl ne voulut jamais croire. Il voulut savoir. » (*Newsweek,* 31 mars 1997, page 64)

Je pense que la passion originelle de Carl de découvrir la vie ailleurs l'amena à écrire son livre *Contact*. Je pense aussi qu'il n'a jamais tout à fait abandonné son espoir de trouver un jour une vie extraterrestre et qu'il la recherchait toujours. Dans le placard poussiéreux de son esprit d'enfant se trouvait un habit de fête tout prêt à être revêtu pour célébrer la révélation de l'existence de la vie sur d'autres mondes, mais le scientifique adulte devait se contenir. Ses enfants assisteront peut-être à cette découverte et la célébreront à sa place. Même entouré de ses nombreux amis membres du clergé, il refusa jusque sur son lit de mort de reconnaître Dieu. Aux yeux de Carl, son existence n'était pas prouvée.

Comme vous êtes nombreux à le savoir, je recherche aussi des preuves concrètes (à trois dimensions) pour étayer les concepts spirituels. Je sais intuitivement et je recherche une confirmation dans un monde où, pour la plupart, voir c'est croire. Ma quête, quelque peu différente de celle de l'astrophysicien, consiste à confirmer ce que je sais déjà. Le docteur Sagan nous demande d'aborder l'intangible selon une méthode scientifique, de façon à pouvoir l'écarter. Cette approche scientifique procède ainsi et, dans de nombreux cas, vous partez d'une hypothèse, puis vous lui appliquez ce qui est connu, de manière à la confirmer ou à la réfuter.

Carl, bien que tu nous aies quittés, je sais que tu es avec nous par l'esprit. Je sais aussi que, de l'autre côté, tu célèbres un événement, dû à l'une des dernières choses que tu nous aies laissées - bien qu'en ta qualité d'être humain tu n'aies sans doute pas prévu ce qui s'est exactement passé à cette occasion. L'une des empreintes les plus durables de ton œuvre fut *Contact* ,le film sorti dans les salles en 1997, avec Jodie Foster dans le rôle principal. Pour beaucoup d'entre nous, il compensait ton dernier ouvrage. Quoi qu'il ait pu arriver au scénario après ta « transition », il ne reflétait pas exactement les concepts que tu défendais de ton vivant, au contraire, mais cette modification nous offrit un merveilleux film métaphysique ! Pour beaucoup d'entre nous, il nous parla de l'intangible et du fait que, bien qu'improuvables, certaines réalités peuvent exister, même pour un scientifique. Le message de ce film fut impressionnant et sa réalisation, impeccable. Il représente aussi un thème cher à Kryeon, que l'énergie qui nous entoure est plus importante et plus variée que nous le croyons. Carl, je sais quelle fut ta satisfaction lorsque ton énergie franchit le voile et toucha ce film afin de le rendre vivant.

INEPTIES

Les ouvrages du docteur Sagan continuent d'être promus et vendus, même depuis son décès. Je pense donc pouvoir aussi donner mon opinion à leur sujet. Bien qu'il ne soit plus ici pour connaître mes pensées et assurer un débat contradictoire, je pense que ses écrits peuvent être examinés honnêtement. Je ne souhaite pas l'attaquer avec virulence. Surtout pas ! Je rends un vif hommage à sa vie et je crois que son dernier livre, *The Demon-Haunted World* (le monde hanté par le démon), présente une hypothèse scientifique que je souhaite développer à la lueur des plus récentes positions métaphysiques. J'estime avoir le droit et la liberté d'être en désaccord, mais à l'issue d'une discussion scientifique valable (dans le style Sagan). Sans la controverse provoquée par cet homme, nous n'aurions pas connaissance d'une autre hypothèse valable, opposée à la sienne et défendue aujourd'hui par de nombreux scientifiques.

Carl Sagan avait coutume de dire : « La science exige l'étrange accouplement de deux tendances contradictoires : un empressement à considérer même les idées les plus bizarres et, simultanément, un scepticisme très rigoureux, requérant des preuves formelles pour soutenir toute hypothèse. Un scientifique doit évoluer dans un étrange état d'esprit antithétique – ouvert à tout, bien que fermé à tout ce qui n'est pas rigoureusement prouvé. Ces deux perspectives sont cruciales pour la recherche scientifique et l'une ne peut fonctionner sans l'autre. » (*The Los Angeles Times,* 7 août 1997).

Le docteur Sagan désapprouvait Ramtha. Il avait pu être ouvert un moment au concept étrange du channeling, mais il le réfuta ensuite, lorsqu'il ne put le prouver avec ses techniques matérielles. Il utilisa le channel J.Z. Knight pour démontrer que ce processus était imparfait, douteux, peu rigoureux et sans doute une imposture. À nouveau, je ne suis pas d'accord, mais avant d'apporter mes commentaires sur les principales assertions de Carl Sagan, je voudrais aborder ce problème. Je doute sincèrement qu'il ait jamais interrogé J.Z. Knight personnellement. Certaines des réponses à ses questions sont parues dans les pages de *The Demon-Haunted World.* Le docteur Sagan demanda comment une entité vieille de 50 000 ans pouvait avoir un accent anglais, alors que, de toute évidence, Ramtha ne parlait pas anglais lorsqu'il était sur terre. Quel est cet accent ? D'où vient-il ? Le scientifique posa encore d'autres questions, amenant le lecteur à la conclusion que le travail de Knight n'était probablement qu'un simple spectacle.

Vous savez quoi ? C'est une fichue bonne question ! Voici une réponse, pas une de celles qui reposent sur une preuve empirique dans le style de Sagan, mais ma vérité. D'abord, une question que je pose à Carl et à vous tous : pour quelle raison la plupart des channels (sinon tous) qui pratiquent le channeling dans la langue anglaise ont-ils le même accent ? Même s'ils ne se sont jamais écoutés les uns les autres, ils ont tous la même affectation écossaise amusante dans la voix. Pourquoi ? Pourquoi même ceux qui viennent d'Amérique du Nord, d'Australie, d'Angleterre ou d'Afrique du Sud n'ont-ils pas l'accent de leur contrée d'origine, mais plutôt l'accent du « channel » ? Sans manuels de channeling ni enseignants, comment est-ce possible ? S'ils se sont copiés mutuellement, alors qui a copié qui ? Étrange, n'est-ce pas ?

Mme Knight a expliqué cela, il y a des années. Cette affectation est l' « accent de l'Esprit » lorsqu'il utilise les cordes vocales du corps humain. Puis-je prouver ce fait ? Non. Toutefois, permettez-moi de citer certains extraits de dialogues tirés de *Contact,* le film produit à partir du livre du docteur Sagan.

« Aimiez-vous votre père ? » (demande le pasteur)

« Bien sûr. » (répond le scientifique)

« Prouvez-le. » (silence)

Comme nous l'avons vu, les éléments intangibles tels que l'amour, la foi, l'émotion spirituelle, l'envie, la colère et même Dieu, ne peuvent être coulés dans le même moule que celui qui a été mis au point par les humains pour les éléments connus et l'étude de la matière. Avant que ne soit conclue cette discussion, je souhaite vous montrer comment l'intangible est en train de devenir plus tangible que jamais. Retournons vers J.Z. Knight quelques instants.

Que ce soit à la suite de la parution du livre du docteur Sagan, ou bien parce que le moment était venu, Mme Knight venait juste d'entreprendre une campagne visant à démontrer scientifiquement les transformations qui interviennent dans son corps lorsqu'elle canalise Ramtha. Récemment, un magazine d'information présenta ces tentatives et les premières conclusions posent plus de questions qu'elles n'apportent de réponses ! Y a-t-il transformations ? Tu parles ! Pourquoi ? La « fusion avec l'esprit » provoque-t-elle une création biologique ? Qu'est-ce qui est normal ? Que devons-nous nous attendre à voir ? Quelles que soient les réponses, l'intention de Knight était de montrer que, durant les channelings, une réelle et importante transformation s'opérait en elle sur le plan physiologique. Et ce fut le cas ! Je suis convaincu que nous en apprendrons davantage à ce sujet. À propos, Mme Knight invita de vrais médecins à ses séances et non pas des amis du Nouvel Âge (j'ai pensé qu'il était important de le signaler).

J'ai aussi réalisé quelque chose de semblable, mais de non scientifique. Je n'en parle ici qu'à titre de comparaison. Mon channeling est « intérieur », mais je sais que certaines transformations physiologiques ont lieu en moi. Je les ressens. J'ai demandé à une équipe spécialisée dans la photographie des auras en qui j'avais confiance de réaliser un test. Aujourd'hui, ce genre de photographies est soupçonné d'être une supercherie par plusieurs. Quant à moi, j'ai pensé que quoi que l'objectif puisse saisir, ce test révélerait au moins si quelque chose changeait en moi, pendant ou en dehors du channeling. Quelle que soit la méthode utilisée, si une modification quelconque était enregistrée sur la photo, cela voudrait dire qu'un élément significatif était à considérer. Deux photos furent prises à cinq minutes d'intervalle. L'une en dehors du channeling, l'autre immédiatement après avoir intégré Kryeon. Je restai immobile sur le siège pendant la prise des photos. Les photos furent absolument spectaculaires ! Je les ai publiées dans le numéro 6 du magazine *Kryon Quarterly*, afin que tous puissent les voir. Ce qui se passa fut saisi par l'objectif et tout le monde put le constater. Hors du channeling, j'étais entouré de multiples couleurs qui se transformèrent prodigieusement en une seule et dense couleur à l'instant où j'intégrai Kryeon.

Dans son livre, le docteur Sagan nous a donné un « kit de détection des inepties ». En principe, si vous suivez les instructions du « kit » pour chaque sujet que vous souhaitez étudier, vous obtiendrez aisément une réponse positive ou négative quant à la réalité du phénomène ou de l'hypothèse observés. Comme vous pouvez l'imaginer, le kit est constitué d'une liste de choses « à faire » et « à ne pas faire » pour vous permettre de résoudre logiquement tout problème pouvant vous amener vers la preuve solide, empirique, d'une théorie ou d'une idée. Pour un scientifique, toute autre démarche est suspecte et tombe dans la catégorie des spéculations infondées. Je suppose que ce kit pourrait vous être utile si vous vouliez établir la preuve d'un principe comme celui de la gravité, d'un phénomène observable, ou d'une hypothèse concernant la manière dont quelque chose fonctionne mais que vous ne pouvez tester. J'ai essayé quelque chose. J'ai appliqué les procédures logiques du kit à *l'amour*, et cela a échoué ! Oups ! Je suppose que l'amour n'est pas réel. Ensuite, j'ai adopté la procédure à ma croyance en Dieu. Cela échoua à nouveau. Puis je l'ai appliqué à l'existence de Dieu. Cela échoua encore. Vous croyez que Dieu aussi est une supercherie? Nous sommes ici au cœur de la quête de Sagan. À nouveau, je pense qu'il cherchait désespérément la preuve de l'existence de Dieu mais que son statut de scientifique de premier plan l'en a empêché.

Si Dieu n'existe pas, alors 80 % de la population de la Terre a vraiment été dupée ! Alors, que s'est-il passé ? Le kit est-il vraiment mauvais ? En fait, c'est un excellent kit pour les choses concrètes et la pensée logique, mais lorsque vous appliquez ses principes à des concepts, même ceux que vous acceptez et utilisez quotidiennement (comme la passion amoureuse, par exemple), ils échouent ! Je pense donc que ce kit est incomplet, pas mauvais, seulement incomplet. Il ne m'appartient pas de fournir le protocole des compléments à rajouter à ce kit, car je ne suis pas un scientifique, mais je voudrais vous donner l'élément manquant, tel qu'il a été révélé par les scientifiques. Mais avant cela, voici le sommaire du kit de Sagan.

Le kit des inepties de Sagan (paraphrasé d'après *The Demon-Haunted World*, 1997, pages 201 à 218)

À faire (intégralement présentées ici)

1. Procurez-vous des confirmations objectives des faits.
2. Encouragez un débat objectif sur les preuves avec des participants bien informés.
3. Lancez plusieurs hypothèses. Quelle autre chose cela pourrait-il être ?
4. Ne restez pas accroché à votre première hypothèse. Cela provoque des préjugés.
5. Quantifiez. Ne soyez pas vague. Trouvez des données mesurables.
6. Soyez certain que chacun des enchaînements de l'hypothèse est valide.
7. Appliquez le principe du rasoir d'Occam : le plus simple est le mieux. La plupart des réponses, lorsqu'elles sont vérifiées, mènent à un scénario plus simple.
8. Interrogez-vous pour savoir si l'hypothèse peut être réfutée. « Les propositions invérifiables n'ont guère de valeur. » Si vous disposez de preuves, laissez alors les autres procéder aux mêmes expériences de contrôle dans un but de vérification.

<u>À ne pas faire</u> (essentiellement des méthodes d'argumentation et de raisonnement logique ; extraits)

1. N'attaquez pas celui qui présente des arguments (généralement celui aux idées bizarres).
2. N'argumentez pas en vous référant à une autorité extérieure qui ne soit pas irréfutable (par exemple, accordez un vote de confiance au président, car il a un moyen infaillible de rééquilibrer le budget, mais on ne peut le révéler pour l'instant, ou faites confiance à Dieu, car il connaît ces choses mieux que vous).
3. N'argumentez pas à partir de conséquences défavorables (ex : condamnez cet homme, sinon il incitera les autres au meurtre).
4. Ne vous servez pas de l'ignorance (il n'y a aucune preuve que les ovnis ne nous visitent pas, donc ils doivent exister). De même, prouver que quelque chose n'arrive pas ne prouve pas non plus qu'elle existe. Une absence de preuve n'est pas une preuve.
5. N'utilisez pas « d'intercessions spéciales » (on ne peut comprendre ceci, car les voies de Dieu sont impénétrables).
6. Ne favorisez pas certaines questions, ce qui revient à dire que vous favorisez certaines réponses. Un argument isolé qui semble fondé dans une discussion plus exhaustive (appliquez la peine de mort, cela découragera la violence criminelle).
7. N'exposez pas seulement les éléments favorables, en énumérant les points positifs et en omettant les points négatifs.
8. N'utilisez pas de banque de données trop réduite pour prouver quoi que ce soit.
9. Ne commettez pas d'erreurs d'interprétation des statistiques complexes.
10. Évitez les contradictions.
11. Ne soyez pas illogique (du latin *non sequitur*, ce qui signifie « qui ne suit pas »).

Comme je l'ai dit plus avant dans ce livre, je crois que la science est passée à côté d'un nouvel élément fondamental dans l'élaboration de ses réalités énergétiques. Je prétends que cet élément manquant est la conscience humaine. Il y a de l'énergie dans la conscience humaine ! (Nous développerons ce sujet dans un instant.) L'énergie et la puissance n'existent pas sans raison. Que ce soit au sein de la plus petite particule atomique ou dans un trou noir, un processus énergétique est en cours. Là où de l'énergie est créée, la science cherche à déterminer un processus physique créateur. L'énergie dirigée (non aléatoire) montre un processus sophistiqué de création énergétique. Cette énergie est utilisée, transmise, ou fournie selon un processus précis, même si nous disons simplement qu'il s'agit de science physique, ou de « la façon dont les choses fonctionnent ».

La gravité en est un exemple. Du fait que nous savons où la chercher et parce qu'elle est présente partout, le kit de détection des inepties prouve facilement que la gravité existe (ce qui n'est pas une ineptie). Cependant, qu'est-ce que la gravité ? Aucun scientifique ne le sait précisément et sa cause exacte reste encore du domaine de l'hypothèse. Question : croyez-vous à la gravité ou savez-vous simplement qu'elle est là ? Croire à quelque chose sous-entend une reconnaissance plus importante que sa simple existence. Bien que le processus qui provoque la gravité ne soit pas véritablement connu, celle-ci est considérée comme réelle. Il est notoire que la gravité n'est pas provoquée par la masse. La gravité est le résultat d'un certain processus physique en rapport avec cette masse (peut-être l'insaisissable *graviton,* mais nous développerons cette question dans un autre livre). Même si nous ne la comprenons pas, la gravité est acceptée parce que c'est « la façon dont les choses fonctionnent », du fait de sa présence autour de nous et de sa banalité (comme l'amour, par exemple). Prouver l'existence de la réalité grâce au kit est chose aisée. Cependant, l'hypothèse de la cause de ce phénomène ne franchit pas le test du kit ! Aucun raisonnement logique, aucun examen minutieux ne nous apporte de preuve sur le processus. La gravité est-elle une ineptie ? Non. Seulement l'hypothèse de son origine. Cependant, je persiste à croire à la gravité, bien que j'ignore ce qui la provoque. Je persiste à faire confiance à la façon dont les choses fonctionnent, même si j'ignore comment elles fonctionnent.

Je prétends la même chose quand il est question de Dieu et de l'amour. Ils existent, et chacun peut le constater, mais ils ne peuvent passer avec succès le test technique qui essaie d'expliquer leur réalité. Et rien de ce que je présente ici n'y changera rien. Je peux, cependant, fournir une sorte de kit de confirmation de l'existence de l'énergie de la conscience humaine. C'est un bon point de départ. Peut-être est-ce l'amour ? Quoi que ce soit, cela possède une substance ! Si je parviens à démontrer qu'il existe une énergie sophistiquée associée avec la conscience humaine, ne serait-il pas logique de la considérer comme un élément important de la science énergétique ? Trouvons une science réelle (justifiée par le genre d'expérience que Carl Sagan accepterait de voir figurer parmi ses tests) se rapportant à la conscience humaine. Démontrons qu'elle produit une énergie mesurable, qu'elle affecte les éléments connus qui l'environnent et qu'elle fait preuve de constance dans ses résultats – résultats qui peuvent être répétés sans cesse, selon une méthodologie scientifiquement rigoureuse. Cela ne ferait-il pas taire les sceptiques ? Peut-être pourrions-nous même aller plus loin, ultérieurement, et examiner l'amour de la même façon ?

Tout d'abord, je dois rire de ce que je vais vous présenter. Il existe certaines émotions violentes dont les énergies sont perceptibles par chaque être humain. Comme la gravité, elles se trouvent partout autour de nous, bien qu'ici nous les contraignions à s'intégrer dans une matrice expérimentale (établie par les humains) afin de pouvoir prouver qu'elles sont, car telle est la logique de notre raisonnement scientifique. C'est comme être soumis à des tests logiques afin de prouver qu'il pleut dehors. Dans ce cas, certains violeront le protocole et ouvriront la fenêtre pour avoir la réponse.

Avez-vous déjà été accablé de douleur ? Pouvez-vous nier, ne serait-ce qu'un instant, l'énorme énergie dégagée durant ce processus ? Assis là, vidé de tout désir de vivre, toutes vos fonctions vitales affectées, votre entourage réagissant dramatiquement, apprécieriez-vous d'entendre quelqu'un vous demander de prouver que votre corps irradie de l'énergie (un coup de poing sur le nez pourrait être la réponse) ? Aussi peu scientifiques que soient ces paroles, je dois vous dire que, du point vue d'un médium, cette personne est semblable à un phare au milieu de la foule – aisément identifiable grâce à la puissante énergie qu'elle irradie autour d'elle. À propos, c'est le même phénomène qui se produit avec la fureur.

Avez-vous jamais été profondément amoureux ? Croyez-le ou non, ces deux énergies de la conscience humaine ont, sur vous, des effets très similaires. Votre corps ne fonctionne plus normalement, et vous semblez vous « déconnecter » de la réalité. Dans cet état, vous dégagez une grande quantité d'énergie qui sera captée par toute personne ou toute chose disposant de l'antenne adéquate. Pour un médium, vous brillez littéralement ! (Très peu scientifique, je sais.)

Pouvons-nous simplement nous asseoir et nier l'énergie de telles choses ? Que dire de l'amour de Dieu ? Des milliards d'êtres humains dans le monde entier ressentent ceci au niveau cellulaire et réagissent. Ils vénèrent, célèbrent, prient, chantent et dansent, en raison de l'énergie qu'ils éprouvent grâce à l'amour de Dieu. Ils ressentent cet échange et parlent de miracles, eux aussi provoqués par cet attribut hautement chargé d'énergie. Tout cela n'est-il que trucage ?

Nous ignorons totalement le mécanisme scientifique caché derrière l'énergie de la conscience humaine, mais nous la constatons tous. Cependant, contrairement à la gravité, elle n'intègre pas les paramètres des phénomènes physiques terrestres mesurables. Ce n'est pas le moment de revoir intégralement l'un de mes principes de base (développés dans mes autres ouvrages), mais, au profit des nouveaux lecteurs, je vais y revenir rapidement, simplement parce que le fait de ne pouvoir mesurer quelque chose ne signifie pas qu'elle n'existe pas ! Les ondes radio existaient-elles avant que nous puissions les mesurer ? Oui, mais nous ne pouvions prouver leur existence. Le kit de détection du docteur Sagan aurait jugé leur existence peu probable il y a cent ans. Alors, ineptie ou réalité ? Actuellement, je suis convaincu que d'autres attributs arrivent quotidiennement du cosmos sans que nous en soyons conscients. Ils ne réussiraient pas non plus le test du kit de détection du docteur Sagan, parce que la capacité de les comprendre et de les mesurer ne nous est pas encore accordée et ne fait pas partie de notre réalité.

Donc, tel un test du QI (qui ne peut mesurer que ce qu'un test QI est en mesure d'évaluer – et non pas la véritable intelligence), le kit de détection des inepties du Docteur Sagan ne peut mesurer que les inepties définies comme telles, selon les critères faussés d'aujourd'hui. Il sera intéressant de revoir ceci dans cent ans afin de constater combien d'inepties d'aujourd'hui seront alors considérées comme des sciences authentiques grâce aux nouvelles découvertes.

Je cherchais à montrer que la conscience humaine peut au moins être mesurée ou même transmise. Je me disais qu'à ce jour, la science y était sans doute parvenue. Mais où chercher cela ? Puis je découvris que ma requête avait été partiellement satisfaite par un travailleur du Nouvel Âge ! Dans son livre *The Lightworker's Way*, Doreen Virtue, Ph.D. (Hay House - 1997), a inclus quelques chapitres spécifiques à ce propos. En fait, la lecture de ces pages vous réjouirait, et je vous en recommande vivement la lecture. J'acquis ce livre uniquement pour parcourir les sujets qui m'intéressaient, mais je ne pus m'en détacher. J'ai frissonné de plaisir en lisant les informations contenues dans ce bouquin et qui ne concernaient pas toutes la science.

Le docteur Virtue m'autorisa aimablement à mentionner son nom lorsque je traiterais ce sujet, et je vais aussi paraphraser quelques passages de son livre. Je citerai ensuite ses références, telles qu'elles sont publiées dans son ouvrage. Voici uniquement trois propos scientifiques (parmi beaucoup d'autres) qui auraient permis à Carl Sagan de se sentir à l'aise.

LE POUVOIR DE LA PENSÉE HUMAINE

Étant donné que nous parlons beaucoup de la gravité (qui est réelle et démontrable), voyons maintenant s'il existe une preuve positive empirique à l'effet que la conscience humaine (qui n'est pas considérée par la science comme une énergie démontrable) peut réellement modifier la gravité (qui est une énergie absolument démontrable).

Robert Jahn et Brenda Dunne, chercheurs à l'Université de Princeton, ont décidé d'essayer. Au cours d'une expérience scientifique, ils ont demandé à de nombreux volontaires de participer à deux tests spécifiques qui devaient amener la matière à réagir (ou non) à la pensée humaine concentrée. Au cours de l'une de ces expériences, les volontaires étaient assis devant une machine qui lançait des pièces à pile ou face, de façon aléatoire. On leur demanda de se concentrer et d'essayer d'influencer l'appareil afin qu'il n'envoie que des côtés « face ». Les résultats indiquèrent que leurs pensées avaient, en effet, créé une différence et que la plupart d'entre eux avaient influencé les résultats statistiques - uniquement avec leurs pensées - et que les pièces tombées côtés « face » furent beaucoup plus nombreuses que s'il n'y avait eu aucune intervention de la pensée humaine. Ce test fut, bien entendu, répété.

Une autre expérience fut effectuée avec un *flipper* et 9000 billcs. Lcs billcs furent lancées depuis un point central et l'on demanda aux volontaires de se concentrer afin que ces billes ne se dirigent que vers les trous extérieurs. Là encore, les résultats furent indéniables, répétitifs et significatifs. La pensée humaine influençait la matière. (Dunne, B.J., Jahn, R.G.,1992. « Experiments in remote human/machine interaction. » *Journal of Scientific Exploration*, vol. 6, no 4, p. 331-332.)

Un cerveau peut-il en influencer un autre ? Lorsque vous priez pour quelqu'un (pensée concentrée), peut-il s'en rendre compte ? Dans l'affirmative, cela prouve-t-il un transfert d'énergie ? Lorsque vous méditez en groupe, pouvez-vous concentrer votre énergie en combinant vos efforts, comme si vos esprits respectifs étaient synchronisés par un esprit collectif plus puissant ?

En mesurant scientifiquement les ondes cérébrales, les pulsations cardiaques et les émotions de personnes réunies ainsi, la réponse à cette question fut oui ! De même, les ondes cérébrales de personnes méditant en groupe et concentrées sur un sujet furent aussi évaluées. Les résultats montrèrent une synchronisation parfaite des courbes formées par les ondes cérébrales de chacun des membres du groupe. (Hirasawam, Yamamoto, Kawano et Furukawa, 1996. « An experiment on extrasensory information transfer with electroencephalogram measurement. » *Journal of International Society of life Information Science*, vol. 14, p. 43 à 48.) À l'Université Cornell, Daryl Bern et Charles Honorton se montraient sceptiques quant à l'énergie de la conscience humaine. Ils menèrent une expérience extrêmement contrôlée et qui ne pouvait laisser place à aucune fraude dans le but de contredire la théorie des pouvoirs psychiques. Ils étaient convaincus que ceux qui affirmaient détenir ces pouvoirs ne faisaient que profiter de la crédulité humaine en utilisant quelques brillants tours de passe-passe. À leur grande surprise, leur expérience se termina non pas par la réfutation de l'existence des pouvoirs psychiques, mais par leur mise en évidence ! Les pouvoirs psychiques existaient bien, et les preuves scientifiques de leur expérience étaient là pour le confirmer. Ils poursuivirent leurs recherches et menèrent onze expériences entre 1983 et 1989. Ils amenèrent d'autres scientifiques à modifier leur point de vue sur ce sujet et alimentèrent des débats de haut niveau défendant l'idée qu'une énergie existe dans le cerveau humain, qui est beaucoup plus que ce qu'elle paraît être. Inutile de préciser que ces deux savants figurèrent parmi les convertis à cette idée. (Bem, Daryl J. et Charles Honorton,1994. « Does psi exist? Replicable evidence for an anomalous process of information transfert. » *Psychological Bulletin.* vol. 115, p. 4 à 18.)

Pourquoi suis-je en train de vous donner ces exemples ? Pour vous amener à prendre conscience que les pouvoirs psychiques, qui étaient auparavant considérés comme surnaturels, sont bel et bien une réalité. L'expression « pouvoirs psychiques » peut gêner votre esprit logique, car elle est associée depuis très longtemps aux gens qui sont considérés comme bizarres, ou comme des imposteurs. Aussi, utilisez-vous l'expression « énergie de la conscience humaine », qui est plus précise.

Au cours de ces expériences, il a été démontré que la conscience humaine peut affecter la matière. Non seulement ce fait représente-t-il un cuisant camouflet pour le kit de détection des inepties, mais il confirme aussi les premiers éléments fondamentaux fournis par Kryeon, en 1989. Ignorer la réalité de cette énergie et proposer un kit qui fonctionne sans elle est illogique. Je sais que, dans l'avenir, quelqu'un de beaucoup plus qualifié que moi complétera ce kit. Alors, pourrons-nous « prouver » que l'amour est une réalité ! Je souhaite maintenant en terminer avec l'affaire Sagan et aborder un sujet directement lié à la pensée humaine par rapport à l'éveil spirituel et aux changements de notre planète et plus spécialement adressé aux lecteurs férus de métaphysique.

LE DON MERVEILLEUX

Maintenant que nous avons fourni quelques éléments de base sur l'influence de la conscience sur la matière, et ce, avec une certaine rigueur scientifique, je vais passer à un sujet purement métaphysique. Je vais vous entretenir de quelque chose qui s'est produit, mais que beaucoup ignorent et qui traite de la puissance de la conscience humaine.

Depuis 1989, Kryeon nous rappelle que nous avons modifié l'avenir de notre planète. Il nous a dit que nous pouvons nous débarrasser des prédictions apocalyptiques sur les changements effrayants qui surviendront durant ce nouveau millénaire. Il nous a dit encore que la conscience humaine avait élevé la fréquence vibratoire de la planète et que notre futur est devenu une cible mouvante qu'aucune entité ne peut prévoir et qui est contrôlée par la masse critique des humains éclairés, au moment même où vous lisez ces lignes. Quel message ! Et maintenant, pour la première fois dans un livre de la série Kryeon, je souhaite attirer votre attention sur quelque chose que nous avons fait et vous demander de réfléchir à un scénario étonnant et lourd de conséquences.

NOTRE AVENIR EST-IL SOMBRE ?

En notre qualité de métaphysiciens, nous avons recueilli des preuves solides à l'effet que quelque chose d'alarmant allait se passer sur notre planète.

1. Nostradamus, un prophète d'il y a quatre cents ans, nous a fourni des prédictions très précises. Ses quatrains inspirés, écrits il y a quatre siècles, parlèrent d'Hitler et le citèrent à une lettre près (on

peut y lire « Hister ») ! Il prédit aussi avec précision l'assassinat du président J.F. Kennedy. Il serait intéressant de profiter de sa sagesse et de sa précision pour voir ce qu'il a dit concernant notre futur immédiat. En fait, c'est effrayant ! Nostradamus a indiqué que nos continents verront leurs côtes métamorphosées sur des centaines de kilomètres ! Les grandes villes situées sur les côtes de la plupart des continents seront noyées sous les eaux. Ces événements seront-ils provoqués par une catastrophe majeure ?
2. Gordon Michael Scallion, un visionnaire du Nouvel Âge spécialiste des prévisions catastrophiques, nous a répété le même scénario des années durant. Il a eu des visions confirmant les assertions de Nostradamus et il a publié des cartes nous décrivant les effets détaillés qui résulteront de ces événements. Les modifications côtières sont horribles et ma propre ville sera engloutie. Peut-être même la vôtre.
3. La tribu indienne des Hopis possède aussi ses anciennes prédictions et (vous l'aurez deviné) sa carte correspond exactement aux deux précédentes, montrant les eaux empiétant largement sur les zones côtières actuellement habitées.

Que va-t-il se passer ? Et pouvons-nous l'éviter ? Devons-nous nous effondrer de peur ? Si vous avez regardé l'émission télévisée sur les événements apocalyptiques possibles *Prophecies and Predictions,* vous pourriez le penser. Vous souvenez-vous de cette émission ? Avec David McCallum - une lampe de poche sous le menton, une musique qui fait froid dans le dos et des volutes de fumée - dans le rôle du scientifique (je deviens facétieux) ! Ce genre d'émission est élaboré dans le but précis de vous affoler et s'appuie sur une pseudoscience, sur des rumeurs à sensation et sur Gordon Michael Scallion. L'émission télévisée *Millenium* nous apprend (en utilisant des faits très vagues et des rumeurs) que la Terre glissera sur son axe en 2001 en raison d'un alignement exceptionnel avec les autres planètes de notre système. Si vous vous souvenez, Kryeon nous a dit en 1989 que cette très ancienne prédiction est, en réalité, la nouvelle modification du réseau magnétique (la raison de la présence de Kryeon ici) et non pas un déplacement réel de l'axe terrestre.

Pour plusieurs, Kryeon est simplement un channel bidon. Aussi, pourquoi le croire ? Et pourquoi ne pas croire plutôt les devins ? Poursuivez votre lecture.

UN FUTUR MODIFIÉ

Une chose est arrivée sur la planète, à propos des prédictions en général. En fait, celles-ci ne se déroulent pas comme prévu. Regardez autour de vous. Ceux d'entre vous qui étudient les prophètes qui obtiennent de bons résultats dans leurs prédictions (ainsi que ceux qui en obtiennent de mauvais), considérez ce qui suit.

1. Le prophète Edgar Cayce a obtenu au moins 60 % de bons résultats, mais ce pourcentage est tombé à moins de 30 % au cours des dernières années. Cela signifie-t-il que Cayce avait tort ? Comment ces résultats sont-ils altérés ?
2. Sheldon Nidle, qui nous fit une prédiction dramatique et effrayante sur la ceinture de photons dans son livre *You Are Becoming a Galactic Human*, se trompa du tout au tout et sa prévision ne se produisit jamais. Ni aucune de ses prédictions concernant les ET, ce qui lui vaut zéro sur toute la ligne. Cela signifie-t-il que Sheldon se trompait ?
3. Selon les spécialistes de ses écrits, les quatrains de Nostradamus sont maintenant obsolètes depuis quatre ans. Ses prédictions ne se réalisent pas comme prévu. Nostradamus s'est-il trompé ? Cela ne lui était jamais arrivé auparavant.
4. Gordon Michael Scallion publia ses spectaculaires cartes des côtes englouties il y a plusieurs années déjà. Les dates figurant sur ces cartes annonçaient notre fin du monde pour la fin des années 80 ou le début des années 90. Lorsqu'il constata que rien ne s'était produit, M. Scallion s'empressa de publier de nouvelles cartes avec une mise à jour des dates de notre cataclysme. Que s'est-il passé ? Gordon s'est-il trompé ?

Ces visionnaires et autres channels eurent tous des visions qui leur parurent extrêmement réelles. Plusieurs d'entre eux obtinrent d'excellents résultats auparavant. Se sont-ils trompés ? La réponse est non. Si, comme Kryeon l'affirme, nous avons modifié notre futur, il est alors possible que ces visionnaires aient rendu compte d'un futur qui ne s'est pas produit. Ils ont entrevu, par channeling, un futur potentiel qui est maintenant passé, grâce à notre travail sur cette planète. Ils ont donc décrit un futur de l'ancienne énergie, un futur qui a maintenant été modifié à jamais. Il est intéressant de constater comment ceux d'entre eux qui sont encore vivants réagissent devant leurs mauvaises prédictions. À ce jour, ils ne semblent pas admettre s'être trompés et ont déclaré que, pour une raison ignorée, les mauvaises nouvelles ont simplement été retardées. Ainsi, continuent-ils à répandre leurs informations alarmistes, modifiant les dates et les événements (parfois à l'échelle nationale), provoquant craintes et troubles. Je désapprouve cette attitude. J'estime que nous pouvons examiner notre monde à trois dimensions avec le bon sens et le discernement que Dieu a accordés aux humains et établir une corrélation avec quelque chose qui s'est produit récemment et qui a provoqué une différence - une grande différence.

LA CONSCIENCE A MODIFIÉ LES LOIS PHYSIQUES – MAI 1996

Le magazine *Time* du 3 juin 1996 afficha un titre effroyable en page 61 : « Un projectile traverse la trajectoire de la Terre. » Manifestement, en mai 1996, nous fûmes sur le point d'être heurtés par un très gros astéroïde ! Lisons ce que *Time* écrivit :
« Tôt la semaine dernière... cet intrus céleste frôla la Terre à toute vitesse, manquant la planète de 280 000 milles, c'est-à-dire de rien en termes d'astronomie. (La lune n'est qu'à 240 000 milles de la Terre.) D'environ 550 mètres de largeur, ce fut le plus grand objet jamais observé si près de la Terre. Duncan Steel, un astronome australien, a calculé que si l'astéroïde avait heurté la Terre, sa vitesse aurait été d'environ 90 000 kilomètres/heure. Les scientifiques estiment que l'explosion qui en aurait résulté aurait été d'une

puissance comprise entre 3000 et 12 000 mégatonnes. L'astronome Eugene Shoemaker, un pionnier de la recherche des comètes et des astéroïdes, juge qu'une telle explosion équivaudrait à empiler l'arsenal nucléaire américain et celui des Russes et à les faire exploser ensemble. »

Si cet astéroïde nous avait heurtés, cela se serait sans doute passé dans l'un des océans terrestres (plus de 80 % de chances). Savez-vous ce que cela aurait provoqué ? Pouvez-vous imaginer le résultat d'une explosion provoquée par toutes les armes nucléaires de la Terre concentrées en un même point de l'océan ? Ce n'aurait pas été une mince affaire et cela nous aurait tous affectés grandement !

Il s'agissait là d'un compte rendu scientifique, mais quelle en fut la signification métaphysique ? Cet énorme « rocher » aurait-il pu nous heurter ? Était-il programmé pour cela ? J'ai posé la question à Kryeon, qui m'a répondu par l'affirmative. Je réfléchis à sa réponse. « Mais il ne l'a pas fait ! Pourquoi ? » Ce fut alors que je reçus le clin d'oeil de Kryeon, un gigantesque « bain d'amour », et qu'il me dit à nouveau, comme si je ne l'avais jamais entendu : « La conscience modifie les lois physiques ! »

Je demandai encore : « Kryeon, voulez-vous dire que nous avons changé les calculs d'orbite et modifié la trajectoire d'un astéroïde ? » La réponse fut encore oui !

Ce fut difficile à croire. Cette catastrophe évitée de justesse et publiée dans un magazine national s'inscrivait-elle par hasard dans le travail de Kryeon ou bien y avait-il quelque chose de plus ? Par cette question, vous pouvez continuer à percevoir mon esprit sceptique à l'œuvre. J'étais sceptique, en effet, bien qu'étant channel. Je voulus en savoir davantage. Je fus servi.

The Complete Ascension Manual, de Joshua David Stone, est publié par Light Technology Publishing (l'éditeur du *Sedona Journal*). En page 246 est décrit un brillant channeling par une entité nommée Vywamus. Lorsque le livre fut publié, le channel de Vywamus était Janet McClure, aujourd'hui décédée.

Au fil des pages, Vywamus déclarait qu'un astéroïde d'un mille de diamètre (un peu plus grand que celui dont nous avons déjà parlé) se dirigeait vers la Terre. Il prévoyait son arrivée aux environs de 1995. « Du point de vue de la conscience, dit-il, cela pourrait être une chose excellente, une nouvelle énergie qui serait intégrée dans le système de la Terre. » Il ajoutait : « *L'astéroïde transporte une grande quantité d'énergie spirituelle. Si l'humanité a atteint le point de développement lui permettant d'utiliser cette énergie, l'astéroïde ne sera pas destructeur.* »

Je ne parvenais pas à le croire. Là, noir sur blanc, un channel avait prédit que « notre » astéroïde nous manquerait de peu ! Les petites différences de date et de taille ne me dérangèrent pas plus que l'erreur d'une lettre commise par Nostradamus dans le nom d'Hitler, car la prédiction avait été faite des années auparavant. Ce fut très proche de la réalité. Regardez ce qui fut écrit. La prédiction annonçait non seulement l'arrivée d'un astéroïde (à un an près), mais, beaucoup plus important, la capacité de notre conscience humaine d'en modifier sa trajectoire, confirmant exactement ce que Kryeon nous avait dit !

Mais il y a plus à comprendre. Je prétends que si ce corps céleste nous avait heurtés à 90 000 km/h, il aurait permis la réalisation des prédictions effrayantes de Nostradamus, de Gordon Michael Scallion et des Indiens Hopis. La visite de cet astéroïde fut l'un des événements qui permirent d'éliminer un futur déterminé par l'ancienne énergie, et nous devions tous l'apprendre non pas par le biais d'un magazine du Nouvel Âge qui aurait pu être suspecté de partialité par de nombreuses personnes, mais par un média d'importance nationale qui rapporterait cette découverte. Habituez-vous à cette méthode. Les réalisations de l'Esprit et les prédictions du Nouvel Âge seront toutes annoncées ainsi, de façon que chacun puisse les contempler (voir «Confirmations des paroles de Kryeon», à la page suivante). L'astéroïde ne nous a pas heurtés, car nous disposions d'une conscience humaine élevée. Les prédictions alarmistes pourront continuer, mais, comme dans le cas de l'astéroïde, nous ne les verrons jamais se réaliser. Voici véritablement un instant à fêter !

Cher lecteur, Kryeon souhaite ajouter quelque chose à ce sujet :

« *Très chers, comprenez-vous maintenant l'amour que nous vous portons ? Comprenez-vous maintenant ce que vous avez accompli ? Ce sont les humains qui possèdent le pouvoir en ces temps de Nouvel Âge ! Il y en aura toujours qui, même avec la preuve devant leurs yeux, continueront à crier que nous approchons de la fin. Au fur et à mesure que leurs affreuses prédictions se diluent dans la réalité et que rien de ce qu'ils avaient annoncé ne se produit, rendez grâce à l'amour de l'Esprit qui s'associe avec vous pour élaborer le grandiose avenir de la planète Terre ! Célébrez le nouveau millénaire et la graduation de la race humaine. Célébrez notre amour pour vous !* »

Je n'ai rien à ajouter à ceci.

CONFIRMATIONS DES PAROLES DE KRYEON

Kryeon ne fait pas de prédictions. Le contraire serait une violation de son principe de base, à savoir que nul ne connaît l'avenir, qui se crée au fur et à mesure que nous avançons. Par contre, ce que fait Kryeon, c'est nous fournir des indications sur ce que nous devons rechercher et où porter nos regards pour faciliter notre propre découverte intérieure. Au cours de channelings, il prend aussi plaisir à nous livrer certaines phrases, qui sont souvent reprises ultérieurement par les magazines nationaux rendant compte de découvertes scientifiques. Il s'agit là d'un des nombreux aspects d'humour cosmique de ce travail où les déclarations faites au cours d'un channeling sont souvent répétées ailleurs textuellement.

Les sujets suivants vous sont présentés (comme dans chacun des livres de la série Kryeon, depuis le tome II, *Aller au-delà de l'humain)* de façon à confirmer ce que Kryeon a déclaré au cours de channelings en direct passés et transcrits par la suite. J'estime qu'un tel chapitre dans un de ses livres est important et nécessaire. À mon avis tout channel du Nouvel Âge devrait procéder de même et pouvoir ainsi vérifier les résultats. L'Esprit n'est la propriété exclusive de personne. Si les channelings sont des messages inspirés et bénis par Dieu s'adressant à des humains, les informations communiquées devraient pouvoir être confirmées à tout moment et apparaître aussi dans les travaux d'autres channels. Je suis heureux de dire que l'œuvre de Kryeon réunit ces critères.

LES DÉCHETS RADIOACTIFS

Dans le tome II, *Aller au delà de l'humain*, la question du recyclage des déchets radioactifs fut posée. L'une des solutions mises en avant par Kryeon fut de surveiller votre environnement biologique. Dans le tome III de Kryeon, *Alchimie de l'esprit humain*, nous avons repris ce sujet et avons affirmé qu'une solution biologique commençait à se répandre sur l'ensemble du globe. Cependant, une telle solution au problème des déchets radioactifs n'était guère connue jusqu'à aujourd'hui. Je voudrais maintenant citer certains extraits d'un article de *Science News* qui confirme totalement le fait que cette idée fait son chemin au plus haut niveau et crédibilisera un channeling de Kryeon qui eut lieu en 1989 et qui était considéré jusqu'à ce jour comme extravagant. Le texte qui suit apparut, illustré par un bac de plantes au milieu d'un étang.

Les équipes botaniques de nettoyage à l'ouvrage

« Des radeaux chargés de tournesols flottent sur un petit étang, sur le site contaminé de Tchernobyl, en Ukraine. Non, il ne s'agit pas d'un monument émouvant commémorant le désastre de 1986. Les plantes aident à nettoyer l'étang. Leurs racines pendent dans l'eau et aspirent les radionucléides CESIUM 137 et STRONTIUM 90.

Les sociétés Exxon Corp. et DuPont sont en train de tester une variété de plantes afin de voir si elles sont en mesure d'effectuer une partie du sale travail consistant à nettoyer certains agents polluants tels les éléments radioactifs, le plomb, le sélénium et le pétrole. Il semblerait que de nombreuses plantes soient friandes de ces polluants tenaces. » (Science News, *20 juillet 1996, vol. 150, p. 42, « Botanical Cleanup Crews »*)

LES « GLYPHES DANS LES CHAMPS » CONFIRMENT LA BASE-12 DE L'ADN

N.D.T. : Les « cercles dans les champs de blé » sont des formations géométriques très élaborées qui font leur apparition, de nuit, en quelques instants, dans les champs de cultures diverses. Les plantes sont couchées, comme foulées aux pieds, et ce foulage détermine le dessin qui est surtout visible à partir d'un point culminant ou depuis un avion. Ces « cercles », apparus à l'origine en Angleterre, se répandent maintenant dans le monde entier et leurs motifs deviennent de plus en plus sophistiqués. Ils représentent, à ce jour, une énigme complète pour le monde scientifique.

Le 17 juin 1996, un cercle d'environ 200 mètres de longueur apparut au cours de la nuit, dans le fameux East Field d'Alton Barnes, près d'Oxford, au Royaume-Uni. Son motif est reproduit à la page suivante.

Y a-t-il le moindre doute que ce motif représente une double hélice ? Si vous ne croyez pas que les « glyphes dans les champs » ou *crop circles* représentent une véritable tentative de communication venue d'ailleurs, vous pouvez simplement passer ce chapitre, mais vous devrez aussi sauter la prochaine section, qui explique comment les spécialistes en mathématiques et de la géométrie euclidienne eurent quelques surprises. À vous de choisir.

Cette « empreinte énergétique », expression de Kryeon désignant les glyphes, est l'une des meilleures confirmations de l'ADN et de la Base-12 mathématique qu'il m'ait été donné de voir et que Kryeon présente dans son tome III. Vous vous souvenez peut-être d'un channeling qui eut lieu à Sedona, en Arizona, où Kryeon commença à parler de l'élégance de la Base-12 en mathématique en citant ses rapports avec de nombreuses choses nous concernant, tels la géométrie, l'astrologie, le calendrier juif, le nombre sacré des tribus d'Israël, la musique, les aspects spirituels (comme le 12 : 12 et les 144 000) et, finalement, l'ADN humain.

Qu'il soit bien clair, à ce propos, que Kryeon ne souhaite pas que vous arrêtiez brusquement de compter sur vos doigts (base-10).

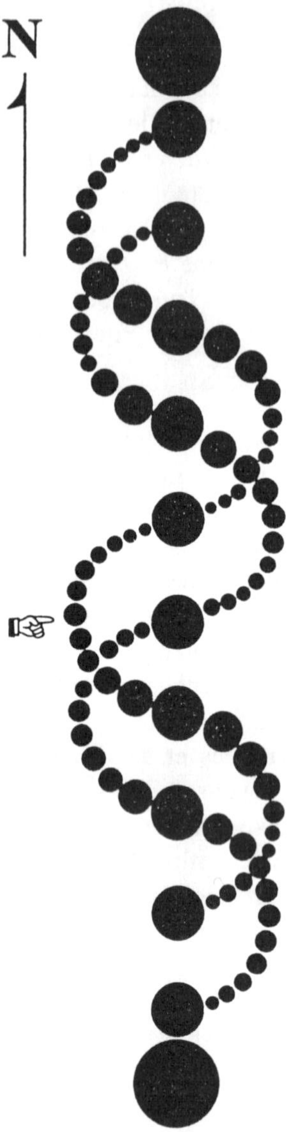

L'hélix double aux douze chakras

par Peter Sorensen

Cette spectaculaire formation apparut le 17 juin 1996, dans le fameux East Field d'Alton Barnes (SU115-625), près d'Oxford, orienté vers Adam's Grave au nord et vers Woodborough Hill, au sud. Sa longueur officielle est de 648 pieds (environ 200 mètres) et son motif comprend 89 cercles formant une double rangée de 77 « bulles » disposées en spirale autour d'un axe central de **12** grands cercles alignés verticalement. Quiconque voit cette formation pense aussitôt à la structure de l'ADN.

Remarquez qu'à l'endroit où chaque rangée croise l'autre, on comprend qu'en réalité et en 3D, la rangée du dessus recouvre celle du dessous et dissimule ainsi le cercle du dessous. Il devrait donc y avoir dix cercles dans chacune des huit boucles, exceptée celle indiquée par une petite main qui en a onze. De ce fait, si nous totalisons tous les cercles, il y en a **93**. (Copyright 1996. Peter R. Sorensen, reproduit avec autorisation).

Si vous êtes intéressés par les « glyphes dans les champs » et autres sujets galactiques, reportez-vous à la page Web suivante : http://www.cosmic-connection.com

Cependant, il utilise la base-12 pour tout ce qui concerne la physique. Il veut nous faire savoir que beaucoup de choses qui nous entourent sont en base-12. Il nous fournit des éléments au sujet des lois physiques et même des mathématiques difficiles à comprendre jusqu'à ce jour et que le calcul en base-12 rendra désormais accessibles. Du calcul des nombres premiers à une meilleure compréhension de la technologie de Tesla, Kryeon nous encourage à expérimenter ce mode de calcul. Heureusement, dans le prochain livre de la série, j'aurai des nouvelles à vous annoncer à ce sujet. Il ne peut être dissimulé plus longtemps.

Le « glyphe dans le champ » de la page précédente représente visiblement la structure de l'ADN. Si vous souhaitez une interprétation résumée de cette formation, la voici : « Nous comprenons votre ADN et elle est en base-12 ! » Que pensez-vous d'une telle interprétation ? Kryeon nous affirme que les empreintes énergétiques nous sont adressées par « ceux que nous devons rencontrer ». Je voudrais ici apporter une précision quant aux glyphes dans les champs et aux ET. Ces glyphes ne sont pas fabriqués par les « petits gris » aux yeux bridés qui nous kidnappent ou qui, depuis peu, essaient de gagner notre confiance. Ces êtres tentent désespérément de connaître notre ADN (en particulier les constituantes cachées, non biologiques - voir plus loin dans ce chapitre). Si vous avez suivi les histoires concernant les communications avec les ET, vous savez que toute leur quête consiste à nous examiner.

Le message laissé dans les champs d'Alton Barnes provient de ceux qui connaissent parfaitement notre biologie. De ceux qui représentent les véritables semences de notre ADN. Tout, dans cette formation « hurle » la base-12. Au début, Kryeon nous a rappelé que notre ADN était de base-4, répétée trois fois – une base-12 évidente. Au cours de la même communication, il parla des douze rangées de l'ADN – rien que des 12 ! Voici maintenant la confirmation de ce fait.

La double hélix mesure 648 pieds de long (au passage, je signale que cela fait deux fois la longueur d'un terrain de football, pour vous donner une meilleure idée de la taille de cette formation.) Ce ne fut pas l'œuvre de deux garçons équipés de bâtons, de ficelle et d'une caisse de bières. Pensez-y. Les mathématiques et la numérologie sont des facteurs importants. L'analyse montre que 648 (longueur de la formation en pieds) est divisible par douze. Cela donne 54. Et 54 se réduit à 9 en numérologie (5 + 4 = 9) qui est l'énergie de l'« achèvement ». Si vous avez lu le commentaire de Peter Sorensen qui accompagne l'article sur les cercles, vous savez que le nombre total de cercles est 93. Ce nombre se réduit à 12 (9 + 3) qui, lui-même, se réduit à 3, qui est l'énergie du catalyseur. Vous souvenez-vous du pouvoir du 3 dans le tome I de Kryeon, *La Graduation des Temps* ?

En somme, il y a aussi douze cercles principaux qui sont autant de chakras le long de l'axe vertical de la formation du diagramme, invitant à nouveau à considérer l'importance du nombre 12. Ce fut une excellente communication, en effet. Continuez à lire ce chapitre. D'autres informations sur l'ADN en base-12 suivent.

LES « GLYPHES DANS LES CHAMPS » FOURNISSENT DE NOUVEAUX THÉORÈMES AUX MATHÉMATICIENS

C'est arrivé ! On a enfin parlé des glyphes dans les champs dans une revue scientifique. Et non seulement dans un magazine scientifique, mais dans la section mathématique de cette publication ! Il semblerait que les cercles nous offrent des théorèmes que même Euclide n'avait pas trouvés ! L'article qui suit est une histoire rapportée par *Science News.*

Lisez attentivement le dernier paragraphe de cet article mathématique. Non seulement deux individus équipés de bâtons et de ficelle peuvent-ils, de nuit, fabriquer des douzaines de formations de « glyphes dans les champs » (certaines d'entre elles grandes comme deux terrains de football), mais ces deux individus* sont des mathématiciens de premier ordre nous offrant de nouveaux théorèmes qui n'avaient jamais été découverts sur terre à ce jour, même par Euclide !

MATHÉMATIQUES
Les glyphes dans les champs : des théorèmes

Il y a plusieurs années, l'astronome Gerald S. Hawkins, aujourd'hui retraité de l'Université de Boston, remarqua que certaines des formes les plus frappantes des glyphes dans les champs exprimaient des théorèmes géométriques mettant en lumière des relations numériques spécifiques entre les différents cercles, triangles et autres formes qui constituaient ces configurations.

M. Hawkins découvrit qu'il pouvait utiliser les principes de la géométrie euclidienne pour démontrer quatre théorèmes basés sur les relations existant entre les formes de ces configurations. Il en découvrit aussi un cinquième, plus général, duquel il pouvait déduire les quatre autres.

Étrangement, Gérald Hawkins ne put trouver la moindre référence à un tel théorème dans les travaux d'Euclide ni dans aucun des ouvrages qu'il consulta. Lorsqu'il mit au défi les lecteurs de *Science News* et du *Mathematics Teacher* de trouver son théorème inédit à partir des quatre variations qu'il leur fournit, personne n'y parvint.

L'été dernier, cependant, Hawkins déclara que les « créateurs de glyphes dans les champs venaient de montrer leur connaissance du cinquième théorème ». Parmi les douzaines de formations qui apparurent subrepticement dans les champs de blé d'Angleterre, au moins l'une d'entre elles s'appliquait au théorème de Hawkins.

Les responsables de cet ingénieux montage mathématique sont toujours inconnus. Leur ouvrage dénote une aisance peu commune avec la géométrie euclidienne et indique une déconcertante facilité à pénétrer dans les champs sans se faire repérer, afin de courber des plantes sur pied sans en casser les tiges et de tracer des formes précises et complexes, en utilisant sans doute autre chose que des piquets et des cordes, le tout dans l'obscurité*.

Le cinquième théorème de Hawkins implique un triangle et divers cercles concentriques touchant les côtés et les angles du triangle… un triangle équilatéral produit l'une des formations observées. Trois triangles isocèles produisent les autres formations.

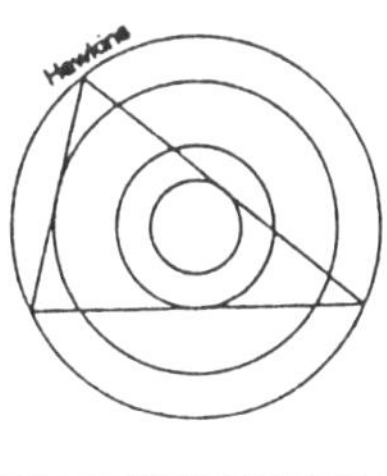

* *Science News,* 12 octobre 1996, vol. 150, p. 239, « Crop Circles Theorems in Wheat Fields » (extraits).

L'ÉNIGME DES RAYONS GAMMA RÉSOLUE

Dans les tomes II et III de la série Kryeon, je signalais une inexplicable activité de rayons gamma et citais des sources scientifiques. Pourquoi ? En page 227 du tome II (1996), Kryeon nous conseillait de considérer cette activité comme une indication de l'arrivée d'énergie spirituelle sur la planète. « Attendez-vous à une courte, extrêmement intense et inexplicable activité de rayons gamma. »

Pendant des années, la communauté scientifique s'interrogea sur l'origine de ces rayons. Bien entendu, la science ne trouva pas brusquement qu'ils étaient envoyés par Dieu (loin de là). Au lieu de cela, les scientifiques trouvèrent un paradoxe encore plus grand, un paradoxe qui apporta de l'eau au moulin de Kryeon qui, lui, affirme que les grandes énergies proviennent de la Grande Source centrale.

Il est scientifiquement admis que la théorie du big bang originel (que Kryeon considère comme fausse) situe l'origine de la « vague » d'expansion de l'univers à environ onze à douze milliards d'années-lumière de notre planète. Ce qui signifie, en termes simples, que c'est là l'origine de l'univers, toujours en expansion.

Puis, le 28 février 1997, un satellite italo-hollandais *Beppo-Sax* enregistra accidentellement une explosion de rayons gamma d'une durée de 80 secondes. La position de cette explosion fut enregistrée sous la référence GRB 970228 (*Scientific American*, juillet 1997, p. 46 à 51, « Gamma-Ray Bursts »). La NASA braqua son télescope du Compton Gamma Ray Observatory (GRO) en direction de la source et commença à enregistrer quelque chose qui

* N.D.T. : Allusion à la tentative des « scientifiques » qui, ne pouvant expliquer le phénomène des « glyphes », dénichèrent deux Anglais qui avouèrent être les auteurs de cette supercherie et qui montrèrent à la télévision comment ils s'y étaient pris, grâce à des cordes et une structure en bois très rudimentaires. Si, pour les toutes premières formations qui apparurent en Angleterre et qui étaient extrêmement simples, cela pouvait à la rigueur se concevoir, la sophistication croissante des formations, leur nombre de plus en plus élevé et leur répartition mondiale interdisent, désormais, toute référence sérieuse aux deux imposteurs.

est tout simplement inexplicable aux yeux des scientifiques.

Les chercheurs de Cal Tech ont déclaré qu'il s'agissait des « plus puissantes explosions d'énergie de tout l'univers ». *(The Los Angeles Times*, 15 mai 1997, page de couverture A1 : Un des mystères des cieux résolus par Cal Tech.) L'astronome Shri Kulkarni a déclaré : « Je crois rêver en tentant d'imaginer ce que signifie quelque chose un milliard de milliards de fois plus brillant que le soleil. » (Même référence que ci-dessus.) Le *Scientific American*, qui chiffre cette énergie à une étonnante puissance de 10^{51} ergs, déclare : « Cela doit se situer très loin d'ici, tout près des limites extrêmes de l'univers observable. Dans ce cas, les explosions de rayons gamma doivent représenter les explosions les plus puissantes de l'univers. »

Ce qui paraît énigmatique aux scientifiques, ce sont les éléments suivants : Ce phénomène est plus éloigné que tout ce qu'ils ont observé à ce jour tout en possédant plus d'énergie qu'ils n'en ont jamais vue. Cela fut totalement inattendu. Car, en principe, l'énergie en provenance de sept à onze milliards d'années-lumière est, comme vous pouvez l'imaginer, extrêmement faible. Par ailleurs, cette énergie possède des caractéristiques totalement opposées et elle ne semble pas suivre le cheminement habituel d'un objet qui s'éloigne de nous.

La première chose que les astronomes voulurent établir à son sujet (outre le fait de savoir d'où elle provient et quelle quantité d'énergie elle nous envoie) fut de déterminer si la source de cette énergie s'éloignait effectivement de nous comme la plupart des corps célestes (preuve supposée du big bang). Ceci est normalement vérifié par la spectrométrie. Avant de vous transmettre ce qu'ils ont trouvé, je veux que vous sachiez ce que Kryeon a encore déclaré. Cette énergie est cosmique et fait partie d'un système d'approvisionnement spirituel. Il ne lui a pas fallu onze milliards d'années pour parvenir jusqu'à nous. Ce fut instantané (voir plus loin, dans ce chapitre) et elle ne s'éloigne pas de nous. Voici ce qu'écrit le *Scientific American* au sujet de l'éloquent « glissement vers le rouge » : « À une telle distance, les explosions devraient montrer les effets de l'expansion de l'univers. Les galaxies très éloignées s'éloignent de la Terre à grande vitesse. Nous savons cela, car la lumière qu'elles émettent virent à des fréquences plus basses ou plus rouges. De la même façon, les explosions de rayons gamma devraient aussi indiquer un « virage au rouge » ainsi qu'un accroissement de leur durée. Malheureusement, nos observations au sein du spectre des rayons gamma ne montrent aucune des lignes claires ou sombres qui caractérisent les éléments spécifiques dont les déplacements trahiraient un virage au rouge. » (Numéro de juillet 1997 p. 46 à 51.)

Ouf! Cette énergie ne semble pas correspondre au schéma prévu. Mais il y a un autre sujet de consternation : les astronomes se sont précipités sur leurs notions de physique cosmique afin d'essayer de construire des hypothèses sur l'origine de ce phénomène. Le *Scientific American* affirme que ces théories sont diverses, mais que la plus plausible concernerait une « catastrophe cosmique », impliquant un météore. L'effondrement d'un système d'étoile binaire à neutrons fut aussi mentionné, ainsi que la collision de « naines blanches » avec des trous noirs.

« Il y a des problèmes, cependant : l'effondrement de l'étoile binaire n'explique pas ces explosions de longue durée. L'année dernière [1996] par exemple, notre observatoire a détecté une explosion qui a duré 1,100 seconde et qui s'est sans doute répétée deux jours plus tard. » (*Scientific American*, juillet 1997, p. 46 à 51)

Eh bien, braves gens, le mystère continue. La science admettra-t-elle jamais les aspects spirituels de ces caractéristiques physiques ? Probablement pas, mais plus les connaissances augmentent, plus elles semblent corroborer l'information de Kryeon publiée en 1994 et ayant trait ce qu'il faut rechercher. Cette information nous apprenait que cette immense énergie provient de la source de toute création, qu'elle est plus puissante que tout ce que nous connaissons et qu'elle nous est fournie « maintenant ». Son essence même est l'Amour !

PLUS RAPIDE QUE LA VITESSE DE LA LUMIÈRE ?

Comment l'énergie, ou quoi que ce soit d'autre, peut-elle

voyager plus vite que la lumière ? On croyait jusqu'à maintenant que la vitesse de la lumière était la limite extrême de toute vitesse dans l'univers. Rien de ce qui est observable dans le cadre de nos connaissances scientifiques ne peut atteindre une vitesse supérieure à celle des particules lumineuses.

En 1994, lors de la publication du tome II, Kryeon nous a laissé entendre qu'en effet, en matière de sciences physiques, il existait des choses mesurables qui se déplaçaient plus rapidement que la lumière. En fait, Kryeon appelait ce phénomène la communication instantanée et s'y référait en tant que base de toute communication spirituelle. J'espère que vous vous souviendrez de ceci dans les pages suivantes, car tout est lié. Voici ce que Kryeon déclara.

Le message de Kryeon sur les « jumeaux » en 1994

« De nouvelles découvertes seront faites. L'une des plus intéressantes, cependant, portera sur les jumeaux.

Bien dissimulé sous une structure atomique ordinaire, apparaît quelque chose qui vous rendra perplexe, car les lois du temps et de l'espace sembleront abolies. Les jumeaux constituent une paire de particules atomiques toujours reliées l'une à l'autre et qui vont toujours par paire. Stimulées correctement, elles se déplacent toujours ainsi. Lorsque vous les séparerez par une certaine distance afin de faire vos expériences, elles continueront à évoluer exactement de façon similaire. Quelle que soit la distance qui les séparera, elles bougeront rigoureusement ensemble... Si l'une d'elles transforme son énergie, l'autre fera de même...

Cette communication instantanée entre ces jumeaux représente le principe de base de la communication de toutes les entités spirituelles universelles. » (Allez au-delà de l'humain, tome II de la série Kryeon,1996.)

En juillet 1997, une expérience menée à l'Université de Genève, en Suisse, sur des recherches en cryptologie, a permis de découvrir précisément ce que Kryeon nous recommandait de chercher ! Vous trouverez ci-après l'article concerné. Comparez-le avec les déclarations de Kryeon. Vous devez savoir que cet article fut d'abord publié en suédois, traduit en français, puis trouvé sur Internet et traduit, cette fois, en anglais ! Mes remerciements à Yves Vidal pour avoir déniché ces informations et les avoir traduites en anglais!

Photons jumeaux : énigme quantique, solution technologique 1997

« Le New York Times, *édition scientifique, relate une très étrange expérience qui épaissit encore les mystères de la physique quantique, mais qui est riche de promesses dans le domaine de la cryptographie et du codage.*

Certains chercheurs de l'Université de Genève ont analysé le comportement de photons jumeaux (créés par séparation d'un photon unique), après les avoir placés sur deux trajectoires séparées mais parfaitement identiques sur de nombreux kilomètres.

Les directions suivies par chacun de ces deux photons (mesurées par des interféromètres placés à l'extrémité de chacune des trajectoires) auraient dû normalement suivre les lois du hasard sur les tirages aléatoires. En fait, les photons jumeaux montrèrent un comportement identique, comme si chacun d'eux était averti de la direction prise par l'autre. L'étendue de l'expérience suisse garantit que nulle information n'a pu circuler entre les photons durant leurs choix directionnels. Un tel mystère rend les scientifiques perplexes et ces derniers ne peuvent fournir aucune explication. Cependant, ils continuent leurs recherches afin de trouver des applications technologiques. »

FRAÎCHEUR PERMANENTE AVEC TSUNAMIS OCCASIONNELS

Franchement ! Voici le titre d'un article paru dans le magazine *Outside.* D'accord, d'accord... Je pense que vous n'avez pas vraiment besoin de parcourir ce livre pour savoir que nous subissons d'énormes changements climatiques à l'échelon planétaire! Pour certains, il n'y a qu'à ouvrir la fenêtre et regarder dehors pour s'en rendre compte. D'autres, par contre, sont toujours en train de nettoyer les dégâts provoqués par une inondation.

Cependant, je souhaitais simplement mentionner qu'en 1988, lorsque le premier livre de la série Kryeon fut transmis par channeling, le thème qu'il développait était exactement celui-ci. Chaque séance de channeling annonçait les bouleversements terrestres qui se préparaient et qui surviennent aujourd'hui !

Kryeon y disait : « Soyez certains que dans l'avenir surviendront des inondations, des tremblements de terre et des éruptions volcaniques... dont certains se produiront en réaction à mon propre travail... » (tome I, *La Graduation des Temps*).

Ce qui se déroule sous nos yeux en ce moment correspond exactement à ce que Kryeon annonçait. À l'instant même où j'écris ces lignes, ma propre ville (San Diego) se prépare à subir la « tempête du siècle » pour la deuxième fois en quinze ans ! Souvenons-nous : Kryeon est ici pour modifier le champ magnétique de la Terre. Ce champ magnétique conditionne notre illumination et une masse critique d'êtres humains vibrant à une fréquence plus élevée provoque des modifications terrestres. En avez-vous constaté récemment ?

Il est donc important de comprendre que la Terre réagit à nos actions ! Rien ne se produit sans nous ! Nous avons demandé à la planète d'élever son seuil vibratoire, et c'est ce qui se passe. L'article ci-dessous se rapportait à l'année 1996. L'auteur ignorait que 1997 ferait encore mieux !

Fraîcheur permanente avec tsunamis occasionnels

« Bon sang ! l'année fut super, non ? Nous parlons de l'année dernière, ce qui n'est pas si loin si vous faites les choses avec du recul comme les météorologues nationaux, ces gens qui font le compte des catastrophes climatiques dans le monde. Et comme nous l'avons dit, 1996 fut une année superbe : l'ouragan Fran, la sécheresse en Mongolie, des pluies torrentielles dignes de l'Ancien Testament, des tsunamis et des typhons en Asie du Sud-Est, sans

*parler des éruptions volcaniques et des tremblements de terre. Selon la plus importante compagnie mondiale de réassurance, 1996 enregistra quelque 600 catastrophes naturelles majeures, causant environ 60 milliards de dollars de dommages – une augmentation nette des catastrophes de 400 % depuis les années 1960 ! Vous appelez ça du beau temps ? » (*Magazine Outside, *avril 1997, p. 106.)*

POUR PARLER DES CHANGEMENTS TERRESTRES

L'intégralité de l'œuvre de Kryeon est centrée sur le fait que nous avons modifié notre futur et, par conséquent, Kryeon est ici afin d'ajuster le champ magnétique terrestre en vue de cette transformation. Dans cette perspective, nous constatons que notre futur continue d'évoluer au fur et à mesure que nous élevons le seuil vibratoire de la planète. Inconnues de nous en 1989 (lorsque fut écrit le tome I de Kryeon), certaines caractéristiques de la planète commencèrent à changer. La résonance de Schumann, qui mesure les ondes électromagnétiques entre la ionosphère et la surface de la Terre, a toujours été comprise, depuis des temps immémoriaux, entre 7,25 Hz et 7,8 Hz. Cette mesure fut tellement constante que certains instruments scientifiques furent calibrés sur elle. Gregg Braden, l'auteur connu de *Awakening to Zero Point* (*L'Éveil au Point Zéro,* aux Éditions Ariane), indique que cette résonance est mesurée actuellement (mai 1997) entre 10 Hz et 11 Hz ! Non seulement la Terre est-elle en train de modifier ses attributs spirituels, conséquence de notre travail, mais elle altère aussi ses vibrations, et la science le prouve amplement. Toute cette activité est une profonde réaction au fait que la conscience influence la matière... Vous rappelez-vous ce thème en début de chapitre ?

Les résonances de Schumann

Les résonances de Schumann sont des ondes électromagnétiques quasi permanentes situées entre la surface de la Terre et le bas de la ionosphère, 55 kilomètres plus haut. Ces ondes représentent diverses fréquences comprises entre 6 Hz et 50 Hz, avec une mesure moyenne de 7,8 et une variation quotidienne d'environ 0,5 Hz. Pour plus de renseignements à ce sujet, voir *Handbook of Atmospheric Electrodynamics, vol. 1, chapitre 11, par Hans Volland, 1995,* et publié par *CRC Press.*

LE BIG BANG REMIS EN CAUSE

En 1995, lors d'un channeling à Sedona, en Arizona, Kryeon déclara à l'assistance que la théorie du big bang n'était pas exacte, contrairement à ce que de nombreux scientifiques voulaient leur faire croire.

Le message de Kryeon sur le big bang, en 1995

« Il semblerait, au moment où vous pénétrez dans cette époque moderne, que vos savants soient convaincus que toute la matière qu'ils aperçoivent dans l'univers – la Terre, le système solaire, notre galaxie et toutes les autres qu'ils peuvent voir – ait été créée à partir d'un événement unique. Ils l'ont appelé le big bang. En fait, il s'agit d'une présupposition scientifique tout à fait illogique, bien qu'elle soit comprise aujourd'hui comme le furent certaines révélations il y a 300 ans. (On fait ici allusion à l'idée que tout ce que nous voyons dans les cieux tourne autour de nous, avec la confirmation de ce principe par les mathématiques.) (*Alchimie de l'esprit humain,* tome III)

Kryeon poursuit en nous fournissant des exemples de l'illogisme de cette théorie et des éléments très simples à vérifier, y compris l'âge d'étoiles éloignées et la répartition inégale de la matière. Aujourd'hui, il semble que Kryeon ne soit plus seul. Au cours des deux dernières années, de plus en plus de scientifiques ont commencé à remettre en cause cette théorie et à découvrir certaines choses annoncées par Kryeon.

Nouvelles idées sur l'âge des vieilles étoiles

« Qu'il s'agisse d'une crise véritable dans le monde de la

cosmologie ou simplement d'une question de connaissances insuffisantes, les astronomes sont de nouveau confrontés à une énigme : selon diverses observations, l'univers serait plus jeune que ses plus vieilles étoiles.

*Pour résoudre ce paradoxe, les chercheurs doivent apporter la preuve que l'univers est plus vieux que les neuf à onze milliards d'années que lui accordent de récentes estimations, ou que les étoiles les plus vieilles de notre galaxie sont plus jeunes que les huit à douze milliards d'années qui leur sont actuellement accordées. » (*Science News, *14 décembre 1996, vol. 150.)*

Mais attendez... il y a mieux !

Émoi dans les cieux

« Supposez que vous appreniez de source sûre que votre mère est plus jeune que vous. Manifestement, cela semblerait impossible à accepter. Vous seriez plongé dans un profond embarras et obligé d'envisager la possibilité que vous êtes plus jeune que vous ne le pensiez. Les astronomes viennent de se trouver plongés dans un dilemme semblable. L'univers est âgé de 8 à 12 milliards d'années. Très bien! Mais alors cela signifie que l'univers est beaucoup plus jeune que ses étoiles les plus vieilles ! » (Magazine Discover, *mars 1995, extraits.)*

Le cosmos se dirige-t-il dans une direction déterminée ?

« L'est, l'ouest, quelle que soit la direction dans laquelle un observateur porte son regard, l'immense étendue de l'espace semble la même. En effet, la notion de direction n'a aucune signification selon la très élémentaire théorie du big bang, qui considère que l'univers primordial s'est développé uniformément, tel un ballon parfaitement sphérique.

Un rapport controversé remet maintenant en cause ce principe bien établi. Une analyse de la polarisation des ondes radio émises par les lointaines galaxies semblerait indiquer qu'après tout, l'univers pourrait bien avoir une direction préférentielle...

*Si les résultats de cette étude étaient confirmés, ils pourraient être lourds de conséquences. D'après une explication possible, le big bang aurait créé une répartition de matière non uniforme et provoqué ainsi une expansion asymétrique... » (*Science News*, 26 avril 1997, vol. 151.)*

BIOLOGIE HUMAINE
LA CLÉ DANS LA SERRURE

Kryeon nous communique parfois des informations uniquement dans le but de voir les médias publier les mots et les analogies qu'il a utilisés ! Il s'agit là d'une vérification de premier ordre difficile à considérer comme une simple coïncidence. Dans le tome I, *The End Times (La Graduation des Temps)*, écrit en 1988, Kryeon abordait le sujet des maladies humaines : « À l'intérieur de la symétrie de ces particules répétitives qui constituent l'ensemble de l'organisme de la maladie, il y a des parties spécifiques qui sont spéciales. Ces parties ont des extensions et des dépressions qui recherchent les extensions et les dépressions correspondantes dans les systèmes similaires du corps humain. Comme une clé meurtrière qui s'adapte parfaitement à la forme de la serrure, les extensions et les dépressions de l'organisme de la maladie s'imbriquent dans l'organisme humain. La maladie s'installe et commence à se développer... Sachez ceci : même après que la clé a pénétré dans la serrure, il n'est pas trop tard pour changer les choses. Ceci parce que : 1. la clé donne constamment naissance à de nouvelles clés qui continuent à s'adapter à d'autres serrures dans le corps humain et 2. La clé ne se trouve jamais dans la serrure en permanence. »

Maintenant, jetez un coup d'œil à l'article suivant :

La clé pour une santé presque parfaite
grâce aux anticorps

« Une serrure qui pourrait être ouverte par de nombreuses clés

*différentes ne serait pas très utile pour protéger une maison. Aujourd'hui, une étude récente suggère que les anticorps – les protéines du système immunitaire qui attaquent les envahisseurs étrangers – commencent leur vie telles des serrures adaptables, modifiant leur forme afin de pouvoir s'ajuster à diverses clés moléculaires. Lorsque les anticorps arrivent à maturité, ils ressemblent à des serrures traditionnelles, n'acceptant plus qu'une seule clé. » (*Science News, *14 juin 1997, vol. 151, extraits).*

LA NATURE VÉRITABLE DE L'ADN
LE MAGNÉTISME JOUE-T-IL UN RÔLE ?

Ceux qui s'intéressent à la métaphysique savent que l'ADN possède douze filaments. Kryeon est d'accord et nous a fourni d'autres informations au sujet de notre ADN. Au départ, il nous informe qu'outre les deux filaments biologiques, d'autres sont magnétiques ! Surpris ? Ces filaments magnétiques font partie de la programmation des filaments biologiques et du système électromécanicochimique du corps humain.

Ceci est extrêmement difficile à prouver et, au cours du bref exposé qui va suivre, je me contenterai de vous fournir une preuve indiscutable de ce que j'avance. Kryeon affirme que nous ne serons jamais capables d'observer les filaments magnétiques de l'ADN, mais que nous pourrions observer leur « ombre ». (Peut-être un livre ultérieur de la série Kryeon validera-t-il ce fait ?)

Au fil de votre lecture, vous commencerez à concevoir la raison pour laquelle le magnétisme affecte l'organisme dans son ensemble. Vous comprendrez aussi que les éléments que je vous fournirai sont purement scientifiques. Je crois que nous sommes sur le point de saisir les mécanismes électromagnétiques de l'ADN humain. Voilà pourquoi je reviens au principe fondamental du pouvoir de la conscience humaine. Si la conscience humaine est véritablement une énergie mesurable (comme il a été démontré dans la première partie de ce chapitre) et si l'ADN possède une composante magnétique, nous commençons alors à comprendre pourquoi l'Intention fonctionne quant il est question de notre propre guérison ! Soudain, les caractéristiques abstraites de l'énergie curative sont transformées en caractéristiques scientifiques compréhensibles. Il était temps ! Non que cette reconnaissance scientifique soit nécessaire pour que l'énergie curative fonctionne, mais il est agréable d'en recevoir la confirmation du monde scientifique.

En 1996, je reçus une lettre d'un chercheur. Ce titulaire d'un doctorat (je le découvris plus tard) était le premier d'une classe de 1800 élèves à la Northwestern University de Evanston (Illinois) au moment de son intégration dans un cours accéléré de formation médicale à l'Université Johns Hopkins. Après avoir reçu son diplôme de cette dernière université, il devint interne à l'hôpital de l'université de Georgetown à Washington, DC. Durant cette période, il fut élu « meilleur interne ». Je vous communique cette information pour vous faire comprendre que ce chercheur applique strictement les méthodes scientifiques. Cependant, cet homme pratique aussi la méditation. Dans sa lettre, il m'écrivait ceci :

« Cher Lee, je viens de terminer la lecture des deux premiers livres de Kryeon et je suis étonné à divers titres. Je suis en train de mener une série de recherches sur l'électromagnétisme qui suivent très fidèlement les principes définis par Kryeon dans ses écrits et qui leur apportent une caution matérielle concrète... Cette stratégie fonctionne exactement comme Kryeon l'a suggéré. »

J'ai rencontré le Dr Todd Ovokaitys et nous sommes devenus amis depuis. Il incarne parfaitement la science sérieuse, logique à son niveau le plus élevé, mais il écoute aussi son Moi divin, qui lui communique d'incroyables informations concernant ses travaux sur l'ADN. Avant de poursuivre, permettez-moi de citer encore une fois Carl Sagan : « La science exige l'étrange mariage de deux tendances contradictoires, soit un empressement à considérer même les idées les plus bizarres et, simultanément, un scepticisme très rigoureux requérant des preuves formelles pour soutenir toute hypothèse. Un scientifique doit évoluer dans un étrange état d'esprit antithétique – ouvert à tout, bien que fermé à tout ce qui n'est pas rigoureusement prouvé. Ces deux perspectives sont cruciales dans le domaine scientifique, et l'une ne peut fonctionner sans l'autre. »

Comme ce chapitre touche à sa fin, il revient à son point de départ. Je vous présente un scientifique désireux à la fois de considérer certaines idées étranges et de prouver qu'elles sont viables.

Le Dr Ovokaitys développe un concept très bizarre pour notre époque. En effet, il pose comme principe que l'ADN possède une caractéristique magnétique et que, grâce à une invention brevetée qui lui appartient et qu'il a mise au point, il obtient des résultats en laboratoire très prometteurs et susceptibles d'éliminer les maladies. Ses travaux ont été examinés par d'autres spécialistes dans le domaine, qui les ont trouvés valables. Les expériences peuvent être répétées et, au moment où j'écris ces lignes, de nouvelles limites sont atteintes, qui tendent toutes vers la conclusion positive selon laquelle l'ADN réagit à certaines manipulations sous la forme d'ondes magnétiques complexes jamais observées jusqu'à aujourd'hui. Ses travaux sont absolument uniques.

En laboratoire, le Dr Ovokaitys a réussi à éradiquer le cancer et le VIH en utilisant des cellules vivantes malades, et là, encore une fois, des chercheurs ont pu vérifier ses travaux. Souvenez-vous bien ! Il ne s'agit pas ici de médicaments ni de chimie, mais de réactions physiques ! Lorsque je lui parle de ce qui est en train de se dérouler dans son laboratoire, il reste prudent (comme tout chercheur) et me rappelle que ce processus n'en est qu'à ses débuts. Qu'il ne s'agit, pour l'instant, que de tests en éprouvettes. Quand je lui demande de m'expliquer ce qui se produit exactement dans les éprouvettes pendant ses expériences, il fait une pause puis il risque une supposition: « Je pense que l'ADN rajeunit, que les cellules sont reprogrammées magnétiquement. »

Rajeunissement ? Magnétisme ? Tel fut le message de Kryeon en 1988, dans lequel il était dit que nous trouverions quelque chose de comparable au Temple de la régénération en Atlantis (voir le tome II de Kryeon), un élément relié au magnétisme. Kryeon déclara alors que nous pourrions rééquilibrer nos cellules grâce au magnétisme et ainsi éradiquer totalement les maladies et vivre plus longtemps. Nous voyons aujourd'hui cette annonce se réaliser dans un cadre scientifique – comme il a été prévu.

Il serait négligent de ma part de ne pas mentionner ici que le

Dr Ovokaitys met au point et fabrique divers produits qui utilisent cette technologie de rééquilibrage de façon différente et dont les utilisateurs rapportent des améliorations de la mémoire, des pertes dc poids et une grande sensation de bien-être. Des scanners effectués montrent aussi diverses améliorations physiologiques parmi les utilisateurs de ces produits.

Nous commençons à voir se réaliser l'amalgame entre l'étrange et l'intangible d'autrefois et un protocole scientifique comme celui de Carl Sagan. Ainsi, le Nouvel Âge se trouve validé. Je ne puis vous dire à quel point tout ceci m'enthousiasme. Si vous souhaitez en savoir plus sur les travaux du Dr Ovokaitys, je vous transmets ses coordonnées. Ses travaux correspondent exactement à ce que Kryeon nous a annoncé comme une « clé dans une serrure ». Par conséquent, je suis très fier de pouvoir présenter ces informations dans ce livre.

De nouveau, je cite Carl Sagan. « Carl ne voulut jamais croire. Il voulut savoir. » Je crois que le Dr Ovokaitys pense de la même façon et, maintenant, il sait que l'ADN est magnétique.

(Dr Todd Ovokaitys, Gematria Products, Inc.
2075 H Carte Del Nogal, Carlsbad, CA 92009.
Tél : (760) 931-8563
Adresse électronique : DrTodd@Gematria.com)

LE CLONAGE MET EN ÉVIDENCE L'ÉLÉMENT MAGNÉTIQUE DE L'ADN

Quoi que vous pensiez du clonage et de ses implications morales, cette réussite récente fut une découverte scientifique miraculeuse. Je parle de ceci dans ce livre afin de montrer qu'en effet, des découvertes sont faites qui confirment les travaux du Dr Ovokaitys sur les propriétés électromagnétiques de l'ADN – une seconde confirmation, en quelque sorte.

Pendant longtemps, les scientifiques essayèrent de pratiquer le clonage mais ils échouèrent régulièrement. Ils n'avaient jamais réussi à implanter le nucléus d'un oeuf non fécondé dans une cellule adulte et à le rendre viable. Ils tentèrent de créer un embryon qui s '« emparerait » des informations de l'ADN d'une cellule étrangère adulte et qui serait mené à terme. Ils n'y sont pas arrivés. Depuis 1938, ils cherchent néanmoins à le faire, améliorant peu à peu la transplantation nucléaire.

La science considérait que les instructions embryonnaires de l'ADN « mouraient » en quelque sorte ou étaient perdues après être parvenues à l'état adulte. Toutes les instructions de « croissance » semblaient avoir disparu, et aucune expérience n'était en mesure de les récupérer. Le clonage ne fonctionnait pas. Devant cet échec, certains trouvèrent des raisons religieuses, invoquant « l'effet Jésus », selon lequel Dieu ne voulait pas que l'homme fasse de telles choses.

Un jour, cependant, cela marcha et, en 1997, en Écosse, le monde entier entendit parler de Dolly, la première brebis clonée ! Qu'y eut-il de différent cette fois-là ? Ce ne fut pas simple, mais permettez-moi de vous citer certaines déclarations du scientifique écossais :

« La solution au problème de la transplantation nucléaire avec des cellules adultes semble être un phénomène appelé la reprogrammation nucléaire.

*[...] Une telle formule de régénération semble exister au sein de la cellule. » (*Science News, *5 avril 1997, vol. 151, p. 214.)*

Puis, je fus surpris de lire qu'ils avaient trouvé quelque chose de différent pour faciliter ladite régénération :

*« Cette prouesse est réalisée en prélevant le nucléus de l'œuf à l'aide d'une fine aiguille creuse. Une cellule donneuse est intégrée dans l'œuf par impulsions électriques. » (*Science News, *5 avril 1997,vol. 151, p. 214.)*

Électricité ? Magnétisme ? Cela n'a rien d'étonnant ! Cela m'a fait chaud au cœur de lire les concepts de reprogrammation et de régénération dans cet article, puis cela m'a amusé lorsque j'ai lu comment ils avaient procédé avec l'aide de l'électromagnétisme.

Subsiste-t-il encore le moindre doute que l'ADN dispose d'un élément magnétique ? Nous en apprendrons encore beaucoup plus, mais au point où nous en sommes, la preuve est clairement établie.

LA GRILLE MAGNÉTIQUE TERRESTRE LIBÉRÉE ET L'ÉVOLUTION DE NOTRE CONSCIENCE

La grille magnétique terrestre est le point focal des travaux de Kryeon, qui nous a rappelé qu'il est le « Maître magnétique » venu sur Terre afin de modifier le champ magnétique terrestre, en réponse à la transformation de notre conscience. Plus tôt, dans le tome I, Kryeon a déclaré : « Les champs magnétiques sont très importants pour votre biologie ! De plus, les champs magnétiques peuvent affecter (et ils le font) votre conscience spirituelle. Le champ magnétique de votre planète est essentiel pour votre santé biologique, et il est bien réglé pour s'ajuster à votre plan spirituel. » Et plusieurs pages plus loin, Kryeon ajoute : « Alors que le réseau s'ajustera au cours des prochaines années, vous serez de plus en plus éclairés. Comme je vous l'ai dit plus tôt, vos implants restrictifs s'adapteront à mon réseau. Ces changements vous libéreront de certaines restrictions et vous aurez, à partir d'ici, un contrôle jamais atteint auparavant. »

Quelle puissance dans ces mots ! Cependant, il est difficile de se référer à un concept aussi abstrait que les champs magnétiques lorsque l'on est confronté aux problèmes de la vie quotidienne, telles relations avec la famille ou avec les collègues de travail, le règlement des factures, la grippe, etc. Essayez de vous imaginer en train de dire à l'un de vos amis (ayant moins d'intérêt pour la chose spirituel) que vous passez une mauvaise journée à cause de la modification du champ magnétique terrestre ! Il ne serait pas étonnant que ce dernier vous évite quelque temps !

Toutefois, ceux et celles qui lisent ces lignes comprennent que des changements sont en train de survenir – que nous nous dirigeons vers une ère nouvelle – et que des forces invisibles cachées existent derrière ces changements. Aussi, si les paroles de Kryeon sont exactes, où se trouve la preuve des modifications de la grille magnétique (mis à part les changements immédiats que nous constatons dans notre vie) ?

Le premier indice que quelque chose était en train de se passer me fut fourni en 1996, alors que je me rendais en avion à Casper, dans l'État du Wyoming, pour un séminaire. Nos hôtes, Karen et Frank McVay, nous accueillirent dans le terminal du petit aéroport. Avant même que nos estomacs aient pu se remettre de ce vol mouvementé dans un petit avion de trente places, Frank, très agité, nous fit remarquer que les numéros des pistes d'atterrissage avaient été récemment modifiés. Sur le moment, sa remarque passa bien au-dessus de ma tête. Mais avec son aide, les implications de sa remarque me frappèrent bientôt. En effet, la ligne d'orientation des pistes – un système de lecture magnétique utilisé comme une aide à la navigation aérienne – avait été retracée de façon à coïncider avec le changement d'orientation de la boussole !

Il est scientifiquement reconnu que le pôle Nord est sujet à des variations, mais cet incident des pistes d'atterrissage était un avertissement de Kryeon afin de nous inciter à approfondir la « preuve » des modifications de champ magnétique.

Tout d'abord, nous vérifiâmes auprès de plusieurs aéroports afin de voir si l'incident de Casper était une simple anomalie. Il apparut que l'aéroport de Billings, au Montana, avait, lui aussi, rectifié ses numéros de pistes. Puis, nous nous tournâmes vers l'Administration fédérale de l'aviation, qui nous confirma que de nombreux numéros de pistes avaient été changés, en ajoutant qu'il ne s'agissait là que d'une « coïncidence ».

Une enquête plus poussée nous amena chez Jeppesen Sanderson Inc, pionniers de l'industrie des cartes et des graphiques. Jeppesen utilise les informations gouvernementales pour créer des cartes et autres graphiques à l'usage des pilotes aériens. Jeppesen confirma que de nombreuses pistes d'atterrissage avaient été modifiées ces dernières années, mais qu'elles étaient trop nombreuses pour être recensées. Ils nous suggérèrent d'entrer en contact avec l'Administration nationale atmosphérique et océanique (NOAA). Nous parlâmes à Allen Hittleman du NOAA de Boulder, au Colorado. Lorsque nous lui demandâmes combien de pistes d'atterrissage de l'aéroport avaient été modifiées, il nous répondit : « Toutes » ! Et il ajouta : « L'affaiblissement du champ magnétique terrestre s'accentue. » En d'autres termes, cela signifie que le champ magnétique terrestre s'affaiblit de plus en plus rapidement. Et la grille ou le quadrillage du réseau magnétique se transforment à un rythme beaucoup plus rapide qu'auparavant.

Il semblait que plus nous recevions de réponses, plus nous nous posions de questions. Grâce à ces avis autorisés, nous apprîmes que 1. la grille magnétique se modifiait, 2. le champ magnétique terrestre s'affaiblissait, 3. l'intensité et le déplacement du champ magnétique s'altéraient de façon inhabituelle. Aucun de nos interlocuteurs, qu'ils soient géologues, scientifiques ou fonctionnaires, ne semblait savoir pourquoi ces modifications survenaient. On présumait qu'elles étaient provoquées par des configurations climatiques, des tempêtes solaires ou même par l'oscillation de la Terre autour de son axe. Mais personne n'était sûr de rien.

L'étape suivante nous amena à tracer la courbe graphique des déplacements du nord magnétique au cours des 160 dernières années. Nous constatâmes que le pôle Nord magnétique s'était déplacé de 150 kilomètres pendant cette période. Ce qui est curieux, c'est qu'il avait bougé sur une distance de 60 kilomètres au cours des 15 dernières années seulement, alors qu'il lui avait fallu 145 ans pour se déplacer de 90 autres kilomètres !

Puis nous établîmes une liste de vingt villes américaines et tracèrent les courbes des changements de caractéristiques magnétiques survenus dans ces villes depuis 1960. Ces caractéristiques incluaient la déclinaison magnétique, l'inclinaison, les coordonnées du nord et de l'est, les coordonnées verticales et le vecteur de champ magnétique. Comme l'ordinateur crachait les chiffres, nous commençâmes à remarquer des anomalies durant certaines périodes de temps. En d'autres termes, les changements magnétiques n'étaient pas constants, ni même prévisibles !

Notre curiosité fut à son comble lorsque nous approfondîmes la question. Je puis vous dire que nous ne connaissons toujours pas la réponse, mais que nous avons échafaudé une théorie. Si elle s'avère correcte, elle pourrait nous être d'un grand secours pour comprendre les relations qui existent entre les grilles magnétiques, notre conscience, le rôle de Kryeon et notre passage au sein de la nouvelle énergie. Malheureusement, l'importance des recherches et la classification des informations nécessaires à ce projet sont si impressionnantes que nous n'avons pu être prêts à temps pour en rendre compte dans ce livre. Nous projetons de publier ces résultats dans un prochain numéro du *Kryon Quarterly.*

Voici notre théorie : lorsque nous avons analysé les modifications magnétiques survenues dans les vingt villes américaines depuis 1960, nous avons découvert quelques points significatifs au cours de certaines périodes. Ces données indiquaient un changement rapide de la structure magnétique ou même un renversement total de sa direction. À première vue, nous fûmes très perplexes, nous demandant ce que cela pouvait bien vouloir dire. Mais après avoir revu plus attentivement les périodes au cours desquelles ces événements s'étaient déroulés, nous réalisâmes qu'il s'agissait d'années où d'importants et significatifs changements s'étaient produits dans notre société sur les plans social et culturel et au niveau de la conscience.

Nous projetons de réaliser une analyse plus approfondie des grandes villes du monde entier, en remontant jusqu'à il y a 200 ans, puis nous traiterons ces informations sur le plan historique. Peut-être observerons-nous alors un point significatif au cours de la Seconde Guerre mondiale? À l'époque de l'assassinat du président Kennedy ? Au moment de la chute du mur de Berlin ?

Si notre théorie s'avère juste, cela pourrait indiquer différentes choses. D'abord que la conscience humaine peut affecter la force et la direction des caractéristiques magnétiques terrestres. Ensuite, que les grilles magnétiques nous aident à définir notre but sur cette planète à trois dimensions. Et enfin, Kryeon ne déclare-t-il pas qu'une bonne partie de notre conscience et de notre Moi intérieur se trouve dans les grilles magnétiques à un point tel que nous pouvons assumer plus de choses nous concernant (c'est-à-dire notre ascension dans notre corps actuel) ? En définitive, si nous transformons notre conscience et modifions les grilles, nous changerons notre but dans cette dimension spatio-temporelle. En réalité, nous pouvons littéralement desserrer l'étreinte de la grille magnétique. Peut-être est-ce là ce qui permettra la transition vers les temps nouveaux ? Voilà peut-être la raison pour laquelle le calendrier maya se termine en 2012, marquant ainsi la fin de notre emprise sur le magnétisme actuel ?

D'autres recherches devront être effectuées sur ce sujet par des spécialistes en géologie, en mathématiques, en histoire et en magnétisme. Dès que nous disposerons de nouvelles informations, je vous en ferai part.

LEE CARROLL

Lee Carroll, Jan Tober
en compagnie de Gregg Braden
(auteur de l'Éveil au point zéro)

seront à Montréal
le samedi 29 avril 2000
veuillez contacter :
Ariane Éditions
1209, av. Bernard O., #110
Outremont, (Québec) H2V 1V7
Tél. : (514) 276-2949 * Téléc. : (514) 276-4121
courriel : ariane@mlink.net

seront à Bruxelles
le mercredi 3 mai 2000 en soirée
veuillez contacter :
Jean-Luc Bultiaux, tél. : 010-22 44 42 * 10h00-18h00
Mme Bar et M. Hostyn,
tél./téléc. : 081-20 04 69 * 18h00-22h00
courriel : simoneverheyen@yahoo.fr

seront à Paris
le samedi 6 mai 2000
veuillez contacter :
Claudine Oudin, tél. : 03.83.24.99.17
Philippe Proix, tél./téléc. : 03.23.39.74.96

Nouvelles de Kryeon

Forum électronique de Kryeon sur America On Line

Si vous êtes intéressé à participer à un forum électronique sur Kryeon, nous sommes représentés dans une section très active du serveur web America On Line (AOL) sur l'Internet. Si vous êtes abonné au serveur AOL, il est facile de nous trouver. Cherchez le dossier *"Clubs & Interests"* (se trouvant sur le menu principal), puis cliquez sur *"Religion & Ethics Forum"*, puis cliquez sur le dossier *"New Age"*, puis cliquez à nouveau sur *"New Age II"*, puis parcourez les dossiers jusqu'à ce que vous trouviez *"The Kryon"*.

Kryeon sur l'Internet

Kryeon possède maintenant un site sur l'Internet dont l'adresse est:

http://www.pic.net/kryon

Kryeon a parlé avec enthousiasme de l'Internet en affirmant que c'est « *le seul système de communication de masse dans toute l'histoire de l'humanité qui n'a pas été mis sur pied par un gouvernement.* » Il rajoute que « *lorsque tout le monde peut instantanément communiquer avec tout le monde, il ne peut plus y avoir aucun secret!* »

Aimeriez-vous être inscrit sur la liste d'adresses de Kryeon?

Cette liste est utilisée pour informer les personnes intéressées au sujet des séminaires Kryeon organisés dans leur région, des nouvelles parutions sur Kryeon et des nouvelles sur Kryeon en général. Nous ne vendons ni distribuons nos listes à personne.

Si vous souhaitez y être inscrit, envoyez-nous simplement une carte postale portant le mot "LIST", et inscrivez lisiblement, en lettres moulées, votre nom et votre adresse. Notre adresse est :

The Kryon Writings
1155 Camino Del Mar - #422
Del Mar, California 92014, USA

FONDATION CONVERGENCE
AOÛT 1998

NOTE DE L'ÉDITEUR : *Depuis plusieurs mois, les Éditions Ariane s'impliquent directement dans la mise sur pied d'une fondation à but non lucratif dont la vision, les buts et les activités sont décrits ci-dessous. En ce moment, dans notre cheminement, il nous semble important, en plus évidemment du travail sur soi (un aspect fondamental), d'œuvrer à la convergence des individus et associations partageant une même vision du potentiel que nous avons de cocréer ensemble* une culture planétaire viable à long terme. *Nous invitons toute personne intéressée à nous contacter à l'adresse indiquée à la fin de ce texte.*

LA VISION

Depuis environ deux siècles, le matérialisme influence l'ensemble des activités humaines. Selon ce modèle, l'univers matériel est la seule réalité ; il est régi soit par des lois physiques, soit par le hasard ; il stipule entre autres que la vie et la conscience sont identiques aux processus matériels.

Si notre monde continue d'évoluer en fonction des tendances actuelles – injustices sociales et économiques, manipulations politiques, destruction de l'environnement, etc. – nous nous acheminons vers des crises majeures sur les plans économique, écologique et social.

Ainsi, il apparaît évident qu'une conception de la réalité qui entraîne la division, le désir de dominer, la course effrénée au matérialisme, la guerre et la peur est maintenant caduque. L'ensemble des valeurs et des croyances associées à cette conception doivent être remises en question. Aussi, l'humanité est-elle maintenant confrontée au plus grand défi évolutif de son histoire : il est impératif qu'une nouvelle vision émerge et fasse consensus afin de permettre la création d'une culture planétaire qui soit viable à long terme.

Pour nous, seule une vision globale selon laquelle : tout est Un, interconnecté ; l'univers est intelligent, il s'auto-organise et évolue ; l'essence de tous les êtres est la même ; une vision supportée et privilégiant des valeurs telles que la compassion, l'unité, la solidarité, la tolérance, la liberté, l'harmonie, la communication, la coopération, le respect, la justice, la responsabilité, la créativité, la réalisation du potentiel humain ; seule une telle vision peut permettre la restauration de la biosphère, la réalisation de l'équité économique, et fournir toutes les conditions optimales au développement intégral de l'être humain.

Afin qu'une telle vision puisse émerger et présider à l'avènement d'un changement global, une transformation profonde de la conscience doit s'opérer sur les plans individuel et collectif.

LES BUTS ET LES ACTIVITÉS

D'une manière très globale, le but ultime de la Fondation Convergence est de contribuer au *processus de cocréation* d'un monde plus évolué. Pour ce faire, elle se donne pour mission de créer une synergie, i.e., qu'elle désire réunir le plus grand nombre possible d'individus autour de la vision holistique exposée ci-dessus. Afin que cette vision puisse s'ancrer de façon solide et définitive, la Fondation Convergence se propose d'œuvrer pour amener une transformation de la conscience aux plans individuel et collectif, et ce, en rapport avec les principales sphères d'activité humaine.

a) Sur le plan individuel : Fournir des outils favorisant l'éveil et la transformation de la conscience ainsi que la réalisation du potentiel humain. Un de ces outils est l'atelier *Holosynthèse*, qui préconise un modèle nouveau et original de l'être humain ainsi qu'une approche pratique visant à permettre de profondes expériences d'éveil et de transformation de la conscience.

b) Sur le plan collectif : Dans presque toutes les sociétés du monde, des individus et des organisations (groupes de pression, réseaux, communautés, fondations, etc.) travaillent déjà de façon spécifique afin de permettre la concrétisation de la nouvelle vision dans les divers domaines d'activité humaine. Dans cette perspective, les médias électroniques (télévision, Internet, etc.) joueront un rôle primordial dans la création d'une civilisation planétaire (le « village global » de McLuhan). Un autre élément essentiel à ce travail est la concertation des gens quant à l'union de la pensée humaine, que ce soit dans l'intention coordonnée d'un groupe ou par la méditation, la prière ou la visualisation.

* * *

Dans ce contexte, l'un des rôles principaux de la Fondation Convergence consiste à présenter et à diffuser une synthèse des idées et des projets proposés par ces individus et organisations. Cet objectif sera réalisé par :
i) la création d'un site Internet ;
ii) l'organisation de conférences et de symposiums ;
iii) l'utilisation de médias tels que la radio et la télévision.

Un autre rôle de la Fondation Convergence consiste à diffuser les idées et les projets générés par les individus directement associés à celle-ci, et ce, en utilisant les mêmes outils de communication.

La plupart des individus et des organisations s'affairant présentement à implanter la vision globale et à contribuer au mouvement planétaire de transformation travaillent de façon non-concertée parce qu'œuvrant dans des sphères d'activité différentes (écologie, politique, droits individuels, spiritualité, etc.). Compte tenu de cette réalité, et étant donné l'importance majeure du phénomène de masse critique dans le processus de transformation sur le plan collectif, la Fondation Convergence vise également à participer :

i) à la création d'un supra-réseau englobant ces individus et ces organisations, point nodal de l'émergence d'une culture planétaire édifiée sur les valeurs associées à la vision globale ;
ii) à la réalisation de certains projets ou événements à portée mondiale. À titre d'exemple possible, participer à l'instauration, au niveau de l'ONU, d'un conseil représentant les peuples autochtones de la Terre.

DOMAINES ET THÈMES ABORDÉS

Écologie : Perspective holistique, redéfinition des rapports humains avec la nature (pour une nouvelle éthique écologique ou « écophilosophie ») ainsi que des relations de l'économie avec l'environnement, le développement durable des ressources, agriculture, etc.

Économie : Solutions et contre-points à la mondialisation de la pauvreté, effets néfastes du néocapitalisme, exploitation de l'être humain comme outil de production, dictature économique des grandes institutions financières à qui « appartiennent » la plupart des pays, nouvel ordre économique mondial, contrôle de la monnaie, surconsommation, etc.

Politique : Légitimité du pouvoir politique, relation individu-État, liberté, notion de souveraineté individuelle, taxation et impôts. Redéfinition du contrat social et des programmes sociaux, etc.

Énergie : Étude des sources d'énergie alternatives renouvelables (solaire, éolienne, etc), énergie libre.

Santé : Intégration de la médecine traditionnelle et des thérapies alternatives ; notion d'équilibre sur les plans physique, émotionnel, intellectuel, spirituel ; responsabilisation et rapport des individus avec le système de santé ; nutrition, suppléments alimentaires, exercice, etc.

Justice et droits civils : Propositions relatives à la défense des droits fondamentaux, chartes et conventions internationales, etc.

Science : Nouveaux paradigmes : holisme et approche systémique, théorie de l'information, rapports entre matière et énergie ; science de la conscience : relations esprit/cerveau, psychoneuroimmunologie, psilogie, etc.

Éducation : Apprentissage du sens critique ; savoir versus être ; mise en relation des concepts acquis en relation avec les rapport humains et l'écologie ; nutrition, éducation physique ; formation d'êtres humains éveillés, responsables, et cocréateurs d'un monde plus évolué, etc.

Pacifisme : Paix sur le plan individuel, paix entre les nations, montée de la pensée unidimensionnelle et de l'intégrisme, tolérance et respect des droits fondamentaux, notion de citoyenneté planétaire, etc.

Révolution des communications : Ère de l'information, émergence du cerveau planétaire et design social, cocréation d'une nouvelle civilisation, fusion de réseaux de cocréateurs, projets globaux pour le nouveau millénium, etc.

Psychologie et Spiritualité : Intégration du modèle transpersonnel en psychologie, transformation profonde de la conscience sur les plans individuel et collectif. Étape prochaine dans le développement de l'humanité, accélération et complexité de l'évolution, etc.

LA STRUCTURE

La Fondation Convergence est constituée principalement de deux niveaux d'organisation :

a) Le Cercle interne : Structure circulaire (non-hiérarchique) administrative visant à assurer la réalisation des objectifs associés à la vision globale sur laquelle est édifiée la Fondation Convergence.

b) Les Cercles-projets : L'interconnexion est la clé permettant la cocréation d'une nouvelle civilisation planétaire. Aussi, la Fondation Convergence invite-t-elle tous les individus souscrivant à la vision globale et désireux de servir à s'unir afin de participer aux projets qu'elle propose relativement aux divers domaines abordés (écologie, santé, éducation, etc.).

Participer à la Fondation vous permet d'être en contact avec les idées et les projets proposés par des individus et des organisations partageant la nouvelle vision planétaire et, ce faisant, de participer au mouvement de transformation globale en rapport avec les divers domaines d'activité humaine.

Fondation Convergence
1209, ave. Bernard ouest, bureau 110
Outremont, Qc, Canada H2V 1V7
Tél. : (514) 276-3546 * (514) 658-5531
Téléc. : (514) 276-4121
Courriel : ariane@mlink.net

ATELIER HOLOSYNTHÈSE

« Certains ont les yeux ouverts, d'autres dorment encore, c'est la seule différence. » (Jean Klein)

QU'EST-CE QUE HOLOSYNTHÈSE ?

Holosynthèse représente une vision nouvelle et originale de l'être humain ainsi qu'une démarche concrète visant à permettre de profondes expériences d'éveil et de transformation sur le plan de la conscience.

Produit de l'expérience du Dr Mario Beauregard – scientifique faisant de la recherche de pointe dans le domaine de la neuropsychologie –, Holosynthèse puise à la fois aux sources des grandes traditions spirituelles, de la psychologie transpersonnelle, ainsi que de l'approche systémique et de la théorie de l'information.

QUELQUES PRINCIPES DE BASE

L'ego est le produit d'un phénomène d'identification avec les processus corporels et mentaux. Il est donc associé aux différents niveaux de l'être (physique-émotionnel-mental-spirituel). L'ego n'est pas une entité mais plutôt un ensemble de processus en fluctuation constante, une croyance à travers laquelle nous percevons une création de Qui nous sommes, une illusion perceptuelle, un concept qui est reconstruit moment par moment et qui repose sur le schéma corporel, la mémoire autobiographique et l'anticipation dans le futur.

Selon la vision transcendantale, l'ego est une contraction de l'Être et la Réalisation équivaut à posséder une perspective juste.

L'ego repose sur un phénomène de contraction/réduction/fixation de la conscience (plus spécifiquement, de l'attention) qui entraîne un processus d'attachement et d'identification aux sens, aux croyances, aux mémoires, aux désirs, etc. Cela génère un état de transe qui renforce l'illusion de séparation (le moi versus le non-moi) avec la Source de l'Être et qui suscite la peur de perdre les objets qui procurent une satisfaction temporaire (la sécurité, les besoins primaires, le plaisir, l'argent, le pouvoir, etc.).

Le fonctionnement « égoïque » résulte donc de l'acceptation du processus de contraction/réduction/fixation de la conscience. Il entraîne l'apparition de la programmation (les patterns ou « attracteurs », i.e., les « centres de gravité » de la vie mentale). Plus ce processus se répète et plus l'ego (le créateur/ observateur) devient lui-même contracté, limité et donc séparé de son propre noyau (son Essence). Ce dernier crée ce qu'il observe en fonction de ses croyances. Parce que cette réalité subjective est recréée continuellement, cela mène à la création d'une « réalité-tunnel ».

L'énergie mentale liée doit être décristallisée afin de permettre la transformation de la conscience.

La libération de l'état « égoïque » passe par l'acceptation inconditionnelle de soi et de ses expériences ainsi que par une démarche éliminatrice de dés-identification grâce à l'observation neutre et détachée des processus corporels et mentaux qui sont impermanents et dans un état continuel d'oscillation. Holosynthèse vise donc à se distancer par rapport à tout ce qui n'est pas le noyau de l'identité de l'Être, le Moi essentiel non-conditionné à penser et à réagir.

Dans l'état où l'ego est tenu à distance, l'attention coule beaucoup plus librement car les contractions/réductions/fixations de la conscience disparaissent. Les processus mentaux sont alors perçus comme pure manifestation énergétique. En retrouvant son Essence – la Source de l'Être –, les fausses identifications s'évanouissent : l'expérience est embrassée sans résistance, ce qui amène un sentiment d'expansion et de libération. La vie devient alors un processus continuel de création et d'aventure.

L'ATELIER

L'atelier Holosynthèse est une voie abrupte qui s'adresse à des individus en bonne santé mentale, déjà engagés dans une démarche de croissance et prêts à vivre des expériences radicales de libéra-

tion, d'éveil, de transformation. Plus spécifiquement, cet atelier cherche à amener l'individu à :
1) se dés-identifier des états et processus psychologiques jugés problématiques (pensées, émotions, mémoires, croyances, etc) afin de se connecter avec l'Essence non-conditionnée de l'Être, la Source, le Centre de Soi ;
2) percevoir et expérimenter à partir de ce niveau ;
3) explorer en créant de nouvelles réalités/expériences.

L'atelier consiste en une retraite fermée d'une durée de cinq jours qui se tient en un endroit retiré et paisible dans une ambiance de compassion et de non-jugement. Il débute par un exposé des fondements théoriques de Holosynthèse.

THÈMES ABORDÉS

– La subjectivité de l'expérience : perspectivisme et constructivisme
– Un modèle de l'être humain en évolution
– L'ego
– Les états et processus mentaux
– Les croyances
– La désactivation des patterns « égoïques » problématiques

La partie pratique de l'atelier, quant à elle, englobe une série de techniques et d'exercices visant le relâchement systématique des processus « égoïques » qui ne servent plus l'évolution des participants.

Pour information et inscription, veuillez contacter la Fondation Convergence à l'adresse suivante :
1209, ave. Bernard ouest, bureau 110
Outremont, Qc, Canada H2V 1V7
Tél. : (514) 276-3546 * (514) 658-5531
Téléc. : (514) 276-4121
Courriel : ariane@mlink.net

Quelques exemples de livres d'éveil publiés par ARIANE Éditions

Le Retour
(Kryeon)

Voyage au cœur de la création

Sur les ailes de la transformation

L'Éveil au point zéro

Anatomie de l'esprit

Terre

Conversations avec Dieu